云南省社会科学院学术名家文集

# 何耀华文集

## （第四编）

何耀华 ◎ 著

中国社会科学出版社

图书在版编目（CIP）数据

何耀华文集/何耀华著.—北京：中国社会科学出版社，2017.8
ISBN 978-7-5203-0827-4

Ⅰ.①何… Ⅱ.①何… Ⅲ.①社会科学—文集
Ⅳ.①C53

中国版本图书馆 CIP 数据核字（2017）第 194310 号

出 版 人　赵剑英
责任编辑　郭晓鸿
特约编辑　席建海
责任校对　韩海超
责任印制　戴　宽

出　　版　中国社会科学出版社
社　　址　北京鼓楼西大街甲 158 号
邮　　编　100720
网　　址　http://www.csspw.cn
发 行 部　010-84083685
门 市 部　010-84029450
经　　销　新华书店及其他书店

印刷装订　北京君升印刷有限公司
版　　次　2017 年 8 月第 1 版
印　　次　2017 年 8 月第 1 次印刷

开　　本　710×1000　1/16
印　　张　125.25
字　　数　1648 千字
定　　价　538.00 元（全五编）

# 目　录

## 第四编　咨政建言研究

# 咨政建言研究

第四编

# 随省委书记普朝柱同志调研讨论
# 生产力跨越式发展问题

　　1993 年 7 月 26 日，中共云南省委书记普朝柱前往华宁县盘溪镇视察，邀请省社科院党组书记、院长何耀华陪同调研，陪同的还有中共玉溪地委书记孟继尧，玉溪地区行署专员曾永德，玉溪地区人大工作委员主任段毓华、副主任施以宽，中共华宁县委书记刘汝扬等领导同志。是日清晨，华宁县象鼻温泉招待所，清风送爽，朝柱同志与何耀华、刘汝扬乘坐的面包车在崎岖不平的盘山公路上向南驶去。朝柱同志不顾发动机的轰鸣声和车身的颠簸，不断询问沿途梯级电站和村村寨寨的生产情况，并向我介绍 20 世纪 40 年代他在这一带村庄搞地下斗争的情况，虽然是近半个世纪前的往事，但朝柱同志惊人的记忆力却把那一个个山村的情况讲得真切动人。汝扬同志汇报了这些村庄当前的经济变化情况，朝柱同志指着曲江江边台地、坡地上的大片柑橘林问，这是集体的还是私人的？汝扬同志说，是专业户承包的。朝柱同志说，要帮助他们掌握科学和技术，使柑橘生产在华宁发展成一项大的产业。朝柱同志对我说，过去搞了几十年封闭的生产经营，群众的生活还是贫困的，现在改革开放，经济成倍翻番，生产力跳跃式发展，搞社会科学的就是要研究好生产力和生产关系之间的矛盾，为深化改革做出贡献。

　　我说："马克思著作中称为'跨越式发展'，生产力跳跃式发展是您（朝柱书记）去滇西南调查时提出的。我们的理解，它指的是指生产力的发展加快，能跃过一个或几个不同的发展阶段或几个历史发展阶段。它指的是一个地区、一个省、一个国家生产力纵向发展的快速模式跨越生产。我在中甸县虎跳峡镇调查，发现那里也是跨越式发展的。那个少数民族杂居的镇过去生产力低下，经济非常贫困。近些年该镇在党的改革开放政策的鼓舞下，发挥自身的自然资源优势，引进技术，高起点发展起民族工业，全镇一万多人口，人均纯收入从1971年的100元，增加到1987年的2800元，近些年增长迅速，开始时不为大家所认同，《云南社会科学》发表了一组文章，有您和赵廷光同志的，这组文章引起反响，现在，西北、华北、东北的报刊都在讲这个理论了。为深化这个问题的研究，我们组织了以郭家骥为首的课题组，拨给一万元经费，继续去您考察过的牛洛河调研，课题组写出了很好的调查报告，但理论上的开挖还不够，还得再深入下去。"朝柱同志说，这很好，牛洛河应该成为社科理论基地，希望你们多去那里总结群众的实践经验。现在农村深化改革，怎么"改"？怎么"深"？怎样才能深下去？只有到基层去总结群众的实践经验才能做出回答。我说，所以，加速边疆民族地区的生产力发展是有经验可鉴的。

时间已中午，烈日当空，朝柱同志驱车来到盘溪柑橘生产基地，漫山遍野的柑橘树汇成一片绿色的海洋，未成熟的碧绿色的柑橘挂满枝头。朝柱同志喜出望外，向陪同的县柑橘研究所负责同志详细询问了果树的栽培、施肥、防虫、收获、管理以及市场销售情况。盘溪柑橘基地由于得到部队的支持，已从500多亩发展到2200多亩。这个基地起到了很好的示范作用，带动附近农民也种植了柑橘，种植面积增长到7万亩。为了能科学种植，县里成立了柑橘研究所，为全县培训技术工人。朝柱同志听了汇报后指出，要使一个地方的产业形成优势，不能这里种一点，那里也搞一点，小农经济思想是形不成气候的，是不可能实现跨越发展的。盘溪气温高，得天独厚，可种的作物很多，有柑橘、龙眼、杧果、甘蔗、西瓜等，要形成规模。搞集约化大生产，跨越式发展。

我插话说，西方国家的成功经验之一，就是搞规模化的生产与经营，美国加利福尼亚州柑橘、葡萄、杏仁的生产就是这样，它使加州成为美国最富裕的州，我们应该向他们学这种生产经营方式。

朝柱同志说，只有搞规模经营，才能搞高起点的科学种田，才能搞深加工，以形成大的支柱产业。目前，这里的柑橘基地已初具规模，但要有战略发展眼光，像鲁奎山地区一样，要带动周围的群众都富裕起来，你们在用工上可搞合同制，每年招收一些初、高中文化的农村青年进来，进行理论与实际相结合的培训，他们既是工人又是学生，三五年一轮换，每年有进有出，白天下地劳动，晚上上理论课，学了就用，可由县里给他们发一个中专文凭。进行这样的专业技术培训，可以带动整个地区的经济跨越式发展。形成了规模就要找市场，眼睛不只要盯住昆明、个旧、开远这些城市，产品多了会饱和，且价低伤农，要多派推销员出去参加竞争，要把产品打入新加坡、中国香港、中国台湾等市场，那样产品就增值了，好的柑橘一个可卖到三元多。

考察结束后，朝柱同志要何耀华进一步向他介绍生产力"跨越式"发展的资料。何耀华将他主编的，由郭家骥执笔撰写的《商品基地建设与边疆民族山区生产力跨越式发展》一书送他指正，他看后回信说：

何耀华同志：

这本书我浏览了一遍，总体上是一本好书。在我省开始把社会科学理论同人民群众的伟大生产实践紧密结合起来，理论为解决现实的改革和发展服务，符合理论来源于实践，又高于实践、指导实践，在实践中接受检验的社会科学理论的特殊规律。这样研究和发展社会科学理论的思路是正确的，也是本书的可读性和宝贵之处。感谢参加调查和执笔的同志们的艰辛劳动和努力。

　　对本书编纂的建议。民族、山区、边疆解放生产力问题，除了生产方式、经营体制进行三结合、一体化的变革之外，看来还有一个非常重要的改革内容，就是对经济结构、所有制结构的调整，全面贯彻以公有制为主体，多种经济成分长期共存、共同发展的问题。云南处于社会主义初级阶段较低层次的生产力发展水平，在建立集体性质的规模化的商品生产基地的同时，还要注意把个体私营经济的积极性调动起来，加速荒山、荒坡、荒沟土地资源的开发利用；加速加工和流通产业的发展。生产方式的变革、经营体制的变革、所有制结构的调整，"三管"齐下，求得民族、山区、边疆地区生产力的大解放。这样该问题的研究就比较全面，请酌。

　　因此，建议上篇把我最近在全省农业工作会议上的讲话收进去，变为三篇指导性论述。中篇应补充上所有制结构调整的论述，下篇建议把宜良有偿转让荒山开发经营权，玉溪北城乡镇企业股份合作制，澄江国有小企业国有民营改革的典型经验收进去。

　　错字再校对修正加工一次，就可以了。

普朝柱

1994 年 5 月 12 日

　　（原载《云南社科院院刊》1993 年第 5 期。有删节。经普书记秘书刘兴国请示，普朝柱同意发表。院办公室副主任兰彪 1994 年 6 月 8 日记录）

# 云南仍处于社会主义初级阶段的主要表现形式及其特征

江总书记在党的"十五大"报告中，概括了我国仍处于社会主义初级阶段的九大特征。这些特征在云南表现得更鲜明、更突出、更典型。根据课题组最近在玉溪、大理、思茅三地州的调查，云南社会主义初级阶段具有"五低四高"的特点，即社会发育程度低、生产力发展水平低、物质技术基础低、劳动者科学文化素质低、人民生活总体水平低、自然经济比重高、贫困人口比重高、文盲半文盲比重高、地区发展不平衡程度高。其主要表现形式如下。

## （一）社会发育程度低

云南各民族是分别从原始公社、奴隶制、封建领主制、封建地主制和少数地区初步发展的资本主义工商业社会，经过民主改革，脱胎进入社会主义的。社会发育程度的低起点，使云南在社会主义初级阶段的现实发展水平上，远远落后于东部沿海发达地区和中部次发达地区。

## （二）生产力发展水平低

这主要表现在产业结构、就业结构和城乡结构的低演变方面。1996 年，云南的第一产业占全省生产总值的 24.40%，第三产业只占 30.50%，这一年全国的第一产业占 20.20%，第三产业占 30.80%。

发达国家的第一产业大体占其国内生产总值的5%以下，第三产业则占70%，中等发达国家的第一产业占15%左右，第三产业则占50%。1996年，云南从事农业生产的劳动者占83.60%；全国占71.20%。发达国家大体上占3%，中等发达国家占20%。1996年，云南的城市人口仅为21.51%，而全国为42.08%，发达国家为80%，中等发达国家为65%。

### （三）物质技术基础低

充足的能源、便捷的交通和灵敏的通信，是一个国家和地区经济发展迈向现代化的物质技术基础。1995年全省人均电力装机容量为0.139千瓦，人均占有发电量570千瓦小时，仅为全国平均水平的60%，电力调峰能力差，枯水期仍然缺电。铁路运输矛盾突出，出省运力满足率不到50%。公路通车里程虽已名列全国第2位，但公路密度每平方公里仍只有0.17公里，低于四川、贵州等省，公路完好率只占全国第20位。全省通信网络在规模、容量和技术上同全国相比还有较大差距，每百人仅有电话2.23部，不到全国平均水平的一半。物质技术基础落后导致云南省人流、物流、信息流在全国位居后列。1995年，云南省旅客周转量只居全国第22位，货物周转量只居全国第25位，邮电业务总量只居全国第21位。

### （四）劳动者科学文化素质低

1995年，云南省有大专以上学历的人才为368921人，占全部人才的38.7%；中专学历的有461644人，占全部人才的48.47%；高中及以下文化的有121828人，占全部人才的12.79%。全省人才总量偏少。素质偏低，人才仅占总人口的2.39%，远远低于全国3.69%的水平。1996年，全国每万人拥有科技人员22人，云南仅有12人。这使科技推广困难，科技对经济增长的贡献率较低。1995年，云南省科技对工业、农业的贡献率分别是 37% 和 32%，对经济增长的贡献率为 29%，而全国平均为 35% 左右，一些后进民族缺乏独立的生产经营能力和当家理财本领，难以适应发展市场经济的需要。

### （五）人民生活总体水平低

国际上通常用恩格尔系数指标来衡量人民生活的贫富程度。所谓恩格尔系数，即一个人一年的生活消费支出中用于食品消费所占的比重，恩格尔系数在 60% 以上为贫困，50%—60% 为温饱，40%—50% 为小康，30% 以下为富裕。虽然 1996 年云南农民人均纯收入已达 1229.30 元（比全国人均 1926.10 元低 696.8 元），按收入指标已普遍进入温饱阶段，但当年农村居民的恩格尔系数仍高达 61.14%，而全国仅为 56.32%，因此，若用恩格尔系数来衡量，全省农民还普遍处于温饱线以下。

### （六）自然经济比重高

1996 年，全省的农副产品商品率虽已达 53.80%，但边疆民族山区仍只有 10%—20%，远远低于浙江省 65.40% 和广东省 73.40% 的水平。能向市场提供批量商品的地区，主要是生产条件好的坝区和城镇周围比较发达的农村，一般农村和山区、边疆地区的少数民族，只有零星、少量的商品交换，一些民族至今仍处于以物易物、羞于买卖的状态，不少地方迄今仍未形成商品交易的初级市场，完全停滞在自给、半自给的自然经济状态中。由于商品率低，农民群众购买力有限，因而 1996 年全省农民人均生活消费支出中的商品性消费只占 62.5%，大理州仅为 45.36%。全省人均社会消费品零售额为 1058 元，低于全国人均 2035 元的水平，更低于浙江省人均 3647 元的水平。

### （七）贫困人口比重高

1996 年，全国有贫困人口 6000 万，云南有 540 万，大体占全国的 1/10。云南许多贫困地区，至今仍处于食不果腹、衣不蔽体、房不避风雨的深度贫困状态。

### （八）文盲、半文盲比重高

1995 年，全国文盲率为 12.01%，云南省高达 21.03%；人均受教育年限全国为 5.8 年，云南只有 4.6 年。边疆民族地区更为落后。据 1990 年人口普查统计，全省民族自治地方文盲率为 36.6%，全省少数民族文盲率为 45.50%，其中苗、瑶、哈尼、傈僳、德昂 5 个民族高达 60% 以上，拉祜族更高达 72.06%。少数民族妇女的文盲率更高，全省平均是 60.32%，而拉祜、普米、哈尼、德昂、傈僳、布朗、苗、瑶 8 个民族高达 70% 以上，最高的瑶族达 85.50%。人均受教育年限，佤族只有 1.7 年，拉祜族只有 1.3 年。文盲人口众多给全省的经济文化建设带来了严重的不利影响。

### （九）地区发展不平衡程度高

云南省地区经济发展存在不平衡的三元结构，一是以昆明、玉溪、曲靖、楚雄等城市为中心的相对发达地带，这一地带工业化、城市化、农村市场化的发展水平较高；二是与此邻近的昭通、大理、东川等地、州、市为代表的非边疆地区不发达地带，这一地带以自给半自给的农业经济作为自己的经济支柱和特征；三是迪庆、丽江、怒江、德宏、西双版纳等地州及临沧、思茅、红河等地州的边境县、市为代表的边疆原始落后地带。这一地带基本上还保留着原始农牧业的经济生产形式。上述三类地区的发展差距需要几代人甚至十几代人、几十代人的努力才能消除。

　　根据上述九个方面的表现形式。我们认为，云南的社会主义初级阶段，是各民族从前资本主义社会诸形态跨入社会主义社会，在社会主义条件下逐步摆脱原始落后和不发达状态，基本实现社会主义现代化的历史阶段；是由农业和农村人口占绝对比重，生产力发展水平低，主要依靠手工劳动的农业省，逐步转变为非农业人口占多数，包含现代农业和现代服务业，生产力发展水平较高的工业化省的历史阶段；是由自然经济、半自然经济占主导地位，逐步转变为经济市场化程度较高的历史阶段；是由能源、交通、通信等物质技术基础设施极端落后，逐步转变为能源充裕、交通便捷、信息灵敏，人流、物流、信息流活跃的历史阶段；是由文盲半文盲人口占绝对比重，科技教育文化落后，逐步转变为科技教育文化比较发达的历史阶段；是由贫困人口比重大、贫困程度深，人民生活总体水平低，逐步转变为全体人民比较富裕的历史阶段；是由省内地区之间、山坝之间、民族之间经济文化极不平衡，通过有先有后的发展，逐步缩小差距的历史阶段；是通过改革和探索，建立和完善具有云南民族自治地方特点的比较成熟、充满活力的社会主义市场经济体制、社会主义民主政治体制和其他方面体制的历史阶段；是全省各族人民牢固树立建设有中国特色社会主义共同理想，努力建设民族优秀文化与现代文明相结合、具有鲜明地方民族特点的社会主义精神文明的历史阶段；是逐步缩小同国内发达省区和先进民族的差距，实现中华各民族共同繁荣的历史阶段。

　　为此，从云南初级阶段的实际出发，我们提出加快云南发展的如下思路和对策：

　　（1）正确理解和认识社会主义初级阶段的理论和云南的实际。全省各级干部要敢于正视现实，实事求是地承认云南仍处于初级阶段的基本特征。高举马列主义、毛泽东思想和邓小平理论的旗帜，艰苦奋斗、深化改革、扩大开放、脚踏实地地谋发展促发展。要防止和克服等待观望、安于现状、无所作为、妄自菲薄的思想，树立加快发展的信心和决心。

（2）把解放思想、更新观念放在各项工作的首位，在全省迅速掀起第三次思想解放的高潮。解放思想应在重大理论问题上取得突破。要从云南社会主义初级阶段的特征出发，彻底摆脱姓"社"姓"资"和姓"公"姓"私"的束缚，按照"三个有利于"的标准，采取一切可能的办法、措施、手段和路子，加快云南发展。

（3）加大所有制结构调整力度，大力发展个体私营经济。一是认识上到位。要明确认识个体私营经济是社会主义市场经济的重要组成部分，是云南最有希望、最有前途的新的经济增长点，因而必须放心、放胆、放手、放开大力发展；不限速度、不限比例、不限规模、不限范围、不限方式，力争在短期内取得重大突破。二是两条腿发展，除个体私营经济自身加快发展外，结合国有企业"抓大放小""壮大活小"的改革，将大批经营状况不好的国有和集体中小企业，通过改制转为个体私营经济。三是在贷款、税收、土地审批等方面，制定具体的扶持政策。四是提供社会化服务。云南民族地区生产力发展水平低、劳动者的科学文化素质低，普遍缺乏经商办企业的知识和本领，因而迫切需要各级政府为其提供人员培训、生产加工和经营销售等各方面的社会化服务。五是引导社会舆论对个体私营主做出公正评价。在大理州调查时，一位白族私营企业主对我们讲过一段发人深思的话，他说："这十多年来，我是经历了无数的艰难困苦，冒着极大的风险走过来的，我们堪称是90年代的董存瑞和黄继光，是改革开放的探路英雄，却还常常遭人非议和指责。"这满含悲怆的话语，道出了个体私营主内心的苦楚。因此，建议省委省政府在适当的时候，大张旗鼓地表彰一批经营业绩突出、人品又好的个体私营企业家，让全社会了解他们的为人，了解他们对社会的贡献。

（4）逐步对国有企业实行股份制的改革，这种改革实际上是一种公有制形式——公众所有制替代另一种公有制形式——共同所有制。

通过这种改革，使国有企业能够在社会公平与市场效率的结合上，发挥应有的甚至是特有的功能。通过这种改革，大力发展股份制企业，要充分认识公众持股是公有制的一种重要的实现形式，大胆进行股份制的改革。

（5）扩大对外开放，以大开放求大发展。首先，据调查，云南80%的边贸进出口额和70%以上的外资企业，都是云南籍的海外华侨华人和港澳台同胞直接开展或参与促成的，应充分发挥云南的侨乡优势，采取多种措施调动云南籍的海外华侨华人和港澳台同胞关心、参与家乡建设的积极性。热忱欢迎他们回乡观光旅游和开展经贸合作。这方面尚有巨大的潜力可挖。其次是分层次有重点地完善云南的对外开放格局。以发达国家和地区为重点引进资金和技术；以东南亚周边国家为重点发展资源加工和边境贸易；以国内沿海发达省区为重点吸引其第二产业向我省转移；以昆明的区位优势吸引大西南五省区各方，到昆明来举办按股分贷、按股分劳、按股分税、按股分利的股份制大集团。最后是采取"低门槛、高回报"的对外招商政策，敢于以存量换增量，以资源换资金，以市场换技术，以高报酬吸引人才。

（此文曾被中共云南省委作为认识云南仍处于社会主义初级阶段特征的理论依据。曾作为省第六次党代会会议讨论的参考资料。后发表于《云南社会科学》1998 年第 1 期）

# 推进云南现代化建设的新思路：
## 同心圆经济发展战略

在邓小平同志建设有中国特色的社会主义理论和党的基本路线的指引下，在党中央、国务院和中共云南省委、省政府的领导下，我省实行符合省情的经济社会生态发展战略，在党的十一届三中全会以来不断取得了历史性的成就。省委领导在《在中国共产党云南省第六次代表大会上的报告》中指出："世界各国在图发展，全国各地在大发展，经济实力的竞争日趋激烈，不加快发展就必然落后，就没有前途，没有希望。"采用何种方式加快发展是全省人民普遍关心的一个重大理论问题和实践问题。作为一种探索，我讲以下三个问题。

## 一　中国现代化建设的两次浪潮

第一次浪潮在 1979—1988 年，由于实行农民家庭联产承包责任制，提高农副产品收购价格，缩小工农业产品价格的"剪刀差"，减轻农民负担；调整农村产业结构，让农民大批从土地上分流出来，从事工业、建筑业、商业、服务业等非农产业，步入农村工业化、市场化的轨道，使中国经济出现了改革开放以来第一次高速增长。这期间，国民生产总值平均增长 9.6%；工业产值平均增长 12.8%，其中轻纺工业产值平均增长 15%，重工业产值平均增长 10.9%。推动这次增长浪潮的主要力量，是消费品需求旺盛，尤其是耐用消费品需求，一个消费热潮接着一个消费热潮。消费需求拉动了投资需求的扩张，1984—1988 年，全社会固定资产投资增长 1.45 倍，其中预算外投资增长 1.87 倍。从投资结构来看，大部分投资集中于轻加工领域，致使轻加工行业的生产能力急剧扩张。这说明此次以轻纺工业扩张为主导的工业化浪潮是工业化推动型增长。这次增长以 1989 年治理整顿政策效应的直接后果——市场疲软而告结束。1989 年社会商品零售总额为 8101 亿元，比上年增长 8.9%，扣除物价上涨因素，实际下降 7.6%。在 1989 年 8 月至 1990 年的 13 个月中，全国经济有 2 个月为负增长，4 个月为零增长，2 个月为微增长。

第二次浪潮开始于 1992 年，至今已持续了 4 年半。1992 年，国内生产总值比上年增长 13.2%，1993 年增长 13.4%，1994 年增长 12.6%，1995 年增长 10.2%。在这次经济增长浪潮中，消费需求的拉动作用明显减弱，已不再成为经济增长的主要推动力量。1992 年，全社会商品零售额增长 15.7%，扣除物价因素，实际增长 9.8%，1993 年比上年增长 23.6%，扣除物价因素，实际增长 9.4%，这都大大低于同期轻工业增长幅度（20.9% 和 19.9%），表现出消费需求不足。与此形成显著对比的是，投资需求拉动经济增长的作用日益强化，1992 年全社会固定资产投资达到 7582 亿元，比上年增长了 37.6%，1993 年比上年猛增到 50.6%，扣除物价上涨因素，实际增长 22% 左右。由于投资的大幅度增长，带动投资品市场购销两旺。1992 年全国物资供销企业购进生产资料 5514 亿元，比上年增长 39.7%，销售 5891 亿元，增长 39.5%，1993 年生产资料购进总额为 7423 亿元，销售总额 7796 亿元，比上分别增长了 34.6% 和 32.3%。在这种情况下，20 世纪 80 年代轻工业增长超过重工业的格局被打破，1992 年重工业增长速度高于轻工业 3.1 个百分点，1993 年高于 2.3 个百分点。1994 年高于 8.1 个百分点，1995 年实行宏观调控，暂时比 1994 年低 4.9 个百分点。即使是这样，也保持了增长 3.2 个百分点的高增长势头，这次重工业化的特点是以基础产业、基础设施为主导的产业关联带动型的发展。从投资结构来看，第三产业投资持续上升。1993 年，国有单位固定资产投资中，第一产业投资 158.2 亿元，比上年增长 19.6%，所占比重由 2.8% 下降到 2.2%；第二产业投资 3850.1 亿元，增长 37.1%，所占比重由 58.9% 下降到 53.6%；第三产业投资 3174.7 亿元，增长 73.7%，所占比重由 38.3% 上升到 44.2%，其中运输、邮电、通信业投资比上年增长 106.7%，所占比重由 14.7% 上升到 20.2%。这反映了加快基础设施建设已成为中国工业持续增长的重要因素。20 世纪 90 年代重工业发展态势是以中国城市化发展为背景的，是城市化推动的经济增长类型。

值得注意的是，20 世纪 90 年代中国经济增长出现的新变化是暂时现象还是长期现象。如果是长期现象，那就意味着中国增长轴心的转移，即 20 世纪 80 年代消费需求拉动的经济增长阶段宣告结束，而进入了城市化推动的经济增长新阶段。这是一种长期现象，它是中国进入非必需品消费为主阶段后，城市化滞后带来一系列矛盾的必然结果。第一是消费需求升级带来的。20 世纪 90 年代以来，职工的消费需求主要不再是新兴耐用消费品，而是更高层次的消费需求，而这种需求受到其生活设施基础条件的制约而难以持续扩张。消费需求升级受到城市化滞后的制约，会反过来形成促进城市化的推动力量。第二是工业化进一步发展的要求。工业化需要借助城市化的聚集效应和扩散效应，也要借助城市化较先进的基础设施和生产基础。新中国成立以来的 30 年，中国工业化大都借助于老城市的功能而发展起来，但随着工业化水平的提高，城市化滞后对工业化的制约越来越严重。目前许多新上项目不得不从基础设施配套项目开始，原有的基础设施条件已严重不适应工业化发展的要求，因而增加城市数量及老城区的改造和新城区的开发日益成为工业化发展的前提条件。第三是乡镇企业升级换代发展的要求。中国乡镇企业迅速发展，但大多分布于各个自然村，比重占乡企总数的80%，它们远离拥有良好的通信、金融、商业、科技、文化和教育的社会服务体系，因此很难提高水平，增强竞争力。乡企的进一步发展形成推进城市化的巨大力量。第四是工业剩余劳动力外流的要求。目前中国社会总产值中农业的份额已下降为不足1/6，而农业劳动力占全社会总劳动力的比重高达2/3左右，农业剩余劳动力向城镇转移已成为不可阻挡的潮流，成为又一种促进城市化的强大力量。

总而言之，城市化推动增长是一个长期的必然的现象，它是中国城市化长期滞后累积效应带来被迫调整的结果。没有城市化就没有工业化，没有工业化就没有现代化，因此，云南的现代化建设在当前应以城市化为重点而加以推进。

## 二　推进云南现代化建设的同心圆战略

中国经济增长轴心由20世纪80年代消费需求拉动的增长向20世纪90年代城市化拉动的增长转移，是不以省区的不同而改变的，也不以人的意志为转移。云南省的情况和全国一样，90年代以来的增长也是城市化推动型的增长。"八五"期间，以城市化为背景的重点建设投资297亿元，比"七五"增长了4.2倍，投资拉动增长的作用极为突出。这一期间建成和部分建成投资重点项目70项。新增铁路291.6公里，新建改建公路一万多公里，其中高等级公路836公里，开展了6条主要公路干线的改造，以昆明为中心200公里范围内的主要公路高等级化。新建改建机场7个。实现地、县通信程控化。发电装机容量完成217万千瓦，进入大电站、大机组、大电网的时期。可以说，这些建设都是由城市化导向而展开的。

云南是一个发展不平衡的边疆省份，怎样处理好非均衡发展向均衡发展是一个大问题。从省情和全省在第二个浪潮中高速增长的实践来思索，考虑到城市化推动型增长在未来15年甚至更长时间仍然是我国增长的轴心，云南应以昆明为圆心，实行三个同心圆的工业化、城市化发展战略。

第一个同心圆是核心区。由五华、盘龙、官渡、西山、呈贡、晋宁、安宁、宜良、玉溪、澄江、江川、通海、陆良、曲靖、楚雄、禄丰等16个县、区、市组成。这个地区交通发达、信息流畅、人才汇集、商工科文兴盛，各类产业的发展水平和投入产出率、投资回报率，以及级差地租水平等都处在全省和川西南、川南、黔西、黔东南、桂西北之前列，其产业结构比全省及邻近广大地区要高一个层次，是有代表性的集约人口、集约经济、集约科技文化的空间地域。为加速这个地域的城市化，按令狐同志的设想，可将呈贡县、晋宁县改区，笔者认为安宁市也可改区，这样既可以疏解昆明中心城区工业，改变人口、交通过于密集，城市基础设施超负荷运转，三废污染，生态环境质量下降的矛盾，又可解除城市空间拥挤给昆明对外开放和经济大幅度增长所带来的严重制约。与此同时，在宜良、通海、陆良、禄丰撤县建市，并将澄江、江川两县合并建澄川市，使核心区形成以特大城市昆明及卫星城市通海、玉溪、澄川、宜良、陆良、曲靖、楚雄、禄丰环绕的城市群。

第二个同心圆是中间区。大致由澜沧江以东，红河以北，金沙江以南的昭通、东川、丽江、大理、思茅、红河、文山等地、州所属的县、市，以及核心区17县市以外昆明、曲靖、楚雄三地州市所属的县市组成。中间区幅员辽阔，资源丰富，但开发程度和市场发育程度低，自然经济的比重大，产业结构单一的矛盾突出，资金、技术、人才缺乏，难与核心区实现同等发展。它既是核心区依托发展的区域，又是核心区扶持与带动发展的区域，中间区在核心区的带动下，应因势利导，将大理、思茅、开远、弥勒、蒙自、建水、昭通、文山发展成为区域内 25 万—50 万人的中等城市。

第三个同心圆是边沿区。由中间区以外的各地县组成，包括迪庆、怒江、保山、德宏、临沧、西双版纳六地、州所属县及思茅地区的西盟、孟连、澜沧及红河州的红河、禄春、元阳、金平、屏边、河口等县。从市场经济及核心区的经济辐射无省界、无国界的视角看问题，边缘区可包括川西南、川南、黔西北、黔东南、桂西北的凉山州、宜宾地区、毕节地区、六盘水地区、黔东南州、百色地区，及邻国缅、老、越的北部、中部地带。《南诏德化碑》说：昆明安宁的"盐池鞅掌（鞅掌，意为繁忙繁容），利及祥欢（祥，即祥舸，指今贵州省西部；欢即欢州，在今越南中部之荣市）"，"西开寻传，禄出丽水之金"（寻传指澜沧江至怒江地带，丽水指伊洛瓦底江，禄指伊洛瓦底江上游的小江），南诏之丽水节度治城置于丽城（今缅甸密支那的达洛基）。说明早在南诏时期，云南中心城市的经济辐射就是超越省界和国界的。边缘地区绝大部分为少数民族聚居地区，经济发展一般来说又比中间区滞后，消除贫困的任务极重，这个地区资源丰富，地处沿边沿江地带，发展经济的优势和潜力巨大，他们的发展既有赖于核心区、中间区的产品扩散、技术扩散、资金扩散、企业扩散，也有赖于国家对边疆少数民族的特殊政策予以扶持。其城市化、工业化的速度在一段时期内将慢于核心区和中间区。

提出同心圆发展战略的客观依据是云南经济地理上客观存在发展不平衡的核心区、中间区、边沿区的三元结构，理论依据是发展经济学的"非均衡发展理论"。按照这一理论，核心区与中间区、边沿区之间的相互作用存在两种不同的效应，即极化效应与扩散效应。极化效应是指核心区凭借自己的支配地位，从中间区、边沿区吸取要素和资源壮大自己，以形成更大的增长极，成为三元结构的发展轴心；扩散效应是指核心区为了求得自身发展，不断增加向中间区、边沿区采购原料、燃料、食品，输出资本、技术、设备、人才，以形成对中间区、边沿区的辐射，从而带动其经济快速发展。这种双向效应是后发展省区经济快速发展的杠杆，反映了后发展省区经济非均衡发展的特点和规律，是由非均衡发展逐渐走向均衡发展的动力之所在。因此，我们应该着力发展核心区，积极发展中间区和边沿区，利用核心区的极化效应和扩散效应，加快中间区、边沿区的发展步伐。只有这样，才能以最快的速度实现云南全省的工业化和城市化。

发展核心区，实现核心区的极化效应与扩散效应的基本思路是：

第一，调整产业布局，在未来 15 年内实现 17 个县、区、市工业化，将其建成能源、冶金、化工、机电、建材、食品、卷烟及高科技产业的基地。扩展第二、第三产业，使其农业比重下降到 15%，从事农业的劳动力的比重下降到 21%。

第二，加快城市化进程。城市化是指人口从农村向城市集中的过程，其表现有两种形式，一是城市的数目不断增加；二是城市规模不断扩大。城市化是工业化的直接产物，因为工业的发展必以城市化为依托，并为城市化提供了可能的条件。昆明城区扩大到呈贡、晋宁、安宁以后，中心城区的基础产业、初级产品的生产应移至昆明、呈贡、安宁等城郊区及宜良、陆良、玉溪、通海、禄丰、曲靖等卫星城去。中心城区应部署技术含量高、人才要求高的高技术产业，并构建面向东南亚各国及大西南的服务功能，使其成为跨国和跨省区的金融中心、销售中心、结算中心、信息中心、教育中心、娱乐中心。同时扩大曲靖、玉溪、楚雄市规模，按 50 万—100 万人口的大城市规模进行建设，将曲靖建成以机械（汽车）、卷烟、纺织、冶金、煤炭、化工、食品等为主的工业基地；将玉溪建成以卷烟工业为龙头，为人民生活服务，为外资服务，为农民服务的轻加工工业基地，可与上海等发达地区的企业联姻，生产上海商标的名牌轻工产品。楚雄应吸收滇西及攀西地区的生产要素，建成轻、重、化工综合型的工业化城市。宜良、通海、陆良、澄江、禄丰撤县设市后作为昆明和曲靖、玉溪、楚雄的卫星城，应吸纳大量农村剩余劳动力，发展成为20万人的小城市，围绕中心城市的需要，发展配套产业，与中心城市互动发展。

第三，大力发展核心区的镇、集经济，在由农业文明向工业文明转变的过程中，镇、集经济有巨大的推动作用。它们是大城市与广大农村进行经济、文化交流的中介。按照美国学者施坚雅在（G. William Skinner）《中国的市场与社会结构》（载美国《亚洲研究学刊》）一文中提出的论点，对于居民最方便、最省时、省力而对商业网点可能获利最大、耗时最小的商业服务面是呈六边形的一个地区。如此，周边最短而面积最大，居民可以获得最短的交易距离。六边形的中心即是一个集（市场），每六个六边形的交易面围绕着一个上一级的中心——镇。施坚雅的这个理论可以作为我们发展镇、集经济的参考。

"七五""八五"期间，核心区17个县、区、市的工业化、城市化水平有了巨大的提高，为建成全省乃至西南地区的增长极奠定了基础；未来15年中城市化推动型增长的态势将日益强化，为17个县、区、市的工业化、城市化提供了机遇。

城市化推动型增长具有下列特征：

第一，持续高增长。根据之一是我国的潜在市场容量大、住宅消费、劳务消费、保健消费、精神消费等许多消费领域尚未开拓。其次是产业结构转换倾向极强，正处于人均300—1090美元这一产业结构急剧变动的阶段；最后就是农业能源和原材料等基础产业的支撑能力尚有潜力可挖，如降低实际物耗的潜力很大。还有高储蓄奠定了潜在投资扩张的基础。高储蓄会转化为城市化的高投入。

第二，"四高一低"的经济循环格局。由于消费需求比较平稳，消费相对较低，受城市化发展的驱动，积累将保持较高水平，并对基础设施建设实行高投入。并且，在这一被迫调整的城市化发展中，为改善投资环境，增强发展后劲，各地同时掀起基础设施建设高潮，形成排浪式的投资热潮。在此推动下，形成高物价与高收入相互作用的格局。因此，20世纪90年代经济增长将在"高物价—高收入—低消费—高积累—高投入"的经济循环过程中得以实现。尽管国家宏观调控使物价会大致停留在一个相对合理的水平上，但是由城市化推动型增长的特点所决定，物价还是会相对比较高。

第三，受市场需求不足的制约影响较小，经济增长波峰期会相对拉长，当投资需求扩张到一定程度，受到有效供给不足制约，经济下滑的力度也相对较强，表现为较大的波动幅度，但波动期不会太长，一旦有效供给有所宽松，经济恢复便会迅速启动，且回升势头强劲。

根据这些城市化推动型经济的增长特征，我们应该大力推进云南的城市化，用同心圆模式由非均衡推进走向均衡推进。当然，在全省实行一体化的全方位推进模式不是不可以，但欲速则不达，那样做发展速度会比同心圆模式慢。

## 三 用"同心圆模式"推进云南现代化的问题与对策

（1）由于边沿区基本上和中间区的一大部分是少数民族聚居地区，这些地区的发展本来就比滇中地区缓慢，让核心区17个县、区、市先行实现工业化、城市化，其投资率和增长速度在一定的时期内将会迅速升高，中间区、边沿区则会降低，从而使不平衡发展的反差拉大。因此，应同时采取注重少数民族地区发展的特殊扶持政策，在民族地区部署重大的发展项目，开发其丰富资源。这一方面是发展核心区，扩大其极化效应的需要；另一方面又可保持民族地区自我发展的旺盛活力，形成自己的发展支柱和特色。

（2）城市化推动型增长的弊病是结构性矛盾会加剧，并由此产生新的经济和社会矛盾。城市化发展中排浪式的高投资热潮，会造成资金紧缺，运输紧张，农业投入不足，社会总供求矛盾趋紧，从而会引发乱集资、乱拆借、乱设金融机构使金融秩序混乱；引发囤积抬价，层层加码，垄断市场，牟取暴利的流通秩序混乱；引发互相拖欠，赖债不还，违约毁约的生产秩序混乱等经济问题。同时，通胀与失业的压力会加大，还有随着地区差距、城乡差距和行业差距的拉大，大批农村剩余劳动力涌进城市，社会不安定因素会增加。因此，应采取继续深化体制改革，进行有效调控的举措，如整顿金融秩序，使其井然有序；强化财政税收手段，以调整经济结构和解决社会分配不公的问题；以扶助贫困政策帮助贫困地区脱贫和改变面貌；以社会保障政策对失业人员实行社会保障，开展职业培训，创造就业机会，扩大就业等。

（3）制定滇中城市化和全省城市化的总体设想和新的规划。合理布局，给城市的经济功能定位，现阶段，滇中地区应以发展中等以上城市为重点，中间区、边沿区则应以发展中小城市和小城镇为重点。要防止城市化的盲目性，避免土地资源的浪费和对环境资源的破坏。

（4）社会主义精神文明建设应与工业化、城市化同步进行。精神文明既是城市化的特征和标志，又是实现城市化的保证。

总而言之，非均衡发展是实现云南现代化的必由之路，用"同心圆模式"推进云南现代化是一种走向快速发展的选择，出现这样那样的矛盾是不可避免的，但不能因噎废食，矛盾可以通过各种政策和宏观调控手段使之缓解。

最后，我想再说明两点：

　　第一，关于我省社会科学的发展问题。省委在省第六次党代会的报告中提出："要逐步加大资金投入，大力发展社会科学和新闻出版、广播影视、文化、卫生、体育等社会事业，重视和促进社会的全面发展。"省委领导把社会科学提到了一个很重要的位置，社会科学界的同志们深受鼓舞。志强、令狐、天玺同志都十分重视我省社会科学的发展，多次做批示进行指导，天玺同志多次到院里进行调研，给予具体的指导和帮助。宝三、继尧、学仁同志不是直接参与我们的研究，就是直接来院与科研人员进行座谈。由于省委、省政府的重视，省社会科学院在最近5年中获得了巨大的发展，现有12个研究所、4个研究中心，在职职工310人，其中研究员15人，副研究员55人。科研人员中有硕士40人，博士2人，国家突出贡献专家2人，省有突出贡献的优秀专业人才6人，获政府补贴的9人。科研方面应用理论研究成果连续三年在全国获"五个一工程"奖；决策咨询性成果大量被国家主席办公室、安全部、国家民委、外交部、电力部等中央有关部门和省委、省政府采纳；邓小平建设有中国特色的社会主义理论研究、民族研究、东南亚研究、经济研究方面的学术研究成果在国内学术界占有独特的地位，并在国际学术界享有盛誉。从研究基础设施、研究成果的数量质量、科研队伍的学术水平、对外学术交流及内部管理等指标进行比较，我院在全国各省社科院中的位次都在前5名。

　　邓小平同志说："我们国家要赶上世界先进水平，从何着手呢？我想，要从科学和教育着手。科学当然包括社会科学。"[①] 江泽民同志说："社会科学研究的方向正确与否，社会科学发展状况如何，对人们的思想意识和社会道德风尚、对经济建设、对社会稳定和发展，都会产生巨大而深远的影响，甚至关系到中华民族的兴衰和社会主义的命运。"要发展繁荣我省的社会科学，一是要以邓小平建设有中国特

　　① 《关于科学和教育工作的几点意见》，《邓小平文选》第2卷，人民出版社1989年版，第48页。

色的社会主义理论为根本指针，坚持党的基本路线，坚持在科研工作中讲政治，发挥"用科学理论武装人"的作用；二是要按邓小平同志和江泽民同志的讲话给社会科学定位，不要只把自然科学当作科学；只把自然科学当作第一生产力。应该把社会科学放在"科教兴国""科教兴滇"战略中的特殊位置上加以发展。当务之急要落实省委关于"逐步加大资金投入，大力发展社会科学"的指示，以解决社会科学因投入不足而存在的调研难、出书难、购置图书及设备难的矛盾。

第二，本文采用了张仲礼、杜塔、袁恩桢、魏凯主编的《浦东开发与迈向新世纪的中国经济》（上海社会科学院出版社 1995 年版）一书中周振华、沈祖炜《浦东开发与中国城市化进程加速》一文中提出的一些资料和论点。这些论点对我们认识城市化推动型增长的规律很有帮助。

1996 年 7 月 23 日

（本文是 1996 年 6 月 30 日，中共云南省委中心学习组印发的学习参阅材料之二。是本人给当天中心学习组五套班子进行讲座的稿子）

# 东南亚金融危机对云南经济
# 发展的挑战和机遇

## 一 东南亚金融危机及各国政府的应变对策

东南亚金融危机开始于泰国。1997 年 7 月 2 日，泰国中央银行宣布放弃泰铢与美元的固定汇率制，泰铢汇率骤然暴跌，56 家金融公司被关闭，4 家商业银行丧失独立经营权，1 万多家企业倒闭，150 多万人失业。国民收入下降 6.6%；国家经济损失 1412 亿多美元；全国政局动荡，差瓦立总理被迫辞职。

泰国金融危机暴风骤雨般地席卷临近各国。在马来西亚，汇、股两价双双大幅下滑，分别跌至国家独立以来的最低点：48.3%、56.4%。4 个月之间，1016 家公司倒闭。至 1998 年 5 月，国库储备金比危机前的 1997 年 6 月下降 63 亿美元。在新加坡，新元贬值 15%，股价下跌 35%，宝源、百富勤两大证券公司被迫停业。在印尼，汇价一泻千里，至 1998 年 1 月印尼盾贬值 82%，股价由 1997 年 7 月 8 日的 740.8 跌至 12 月月底的 401.7，金融危机激化各种社会矛盾，全国暴乱不止，导致苏哈托下台。在菲律宾，比索汇率跌幅超过了 70%，股价跌至历史上的最低点。在越南，越南盾贬值 16%，由于企业大量套汇、逃汇，致使国库外汇储备空虚，至 1997 年 12 月，其所有外汇只够应付 10 个星期的进口需要。在老挝，老币基普一贬再贬，至今已贬值 70%，恐慌的老挝人大量以基普兑换美元，致使商品销售锐减，商店大量倒闭。在缅甸，缅元汇率下跌 37.05%。在东南亚金融危机的冲击下，1997 年 10 月，韩国币汇率暴跌近 70%，引起韩国大批企业倒闭，内阁更迭。1998 年 6 月伊始，不断贬值的日元汇率跌至 6 年以来的最低点：147 日元兑 1 美元。

面对金融危机，东南亚各国政府纷纷采取以下主要应对措施：动用巨额外汇储备力挽汇率跌浪，大幅调低国内生产总值，削减预算，抑制消费，收紧银根，降低关税，进行金融改革，阻止资金外流和金融投机，大量发放巨额商业出口信贷及用世行贷款作为出口资金，以刺激出口，扩大对外开放领域，允许外国人收买本国公司或买 50% 以上的股权，允许外资进入银行及放宽外国银行入国限制，允许外资拥有保险公司、电信公司 50% 左右的股权等，越南还以对外资企业实行关税优惠、所得税优惠、采购优惠、提供外汇方便来吸引外资。老挝拿出 50 项水电工程对外招商。缅甸则采取限制进口、停止边贸（官方认为边贸中存在的问题是导致缅币贬值的重要原因，因而决定停止与周边国家中、泰、印等国的边贸）、出口以美元结算等举措来控制外贸。

东南亚各国应付危机的措施，一定程度上刺激了复苏，1998 年 1—5 月纷纷出现货币的回升和股市的反弹（如泰铢汇率 3 月比 1 月上升了 40%，泰股上升了 25%）。但是，由于 6 月中旬日元的大幅贬值（140 多日元兑 1 美元），泰铢、马来西亚林吉特及菲律宾比索又相应贬值，东亚地区国家汇、股两市再次大幅受挫，连澳大利亚、新西兰、俄罗斯、波兰、匈牙利、捷克及南美洲的国家也受到冲击。一些经济学家认为，日元的继续贬值，将导致东南亚金融危机的升级。因此，分析东南亚国家的金融危机，必须重视日元贬值对其带来的冲击。

从发展前景看，日元继续贬值不可逆转。原因之一是日美存款利差在短期内不可消除，日美之间悬殊的利差是扩大日本企业和国民对美元需求的基本因素。日本资金仍将在一段时期内源源流向美国，推动美元升值。据估计，日本国民拥有个人金融资本为1233万日元，按150日元兑换1美元算，合8.15万亿美元，相当于日本现在外汇储备的35.4倍。也就是说，只要日本国民拿出不到3%的金融资本去换美元，即可将日本现存外汇储备换光。为此，一些经济学家预料，日元汇率将跌破200：1的大关。原因之二是日本扩大内需无望，将依靠出口和强大的贸易顺差带动本国经济增长，日元贬值是实现此目标唯一可选择的手段。原因之三，美国市场需要资金注入，在美元升值不致严重损害美国出口的条件下，日元贬值对美国目前没有直接危害。原因之四，根据购买力计算的日元汇率为1美元兑182日元，目前日元汇率仍然高估，这决定着日元汇率下跌的长期走势。由于日本依靠日元贬值带动本国经济增长是以损害亚洲其他国家和地区的经济为代价的，所以东南亚、东亚国家和地区的经济不是在短期内可以复苏的。一方面，日元贬值使亚洲国家和地区的同类商品比日本同类商品更加昂贵；另一方面，由于日本国内市场的萎缩而减少亚洲国家和地区对日本的出口。据估计，在韩国，如果日元兑美元贬值1%，韩国的出口就下降0.6%，汽车出口下降1.6%。由于我国和日本的贸易占东亚地区贸易的一半以上，日元贬值对我国的冲击巨大。美国对日元贬值的干预，一是担心日元继续贬值，将引起亚洲国家货币再次贬值，届时人民币也不得不贬值，会引起国际外汇市场的大震荡，使美国经济遭受重大影响；二是美国想稳住日本，共同对中国进行牵制。因此，美日联合干预日元汇率只是临时的象征性的行动，其根本的目的不是要稳定日元汇率。只要日本经济继续停滞，日元贬值的趋势就不可阻挡，而日本经济的复苏，不是短期可以实现的。

总的来说，受日元贬值的影响，东南亚国家的金融走势将继续动荡，经济衰退势不可当。部分东亚国家和地区的经济增长也会大幅下降。根据摩根信托公司的预测，1998 年，东亚地区的实际国内生产总值的增长率将大幅度下降。中国香港地区将由 1997 年的 5.2% 降为 -0.6%；印尼由 7.0% 降为 -10.0%；韩国由 5.5% 降为 -3.6%；马来西亚由 8.0% 降为 -0.5%；菲律宾由 5.1% 降为 1.0%；新加坡由 7.5% 降为 2.0%；中国台湾地区由 6.8% 降为 5.5%；泰国由 0.5% 降为 -4.2%。经济增长速度的减慢，是经济衰退的典型特征。

## 二　东南亚金融危机对云南经济发展的挑战和机遇

东南亚是我省对外经贸、引进外资、进行对外经济技术合作的主要地域，对于东南亚金融危机带给云南的挑战，应做客观的充分的估计。

### （一）出口贸易

东南亚各国和日本、韩国是云南省的主要出口国，在该省出口贸易比重中占 50.2%（见表 1）。[①]

表1　1996 年云南省对东南亚各国和韩国、日本出口在全省出口中的比重

（单位:%）

| 缅甸 | 越南 | 老挝 | 菲律宾 | 马来西亚 | 印尼 | 泰国 | 新加坡 | 韩国 | 日本 | 总计 |
|------|------|------|--------|----------|------|------|--------|------|------|------|
| 24.3 | 2.4 | 1.3 | 0.6 | 2.2 | 2.7 | 2.5 | 2.2 | 1.1 | 10.9 | 50.2 |

---

① 资料引自省计委阳坚等《东南亚金融危机对云南外经外贸及支柱产业的影响》。

在金融危机的打击下，进口我省商品的上述国家经济增长慢，支付能力下降，进口需求萎缩，致使云南出口额大幅下降。1998年第一季度与1997年同比，云南对东南亚国家和地区出口减少1880万美元，下降25.1%，其中，对老挝减少127万美元，下降56.2%；对缅甸减少2303万美元，下降48.1%；对泰国减少240万美元，下降38.4%；对印度尼西亚减少352万美元，下降68%。对韩国减少115万美元，下降30.6%；对日本减少1136万美元，下降14.2%；对中国台湾地区出口减少58万美元，下降14%。受金融危机影响较重的泰国、马来西亚、印尼、韩国等国，由于货币贬值，国内市场低迷，许多客户支付能力下降，致使已成交和预成交的合同纷纷落空。据昆明市反映，1997年，进口农机齿轮、印染布、糖机械成套设备等的客户要求调减或延期执行合同，涉及金额超过1000多万美元。其中，昆明轻机厂原定出口马来西亚800万美元，出口越南200万美元，出口印尼80万美元的合同被迫推迟；云南齿轮厂出口额压缩近50%，昆明灯芯绒厂由月出口50万米减至不足20万米。[1] 根据昆明海关的统计，1998年第一季度我省对东南亚各国及日本、韩国的出口增长大多为负数（见表2）。[2]

表2　　　　1998年一季度云南对东南亚国家和日本、

韩国出口与上年同期增长速度比较　　　（单位:%）

| 缅甸 | 印尼 | 老挝 | 马来西亚 | 菲律宾 | 新加坡 | 泰国 | 越南 | 韩国 | 日本 |
|---|---|---|---|---|---|---|---|---|---|
| -36.4 | -15.7 | -64.0 | 133.1 | 108.1 | -67.2 | -18.4 | 7.4 | -28.7 | -24.8 |

就主要出口商品看，1997年，对中国香港的卷烟、铝合金、氧化锗、望远镜、辣椒干、松茸、桉叶油、硅8种主要商品的出口较上年

---

① 数据由云南省对外经济贸易与合作厅提供。
② 资料引自省计委阳坚等《东南亚金融危机对云南外经外贸及支柱产业的影响》。

减少 15616 万美元；对日本的芸豆、银鱼、烤烟、原木、磷铁、锡、焊锡、钙镁磷肥、磷酸等 14 种主要商品的出口减少 654 万美元；对韩国的铁合金、磷铁和锡主要商品出口减少 181 万美元；对缅甸的卷烟、棉布、化纤布、洗衣粉、过磷酸钙、柴油机等 20 种主要商品的出口减少 1663 万美元；对泰国的棉布、磷酸、化肥等主要商品的出口减少 247 万美元；对马来西亚的锰铁、过磷酸钙、铅、成套设备等主要商品的出口减少 561 万美元；对印尼的磷酸二铵、三料过磷酸钙、镗床、铣床、烟草机械、棕榈油、纸浆等 9 种商品的出口减少 958 万美元。与 1997 年同比，1998 年一季度主要商品出口仍然呈下降状态。如芸豆出口减少 223 万美元，茶叶 367 万美元，烤烟 729 万美元，棉布 157 万美元，洗衣粉 1.19 万美元，铅 210 万美元，锌 292 万美元，焊锡 208 万美元，磷酸五钠 454 万美元，船舶 114 万美元，柴油机 175 万美元。

在各种出口产品中，烟草（卷烟、烤烟）的出口下降是最大的。1996 年云南向这些国家出口的"两烟"金额为 2.327 亿美元，1997 年下降到 9126 万美元，减少了 60%。我国的卷烟出口政策的改变虽对我省卷烟出口下降有影响，但上述国家压缩进口则是最重要的原因（见表 3）。①

表 3　　　　　云南省出口到缅甸等国的"两烟"产品金额

（单位：万美元）

| 年份 | 缅甸 | 印尼 | 日本 | 马来 | 新加坡 | 菲律宾 | 韩国 | 泰国 | 越南 | 总计 |
|------|------|------|------|------|--------|--------|------|------|------|------|
| 1996 | 882 | 2883 | 1113 | 2809 | 5201 | 4463 | 4285 | 1451 | 185 | 23272 |
| 1997 | 1379 | 2752 | 0 | 2383 | 1191 | 316 | 244 | 703 | 158 | 9126 |

---

① 资料由昆明海关提供。

东南亚国家的部分出口产品和主要出口市场与我省的比较相似，因这些国家的货币大幅度贬值，出口商品的竞争力相对增强，加之危机后各国政府采取刺激出口、限制进口的政策，致使我省在与它们的出口竞争中十分不利。缅甸自 1997 年 9 月开始规定进口中国货物量不得超过其出口货物量；为保护东盟国家机电产品对缅的出口，还对我省出口的机电产品及家用电器（如发电机、变压器、汽车、热水器、灯泡等）产品进行限制，致使我省对缅的出口大幅下滑。1998年第一季度，中缅边境贸易比上年同期下降 19.3%。[①]

## （二）利用外资

由于金融危机，东南亚各国、日本、韩国及中国香港、中国台湾地区对我省的投资减少。1997 年年底，外商在我省的投资总额为7.595 亿美元，协议外资金额共计 3.801 亿美元（见表4）。[②] 由于出现金融危机，各投资国的实力下降，资本市场低迷，对外投资多处于停滞状态，加之各国在应对危机中制定吸引外资的更为优惠的政策，从而更增加了我省引资的难度。因此，1998 年第一季度与上年同期相比，亚洲地区商人到我省投资按协议外资计算，整体下降了 57.82%。新加坡是对我省投资最多的东南亚国家，1997 年第一季度对我省的实际投资为 1048 万美元，1998 年同期则下降到 168 万美元。另外，在我省投资的国家和地区中，泰国、中国香港和中国台湾在危机后撤资230 万美元，缓资 605 万美元，减资约 500 万美元。柴石滩电站和景洪电站项目是我省利用外资的重大项目，受危机影响，马来西亚投资的柴石滩电站项目其资金无法如期到位；泰国拟与我省合作的景洪电站项目将推迟 2—3 年。

---

① 数据由云南省对外经济贸易与合作厅提供。

② 同上。

**表 4**       **1997 年东南亚国家及韩国、日本对云南投资情况**

（单位：万美元）

| 国 家 | 新加坡 | 泰国 | 缅甸 | 日本 | 马来 | 韩国 | 印尼 | 菲律宾 | 老挝 | 越南 | 总计 |
|---|---|---|---|---|---|---|---|---|---|---|---|
| 项目个数 | 79 | 92 | 77 | 51 | 10 | 8 | 3 | 2 | 2 | 1 | 325 |
| 总投资额 | 27763 | 21452 | 4639 | 10334 | 8971 | 604 | 1780 | 192 | 12 | 96 | 75843 |
| 比重（%） | 6.7 | 5.2 | 1.1 | 2.5 | 2.2 | 0.14 | 0.43 | 0.05 | 0.03 | 0.02 | 18.4 |
| 协议外资 | 13929 | 12779 | 2836 | 47334 | 2609 | 298 | 577 | 154 | 80 | 24 | 80620 |
| 额比重（%） | 7.5 | 6.9 | 1.5 | 2.5 | 1.4 | 0.16 | 0.3 | 0.08 | 0.04 | 0.01 | 20.4 |

### （三）经济技术合作

东南亚地区集中了我省对外承包工程的 80%。这些工程以当地货币结算项目，因汇率变化而造成巨大的损失。同时，各国为应付危机，取消了上百亿美元的工程承包项目，使我省的劳务出口市场萎缩。

### （四）旅游

东南亚各国和日本、韩国是云南省外国游客的主要客源地，1996年，其游客总数为 309534 人次，占云南省外国游客的 54.2%。1997年受金融危机影响，游客降至 249166 人次，占 42.6%，比重比上年下降 11.6%。其中泰国游客减少了 48.99%，马来西亚游客减少了 19.85%（见表 5）。[①]

---

① 数据由云南省旅游局提供。

**表5**　　　　　　　　　　泰国等国游客变化统计　　　（单位：人次）

| | 泰国 | 马来 | 菲律宾 | 新加坡 | 印尼 | 日本 | 韩国 | 合计 | 比重 |
|---|---|---|---|---|---|---|---|---|---|
| 1996 | 138662 | 67113 | 2562 | 44723 | 3409 | 47224 | 5841 | 309534 | 54.2 |
| 1997 | 70734 | 53791 | 145 | 66781 | 221 | 57396 | 98 | 249166 | 42.6 |

据云南省旅游局的统计，1998年1—5月，泰国、新加坡、马来西亚来云南的游客大量减少，与去年同比泰国游客减少74.5%，马来西亚游客减少39.1%。

由于货币贬值，我国前往新、马、泰三国的游客剧增，1997年云南旅游部门组团到上述三国的游客，比上年分别增长373.4%、307.9%、32.8%，这对我省吸引国内游客不利。

在充分估计东南亚金融危机对我省带来激烈挑战的同时，也应看到它带给我省经济国际化的某些机遇。

（1）由于我省受东南亚金融危机的影响相对较小，经济始终保持相对稳定，发展潜力巨大，西方一些跨国公司可能看好我省投资环境，而来我省投资。我们应抓住机遇，大力做好从东南亚撤资的西方国家的引资工作。

（2）由于东南亚国家和韩国的购买力下降，美、欧国家出于拓展市场需要，可能放宽出口限制，有利于我省引进先进技术和装备。我们应加大技改力度，促使产业升级，设备更新换代。

（3）东南亚国家紧缩银根，客观上抑制了从西方国家进口高档产品，转而进口低价产品，为我省的此类商品的出口带来良机。

（4）由于东南亚国家货币贬值，人民币相对升值，有利于我省企业去这些国家投资。各国资金短缺，周转不灵，大力以优惠政策引资，又给我省公、私企业拓展东南亚投资市场提供了机遇。

为克服东南亚金融危机对我省的不利影响，利用其带来的发展机遇，省委、省政府根据中央抵御东南亚、东亚金融危机的方针和部署，采取了一系列强化内部经济发展和扩大对外开放的措施，使外贸出口从二季度出现了恢复性增长。据云南省对外贸易经济合作厅统计，4月增长8.4%，5月增长14.5%，6月增长19.1%。上半年全省进出口总额完成8.4亿美元，比上年同期增长3.3%。其中出口完成5.3亿美元，增长19.2%；一般贸易出口4.28亿美元，增长15.7%；加工贸易出口0.85亿美元，增长41.4%；边境小额贸易出口0.17亿美元，增长15.7%。以出口商品的增长来说，卷烟、铝、服装、钢材四种商品出口增长在1倍以上；黄磷增长72.3%；锡、磷增长20%以上；望远镜增长10.3%。就出口增长的大洲和国家或地区而言，对亚洲出口增长16.5%，对北美出口增长52.9%。

其中，对中国香港出口增加4180万美元，对马来西亚出口增加2520万美元，对美国出口增加1060万美元。但与上年同比，对日本的出口下降了26.2%，对欧洲（法国、荷兰、俄罗斯等国）出口下降2.9%。烤烟、磷酸钠、铅、锌、棉涤纶布、洗衣粉、芸豆等13种主要出口商品仍存在下降幅度较大的情况。

值得重视的是，我省大部分商品出口价格下跌，下跌幅度较大的有卷烟、黄磷、松茸、烤烟、铝、焊锡、铅、钢材、磷酸钠、芸豆、洗衣粉等。全省综合换汇成本增至8.70元，超出汇率0.41元，亏损增加。

另外，上半年进口逐月下滑，共下降15.9%，这可能成为影响全面完成年进出口任务的重要因素。总的来说，亚洲金融风暴对我省的挑战仍是严峻的，应继续采取有效的应对措施。

# 三 对付东南亚金融危机的对策与建议

目前，东南亚金融危机还在发展，前景尚难预料。"冰冻三尺，非一日之寒"，危机后出现的消费低迷、银行信贷紧缩、企业破产、高通胀、高失业率及股、汇两市下滑的局面，多数国家未得到根本的改变；往后还要持续是肯定的。对我国和我省的影响还会持续也是肯定的。我们对此应做到心中有数，沉着应付，未雨绸缪，做好事态进一步严峻化的准备，以防措手不及。针对东南亚金融危机对我省的影响，我们提出如下的对策和建议。

（1）根据省委、省政府的部署，全省上下应积极采取确保全省农业增产，农民增收；加大基础设施建设投入力度，努力扩大省内需求；培植优势产业，扩大新的经济增长点；奋力开拓国内外市场，扩大对南美、北美、非洲、欧洲的出口等措施，确保 1998 年我省经济增长速度达到 8.5%，为全国经济增长达到 8% 做出贡献。确保农业增产、农民增收的关键是调整农业结构，特别是种养殖业结构，要发展特色种植业和优势乡镇企业。由于加大基础设施投入力度，我省 1998 年上半年固定资产投资增幅比去年同期提高 14.7 个百分点，比全国 12.7% 的平均增长高出 25.7 个百分点，名列全国第一，其对经济发展的贡献率上升到 56%。这是我们能够抵御亚洲金融危机冲击，上半年出口实现恢复性增长的重要原因。省委关于将 1998 年固定资产投资计划由 640 亿元增加到 740 亿元的决策是正确的，省人大将对此作出决定，我们应该努力使之达到预期的效益。培植优势产业，扩大经济增长点应着眼于能提高我省经济国际化的水平，能扩大出口创汇，产品既能打入亚洲市场，又能打入其他四大洲市场。要充分利用国家对进口高新技术设备实行免税的有利条件，增加进口，扭转进口在第二季度大幅下滑的局面，为保证完成我省 1998 年的进出口计划做出贡献。

（2）制订可行性方案，报国务院批准，加大对泰国、缅甸、老挝资本输出的力度。东盟自由贸易区在 2003 年建成，根据东盟的规定，外商在东盟任何一个成员国投资，投资者的持股比率达 50% 以上者，即视为东盟企业，可以享受东盟成员国内的各种优惠待遇，该合资企业生产的产品在东盟国家内享有关税优惠。对此，我们可考虑以泰国作为重点，让我省的大企业集团、资本雄厚的私人企业，前往泰国购买曼谷及泰北的房地产，开办工、贸独资企业或合资企业，建立我省拓展东南亚市场的"窗口"和"阵地"。泰国政府 1998 年 6 月初作出取消危机前外国人限购 49% 房地产产权的规定，允许购买全部产权，并规定对 1999 年 12 月 31 日前外国在泰投资的项目给予各种优惠，目前去泰投资，时机对我有利。泰币贬值，泰资产价格下跌，曼谷某些地段的楼价每平方米不到 4000 元人民币，作为国际大都市该价格是比较便宜的，我省企业可以承受。回应泰国政府对我国的希望，我省可考虑带设备、技术、资金赴泰参与新国际机场、港口码头及干乍那披色环形公路（约 22 公里）等工程项目的建设，这可使我省企业进一步实现跨国发展的战略。对于老挝，可以开发其水电资源为重点。去老挝建独资或控股的大型水电站，比开发我省的水电资源回报率高。东盟国家电力市场巨大，仅泰、老、柬、越四国到 2000 年的电力需求就为 1164 亿度，2010 年为 3691 亿度，2020 年为 5680 亿度。电力是老挝最大的出口商品，仅南俄电站每年向泰国出口电力创汇就达 2000 万美元，目前老挝对外国投资水电给予优惠。开发老挝水电，还可带动我省电机、建材、技术劳务的出口。对缅甸，可总结我省过去去缅投资的经验，利用东南亚金融危机带来的机遇，扩大投资，或进行已有产业的升级，或新建一些有利可图的企业。

（3）对新加坡资本及印尼华裔资本加大引资力度。新加坡国小民寡，但资本雄厚，历来实行"借地发展""借鸡生蛋"的资本输出战略，早已是我省外资来源的主要国家之一。金融危机后，新加坡更加积极地实行对外投资战略，我省应采取更加优惠的政策和更加积极的步骤大力引进新加坡的投资。建议再聘请3—5名新加坡著名人士为省政府的顾问，像新加坡前副总理吴庆瑞博士担任省政府顾问，大力为我省引进新资那样，让其发挥引资作用。印尼金融危机及动乱之后，印尼的外国人资本纷纷向外转移，大批滞留在新加坡、澳大利亚及中国香港的印尼华裔的资本急需寻找出路，我们应将其引来我省，因不是从印尼直接引入，印尼当局无法阻拦或与我发生冲突。

（4）在引进外资、资本输出、经济合作中应注意研究各种汇率的变化，尽可能避免汇率风险。具体措施有五条：一是在加大对新加坡资本及印尼华裔资本引进力度中，应多用投资形式，少用借债形式。也就是要多发展"合资、合作、独资"的"三资"企业，它既不受外债规模限制，也不需要偿还，且共担汇率风险。二是在引进外资中也不是借债形式都不用，而是要选择效益好、创汇能力强的企业借用外债，因为其产品可以出口创汇，水涨船高，能承受汇率风险。三是在借外债中要注意优化外债结构，多用期限长的、利率较低的贷款，少用期限短的、利率较高的贷款。四是在引进外资、资本输出、经济合作中，凡涉及两国以上货币的，应注意合理搭配外汇币种，掌握各种汇率变化信息，灵活运用，避免风险。五是在经国家批准收购有发展潜力的泰国破产企业或购买其他企业50%以上的股权中，应由我省前去收购的企业集团或资本雄厚的私人企业去对被收购对象的资产、负债、发展前景、风险防范等做出认真的评估论证，并由其做出收购与否的决策。

（5）扩大对越、缅、菲、马的商品贸易。越南对外投资力量薄弱，对我省投资微不足道。越的投资环境比泰国等国要差，但其资源丰富，且许多为我省所缺。越南国有大中型企业中有200多个为我国在20世纪六七十年代援建的项目，产业有待转型和进行大规模技改，亟待得到中国的设备和技术。1997年吴邦国副总理访越时，向越提供2500万美元的信用金，以供修建和改造这些工程。越对我省的机电产品、日用工业品、机械产品等的需求旺盛，我省应择其所需，扩大对越出口，换回我们所需的石油、天然气、铝矾土、锡、铁、大米等物资。缅甸商品奇缺，几年前，中国商品在仰光的市场占有率为60%，在曼德勒为90%，但由于我假冒伪劣产品的流入及西方发达国家及东盟国家商品的进入，目前已分别下降为10%、40%，我省应加大出口商检，堵住伪劣，认真物色缅方代理商，做好营销工作，扩大商品出口，换回我们需要的缅甸资源。菲律宾经济可望在1999年走出低谷。1997年，在东盟九国中，菲是我国及云南省出口上升的国家，由于菲币贬值，菲进口放慢，但它将在一二年内实现复苏，我省应利用菲华人华侨的文化背景，将过剩产品销往菲律宾。具体建议是，利用菲烟草大王陈永裁等华人企业家，将我省烤烟销往菲或将其企业引来我省，利用其技术与品牌生产卷烟，以扩大占有世界烟草市场的份额。陈永裁是当今菲首富，已对我省景颇山区办希望小学提供资助，我们应设法扩大与他的合作。三七、螺旋藻等名贵云药对菲市场有很大的吸引力，我省可采取扩大出口的步骤。马来西亚市场领域宽阔，但许多投资领域（如对锡矿的开采）未对外国开放，对马扩大商品输出是比较有利可图的选择，建议将我省的烤烟、云药等扩大出口至马。建议在马设云南烟厂的分厂，带动烤烟的出口，英、美烟草公司近期将在中国香港的分公司迁移至马，这说明马对在该国设烟草公司是欢迎的。另外，也可扩展双方的旅游合作，以出口我服务贸易。

（6）发展对泰、越、老、缅等国的易货贸易。因缺乏外汇，这些国家进出口都碰到困难。而我省不少产品供过于求，云南应与其开展易货贸易，节约外汇，为我省一些产品寻找出路。泰国与越南已经开展了易货贸易，签订了上百份合同。我省应尽快与泰方协商，开展易货贸易，推销我国商品，换回我需要的资源型产品。

（7）继续推动澜沧江—湄公河次区域经济合作。泰国在澜沧江—湄公河次区域经济合作中一直持积极态度。金融危机发生后，泰国面临重重困难，对次区域合作显得"心有余而力不足"，对次区域合作已无力他顾。但泰国政府迄今为止仍主张继续推进澜沧江—湄公河次区域经济合作，希望我国支持中泰公路、中泰铁路的修建。澜沧江—湄公河次区域经济合作对我省建立东南亚走廊，扩大对东南亚开放，促进边疆地区的经济发展是有利的，我们应与泰国继续加强在这方面的合作，推动次区域经济合作的发展。建议在 1998 年年底或明年年初，由我方牵头，召开一个研讨会，邀请泰国及湄公河流域国家的官、商、学界代表参加，就金融危机后澜沧江—湄公河次区域经济合作的发展问题进行研讨，寻求对策。

（8）日元贬值对我国我省和东南亚国家的经济发展影响巨大，建议我省金融机构对日元的未来走势进行追踪研究，及时提出对策；建议云南省社会科学院对"中日货币合作"的可能性及对策进行研究，及时向中央和省委提出建议。从长远看"亚洲货币圈"的建立是必然的。欧元的出现将促进这一倾向。正如菲外长所说："东亚将成为日元、中国元贸易圈。"日本缺乏战略眼光，想单独搞"日元经济圈"，但结果只能是泡影。美国的国际金融战略是，通过推动金融自由化、国际化，在 21 世纪继续维持美、英国际金融霸主地位，不久将会更强烈地要求我国推动资本自由化。日本人认为，美国先攻下泰国、韩国、印尼，现在把矛头指向日本，下一轮可能是针对中国。中日之间的在货币问题上合作可打破美国的计划，又能促使日本的资金不流向美国和欧洲，而流向中国，这将对稳定亚洲金融和经济带来良好的效果。

（9）加强我省与东南亚国家领导人的高层互访，增进友谊与合作。同时，加强对东南亚华人华侨的联络工作，建议省政府邀请东南亚华人华侨中的杰出人士做顾问。建议成立东盟各国政府参加的云南与东盟经济技术合作协调促进会，以加大我省对东南亚国家的招商引资、扩大出口的步伐，加快云南经济国际化发展的步伐。

**附记：**

1997 年 7 月以后出现的东南亚金融危机，以世人难以预料的冲击波，震荡整个亚洲和世界经济。在它的冲击和其他国内因素的作用下，韩国、日本出现了战后最大的经济衰退，韩元、日元汇价狂跌。东南亚金融危机与东北亚国家经济的大动荡相互影响，恶性循环，致使印尼、泰国、韩国、日本、俄罗斯等一些国家经济中潜在的矛盾加剧，政局动荡。

由于党中央、国务院的英明领导和我国经济改革、金融改革的成功，这场危机对我国的冲击相对不大。我省与东南亚国家山水相依，经济相连，各国金融危机既给我省经济发展带来严峻的挑战，又给我省经济的国际化发展带来了历史性的机遇。正确评估和应对危机带来的挑战，利用危机带来的机遇，对深化我省的改革，扩大对外开放，实现经济的持续、快速、健康发展，十分重要。

根据省委、省政府领导的指示，云南省社会科学院、省经贸委、省对外贸易经济合作厅、省人民银行、省计委与中国社会科学院世界经济与政治研究所、亚洲与太平洋研究所合作，组成"东南亚金融危机对云南经济发展的挑战和机遇"课题组，进行综合研究和分国别的专题研究。省委书记令狐安、省长李嘉廷、省委副书记王天玺任课题组顾问，中国社会科学院副院长滕藤任学术指导。云南省社会科学院院长何耀华研究员任课题组组长，孙叔林（中国社会科学院亚太研究所党委书记、研究员）、李现武（云南省经贸委主任）、彭木裕（云南省对外贸易经济合作厅厅长）、阳坚（云南省计划委员会副主任）、袁明祥（云南省人民银行原督导）任副组长，胡华生副研究员任课题组秘书，最终形成对菲律宾、越南、泰国、新加坡、老挝、缅甸、印度尼西亚、马来西亚等 8 个国别的专题研究报告和一个综合研究报告。这是何耀华执笔撰写的综合研究报告。

1998 年 7 月 28 日

# 东南亚金融危机对中国云南省经济的影响

1997 年 7 月发生的东南亚金融危机，震荡整个亚洲和世界经济。在它的冲击和其他国内因素的作用下，韩国、日本出现了战后最大的经济衰退，韩元、日元汇价狂跌。东南亚金融危机与东北亚国家经济的大动荡相互影响，恶性循环，致使印度尼西亚、泰国、韩国等一些国家经济中潜在的矛盾加剧，政局动荡。

虽然这场危机对我国的直接冲击相对不大，但在某些方面的间接影响已开始显现。云南省与东南亚国家山水相依，经济相连，其金融危机既给云南省经济发展带来严峻的挑战，又给云南省经济的国际化发展带来了历史性的机遇。正确评估和应对危机带来的挑战，利用危机带来的机遇，对深化云南省的改革，扩大对外开放，实现经济的持续、快速、健康发展十分重要。

## 一　东南亚金融危机及其应变对策

东南亚金融危机开始于泰国。1997 年 7 月 2 日，泰国中央银行宣布放弃泰铢与美元的固定汇率制，泰铢汇率骤然暴跌，56 家金融公司倒闭，4 家商业银行丧失独立经营权，1 万多家企业倒闭，150 多万人失业。泰国金融危机暴风骤雨般地席卷邻近国家。

面对金融危机，东南亚国家政府纷纷采取以下主要应对措施：动用巨额外汇储备力挽回汇率跌浪，大幅调低国内生产总值增长速度，削减预算，抑制消费，收紧银根，降低关税，进行金融改革，扩大对外开放领域等。越南还以对外资企业实行关税优惠、所得税优惠、采购优惠、提供外汇方便来吸引外资。老挝拿出 50 项水电工程对外招商。缅甸则采取限制进口、停止边贸（官方认为边贸中存在的问题是导致缅币贬值的重要原因，因而决定停止与周边国家中、泰、印等国的边贸）、出口以美元结算等举措来控制外贸。

东南亚国家应付危机的措施，一定程度上刺激了经济复苏，1998 年 1—5 月纷纷出现货币的回稳和股市的反弹（如泰铢汇率 3 月比 1 月上升了 40%，泰股上升了 25%）。但是，由于 6 月中旬日元的大幅贬值，泰铢、马来西亚林吉特及菲律宾比索又相应贬值，东亚一些国家和地区汇市、股市再次大幅受挫，连澳大利亚、新西兰、俄罗斯、波兰、匈牙利、捷克及南美洲的一些国家也受到冲击。一些经济学家认为，日元的继续贬值，将导致东南亚金融危机的升级。因此，研究东南亚国家的金融危机，必须重视日元贬值对这些国家（地区）带来的冲击。

从发展前景看，日元继续贬值不可逆转。原因之一，日美存款利差在短期内不可消除，日美之间悬殊的利差是扩大日本企业和国民对美元需求的基本因素。日本资金仍将在一段时期内源源流向美国，推动美元升值。原因之二，日本扩大内需无望，将依靠出口和强大的贸易顺差带动本国经济增长，日元贬值是实现此目标唯一可选择的手段。原因之三，美国市场需要资金注入，在美元升值不致严重损害美国出口的条件下，日元贬值对美国目前没有直接危害。原因之四，根据购买力计算的日元汇率为 1 美元兑 182 日元，目前日元汇率仍然高估，这决定着日元汇率下跌的长期走势。由于日本依靠日元贬值带动本国经济增长是以损害亚洲其他国家和地区的经济为代价的，所以东亚国家和地区的经济不是在短期内可以复苏的。一方面，日元贬值使东亚国家和地区的同类商品比日本同类商品更加昂贵；另一方面，由于日本国内市场的萎缩而减少东亚国家和地区对日本的出口。据估计，在韩国，如果日元兑美元贬值1%，出口就下降0.6%，尤其汽车出口下降1.6%。日元贬值对我国影响很大，人民币的走势对亚洲货币和世界经济前景的影响为世界各国所关注。

总体来说，受日元贬值的影响，东南亚国家的金融走势将继续动荡，经济衰退势不可当。部分东亚国家和地区的经济增长也会大幅下降。根据摩根信托公司的预测，1998年东亚地区的实际国内生产总值的增长率将大幅度下降。中国香港特区将由1997年的5.2%降为-0.6%；印尼由7.0%降为-10.0%；韩国由5.5%降为-3.6%；马来西亚由8.0%降为-0.5%；菲律宾由5.1%降为1.0%；新加坡由7.5%降为2.0%；中国台湾由6.8%降为5.5%；泰国由0.5%降为-4.2%。

## 二　东南亚金融危机对中国云南省
## 经济发展的影响

东南亚是云南省对外贸易、引进外资、进行对外经济技术合作的主要地域，东南亚金融危机带给云南省的挑战，应做客观地充分地估计。

（1）出口贸易。东南亚国家和日本、韩国是云南省的主要出口国（地区），在云南省出口贸易比重中占50.2%。在金融危机的影响下，云南省出口额大幅下降。1998年第一季度与去年同期相比，云南省对老挝减少 127 万美元，下降 56.2%；对缅甸减少 2303 万美元，下降 48.1%；对泰国减少 240 万美元，下降 38.4%；对印度尼西亚减少 352 万美元，下降 68%；对韩国减少 115 万美元，下降 30.6%；对日本减少 1136 万美元，下降 14.2%。

东南亚国家的部分出口产品和主要出口市场与云南省比较相似，因这些国家的货币大幅度贬值，出口商品的竞争力相对增强，加之危机后各国政府采取刺激出口、限制进口的政策，致使云南省在与它们的出口竞争中处于十分不利的地位。1997 年 9 月缅甸开始规定进口中国货物量不得超过对其出口货物量；为保护东盟国家机电产品对缅的出口，还对云南省出口的机电产品及家用电器（如发电机、变压器、汽车、热水器、灯泡等）产品进行限制，致使云南省对缅的出口大幅下滑。1998 年第一季度，中缅边境贸易比上年同期下降 19.3%。

（2）利用外资。由于金融危机，东南亚国家、日本、韩国及中国香港特区、中国台湾对云南省的投资减少。1997 年年底，外商在云南省的投资总额为 7.595 亿美元，协议外资金额共计 3.801 亿美元。金融危机使上述地区经济实力下降，资本市场低迷，对外投资多处于停滞状态，加之它们制定吸引外资的更为优惠的政策，更增加了云南省引资的难度。因此，1998 年第一季度与上年同期相比，亚洲地区商人到云南省投资按协议外资金额计算，整体下降了 57.82%。

（3）经济技术合作。东南亚地区集中了云南省对外承包工程的 80%。这些工程以当地货币结算项目，因汇率变化造成巨大损失。同时，各国为应付危机，取消了上百亿美元的工程承包项目，使云南省的劳务出口市场萎缩。

（4）旅游。东南亚国家和日本、韩国是云南省外国游客的主要客源地，1996 年，其游客总数为 309534 人次，占云南省外国游客的 54.2%。1997 年受金融危机影响，游客降至 249166 人次，占外国游客的 42.6%，下降了 11.6 个百分点。其中泰国游客减少了 48.99%，马来西亚游客减少了 19.85%。我国前往新、马、泰三国的游客剧增，1997 年云南旅游部门组团到上述三国的游客，比上年分别增长 373.4%、307.9%、32.8%，这对云南省吸引国内游客不利。

在充分估计东南亚金融危机给云南省带来严峻挑战的同时，也应看到它带给云南省经济国际化的某些机遇。

（1）由于云南省受东南亚金融危机的影响相对较小，宏观经济始终保持相对稳定，发展潜力巨大，西方一些跨国公司可能看好云南省的投资环境，而来云南省投资。

（2）由于东南亚国家和韩国的购买力下降，美、欧国家出于拓展市场需要，可能放宽出口限制，有利于云南省引进先进技术和装备。

（3）东南亚国家紧缩银根，客观上抑制了从西方国家进口高档产品，转而进口低价产品，为云南省此类商品的出口带来良机。

（4）由于东南亚国家货币贬值，人民币相对升值，有利于云南省企业去这些国家投资。它们资金短缺，大力以优惠政策引资，又给云南省公、私企业拓展东南亚投资市场提供了机遇。

## 三　对策与建议

（1）对泰国、缅甸、老挝加大资本输出力度。东盟自由贸易区在 2003 年建成，根据东盟的规定，外商在东盟任何一个成员国投资，投资者的持股比率达 50% 以上者，即视为东盟企业，可以享受东盟成员国的各种优惠待遇，该合资企业生产的产品在东盟国家享有关税优惠。对此，应以泰国作为重点，采取下列措施：第一，鼓励云南省的大企业集团、资本雄厚的私人企业，前往泰国购买曼谷及泰北的房地产，办工、贸独资企业或合资企业，建立云南省拓展东南亚市场的"窗口"和"阵地"。第二，收购有发展潜力的泰国破产企业或购买其他企业50%以上的股权。第三，回应泰国政府对我国的希望，赴泰参与新国际机场、港口码头等工程项目的建设。第四，开发老挝的水电资源。

（2）对新加坡资本加大引资力度。新加坡资本雄厚，早已是云南省外资来源的主要国家之一。金融危机后，新加坡更加积极地实行对外投资战略，云南省应采取更加优惠的政策和更加积极的步骤大力引进新加坡的投资。

（3）扩大对越、缅、菲、马的商品贸易。越南国有大中型企业中有200多个为我国20世纪六七十年代援建的项目，产业有待转型和进行大规模技改，亟待得到中国的设备和技术。1997年吴邦国副总理访越时，向越提供2500万美元的信用金，以供修建和改造这些工程。越南对云南省的机电产品、日用工业品、机械产品等的需求旺盛，云南省应择其所需，扩大对越出口。缅甸商品奇缺，云南省应加大出口商检，堵住伪劣，认真物色缅方代理商，做好营销工作。同时，也还应加大在缅进行大、中、小型项目投资的力度。菲律宾经济可望在1999年走出低谷。云南省应将产品销往菲律宾。三七、螺旋藻等名贵云药对菲市场有很大的吸引力，云南省可采取扩大出口的步骤。云南省可将烤烟、云药等扩大出口至马来西亚，并在该地设云南烟厂的分厂，带动烤烟的出口。

（4）发展对泰、越、老、缅等国的易货贸易。这些国家因缺乏外汇，进出口困难。云南省不少产品供过于求，应与其开展易货贸易，为一些产品寻找出路。

（5）继续推动澜沧江—湄公河次区域经济合作。澜沧江—湄公河次区域经济合作对云南省建立东南亚走廊，扩大对东南亚开放，促进边疆地区的经济发展是有利的，应与泰国继续加强在这方面的合作，推动次区域经济合作的发展。

（6）加强云南省与东南亚国家领导人的高层互访，增进友谊与合作。

（7）日元贬值对云南省和东南亚国家的经济发展影响巨大，云南省金融机构对日元的未来走势应进行跟踪研究，及时提出对策。

（原载《世界经济》1998 年第 11 期）

# 就民族、宗教问题答上海国际问题研究所赴滇考察团

上海国际问题研究所的俞新天所长，率该所赴滇考察团来云南调研。2006 年 3 月 20 日，该所邵秘书打来电话："余所长将就当前最紧迫的民族问题是什么？中国的民族特点是什么？怎样认识中国的民族宗教问题及跨境民族宗教问题？请何耀华院长进行解答。"俞所长是在国际国内享有崇高声誉的国际问题专家，有机会与她率领的考察团讨论民族宗教的研究问题，对促进我们的研究很有意义。3 月 6 日上午，我在云南社会科学院做了回答。

## 一 什么是最紧迫的民族问题

2005 年是我国民族、民教工作取得丰硕成果的一年。这一年中共中央召开民族工作会议做出了《关于进一步加强民族工作，加快少数民族和民族地区经济社会发展的决定》，颁布了《国务院实施〈中华人民共和国民族区域自治法〉若干规定》、国务院《扶持人口较少民族发展规划》《少数民族事业"十一五"规划》《兴边富民行动"十一五"规划》。

从上述的决定、政策和规划来看，当前最紧迫的民族问题是什

么呢？是加快民族和民族地区的发展问题，在1997年中共中央、国务院《关于进一步加强民族工作，加快少数民族和民族地区经济社会发展的决定》的30条内容中，加快发展有12条，占40%。另外，中央领导还明确批示，在编创"十一五"规划中，要把加快少数民族地区的发展作为一条重要的指导思想，给予更多的政策支持和更多的资金扶持。加快发展是解决民族和民族地区困难和问题的关键，民族地区存在的所有困难和问题，归根结底要靠加快发展解决，也只有加快发展才能解决，我国西北的干旱、高寒区、西南石山、深山区、中部武陵山区，有77个县，8240个村，1600万人，还处于极端贫困状态。

温家宝总理在中央民族工作会议上指出："解决民族地区的困难和问题，缩小民族地区与其他地区的差距，归根到底要靠发展经济。"实施西部大开发的核心，是加快少数民族地区的大开发，为此，中央强调"三个既要又要"：既要投入更多的资金，又要给予更多的优惠政策；既要帮助他们把经济搞上去，又要帮助他们发展各项社会事业；既要继续发挥中央的主导作用，又要坚持抓好各地区各部门的对口支援。目前，我国5个自治区，30个自治州，120个自治县，全部纳入了西部大开发的范围。

国家的"十一五"规划中，扶持人口较少民族发展，兴边富民行动，少数民族事业三个规划是重要的亮点，根据1990年全国第四次人口普查结果，将人口在10万以下的22个民族界定为"人口较少民族"。扶持人口较少民族的发展规划有下列几个内容。

（1）国家发改委决定，"十一五"期间，每年安排2亿元基本建设资金，用于扶持人口较少民族发展，总额为10亿元。

（2）财政部决定，从1998年起连续5年，每年增加少数民族发展资金7000万元，专项用于扶持人口较少民族发展，使每年用于这项工作的专项资金达1.12亿元。

（3）国务院扶贫办决定，把尚未解决温饱的 345 个人口较少民族聚居村，全部列入扶贫开发整村推进计划，并将优先启动。

（4）交通部决定，将没有通公路的 145 个人口较少民族聚居村全部纳入国家乡村道路建设规划，并将优先启动。

（5）中国人民银行和国家开发银行，加大对民族地区政策性信贷资金的支持，协议金额 420 亿元，这是民族工作的一次突破。

云南有独龙（4000 多人）、怒（2.3 万多人）、阿昌（2 万多人）、基诺（1.1 万人）、德昂（1.2 万多人）布朗（2.3 万多人）、景颇（9 万多人）等 7 个人口较少民族，这些民族聚居在偏远的边疆、山区，在深山老林中从事火耕农业，其精神生活受万物有灵的支配。改革开放以来，在党的民族政策的关怀下，这些民族的生产与生活水平有了很大的提高，基础设施也不断地得到改善。独龙族、怒族、傈僳族聚居的怒江州总人口 45.88 万人，少数民族人口占总人口的 92%，其比例居全国 30 个民族自治州之首。2003 年州财政的自给率不足 15%，2004 年上半年，全州固定资金投资同比下降 13.1%，经济增长幅度仅为 5.9%，发展速度缓慢，全州 4 个县均为国家扶贫重点县，至今还有 22 万人处于贫困线下，占农业人口比例的 50% 以上，贫困面积和贫困程度高居全省之首。像这样的贫困民族和贫困地区，没有国家的优惠政策和资金扶持，要靠自身的力量脱贫是很困难的。早在清朝时期，中央王朝就推行"修其教不易其俗，齐其政不易其宜"的政策，即保持少数民族的社会习俗和宗教信仰，并根据不同情况对他们进行治理，其实施的优惠政策，包括免除赋税，进行财政补贴，赈济灾荒，兴修水利，给予耕牛种子，促其农耕，这使国家空前统一，边疆空前巩固，民族空前团结。所以，周恩来同志说："清朝以前不管是宋、元、明各朝都没有清朝那样统一。"

## 二　什么是中国的民族特点

要回答这个问题，必须对中国各民族的历史进行回顾。我国是人类起源的摇篮之一。在遥远的古代，中国大地上就生活着不同的人群，有距今 170 万年的云南元谋人，距今 70 万年的陕西蓝田人，距今 50 万年的北京人以及山西丁村人、广东马坝人等。这些人群在殷商时期形成庸、蜀、羌、髳、继卢、彭、濮等部落族群，春秋战国时期，又在黄河下游形成一个文明程度较高的华夏族。华夏族的四周有东夷、南蛮、西戎、北狄等不同族类的人群，他们与华夏族长期交往、斗争、融合。华夏族在四周不同族群中得到发展壮大，华夏族不是一个单一血统的民族，据史书说："舜，东夷之人也，文王，西夷之人也。"民族融合不断进行，汉代形成我国的主体民族——汉族。

中国的北部和西北，有广阔的草原，住着游牧民族，以畜牧为生，逐水草而居，历史上有匈奴、鲜卑、突厥、契丹、女真、蒙古、满等不同的民族。中国的中部和南部，沃野千里，河渠纵横，住着定居务农的汉族。

历史上，游牧民族和农耕民族长期对峙、冲突，发生激烈的战争，游牧民族强大时，举兵南下，入主中原，如北朝、辽、金、元、清等，当农耕民族强大时，则出塞耀塞，设官治边。如汉、唐、明等朝。

尽管中国各民族之间常有战争，但他们又密切联系，相互依存。秦汉以后，全国统一，许多民族长期处在一个统一国家中，接受一个中央政府的管辖。在 2000 多年的历史长河中经历过无数次锤炼、冲刷、磨洗，民族之间的对立、差异界限逐渐淡褪。雄健绝代、武功盖世的一些民族衰落了，甚至消失了；累世游牧、衣裘枕毡的一些民族，学习农业技术，在草原上开阡陌田畴，进行播种耕耘。到了清代，满族建立了全国政权，因为它是少数民族，因此得到了分布很广的其他民族的认同；又因为满族统治者尊儒崇学，纂辑古籍，弘扬传统文化，因此也得到汉族人民和知识界拥护，清朝在全国实现前所未有的稳固的国家统一，确定了近代民族国家大一统的版图。

中国各民族长期交往、融合，游牧民族曾多次南下，西晋以后，"五胡"（匈奴、鲜卑、羯、氐、羌）进入中原，晋室东迁，形成南北朝近300年的分治；唐代安禄山之乱，北方民族又一次大规模南下；宋代契丹、女真雄踞北方，以后蒙古灭宋，建立元朝。战争、征服、朝代兴衰，引发了人口自北而南的大规模迁移，各个民族在对峙中混杂，在矛盾中渗透，逐渐融为一体，汉族人口今有十亿，并非是单纯的自然增长形成的，而是吸收了少数民族，"我中有你，你中有我"，而古代的匈奴、鲜卑、突厥、回鹘、契丹、女真民族已相继消失，他们并未被消灭，而是接受汉族文化，融入汉族之中，或者民族实体尚存，进行重新组合，改变了名称。如古代的靺鞨人，唐称肃慎，宋称女真，清称满洲。

由于"我中有你，你中有我"的各民族之间的历史上的融合，各民族的共同性大于差异性，而各民族之间的共同性铸成了中华民族这个人民共同体。有人认为：中华民族是多民族的总称，并不构成一个民族，因为各民族的语言文字、宗教信仰、风俗习惯各不相同。另有人则认为：中华民族已构成一个民族，虽其族源、语言、宗教、习俗不同，但长期处在一个统一国家中，经济联系密切，政治文化上相互认同。汉族和各少数民族既存在不同的特性，又存在相同的共性。中华民族是更高层次上的民族构成，但不排斥民族之间的差异性。费孝通称之为"中华民族的多元一体格局"。

在讨论历史上的民族英雄时，岳飞、文天祥、史可法先后保宋朝、明朝，反对女真、蒙古、满族，能不能称作中华民族的民族英雄？学术界多数人认为：凡是对中国各民族做出杰出贡献的历史人物，如岳飞、文天祥、史可法、阿骨打（女真）、成吉思汗（蒙古）、努尔哈赤（满族）都是中华民族的民族英雄。因为，无论女真、蒙古、满族都是中华民族的成员。历史上存在国内民族长期斗争的事实，国内民族矛盾是中国内部的事情，不是国际冲突，和近代外国侵略中国不可相提并论。但国内民族之间的战争也有是非问题，何者是正义的、进步的自卫战争，何者是非正义的、压迫战争，应做具体分析，不可一概而论。国内民族之间发生战争，这并不排斥斗争双方的民族都有推动历史进步的功绩。中国许多民族都产生过中华民族的民族英雄。戏曲中往往有丑化少数民族的地方，这应予以改进，应平等相待，尊重兄弟民族，避免伤害其民族感情。

多元一体是中国的民族特点，大一统是中国的国家特点，或中国历史的特点。

中世纪欧洲为许多小的封建城邦，中国则很早就统一，而且越来越走向大一统、大融合。自周代的诸侯千百，变为战国七雄，到秦始皇统一全国后，中国统一时间之长久，在世界上是无与伦比的。

秦统一之后，仍存在分裂时期，所谓"分久必合，合久必分"，而每次新的统一，范围更加扩大，巩固更增强。东汉末，三国鼎立，数十年后，西晋结束了三国分立，不久，北方游牧民族南下，中原动荡，出现南北朝对峙，长达300年，继之而隋、唐统一，封建社会趋于鼎盛。以后仍有局部的分裂，如五代十国，辽和西夏分治，宋金对立，元朝以凌厉的武功达到范围更大的统一，元末群雄割据，中原扰攘，而统一是大势所趋，人心所向。明、清继兴，复归于一，清代确立了中国近代的版图，从秦始皇统一以后的2200年，中国统一的时间，大约占70%，分裂的时间约占30%。

有的学者认为，从秦以来2000多年时间都是分裂的，只有清乾隆中叶平定准噶尔，统一西北至鸦片战争之间不到百年时间是统一的。鸦片战争后香港被割，又现分裂。这样的看法，过于绝对化，统一不是全国范围的铁板一块，毫无分治分立现象，如果搞绝对化的铁板一块，乾隆以后的 100 年间，澳门仍为葡萄牙所占，仍有局部分裂，但这无碍于当时中国的统一，又如今天，台湾尚未统一，但中华人民共和国应是一个空前大统一的国家。

我国的大统一是由许多原因形成的。第一是经济原因，即经济上的互补性，南方有稻米、棉花、丝、茶，北方有畜产品、麦、豆；第二是民族原因，北方民族多次入主中原，中原汉族移民边疆；第三是文化原因，中国文化有很强的包容性、认同性，彼此都以先进文化为价值取向，彼此吸收，文化认同是政治认同的基础；第四是地理原因，中国东临大海大洋，西北横亘大漠，西南高山耸立，黄河长江横贯东西，运河纵贯南北，形成自成一体的空间舞台，并形成统一的大国；第五是鸦片战争以来的共同反帝国主义侵略，国家意识增强。

每当国家大统一，经济、文化就发展，社会就进步，历史上的太平盛世就出现，汉代的文景之治、唐代的贞观之治、明代的成宣之治、清代的康乾之治，都是国家统一、民族团结、经济社会繁荣的产物。

## 三　什么是当前的民族宗教问题

少数民族的宗教问题包括跨境民族宗教问题，我国 55 个少数民族，其中 20 多个几乎全民信仰宗教。信仰伊斯兰教的 10 个民族人口有 2000 万人，信仰藏传佛教的人口约 800 万人，信仰南传上座部佛教的约 200 万人，信仰固有原始宗教的无法统计。

宗教信仰和宗教文化是民族文化的重要内容，宗教信仰和宗教活动已与民族的生活方式、风俗习惯融为一体，构成民族心理素质的一部分。因此，正确对待少数民族群众的宗教信仰和宗教文化，满足信仰群众的宗教生活需要，尊重他们有宗教色彩的风俗习惯，就是尊重民族本身，就是以平等原则处理民族关系。

我国有 2.1 万多公里的陆地边界，1.9 万多公里在少数民族地区，123 个边境县都在少数民族地区，约有 30 个少数民族与国外相同的民族跨界毗邻而居，不仅经济文化上有密切联系，还有亲友关系，而且有着共同的宗教信仰。尤其是佛教对于西南跨境民族，伊斯兰教对于新疆等西北地区的跨境民族，国际性的特点十分突出。

西方敌对势力对我长期实施"西化"和"文化"战略，利用宗教问题作为突破口，支持境内分裂势力和宗教极端势力进行的分裂活动。宗教问题处理不好，会影响国家的统一和民族的团结。

我国的民族宗教政策的内容主要有哪些呢？

（1）必须全面贯彻执行国家的宗教信仰政策，保持政策的连续性和稳定性。不允许宗教干预国家行政、司法、教育、婚姻。

（2）坚持"政治上团结合作，信仰上互相尊重"的原则，充分发挥少数民族宗教界爱国人士的积极作用，扩大巩固发展与宗教界的爱国统一战线。

（3）引导宗教与社会主义社会相适应，是处理好民族宗教问题的唯一正确途径，这可使宗教在社会主义社会中找到自己的位置，发挥自己特有的作用。我国的跨境民族有 34 个，人口达 2200 万人。跨境民族的特点是：一是民族成分多；二是居住分散；三是接壤国家多；四是经济文化发展水平普遍较低，他们中有些从原始社会末期等前封建制的社会形态直接过渡到社会主义，自身发展能力很弱；五是生态环境脆弱；六是境外极端民族主义、极端宗教主义势力经常渗透和破坏。解决跨境民族的问题，关键也在于发展，发展是建设社会主义新农村的根本动力，也是构建和谐社会、反对国外敌对势力渗透、建设稳定边疆的根本动力。所以，中央解决他们问题的方针是"兴边富民"。

以上看法有不妥的地方，盼望上海的同志们给予指正。

（2006 年 3 月 6 日于云南省社会科学院）

# 论边疆民族地区新型城镇化
# 发展的路径

为筹备中国西南民族研究学会、红河学院、云南省民族研究所联合召开的"边疆民族地区城镇化论坛"，在红河学院安学斌副院长的帮助和杨六斤教授等的协助下，我最近对红河南岸的红河县迤萨镇和甲寅、宝华等乡进行考察。边考察边联系边疆实际，对十八届三中全会提出的要"推进以人为核心的城镇化，推动大中小城市和小城镇协调发展，产业和城镇融合发展，促进城镇化和新农村建设协调推进。优化城市空间结构和管理格局，增强城市综合承载能力"的决定进行思考，并学习李克强总理《谈新型城镇化思路：核心是人的城镇化》（《人民日报》2012 年 2 月 4 日）的文章，形成了一些对边疆民族地区怎样实现城镇化的认识，现发表出来供研究和决策者参考。

（1）县城是边疆民族地区城镇化的中心和枢纽，在存在城乡二元结构的历史条件下，劳动者在城镇就业的工资比在乡村的劳动收入高，这决定了农村人口必然会向城镇流动。大中城市就业竞争激烈，录用的文化和技能要求高，生活成本也高，除少数技能高的可流入大中城市外，绝大多数农村剩余劳动者就把县城作为就业流向的主要选择，因此，在边疆民族地区推进城镇化，应把县城作为重点，优先发展县级城市的第二、三产业，不断增加就业岗位，同时加强县城的基础设施建设，包括交通、通信、道路、环境、医疗、教育、住房、水、电、气等等，这不仅是吸纳农村人口，也是提升县城居民和乡村流入人口生活条件的需要。20世纪的美国，以建立城市工业园区作为发展城市、城镇现代工业和第三产业的模式，这种模式传入我国后，国家制定了各种发展工业园区的优惠政策，许多工业园区已成为现代工业发展的示范区，招商引资、科学技术创新的集聚区。边疆民族地区的县级城镇，要成为城镇化的持续带动点和载体，发展工业园区经济是实现产业与城市融合发展的重要选择。沿边民族地区大多与邻国接壤，具有发展外向型经济的优越条件，建立边境自由贸易区、保税区、出口加工区也是可供发展县域经济的重要选项。

（2）以建立农村经济合作组织，作为推动边疆城乡一体化的战略。建立农村经济合作组织（即新农村合作经营组织）是一个全球化的经济现象，是构建集约化、专业化、组织化、社会化相结合的新型农业经营体系的必由之路，是实现农村人口"农转非"，村庄实现"村转城"的战略性选择。1923年，列宁在《论合作制》一文中说："通过合作制，把农民组织起来，可以实现农民的私人利益与国家利益的结合。"当前，我国农村存在集体经济、个体经济、私营经济等多种所有制经济，集体经济占据主导地位，集体经济资本包括土地与企业两大部分，皆为村民共同所有，其增值效益为村民共享，村庄集体所有制经济，实质上是合作经营经济，合作经营是集体经济的实现形式。合作经营组织具有可使农民的私人利益扩大化而且持续的功能，使农业由小生产转变为规模化、专业化、社会化的大生产。当农民的经济收入增加到与城市劳动者的收入零差距时，"农转非""村转城"就会水到渠成。当前我国沿海发达地区农村集体经济实行社区股份合作制，村民既是社员又是股东，既是劳动者又是有产者，既有工资收入又有财产性收入。这种做法值得边疆民族地区构建合作经营组织借鉴。我这次在红河县的考察中，有的村干部和村民告诉我：村里的青壮年人口去省城、州城和外省打工的很多，村里老龄化、空巢化的情况相当突出，梯田虽成了世界文化遗产，但没有青壮年，怎样去保护它是个问题。我告诉他们，组建新型农业合作经营组织，用农户合作经营组织去经营梯田，这个问题就可以解决。这样既可使梯田的传统耕作和遗产的保护得以持续发展，又可发展观光农业产业、休闲农业产业、科普农业产业，使梯田生产的效益实现最大化，生产要素的集聚与发挥实现最大化。建立企业化农场、兼业化企业等，也可用构建乡村合作经营组织来实现。

（3）以发展文化产业作为边疆民族地区城乡一体化的重要经济增长源。边疆民族地区自然资源、民族文化资源、历史文化资源、生态文化资源等十分丰富。20世纪60年代，我在红河县调查，发现红河县有三宝：一是有融合哈尼族、傣族和汉族经济的商城和侨城迤萨和迤萨风格独特的中西合璧式民居建筑及汉式六角亭建筑；二是有明代洪武中（哈尼族先民）长官司和亏容甸傣族长官司的历史沉淀文化；三是有"层层相间，远望如画"的千年梯田生态遗产。迤萨镇不是从天而降，也不是单一民族独创的产物，而是汉族、哈尼族、傣族等民族团结，经济相依共存、共生共荣的历史沉淀物，中西合璧式的建筑也不是从天而降的，而是云南近代历史上对外贸易的产物，该镇侨居邻国的哈尼族、汉族等民族的华侨约有1000人，是研究中国少数民族华侨历史的南部重镇，国家可望将它定为中国南部沿边历史文化名镇。六个长官司的设立，是宋元以来设置的思陀甸、落恐甸、左能甸、瓦渣甸、溪处甸、方容甸和因远部、思陀部、落恐部、溪处部、瓦渣部、左能部、亏容部哈尼、傣等族人民对中国中央多民族统一国家认同和对汉文化先进性认同的产物，其守卫边疆，扶蛮安边，维护国家统一和民族团结的土司文化是应该继承的，作为发展民族文化产业，我认为可以重建思陀土司司署，以其作为展示哈尼族文化的载体。哈尼梯田是我国被列入世界文化遗产名录的生态文化遗产，是中华民族"天人合一"文化的瑰宝，它充分体现了人与自然和谐的规律。联合国粮农组织（FAO）设置的世界农业文化遗产19个保护项

目中，中国有 6 个，稻田养鱼名列首位，哈尼梯田养鱼是代表。上述
类似的遗产在边疆民族地区是多见的，边疆民族地区应因地制宜，发
展有特色的地方历史文化和民族文化产业。

迤萨中西合璧式建筑

迤萨镇六角亭

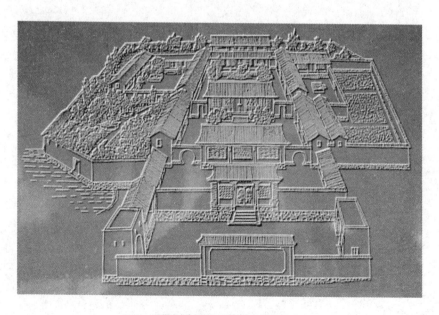

思陀长官司司署正立面图

红河县甲寅梯田

国家湿地公园红河县宝华撒玛坝梯田

梯田水源保护碑

甲寅乡梯田养鱼刻石

**红河南岸正在建设的美丽乡村民居**

（4）国家对边疆民族地区的扶持，是实现边疆民族地区城乡一体化的重要条件。党的"十八大"报告提出："到2020年，我国将实现全面建成小康社会的宏伟目标。"所谓"全面"，就是要在全国各民族地区、内地和边疆民族地区实现全覆盖的小康社会，为此，党和国家提出要加大革命老区、民族地区、边疆地区、贫困地区的扶持力度。边疆民族地区的城乡一体化，面临许多有利的发展机遇。但制约因素也很多，以红河南部地区的情况来说，这个地区农业人口占90%以上，城镇化率仅约11%；交通基础设施差，除二级公路外无高速公路，二级公路等级低，路窄弯急，晴通雨阻；农村集镇化程度低，村落布点分散，环境修复的任务艰巨。诸如此类的制约因素，光靠自身的力量是无法解决的，需要国家加大扶持力度，也需要内地发达地区的帮助。

2014年4月16日

# 坚持走中国特色新型城镇化道路

## ——边疆民族地区城镇化论坛小结

  边疆民族地区城镇化论坛，经过一天的大会发言，现在闭幕了。参会的专家学者88人，来自滇、川、黔、桂、藏、渝、粤、闽、湘、鄂、京11个省、区、市。这次论坛特邀《求是》杂志原总编辑、中共云南省委副书记、中国西南民族研究学会名誉会长王天玺同志，到会做《神奇中国梦》的专题报告，特邀国家民委民族研究中心黄忠彩司长来做《民族地区城镇化问题》的专题报告，天玺同志要讲的《神奇中国梦》，是全党全国各族人民共同关心的重大理论问题，红河州委、州政府代表全州的干部群众邀他到州里去讲，因为时间安排问题，我们大家未能听到他的精彩讲演，好在他刚刚出了一本《神奇中国梦》的书，我们大家在会后可以去阅读。黄忠彩司长的讲话，从我国边疆民族地区，实施新型城镇化的政策高度，做了深刻而有指导意义的论证，希望同志们进一步做学习深化研究。红河学院甘雪春院长、云南省民族研究所高登荣所长的讲话，则从发展民族地区高等学校和民族学研究方面做了很好的介绍和论述。这次论坛共收到论文73篇（全文53篇）、13位专家在论坛上做了大会发言。专家学者们的论文和发言从不同角度对边疆民族地区的新型城镇化、城乡一体化的理念、内涵、框架、发展个案、区域研究、行业研究、族别研究等方面，提出了许多有独特理论创新和实践价值的论证。大家释放的智能和辛劳，使这次论坛结出了丰硕的成果，达到了预期的目的。让我代表论坛组委会，对上述三位领导和专家表示衷心的感谢！对人文学院和院党政机关、参会的老师、同学们表示敬意！对雅庄宾馆的工作人员热情周到的服务表示衷心的感谢！

改革开放以来，我国边疆民族地区的城镇化取得了举世瞩目的成就，按常住城镇人口计算，2012 年全国的城镇化率达到 52.6%；按城镇户籍人口计算，达到 35.3%；这个数字虽然包括了边疆民族地区，但全国各地区的发展不平衡，东、中、西差距大，如 2013 年，云南省户籍人口城镇化率 27.2%，比全国的 35.3% 低了 8.1 个百分点；常住人口城镇化率 40.48%，比全国的 53.73% 低 13.25 个百分点。在西部地区，沿边地区与靠内地的地区之间的差距也大。边疆民族地区是我国城镇化率最低的地区，如云南红河州的南部六县，城镇化率据有的专家的统计仅有 11%。随着全国信息技术、信息经济的高速发展，边疆民族地区的城镇化与发达、次发达地区的差距还会越来越大。这次论坛的主题和宗旨是要学习贯彻"十八大"和十八届三中全会的精神，坚持走中国特色的城镇化道路，促进边疆民族地区城镇化、工业化、信息化、农业现代化快速并与全国同步发展；推动以人为核心的城镇化，推动大、中、小城市和小城镇协调发展，产业和城镇融合发展，促进城镇化和农村建设协调推进。2014 年国家出台实施新型城镇化的规划，落实和完善区域发展规划，增强欠发达地区的发展能力。我们衷心希望参会的专家学者，以这次论坛为新起点，进一步深化研究。为国家实施新型城镇化的规划服务，为繁荣哲学、社会科学服务。

祝全体与会同志在前往红河、河口的田野考察中取得丰硕的成果，祝同志们归程，一帆风顺！

2014 年 4 月 25 日于红河学院

# 加快滇西北发展的八点建议

　　位于中缅边境附近、地接西藏的云南省西北部，是藏、彝、白、回、纳西、傈僳、普米、怒、独龙等民族聚居区。该地区社会经济发展水平具有突出的"五低"特点，即生产力发展速度低，社会发育层次低，劳动者素质低，人民生活水平低，地区经济平衡发展程度低。如何改变"五低"特点，使滇西北各族人民尽快向小康社会迈进，是一项具有重大意义的现实课题。经过调研，我有八点建议。

## 一　促进山地农业现代化

　　山和地是滇西北各民族安身立命的基础。山地农、林、牧业过去是、今后相当长的历史时期仍然是他们生活的主要来源。因此，提高山地农业的成长率和发育率，是改变其现状的关键。直到今天，游耕、烧耕、轮歇耕等原始农耕的方式，在独龙、怒、傈僳、彝和部分纳西、白等民族中还不同程度地存在，这种耕作方式不仅不能摆脱贫困，解决温饱，实现小康，还会导致生态环境的恶化，使其坠入更加贫困的深渊。要提高山地农业成长率、发育率，应在坡度 25 度以上的山地退耕还林，在 25 度以下的地区固定耕地，减少轮歇，精耕细作，提高地力，增加单产。科技是第一生产力，应引进和培育良种，扩大良种种植面积。在怒江、澜沧江、金沙江偏南的谷地梯田的水稻产区，良种的种植面积只有水稻种植总面积的40％—50％，杂交玉米良种的种植面积也只占玉米种植总面积的一半。因此，引进和培育良种，扩大良种种植面积是科技兴农的当务之急。另外，薄膜育秧可防止低温，确保适时栽插，苞谷地膜覆盖、马铃薯地套种玉米可提高产量，也应大力推广。目前普遍使用的随意撒播、点播或不规则的塘播等粗放耕作方式应加以废除。在有条件的地方还应推广拖拉机、电力排灌等机械技术，以提高劳动生产率和土地的亩产量。

除采取"科技兴农"的措施外，还应采取两种措施，一是通过培训，将农民从单纯的生产者变为懂得市场、会利用市场来扩大再生产的经营者。二是建立和完善农业商品化、社会化的服务体系，由经济部门、工商部门、合作经济组织和行政组织联合提供多种服务。可建立乡村合作经济组织并以此为根基，以专业队伍为依托，农民自办服务为补充，建立多种经济成分，多渠道、多形式、多层次的服务体系。其次是加强乡级农技站、水利（水保）站、林业站、畜牧兽医站、经营管理站、气象站等机构的技术推广、科学管理为重点的服务。供销合作社和商业、物资、外贸、金融等部门应大力提供生产生活资料、收购、加工、运销、出口产品以及筹资等为重点的服务。科研教育单位应深入山区，开展人员培训和技术咨询为重点的服务。社会化服务的重点，是为各族农民提供产前、产中、产后的综合配套服务。应鼓励农民自办、联办服务组织，发扬"自动、自立、自强"精神。在一定意义上说，农民自办服务是最有实效、最有活力、最为主动的。因此可组织农民社会化服务协进会、农民专业技术协进会等农民自身的组织来推动自办服务。

## 二　坚持走可持续发展道路

现代人类文明的发展，常常同对大自然环境的野蛮破坏相连，因此，它仍然是一种笼罩着野蛮阴影的文明。人们在享受这种文明成果的同时，也承受着自然环境破坏的巨大灾难。滇西北地区贫困和发展滞后的一个重要原因，就是环境遭到了严重的破坏。水土流失，森林消失，山体滑坡，耕地地力下降，使山区各族人民陷于生存的困境。自然资源是否可以"取之不尽，用之不竭"，关键在于人们有没有明确的环保意识，并能以之约束自己的行为。

在生产力还比较落后的时代，大自然以人类的相对贫困为代价保持着自己的平衡状态。但近几十年来经济发展的浪潮冲破了一切传统的堤防。乱砍滥伐森林和过量采伐森林被作为一种"靠山吃山"和加快发展的手段，致使生态环境遭到严重破坏。滇西北山区的森林已经快要枯竭了。一座城镇和一个村落的周围，都立着光秃秃的山岭，数十年来抚育着中甸草原的纳帕海（在藏语中意为"森林之海"），流经中甸草原的纳曲河（意为"森林中的河"），如今既看不到连绵的林带，也寻不见浩渺的碧波。由于大大小小的山峰都被剃了光头，纳帕海的水位逐年下降。"海"的姿容已荡然无存，只剩下成片的草甸、沼泽和面积不大的水泊供牛羊徘徊。森林破坏现象甚至扩展到了雪线附近。在白茫雪山丫口附近的冰山之下，也出现经利斧洗劫后残存的树桩、荒坡。横断山本来就山高坡陡，哪怕仅一小块植被剥离，薄薄的土层便会成片流失，最终形成寸草不生的石头山，但是人们却不以此为戒。丽江的黑水、白水、大具、鸣音等纳西族、彝族、藏族、傈僳族居住的山区，森林的破坏也很严重。

保护环境是我国的一项基本国策，实施可持续发展是我国政府采取的一项重大战略。1994年3月，《中国21世纪议程——中国21世纪人口、环境与发展白皮书》问世，把我国可持续发展的总体战略、对策及行动方案具体化。至现今为止，我国已颁布《中华人民共和国环境保护法》等的环境法律6部。1998年的特大洪灾之后，国务院和省政府严禁在金沙江流域林区砍伐，关闭了一切森工企业。为防治工业污染，还大力推进节能降耗，提高废气、废水、废渣"三废"的处理能力和综合利用率。对小造纸厂、小印染厂、小制革厂、小化工厂等15类污染河流的小企业进行了取缔。城市环境治理包括治理烟尘、粉尘、二氧化硫排放量、减少噪声、增加城市绿地、处理生活污水及垃圾等等也取得了进展。

在滇西北地区实施可持续发展战略，我有如下建议。

（1）提高全民对可持续发展战略的认识。"可持续发展战略"的提出，是以人类环境、资源、人口等全球性问题日趋尖锐为背景的。这个战略的定性是谋求不同于19世纪、20世纪工业时代的发展道路和发展模式，建立人与自然、人与人、人与社会之间的新型关系。这种新型关系的基础是不把社会发展的概念等同于经济和技术的增长，而把它理解为人的生存质量与自然、人文环境的全面优化。这是一种新的发展观，这种发展观要求重建一种有助于环境、资源保护和再生的科学技术、社会体制和价值理念。工业文明时代的观念、行为的理论、方法是以部分人的眼前利益为中心，无限制地追求物质消费水平的提高，以经济利益最大化为经济社会发展的动力和目标，把自然作为征服掠夺的对象和用之不竭的源泉，结果导致了自然生态系统与社会经济系统发生尖锐的冲突并引发环境危机。环境危机说到底是人的生存和发展状况的危机。可持续发展战略是一种解决人的生存危机的战略，人人都应以实际行动来贯彻这种战略。

（2）大力推进封山育林，加强造林、护林运动和草地资源的保护和管理，加大草场建设和治理草场退化的力度；使森林覆盖率达到50%以上，使草场焕发青春的活力。严禁毁林和一切破坏环境的行为。

（3）对水源、土地、农地、牧地、林地、毛地、矿产用地等进行水土保持的处理，并对其合理规划利用。

（4）严格关闭可导致环境破坏的乡镇企业，并大力发展自然保护区。20世纪80年代以来，国家在滇西北地区设立了苍山洱海、白茫雪山、高黎贡山三个国家级自然保护区，云南省人民政府先后设立哈巴雪山、碧塔海和纳帕海三个省级自然保护区，大大推动了可持续发展战略的实施，今后还应大力采取如此有效的办法，扩大自然保护区范围并增加其数量。

（5）对大理、丽江、中甸、六库等城镇进行城镇环境的综合整治，使其成为环境优美的旅游城镇。

（6）进一步对生物多样性采取保护措施，明确规定生物多样性保护区，并进行严格而有效的管理。

（7）对多样性的民族文化进行保护。滇西北地区的民族文化具有世界级的高品位，是人类文化宝库中价值最高的一个组成部分。但目前既面临西方文化的冲击，又面临现代化浪潮的淹没，有的已后继无人，面临失传的危险。走可持续发展的道路，应该把对优秀民族文化的继承、发展、弘扬、创新包括在内，使可持续发展的观念植根于各民族的传统和优秀文化之中。实现可持续发展必须依靠各民族的共同努力，各民族传统文化的保护与弘扬是调动各民族积极性的最佳选择之一。

# 三　以特殊政策加快发展教育

"科教兴国"是进行现代化建设的一项基本国策。教育的发展是经济发展、社会进步、人民生活水平提高的重要标志，也是反映少数民族社会地位提高的一个指数。

滇西北地区是教育发展滞后的典型地区。如前所述，这里的农村青壮年文盲率很高。许多贫困乡，6—12 岁的小学入学率只有 70% 左右，而完学率大约只有 50%。许多地区未办初级中学或附设初中班，12—16 岁的中学入学率极低。这个地区推广九年制义务教育遇到如下困难：一是投入不足，办学点的数量无法满足需要；二是教育制度脱离实际；三是师资队伍的数量不足，素质偏低。1995 年开始实施的《中华人民共和国教育法》规定，国家财政性教育经费支出占国民生产总值的比例应随着国民经济的发展逐步提高；全国各级财政支出中教育经费所占的比例应随着国民经济的发展而提高；各级人民政府教育财政拨款的增长应高于财政经常性收入的增长。滇西北在实施"义务教育法"的过程中，各级政府不断加大教育资金的投入，从根本上改变了教育落后的面貌，但是教育投入至今仍然不足，一是因为国家财政拨款占国内生产总值份额的逐步下降，二是一些政府部门对教育不够重视，教育费用并未按法律的规定增长，教育资金被挪用的现象也时有发生。这些都导致一些学校运营资金短缺。因此，必须认真解决教育投入不足的问题。1998 年 11 月，中共云南省委书记令狐安同志视察独龙江乡，把解决教育经费不足作为推动地方发展和教育发展的第一项措施，给当地做了四条指示：一是要州、县将省教委在 1996 年拨的一笔专款迅速拨到乡，用于中心学校的修缮，把墙刷白，改装日光灯；二是要省教委拨款把乡里欠书店的 4.5 万元书费还掉；三是要省民委为乡里建立一笔教育基金，每年 10 万元，接连 3 年，本金统一由省里管，每年用 2 万多元的利息来解决学生的课本费；四是乡里建初中，省里再拨款帮助。独龙江乡教育投入不足，在"三江并流"地区有一定的代表性。它说明了增加教育投入的重要性和紧迫性。目前，我国教育经费的来源渠道有国家教育经费的预算；各级政府征收的用于教育的税费；企业对教育的投入；校办企业、产学结合项目及社会服务的教育收入；其他源于国家财政拨款的教育资金；团体和个人捐赠的教育资金；学费及各种收费。在少数民族贫困地区，教育经费的来源主要靠国家拨款，但在国家和省政府不断加大投入多建学校、改善办学条件的同时，也必须走多渠道筹资的路子。为此，我们建议：第一，在省、地、县、乡、村建立贫困地区民族义务教育发展基金，以确保适龄儿童入学率和巩固率，基金之本金的筹集由各级政府多渠道进行，可将教育纳入扶贫工程，用一些扶贫资金作为本金。各级政府应落实 1995 年国家教委和财政部《在落后地区推行义务教育的国家纲要》，也拨一些资金作为本金，使资金的使用有永续性。第二，进一步推动公众捐款、捐物办教育的"希望工程"和帮助失学女童的"春蕾工程"。第三，制定提高入学率和巩固率的奖励政策、保障政策，以解决贫困家庭儿童入学和办学的困难。第四，通过村民集资组织民间性质的劳动技术培训与扫盲协进会，对已经失学的青少年进行培训，这样既可以培育贫困地区民族自动、自立、自进、自强的精神，又可在经费短缺的情况下遍地开花，大面积大范围地推进劳动技术培训和扫盲。第五，扩大对外开放，争取国际资金的扶持。

对于教育制度、教学内容及教学方法制约教育发展的问题，应通过深化教育改革来解决：第一，建议在滇西北民族地区放长义务教育的修业年限及放宽入学年龄。第二，大力培养民族地区的师资。对这类师资，各类学校招生应有针对性地大幅降低录取分数线，以解决民族师资队伍量少质差、小学毕业教小学、中学毕业教中学的状况。第三，制定特殊的优惠政策，吸引内地知识分子到滇西北担任教师或轮流去那里任教。第四，通过不断改革，使教学内容紧密结合实际，为农村地区的经济发展服务。目前，基础教育定位于使学生通过考试进入更高一级的学校，但事实上，全国只有49%的初中毕业生能升入高中（1996），而贫困地区则更低，大多数只上到初中或更低就结束了正规教育，他们学到的对继续学习有用，但不是更需要的劳动技能。因此，滇西北教育改革的重点要放在对儿童和成人的职业技术培训方面，使教育成为当地经济发展和脱贫的工具。应该指出，强调农村教育的实用性并不是要误导学生放弃继续升学的机会。

## 四　消除贫困

滇西北地区面临的一个巨大的社会问题，就是要在2000年前基本脱贫。在经济越来越依赖市场的情况下，解决这个问题的难度虽然大，但目前采用的动员全社会力量，通过各种方式消除贫困的做法是行之有效的。1994年1月，国务院公布《国家"八七"扶贫攻坚计划》，要在2000年的最后八年内使8000万贫困人口摆脱贫困，确定农村贫困线为320元（1993年价格），目标是将农村贫困人口的人均收入提高到500元（1990年价格），1997年国家扶贫资金为150亿元，要求各省至少拨出中央拨款的30%用以扶贫，故1997年用于扶贫的资金约为200亿元，这些资金用于发展贫困地区的经济及基础设施项目，特别是水、道路和自然资源的开发。在实施这一政策的过程中，滇西北地区得到很大的扶持，消除贫困的工作取得了长足的进展，但是由于这个地区是条件性贫困和素质性贫困兼具，所以目前遇到的挑战仍然巨大。为此，我们建议：第一，向政策性银行——农业发展银行争取贷款，将贷款的70%—80%用于作物种植、家畜饲养以及相关的加工及销售活动。第二，争取国家和省在扩大内需、加大基础设施建设的过程中，在滇西北多上"以工代赈"项目，通过建筑道路及其他基础设施的开发项目让贫困乡村的少数民族就业，从中得到工资或实物。第三，向省财政部门申请小笔扶贫款，用以进行劳动技术培训。第四，大力革除挪用扶贫资金的弊端，使扶贫资金直接到达最贫困的农户。应大力推广孟加拉格兰明模式的微观信贷或小额信贷，使扶贫收到立竿见影的效果。

旅游业是滇西北迅猛发展的支柱产业，应实行以发展旅游经济为中心的扶贫战略。旅游业是先导产业，对第一、二、三产业有极大的启动性、带动性、推动性，"旅游兴、百业旺"，旅游业的发展可带来就业结构的大变化。省政府与美国大自然保护协会签署建立大河流域国家公园的协议为滇西北旅游业的发展带来了机遇，为消除贫困开辟了新路，应动员全地区的力量做好此事。滇西北贫困地区劳动力的一部分可在坡度25度以下宜农土地上从事耕作与畜牧，为自身及游客种植粮食、蔬菜、油料，提供肉蛋；另一部分人可转而经营旅游业和承担"以工代赈"项目，承担修路、清洁水供给、森林保护、防河患等公共工程，由政府发给一定数量的工资；再有的部分为老弱残幼及学生，享受社会保障待遇或由父母供养，这样可人尽其才，人有所养，贫困得到消除。


## 五 发展社会主义的民族关系

社会主义现代化建设是促进生产力发展的动力，也是加强各民族团结的动力。在"科教兴农""科教兴工""科教兴商"，发展民族经济，实现脱贫致富奔小康的过程中，少数民族既希望得到汉族的帮助，也希望得到别的少数民族的帮助。改革开放以来，由于少数民族的农村剩余劳动力大量转移到建筑、运输、工副、餐饮、旅游等新兴产业中去了。少数民族与汉族和其他少数民族劳动者就共同工作在一个个经济实体中，直接向汉族同胞及其他比己先进的民族同胞学习文化和科学技术，他们与汉族和其他民族的联系得到加强。即便是少数民族聚居的村寨，少数民族也千方百计把汉族科技人员请到村中传授科学技术。与此同时，汉族在发展经济中也希望得到少数民族的帮助，利用他们的剩余劳动力、资源和市场。因此，现阶段滇西北地区的民族关系是平等、团结和互助的关系，是共同发展、共同进步的新型的社会主义民族关系，是谁也离不开谁的鱼水关系。只有进一步加强贯彻党的民族政策，加强这种民族关系的发展，滇西北的可持续发展、经济的持续增长、社会的不断进步才是可能的。因此，要不断进行马克思主义民族观和党的民族政策的教育，加强民族团结，实现各民族的共同发展、共同富裕与共同繁荣。

在新的历史条件下，发展社会主义民族关系的一个根本任务，就是要帮助经济、文化发展滞后的少数民族，快速、持续、健康地发展自己的经济、文化，开拓新的产业，拓宽致富门路，以消除历史上遗留下来的民族间事实上的不平等。对少数民族的优秀文化，要采取保护与弘扬的措施，使民族精神经久不衰。对于他们不利于民族发展和进步的某些陋俗，则应引导他们加以改变、剔除。如在经济活动方面，滇西北的少数民族多是生计型的，自家生产自家消费，无市场观念，不受市场的左右，要引导他们树立商品经济观念，克服以商为耻的陋习，发展商品生产，在市场导向下调整农村产业结构，使民族经济得以繁荣。在文化活动方面，本民族传统的动态艺术舞蹈和歌唱等处于支配地位，并富有独树一帜的风采和特点，应大力加以弘扬，同时，也要引导他们用开放的眼光看世界，学习和引进汉族等民族的先进文化，学习外国的先进文化。在衣着、饮食、居住、卫生、婚丧、生育等方面，不少民族还有许多值得加以改进的地方。如要倡导他们穿整齐、清洁、简单、朴素、寒暖适度，便于劳作和具有鲜明民族特色的衣着。在餐饮方面，要引导厉行戒酒戒烟，食物要注重营养卫生，改变就地食、手抓食的习惯，提倡置备桌椅，使用筷子，学习烹饪知识。在居住方面，要倡导改变三代人共居一室及人畜并居，厨房卧室合一，不重视环境卫生和环境美化的习惯。在风俗方面，要引导他们培养勤劳风尚，树立良好的村风、民风，禁止神汉巫婆符咒治病，防止早婚早育、多生多育。婚丧要从简，力戒铺张浪费。

## 六　实行滇西北地区经济一体化的发展战略

实行这一战略的依据有四：

第一，21世纪滇西北将发展成为亚洲三大奇观的世界旅游中心。这三大奇观是亚洲山系中的特殊体系——横断山脉纵谷奇观；金沙江、澜沧江、怒江"三江并流"泄水奇观；以及由这种特殊山系孕育的山地民族多元原始文化奇观。美国大自然保护协会（TNC）与云南省人民政府决定合建滇西北大河流域国家公园，是这个世界旅游中心形成的先兆。亚洲三大奇观是世界上仅有的，它形成新的世界旅游中心是历史的必然，世界经济发展的必然。随着全球经济的发展，人类生活质量的提高，旅游业在21世纪初将发展为全球最具活力的第一大产业（国际旅游组织曾预测：到2005年，全世界的旅游总收入将达到97000亿美元）。21世纪初期，世界经济的活动重心将逐渐向亚洲太平洋地区转移，尽管目前出现的亚洲金融危机，对此重心的转移产生了延缓作用，但"亚洲时代"的到来是历史的必然。亚洲经济发展是亚洲旅游业的升温炉；旅游业是亚洲经济发展的重要载体。随着"亚洲时代"的到来，滇西北发展成为新的世界旅游中心亦是历史的必然。世界旅游中心的形成并非一成不变，关键是有无特殊的、为世人瞩目的一流资源，有没有实现资源与现代基础设施和优良服务的最佳组合。实行滇西北地区的经济一体化战略，有利于提供这种最佳的组合。

第二，滇西北地区自然环境和各民族的历史、文化传统及价值观念，共同性大于差异性。各民族之间、各地州之间的关系亲密无间，有建立统一大市场，建立统一的现代化交通和现代化旅游设施的合作机制，可实现没有地、州、县界限的商品、资金、劳务和人员的自由流动。共同发展旅游业是当前进行"一体化"合作的基石，经济社会发展向更高层次急速迈进"一体化"的最终目标。在"一体化"起始的初期可以以灵活多样的多种合作为前提。

第三，21世纪初滇西北价值呼声的出现和高涨，是以滇西北经济"一体化"为前提并与之相适应的。经济的相互依存，科技革命的影响，交通的现代化，使四地州的经济互补与共荣性加快，区域体系的特色显现。这里的古老文明和独特的民族文化风采的整合性为地区经济一体化创造了良好条件。

第四，滇西北区域经济一体化模式的建立，将给中国西部地区提供一种快速发展的模式。各民族传统文明中蕴含的追求和谐、秩序、共同发展诸因素的潜在力量，将可得到更好的发挥。各民族的个性发展将可得到加强，因为民族个性的增强，是各民族固有文化发展的必要条件。

滇西北经济一体化的构建，在跨世纪阶段应抓住三个重点：一是建立滇西北经济一体化发展协调委员会，由四地州的首脑组成，可由省长、副省长任委员会的主席。委员会统筹设计并组织实施一体化发展的项目。委员会的工作以"协商一致"为原则，委员会的"文件"

"行动议程""公告"等对地州有约束力。二是以共同建立大理至其他三地州中心城市的高等级或高速公路，逐步建立地州通往各县主要景区的高等级公路为一体化的启动点和发展的命脉。三是加强做好民族区域自治的各项工作，充分调动和发挥各族人民的积极性，克服可能产生的依赖性。一体化的根本目标是发展旅游经济和地区特色经济，提高各族人民的物质、文化生活水平。因此，一体化的一切工作都必须以有利于加强民族区域自治和提高当地人民的生活水平作为出发点。

## 七　把旅游业作为滇西北的龙头产业

大自然和人类赋予滇西北高品位、高内涵、高价值、高潜在力的旅游资源。在滇西北富集的各种自然资源中，旅游资源的开发价值最大。专家曾预测，21 世纪的头 10 年，我国的旅游总收入将占 GDP 的 8%左右。云南省是我国的旅游业强省，1998 年，在全国旅游位次中排列第 8。在全世界、全国和全省旅游业发展的滚滚巨流推动下，滇西北在 21 世纪初可望进入世界旅游业发展的前沿。

据经济学家的研究，旅游业每天直接收入 1 元，其相关行业的收入就增加 4.3 元；每增加一个直接就业人员，就能提供 5 个就业机会。因此，旅游业在诸产业中是先导产业，"龙头产业"。

经济社会快速发展的动力，是资源与产业、产业与市场的最佳组合。滇西北旅游资源具有诸资源中首屈一指的地位，21 世纪国内国际旅游大市场的形成，都为滇西北旅游业发展成为首屈一指的"龙头产业"创造了良好的条件。旅游业具有"行、游、住、吃、购、娱"六大要素，发展旅游业首先能带动交通运输业的发展，包括航空、铁路、公路和信息高速公路的建设；其次是能带动景点的建设和农业、工艺业及餐饮、商业、文化的发展。因为旅游业只有依靠这些相关产业、事业的发展才能发展。因此，旅游经济是一种综合发展的经济，"旅游兴，百业旺"。各国发展的历程说明：凡是旅游资源富集的地方，都以发展旅游业带动诸业。旅游业在滇西北发展中的龙头地位应该成为人们的共识，也就是说，滇西北的快速发展应以旅游业的发展作为轴心和支撑点。

# 八　加速城市化进程

滇西北经济的低速发展，使其城市化发展滞后，而城市化水平的低下，又反过来制约其经济的发展。因此，提高城市化水平，是加快其经济发展的重要条件。

**滇西北四地州城市化水平**

| 地、州 | 总人口（万人） | 非农业人口及从事非农产业的乡村劳动力人口（万人） | 城市化水平（％） |
|---|---|---|---|
| 大　理 | 315.66 | 33.68 | 17.6 |
| 丽　江 | 150.94 | 16.90 | 16.0 |
| 迪　庆 | 32.53 | 4.50 | 13.9 |
| 怒　江 | 45.38 | 6.20 | 13.7 |
| 云南省 | 3889.64 | 747.10 | 18.7 |

从上表可知，滇西北四地州的城市化水平都低于全省的平均水平，加快滇西北城市化的进程，任务是艰巨的。从目前的发展水平和今后的发展需要来看，滇西北地区的城市化必须以大理市为重点，将

其建为 50 万人的中心城市，将丽江、中甸、六库建为 20 万人的二级中心城市，以带动各县小城镇的发展。

大理市既是滇西北当前最大的城市，也是经济最快速发展的城市，1985—1997 年，其国内生产总值由 4 亿元增加到 38.86 亿元，年均递增 20.86%，第一、二、三产业分别以年平均 19.4%、21.9%、20.5% 的速度递增。辖区工农业总产值由 8.79 亿元增加到 33.69 亿元，年均增长 11.8%，其中工业总产值由 7.05 亿元增加到 30.27 亿元，年均增长 13%；农业总产值由 1.74 亿元增加到 3.42 亿元，年均递增 5.8%；社会商品零售总额由 1.12 亿元增加到 12.72 亿元，年均递增 13.2%；城市建成区面积由 7.6 平方公里增加到 16.7 平方公里，年均增加 0.75 平方公里，城市化水平由 28.4% 提高到 35.7%。1997 年城市道路 157.5 公里，城市下水道 152.7 公里，路灯 2592 盏，拥有城市公交车 115 辆，程控交换机容量 8.2 万门，自来水供水量 8.3 万吨/日，绿化覆盖率达 19.3%。与此同时，社会各项事业不断发展，精神文明建设水平不断提高，先后荣获"全国科技先进市""全省文化先进市""全省八五期间环境整治先进单位"等荣誉。1998 年国家旅游局评估，认为已基本具备中国优秀旅游城市的条件。从目前的综合发展水平和滇西交通枢纽的区位优势来看，大理市作为今后滇西北依托发展的中心城市，基础条件是比较好的。

但是，要作为在滇西北起龙头作用的中心城市，差距还很大。下关自 1953 年建市到现在，已经有 40 多年，但包括 1983 年合并的大理县，1992 年省政府批准在下关东郊和大理南门外设立的省级经济开发区和省级旅游度假区在内，全市人口只有 17.1 万人。城市化水平相当低。城市综合经济实力力求达到区域性经济中心的规模，对周围广大地区的辐射扩散力还较小。建议省政府将大理市作为滇西北的龙头和中心城市来建设，力争到 2000 年，使其城镇人口由 1997 年的 17.1 万人增至 20 万人。建成区面积由 16.7 平方公里增至 20 平方公里。

2015 年人口增至 50 万人，建成区面积增至 40—50 平方公里。

在滇西北，作为大理市经济功能辐射二传手的丽江、中甸、六库，亦应加快其城市化进程，使其成为所在地州农村小城镇发展的龙头。中甸、丽江应以旅游业作为支柱和特色，力争今后 10—15 年内，城市人口增至百万人。

（原载两院院士吴良镛主编的《滇西北人居环境可持续发展规划研究》，云南大学出版社 2000 年版）

# 滇西北大河流域国家公园的构建与民族文化多样性的保护

　　1872 年 3 月 1 日，世界上的第一个国家公园——黄石国家公园，在美国怀俄明州方圆 898 公里的国土上诞生。自此以后，国家公园越来越成为世界各国自然保护所推崇的形式。至 1993 年，全世界被圈定的自然保护区发展到 9832 处，其中国家公园 2041 处，面积达 376784187 公顷。1969 年，国际保护自然及自然资源联盟（IUCN）给国家公园下了一个定义："它由一个或多个生态系统组成，通常没有或很少受到人类占据及开发的影响。这里的物种具有科学的、教育的或游憩的特定作用，或者这里存在着高度美学价值的自然景观。"1971 年，联合国教科文组织提出《人与生物圈保护计划》（*Biosphere Reserves Program*），强调"自然区域和区域内遗传物质的保护，以建立一个全球性的生态系统——生物圈保护区"。国家公园和生物圈保护区强调的都是自然的保护，而未将人类文化遗产纳入国家公园或生物圈保护区的保护体系。1972 年 11 月 16 日，联合国教科文组织在巴黎召开第 17 届会议，通过《世界文化和自然遗产公约》，保护文化遗产被提到与保护自然遗产同等重要的地位，强调将文化"传之于后代，是当前和未来文化丰富与和谐发展的源泉"。1998 年 8 月，国际旅游组织制定《国际文化旅游宪章》，进一步强调保护文化遗产的重要意义："那些属于过去，但仍在继续中的传统，仍然有效的经验和其他一些习惯行为，是形成各国各地区特征的基本要素，也是现代生活不可分割的一部分。文化遗产既是记录社会经济发展变化的基本参照点，又是促进这种发展变化的有效手段，是未来文化发展的宝贵财富和重要基础。在这个迅速全球化的时代，对任何一个民族，任何一个地方的文化多样化及文化遗产的保护，对当地人来说都是重大的责任，也是人类共同的义务。"

但问题是，这个"宪章"也未将文化遗产的保护与国家公园或生物圈保护区相连接。时至今日，怎样保护多样化的民族文化遗产，仍是人们共同关心和探索的重要课题。我认为，自然遗产与文化遗产常常是一个共生共融的不可分割的体系，特定的自然地域孕育了生存于那个地区的人类文化，而那个地区的人类文化习俗、耕作方式、宗教信仰等又对该地区自然遗产的保护产生深刻的影响。因此，以保护自然遗产为宗旨的国家公园，同时应以保护民族文化遗产作为自己的宗旨。本文拟以滇西北大河流域国家公园的构建及其对民族文化的保护，来说明这个问题。

## 一 国家公园的定义与滇西北大河流域国家公园的构建

要将自然保护与文化保护同时作为建立国家公园的宗旨，就应给国家公园下一个新的定义。而这样的定义，不论在中国，还是在世界上都是没有的。我们认为：国家公园是人与自然、人与人和谐发展的一种模式。具有保护自然与保护人类文化遗产的双重功能。由国家直接管理或由国家指定的机构代为管理。它提供人类追求的自然美景、人文美景及科学的、教育的、游憩的、娱乐的、健康的环境。

滇西北群山灿烂，江河多姿，湖泊瑰丽，生物多样性、文化多样性突出，既存在"从科学保存和自然美学角度看来，具有普遍突出价值"的"地质地貌形成物，以及遭受绝种威胁的动植物栖生地""天然名胜或严格规定的自然地区"；又存在"从历史学、艺术学和科学观点看来具有突出普遍价值的"文物、建筑群、名胜地和民风、民俗、民艺。也就是说，它具有建立国家公园的一流自然遗产和文化遗产资源。目前其"三江并流"地区已被列入世界自然遗产名录；丽江古城已被列入世界文化遗产名录；大理、丽江、巍山古城被列为国家级历史文化名城；苍山洱海、玉龙雪山等被列为国家级风景名胜区；白茫雪山、高黎贡山等被列为国家级自然保护区；清华洞、东山、巍宝山被列为国家级森林公园；崇圣寺三塔、石宝山石钟寺、太和城遗址、南诏铁柱、香格里拉中心镇公堂等被列为国家级重点文物保护单位。把这个地区的自然遗产、文化遗产进行整合，建大河流域国家公园，意义是重大的，也是可行的。

根据1998年6月24日云南省人民政府与美国大自然保护协会签署的《滇西北大河流域国家公园项目建设合作备忘录》，这个国家公园的地域包括滇西北大理白族自治州、丽江市、迪庆藏族自治州、怒江傈僳族怒族自治州的23个县市。建设目标是"保护当地的自然生态环境和生物多样性，审慎合理开发地方资源，保护民族传统文化，帮助当地人民摆脱贫困，并建立一个中国人居环境可持续发展的示范区，作为云南、中国乃至亚洲各国和地区可持续发展的范例"。有的专家认为，滇西北地域辽阔，民族众多，生物多样性、文化多样性突出，按国家公园是保护自然遗产和民族文化遗产的定性来考虑，滇西北国家公园只能建多个，而不能只建一个。这种看法以国际保护自然及自然资源联盟的国家公园定义作为立论的基础，它的可取之处在于主张按资源的不同主题来构建。但是，滇西北自然资源和文化资源的多样性、分布的广泛性和相互间的交叉、兼容使其难以操作，很难设想，我们能够在那里按资源的不同，设置十个乃至数十个独立的国家公园。而设置一个多元一体，包括多个不同主题分园组成的国家公园则是保护效益、社会效益、经济效益均佳的选择。这个多元一体的国家公园保护体系，按自然特征大致可分为三块，建立15个分园：

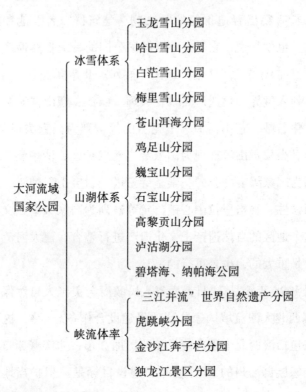

大河流域国家公园
- 冰雪体系
  - 玉龙雪山分园
  - 哈巴雪山分园
  - 白茫雪山分园
  - 梅里雪山分园
- 山湖体系
  - 苍山洱海分园
  - 鸡足山分园
  - 巍宝山分园
  - 石宝山分园
  - 高黎贡山分园
  - 泸沽湖分园
  - 碧塔海、纳帕海公园
- 峡流体率
  - "三江并流"世界自然遗产分园
  - 虎跳峡分园
  - 金沙江奔子栏分园
  - 独龙江景区分园

这个框架的每一个分园都是某一类型的生物和文化多样性的保护单位，其面积可大可小，景观实体可以是冰川、雪山、湖泊、湿地、林带、线状的河流、村落、民居、庙宇等，歌舞、民俗、语言文字、宗教信仰、绘画、工艺技术等文化现象是景观流动的血脉和灵态。分园之间的连接线是绿色经济、绿色生态走廊。

## 二 大河流域国家公园的民族文化遗产

滇西北大河流域地区分布着彝、白、纳西、藏、独龙、怒、傈傈、普米等少数民族，各民族都有独特而有传承、保护价值的文化遗产。继承、创新、繁荣是文化运动的一般规律，国家公园对传统的民族文化遗产可采取传统延续型、传统改造型、全新创造型的保护发展模式；可采取建民族文化保护村的办法，对民族文化遗产进行保护，并使之发展繁荣，这种静态的动态的保护，可使其实现与时俱进的可持续发展。

现将历史积淀在滇西北的民族文化遗产做一个概括性的陈述，以供采取各种不同的传承、改造措施。

### （一）白族文化遗产

节庆：3 月街节（即观音节，农历三月十五至二十）、火把节（农历六月二十五）、绕三灵（农历四月二十三）、本主节、花朝节（3 月下旬）、蝴蝶会（农历四月十五），耍海会（9 月上旬）。

服饰：男子头缠白色或蓝色包头，身穿白色对襟衣和黑领褂，下穿白或蓝色长裤，肩挂挂包。女子着白色上衣，外套黑丝绒领褂，下着蓝色宽裤，腰系绣花飘带的短围腰，足穿绣花"百节鞋"。

餐饮：喜食酸、冷、辣口味及腌制的火腿、弓鱼、螺蛳酱、油鸡枞、猪肝酢；喜饮烤茶、三道茶。乳扇是其别具特色的乳制品。

住房：坝区的住房"一正两耳""三方一照壁"（三面是房，一面是墙）、"四合五天井"（中间是个大院子，大院的四个角有四个小庭院）；山区住四壁皆用横木垛成的一间或两间相连的垛木房。

工艺品：形态多样的大理石工艺品、大理石镶饰的家具、草编、扎染及剑川木雕。

婚恋：白族青年以山歌传情交友，每年 3 月的剑川石宝山歌会，男青年以歌声寻找对歌人，若有女青年接腔，即以对歌调情相恋。

歌舞：说唱曲艺有大本曲；舞蹈有霸王鞭、踏歌等。

信仰：本主崇拜。每村都有自己的本主庙，在各自本主的生日举行本主祭典。

### （二）彝族文化遗产

节庆：火把节（农历六月二十四至二十六），为本民族传统的盛大节日，白天举行摔跤、斗牛、踏歌等活动，夜晚倾村持火把环田间地头走动，并踏歌尽情作乐。

服饰：宁蒗等小凉山地区的彝族，过去男子缠三四丈长的青布包头。外着羊毛披毡，内穿右开襟青色土布或毛织短衣，下穿裤。披毡像一口钟，无领和袖子，称"擦尔瓦"。头顶留一块方形头发，编成小辫一条，以头帕竖立包着，称"天菩萨"或"指天刺"；女子外着羊毛披毡，身穿右开襟短衫，袖口镶花边，领口缀满金、银、玉器，下着百褶长裙，长袭地，裙上垂烟袋、口琴、玉牌等。

住房：传统式以土筑墙，横木作梁，顶覆茅草或木片板，石块作压，不用钉。结构为一列三间，中间一间开有大门，用作厨房、客房。无灶，有火炕一，上立石三块，称为锅庄，炕火终年不灭，右侧一间为主人内室，外人不得入内，右边一间为畜厩。

婚姻：一夫一妻制。昔日新娘出嫁前要数数落落地大哭，讲出父母、伯叔、兄弟、姐妹平日所给自己的恩爱和将要分别的伤感。哭嫁歌在雷波小凉山称《阿嫫尼惹》（译为《妈妈的女儿》）。此歌忧伤地哭唱出婚女出嫁前的痛苦经历，听者多为之伤感而落泪。新娘不住夫家，在娘家住一年或半年后才择日接回。

歌舞：踏歌（打歌）最有特色，形式为连手而歌，以足踏地为节，旋转跳跃。一人吹芦笙居中，二人弹月琴，音节以琴声为起止。声音高昂粗犷奔放，格调热烈。节奏快捷，拍掌清脆。舞步快慢以击掌调节，舞圈如圆月，象征美满、吉祥、幸福。一个圈容纳数十数百人。歌词古朴美妙。

信仰：固有信仰为万物有灵的多神崇拜，自然物、生物、非生物均可作崇拜对象。祭司称毕摩，毕摩有用彝文写的经书，能引经文驱鬼、占验吉凶。有的还通晓天文、历史、医药等，这部分毕摩是本民族固有的知识分子。

### （三）纳西族文化遗产

节庆：三多节（又称北岳庙会，农历 2 月 8 日）。

服饰：妇女披羊皮披肩，披肩背面上方钉有表示纳西妇女勤劳的七个圆布圈及垂穗七对，圆布圈上用金线和彩色绘线绣成图案，俗称"披星戴月"。

住房：传统住房为木楞房，用圆木纵横相架，层而高之，至十尺许，即加椽桁，覆之以板，石压其上。房内四面皆施床榻，中置火炉。这种住房在山区纳西族村落尚可见到。永宁摩梭人则沿袭至今。

婚姻：宁蒗县永宁乡摩梭人实行"阿注婚姻"，男不娶，女不嫁，男子夜间到女子家访宿，次日拂晓返回母家，所生子女均属女方，家庭是母系制。

工艺：铜锁，制作精细，远近闻名。铜制锅、盆、瓢、勺、甄、天盘、灯盏等，远销西藏及四川康区各县。

音乐、歌舞：纳西古乐；踏歌"哦热热""瓦默达""阿丽哩""多来丽"，有鲜明的特色、优美的唱词和舞步。

信仰：信仰东巴教。东巴教有象形文字书写的东巴经书。东巴象形文字是迄今为止世界上活着的仅有的象形文字。东巴经书《鲁般鲁饶》《崇邦统》《董埃术埃》等的文学、史学价值很高。

### （四）藏族文化遗产

节庆：默郎钦波节（祈愿大法会，农历正月十五）；4 月 15 日为释迦牟尼成道日，寺院举行法会；旺果节（丹巴热果，意为 7 月转会，是祈祷丰收的节日）；登巴节（6 月上旬）；阶冬节（冬月 29 日，喇嘛寺举行跳神舞会，跳舞时头戴面具，称面具舞）。

服饰：男子富有特色的衣服叫"对通""楚巴"。"对通"是右襟齐腰短衣，镶金边高领，用银币、铜币做衣扣，讲究层次重叠，颜色醒目。"楚巴"是圆领开右襟的长袍，平时袒右臂。女子服饰很多，有代表性的是宽领无袖长袍，系一色彩艳丽镶金丝缎的围腰，藏语叫"帮典"（俗称牛肋巴）。

餐饮：酥油茶、糌粑是主要特色食品。糌粑以青稞米炒熟后碾成粉末而成；酥油系用牛乳经过舂打将奶渣分离后而成。以酥油、茶水打成酥油茶，这是高原不可缺少的饮料。以鲜奶渣切片加糖，略发酵烤软，与乳酪一起做糌粑、酥油茶的配点。香格里拉县格咱乡的奶渣驰名于藏地。

住房：为二三层的土碉楼，楼深而广，中柱特粗而高大。下层为畜厩，二层住人，三层为佛堂，屋顶为晒场。二层有火塘，火塘一侧设神龛，供历代祖先。火塘周围为用餐、睡卧及待客之场所。

工艺品：银制品、木制品工艺精湛，其上之彩画有民族特色，德钦奔子栏乡制的木碗、糌粑盒等工艺制品远销到全国主要藏区。

歌舞：香格里拉歌庄（果卓）分"察尼"（传统式）、"察司"（新式）、"里祷"（问答式）等类。跳时分成甲乙两队，众人弯腰搭背围成圆圈，逆时针旋转。唱词有"相会""问答""告别"等内容。唱词优美。

信仰：信仰格鲁巴（黄教派）、宁玛巴（红教派）、噶举巴（白教派）、萨迦巴（花教派）等藏传佛教教派。香格里拉的松赞林寺，德钦县的东竹林寺、德钦寺、红坡寺等12大寺为黄教寺。

### （五）傈僳族文化遗产

节庆：盍什节，即傈僳年节。农历十二月初五到次年正月初十内依物候的观察来择定过节时间。节日期间，举行射弩、对歌、打歌及"春浴"等活动。沿怒江两岸凡有温泉的地方，人们都要前往露宿沐浴，并举行"温泉赛诗会"。日夜不灭的篝火在赛诗对歌中炽烈燃烧。其次是收获节，新谷收获时举行。

服饰：妇女着短裙，下穿裙子，裙长及踝。或上穿短衫（皮度），下着裤子，前后系小围裙。短衫长及腰，对襟，圆平领无扣。男子皆着麻布长衫或短衫，裤长及膝，以青布包头，或以发辫缠于脑后。

饮食：主食为苞谷、荞子。男女老少皆喜饮酒。秋收时将煮酒工具搬至苞谷地边，边收边煮，边饮边歌舞。

住房：怒江谷地住竹篾房。兰坪、维西住木楞房。竹篾房称"千脚落地"，竖几十根木桩铺盖木板，四面围竹篾篱笆。房必一日内建成，否则视为不吉。

交通：以溜索及独木舟过江。以数十根竹篾扭成拳头粗的溜索（娄痕）横悬于怒江、澜沧江等江溜渡。有平溜、陡溜两种，平溜只架索一根，无倾斜度，来往均可溜。陡溜架高低对倾两根索，一来一往溜，速度很快。独木舟以直径1米以上，长约20米的树干剜空而成，一次可载20多人。称猪槽船。

歌舞："摆什摆"，男女各占一半围成圆圈，男人一手搭邻者肩上，一手叉腰或轻捂住耳朵；女人手拉手随歌声移步，逆时针转动并愈拉愈紧。歌词古朴粗犷、丰富多样。

信仰：相信万物有灵，崇拜山、川、日、月、星辰、动植物。祭司称"尼扒""尼古扒"。祭时唱各种祭歌。傈僳族中很多人信基督教，怒江峡谷中基督教堂较多。

## （六）怒族文化遗产

服饰：传统服饰为男子穿麻布长衣，下着短裤，左腰部挂砍刀，右肩背弩弓。女子着麻布长裙，右衽上衣，衣裙绣花边，在头部胸部戴珊瑚、玛瑙、贝壳、料珠、银币等串结而成的饰品，耳挂垂及肩的大铜环。

住房：一为木板房，长方形，分两层，下层为厩房，上层住人，分内外两间，外间为客房，内间为卧室及粮仓。另一种为竹篾房，比较矮小亦分两层，底层关牲畜。

信仰：除固有的万物有灵，崇拜多神的原始宗教之外，天主教在19世纪末由法国牧师任安寿传入贡山北部的丙中洛、茶腊、白哈罗等村寨。白哈罗教堂可容纳600人。1913年基督教传入怒江，新中国成立初期绿水、福贡两县怒族人口的61％信基督教。当时怒江地区共有基督教堂207所，教徒21062人。

## （七）独龙族文化遗产

节庆：卡雀哇节（独龙年），时间在冬腊月，以木刻作请柬，木刻上有几个缺口，即表示过几天节。客人至村寨，需共饮一筒水酒，对歌祝福。节中最隆重者为"剽牛祭天"，牛拴在广场中央的木桩上，妇女们把珠链挂在牛角上，以麻布披盖于牛背，供上祭品，主祭人点燃松明和青松毛，念祷词，一猎手将锋利之竹矛猛刺牛之胁下，牛一倒地，全寨老少围牛起舞，敲芒锣，挥舞刀弓，跳牛锅庄舞。牛肉切块入大锅煮或烧，用以祭天神，每人分一块，边吃边唱边饮酒，祈天神保佑安康，粮畜丰收。

饮食：苞谷、小米、荞子为主食。喜烤食，饮食由主妇平均分配。

住房：传统住房为巨型长屋。"概以竹构成楼，离地三五尺不等，上覆茅草，聚族而居，中隔多间，每间即属一家，每屋有多至十余间、二十余间者，且多结房于树以居。……在昔野兽较多，白昼且将啮人而食，逮晚则成群入室，抵御无方，故其先人创此巢居，以避虎患。"（《怒江边隘详情》）

## 三　管理滇西北大河流域国家公园的对策建议

滇西北大河流域国家公园能否实现保护环境，保护生物多样性和民族文化多样性，能否作为发展经济、旅游、科技、文化和脱贫致富的载体之一，要靠加强管理来实现，建立严格有效的管理体制和运行机制，是公园生存和发展的关键。为此，特提出以下对策建议。

（1）滇西北大河流域国家公园的建设与管理，必须坚持以科学发展观为指导。以人为本，全面、协调可持续发展的科学发展观，是处理保护与开发这一对矛盾的理论武器。只有坚持科学发展观，才会实现人与自然、人与人的和谐发展。开发利用既要积极，又要有严格的节制。不开发，资源就得不到合理的利用，当地人民的利益就得不到保证，对生物多样性、文化多样性的保护就缺乏内存和持久的动力，以致使自然环境的保护无法实现。不坚持保护，不坚持有节制的开发，就会造成环境和资源的破坏，使人们预期的开发效益化为乌有，人民进一步陷入贫困的深渊，子孙后代失去生存及可持续发展的乐土。因此，公园范围内的开发，必须经过环境学、经济学、社会学、民族学等多学科专家的科学论证，在进行规划与环境影响评价后，再经严格的审批方能启动。

（2）建立二级管理机构，一级为总园机构，负责制定国家公园的总体发展规划和年度实施项目。总园以协商一致的原则和依法治园的方针解决在公园建设和管理中提出的重大问题。其办事机构可设在省城。二级机构为在分园设立的常设机构，职责是负责实际的管理与建设，分园管理机构由总园和州、市、县实行双重领导。各分园应发展优良的服务贸易，提高服务质量，自力更生地解决所需的办公费用和人员费用。当然，这不是说不要国家的扶持，不需要外部的援助。建议省政府引进内、外资金，发挥信贷和资金的主渠道作用，并以直接融资的方式为国家公园筹集资金，加大公园的基础设施和环保设施建设，如对泥石流地段进行生物治理和工程治理；在"三江"的一些地段植造护岸林等。

保护和抢救民族文化也需要注入资金，应把这部分投资列入公园的预算。

（3）滇西北大河流域国家公园的管理目标是实现两个完美的结合，一是地理奇观、生物多样性奇观、少数民族文化奇观的完美结合；二是经济社会发展、民族脱贫致富、环境质量一流的完美结合。因此，建议与美国大自然保护协会联合，共同举办国家公园建设与管理、生物多样性保护、民族文化保护、资源保护、适宜性生产技术及旅游经营等内容的培训班，大量培养高质量多技能的国家公园管理人才和技术人才。

（4）群众性是国家公园管理的特征，群众性管理是国家公园专业管理的基础。国家公园各分园或景点所在地的各级行政机关，应教育群众树立国家公园的意识，充分调动干部、群众管理公园的积极性，让他们像爱护自己的家园一样爱护公园及建设公园。"利益驱动"是国家公园应实行的一条原则，建议美国大自然保护协会和省政府出资设立大河流域国家公园保护基金，以资助公园所在地区的扶贫和发展项目，或用于对贫困户的小额贷款，使群众受益。佛教、道教、伊斯兰教、基督教及少数民族的原始宗教，在保护森林、水源、山岩、野生动植物方面有特殊的作用，滇西北地区寺观、教堂众多，分布与核心景区或保护区融为一体，应充分发挥宗教组织、寺院、教堂、僧人、居士、教徒在保护环境方面的特殊作用。

（5）依法治园，建议省人大立法，颁布《滇西北大河流域国家公园管理条例》，各市、州人大制定有关的地方性法规。1997 年我国实施的新刑法有"破坏环境和资源保护罪"的条款，省、市两级制定的法律法规，应将此具体化。公安部门、森林部门、环境部门应加强国家公园的执法检查和执法力度。

（6）对国家公园的利用，必须注意环境的容量，如应控制热点景区的游客规模，并将游客的活动限制在一定的范围之内，要建立缓冲区及严格核心的保护区域，让保护区保持原始宁静的状态，给野生动植物以生存活动的空间。

尾语：探索滇西北国家公园对自然和文化的保护，对建立中国的国家公园及完善中国的保护区体系具有重要的现实意义，这是中国的自然保护与民族文化遗产保护与国际接轨必须研究的重大课题。我们的目标是：以建设滇西北大河流域国家公园为契机，谋求取得理论上和实践上的突破，以催生我国的国家公园及国际一流保护区体系的建立。

# 建立澜沧江湄公河流域
# 国际经济走廊[*]

澜沧江—湄公河流域经济发展与环境保护学术讨论会，经过一年多的筹备，现在开幕了。出席这次会议的有云南省社会科学院东南亚研究所、综合经济研究所、农村经济研究所、民族学研究所、历史研究所、民族文化研究所、云南省国际问题研究所、环保研究所、科学学研究所的 28 名学者，有应邀前来与会的泰国、老挝、缅甸、越南的 15 位专家、教授。云南省副省长赵廷光先生，云南省委宣传部、省外事办公室、省科委、省环保委的领导在百忙中光临会议做指导。值此会议开幕之际，我谨代表会议组织委员会，向中国学者、领导和来自临国的专家表示热烈的欢迎和衷心的感谢。

澜沧江—湄公河是一条被誉为东方多瑙河的国际河流。它既是推动中国、老挝、缅甸、泰国、柬埔寨、越南经济发展的一条动脉，又是维系上述六国人民友谊的一根纽带。在它的总面积大约为 79 万平方公里的流域地带，生物资源、矿产资源、水土资源、环境资源、旅游资源十分丰富，被誉为世界资源最为富集的地区之一。但是，由于数千年来的自给型经济的封闭式发展，整个地区交通不便，信息不通，生产力水平低下，居住在流域内的 6000 万各族人民，相当部分还未从贫困的深渊中挣脱出来，打破封闭，寻求发展，促进中、缅、

---

* 本文是笔者 1993 年 7 月 6 日在"澜沧江—湄公河流域各国经济合作发展与环境保护国际学术研讨会"上发表的开幕词，会议地点在昆明海埂体育训练基地。

· 1322 ·

老、泰、越、柬六国合作，建立澜沧江—湄公河流域的经济走廊，实现合作发展进步，已成为流域地区各国人民的强烈愿望。

建立澜沧江—湄公河经济走廊的合作领域是十分广泛的。

第一是基础设施建设领域，如河流港口及流域城市的基础设施的建设等。

第二是农业领域。澜沧江—湄公河流域气候温和，雨量充沛，土壤肥沃，是世界上发展农业、林业、畜牧业的优良基地，一些地区已实现了精耕细作，农业现代化的水平较高，但是，绝大部分地区还保留着传统的游耕、烧耕、轮歇耕等原始耕作方式，沿岸国家可以进行合作，建立农业高新技术合作开发区，引进新的耕作方法和技术，实行科学种田，推进这些地区农业现代化的进程。同时亦可在建立大中型水利灌溉设施和加速农产品商品化方面进行合作。

第三是能源和矿业领域。澜沧江的水能理论蕴藏量是 2550 万千瓦，可能开发的是 1968 万千瓦，年电量 1063 亿度。流域地区有世界上品位最高、储量最大的兰坪铅锌矿，有储量可观的金、银、铜、铁、锡等矿藏。这些矿藏分布集中，有多种大矿共生，可进行露天开采。如果流域各国进行国际合作开发，可走矿、电结合之路，延伸产业链，带动其他产业的发展。湄公河流域的水能、矿藏资源亦很丰富，走联合开发的道路，可以很快取得效益，使沿岸地区逐步摆脱贫困。

第四是交通与通信领域。澜沧江云南段长 1200 多公里，从思茅小橄榄坝至中缅边境第 244 号界碑的 188 公里，可通行 50—150 吨级船舶，中水期可航行 300—500 吨级船舶，年通过能力为 100 万吨。云南与老挝进行多次合作，实船载货试航至会晒、万象获得成功。唯老挝、缅甸段为自然河道，需要疏浚，若中、老、缅、泰进行联合整治，澜沧江—湄公河必然成为沿岸各国向太平洋运输物资的大动脉。在陆路交通方面，中、缅、泰可联合开通打洛—景栋—美塞的高等级公路，可以联合开通勐腊—南塔—会晒—清盛的高等级公路。中缅、中老亦可以合资修筑铁路。中缅铁路在第二次世界大战前就要修，从当时留在缅甸一段的路基还看得出来。中老铁路可通过云南蒙自进入老挝，然后再与泰国的铁路接轨。通信是发展市场经济的中枢神经，各国应该通力合作，将通信工程列入建立小型经济合作开发区的规划。

第五是旅游领域。澜沧江—湄公河是世界上一条尚未开发的，最具有吸引力的黄金旅游线。其上游有神秘的梅里雪山、地球上罕见的大峡谷；中下游有千奇百怪的树木花卉和珍禽异兽。沿岸各国可以进行合作，开通这条黄金旅游线，以景洪、南塔、会晒、美塞、景栋、打洛为中心建立网状旅游圈，进而与昆明、万象、河内、清迈、曼谷、仰光、密支那、瑞丽、保山、大理、丽江等都市的旅游网连接。旅游业尽管会给环境、社会治安等带来问题，但是，作为流域地区经济发展的一根杠杆，它必将给流域各国的经济带来发展和繁荣。

第六是环境保护领域。环境资源是社会产力的重要因素，澜沧江—湄公河流域资源开发和多种中小型国际经济技术合作区的建立，必然会给环境带来新的危害，有关各国在实行经济技术开发合作的同时，应在环境建设方面实行合作，实行经济技术开发项目与环境保护项目同步规划、同步发展、同步实施的方针，防止工业污染和水土流失，从各方面保护和改善生态环境。

第七是智力开发领域。流域地区由于经济发展的制约，教育事业发展水平极低，许多地区初等教育尚未普及，接受中等教育的机会亦很少，文盲半文盲率很高，专业技术人才奇缺。各国可以以资源开发提供支持为依托，合作开发智力，提高劳动者的科技与文化素质。

我坚信，各国学者的学术基础理论和应用研究成果，必将为推动澜沧江—湄公河流域经济走廊的建设提供理论支持，这次讨论会的成果，必将为推动六国的经济技术合作做出贡献。

**附记：**

这次会议集中讨论了何耀华提出的建立澜沧江—湄公河流域六国经济走廊的建议。参会的国务院发展研究中心亚太地区经济研究负责人吴天佑研究员说：建立澜沧江—湄公河流域六国经济走廊，将促进六国的经济发展与繁荣，推动东盟经济一体化的进程。国家科委中国科技促进发展研究中心总工程师吴志纯教授在会上阐述了中国对合作开发澜沧江—湄公河流域的立场。代表们对云南社科院主办这次会议予以高度评价，认为会议开得非常及时，主题好，澜沧江—湄公河流域经济合作走廊的构想必将成为六国未来合作的重要选择。泰、老、缅学者说，这次会议使他们开阔了眼界，中国是一个学术研究水平高超的国家。泰国西北大学湄公河研究项目协调人诺伊·通女士在闭幕式上说，这次会议主办得非常成功，建六国流域经济走廊的主张成为与会各国学者的共识。她还表示会后要为推进这个共识的落实做出贡献。

这次会议也引起我国新闻界的重视，中央人民广播电台于5月3日"午间半小时"节目中介绍了本次会议的情况，云南人民广播电台和昆明人民广播电台也分别对本次会议做了报道，昆明台还用长达七分钟的时间，重点介绍了何耀华院长开幕词中提出的主张。《光明日报》5月3日以"同饮一江水，共兴一江利——四国学者共商澜沧江·湄公河开发与环保"为题进行了报道。中国新闻社驻云南记者站向世界各国新闻社播发了本次会议的成果。国家水利电力出版社水电室5月10日给我院来信说：读了5月3日《光明日报》的会议报道，对会议内容很感兴趣，会议对澜沧江—湄公河的开发有很强的指导作用，表示愿意为这条河的开发，为西南地区的发展尽自己的力量。

[以上材料采自《云南社科院报》1993年第2期（总第6期）]

# 加入 WTO 给中国经济发展
# 带来的挑战和机遇

　　玉溪市文艺界、经济界的同志盛情邀我来讲这个题，我研究不够，讲不好，请同志们包涵指教。

　　中国加入世贸组织，是世界关注的热点，也是我国人民广泛关注的国家大事。

　　在世贸组织 135 个成员中，有 37 个要求与中国进行双边谈判，其中美国、欧盟等 34 个成员与中国的谈判已经结束，签署了双边协议。尚未达成协议的仅有瑞士和墨西哥。全部双边谈判可望在近期结束，多边谈判也接近尾声，我国"入世"不成问题。现讲些粗浅的意见，供大家研究参考。

## 一　世界贸易组织简介

### (一) 世贸组织的成立

　　世界贸易组织（WTO）成立于 1995 年，总部设在瑞士日内瓦，目前已有 134 个成员，现任总干事为鲁杰罗。

　　世贸组织是全球唯一的一个国际性贸易组织，负责处理国与国之间贸易往来和协定。成立世贸组织的目的是促进各国的市场开放，调解贸易纠纷，实现全球范围内的贸易自由化。

世贸组织的前身为关税及贸易总协定缔约国。1944 年在美国召开的布雷顿森林会议上，与会国曾提出建议，希望在成立世界银行、国际货币基金组织的同时，成立一个国际性的贸易组织，以规范国际贸易行为。由 23 个国家签署的关税及贸易总协定于 1948 年 1 月 1 日开始实施，中国为缔约国之一。

关贸总协定缔约国自成立至 1994 年，以削减各国关税，为多边贸易活动制定规则为己任。在它的主持下，先后进行了 8 轮多边贸易谈判。20 世纪 60 年代中期进行了"肯尼 39 回合"谈判，制定了一系列反倾销协议。从 70 年代开始的"东京回合"谈判，主要致力于消除非关税贸易壁垒。从 1985 年 9 月开始历时 7 年半之久的"乌拉圭回合"谈判，在市场准入，消除技术壁垒，补贴与补偿措施，保护条款，解决争端机制等方面签署了最后文件，并决定以世界贸易组织取代关贸总协定。

根据世贸组织的规定，一国要加入该组织必须提出申请，并递交备忘录，详细列出申请国符合世贸组织规定的经贸政策。世贸组织则成立一个工作小组，进行审核，并与申请国就开放市场等问题进行谈判。谈判结束后，由工作小组向世贸组织理事会递交工作报告，加入世贸组织协议备忘录，关税减让及承担义务清单等 8 份文件。世贸组织理事会通过上述文件后，申请国即可签署相关的议定书，并在向世贸组织呈交正式通知书 30 天后成为成员国。

世界组织机构庞大，最高组织机构为部长会议，下设总理事、贸易与发展委员会、贸易与环境委员会、区域集团委员会等（见下面机构图）。

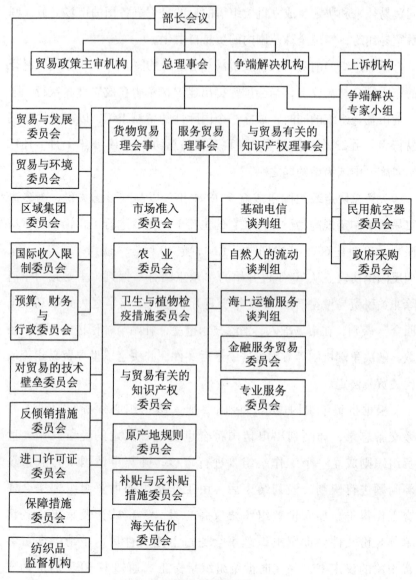

**世贸组织机构图**

## （二）世贸组织成员承担的权利和义务

世贸组织成员享有的基本权利主要有：

（1）在134个现有成员中享受无条件、多边、永久和稳定的最惠国待遇以及国民待遇。

（2）享受其他世贸组织成员开放或扩大货物，服务市场准入的利益。

（3）发展中国家可享受一定范围的普惠制待遇及发展中国家成员的大多数优惠或过渡期安排。

（4）利用争端解决机制，公平、客观、合理地解决与其他国家的经贸摩擦，营造良好的经贸发展环境。

（5）参加多边贸易体制的活动获得国际经贸规则的决策权。

（6）享有世贸组织成员利用各项规则，采取例外、保证措施等促进本国经贸发展的权利。

在享受上述权利的同时，世贸组织成员也应依世界贸易组织规则履行相应的义务，主要体现在：

（1）在货物、服务、知识产权等方面，依世贸组织规定，给予其他成员最惠国待遇、国民待遇。

（2）依世贸组织有关协议规定，扩大货物、服务的市场准入程度，即具体要求降低关税和规范非关税措施，逐步扩大服务贸易市场开放。

（3）按《知识产权协定》规定进一步规划知识产权保护。

（4）按争端解决机制与其他成员公正地解决贸易摩擦，不能搞单边报复。

（5）增加贸易政策、法规的透明度。

（6）按在世界出口中所占比例缴纳一定会费。


## 二 "入世"给中国经济发展带来的机遇和挑战

加入世贸组织，将使中国的改革开放进入一个新的发展阶段。我国之所以要加入世贸组织，就是为了扩大中国的改革开放。它可使我国在世贸组织成员提供的多边、稳定、无条件的最惠国待遇的原则下进行国际贸易和经济合作，为中国的国民经济和对外经贸关系的发展营造有利的国际环境，促进我国的现代化建设。经过20多年的改革开放，我国的综合国力不断提高，国际竞争力和抵御风险的能力大大增强，我们可以抵御由"入世"带来的挑战和风险。

经济全球化是当今时代的鲜明特征。"入世"的本质是中国经济步入经济全球化的轨道。"入世"之后中国将以更加积极的姿态进一步扩大对外开放，这是中国积极参与经济全球化的重要步骤。我国将根据权利和义务平衡的原则，在享受权利的同时，承担相应的义务，这样做是中国参与经济全球化的重要表现。中国将实行"走出去"的开放战略，利用进入全球化经济轨道的机遇，推动中国经济的发展。

"入世"对中国经济发展带来的机遇有：第一，可以享受134个成员的无歧视贸易待遇，改善我国产业的出口环境；第二，可以使我国参与世贸组织的活动由"被动遵守纪律"转变为"主动制定规则"，即在制定和完善多边贸易规则方面发挥建设性作用；第三，有利于吸引先进技术和利用外资；第四，有利于调整国内经济结构和进出口产品结构，有利于进口自然资源密集型产品，出口劳动密集型产品，如水果、蔬菜、畜产品等。

"入世"在对中国经济发展带来机遇的同时，也带来了挑战：第一，国内许多产品如农产品、畜产品、耐用工业品等将面临对外开放的一定压力。根据中美达成的协议，我国同意到2005年之前，将农产品的平均关税率由22%降至15%左右，加入WTO后，国外农产品对国内市场的冲击将是不可忽视的，尤其是对玉米、大豆、植物油、棉花、羊毛等商品的冲击较大。第二，增加解决社会经济矛盾的难度。如目前我国农业出现了农产品难卖，农民收入增加缓慢，农村劳动力转移受阻等问题。随着我国加入WTO，大量外国低价优质的农产品进入我国市场，使这些问题可能在一定程度上更加突出。第三，我国支持工农业的政策将受到一定的限制。加入 WTO 后，政府对生产及出口的各种政策都必须符合国际规则，这使我国对农业支持的范围和力度受到影响。例如《农业协议》规定，各成员国必须削减以下几方面的补贴：价格支持，营销贷款，面积补贴，牲畜数量补贴，种子、肥料、灌溉等投入补贴，某些有补贴的贷款计划等。

另外，随着对外开放程度的提高，我国从国际市场进口的粮食等产品数量将会增长，自给率下降。这对我国的粮食、工农业生产将带来一定影响。

总之，由于中国不同行业的市场化进程不平衡，企业的竞争力不一样，对那些市场化较多、竞争力较强的企业，带来的机遇大于挑战，反之，则挑战大于机遇。

# 三 加入 WTO 应采取的对策

加入 WTO 符合中国的根本利益，是中国扩大改革开放的需要。为了抵御由此带来的风险和压力，我们应采取抗御风险的对策和措施。

（1）加速经济结构调整，大力发展信息、生物工程、新材料、新能源、环保等高新技术产业，同时，利用高新技术加快传统产业的改造，实现产品更新换代及传统产品质量的提高。在农业为主的地区，要因地制宜，发展创汇农业，利用我国经济融入世界经济的机遇，扩大农产品的出口。

（2）加快"国企"改革步伐，完善金融、投资、社会保障体系的改革。金融业的开放应稳妥地推进，严格掌握市场准入条件。应加快股份制的步伐。

（3）大力发展教育，培养适应全球经济一体化所需的人才。除培养一大批优秀的科技、法律、经济等专家以外，应大力开展职工培训，特别应在竞争中产生一批优秀的企业家，产生会贸易谈判，会进行国际贸易的专门人才。融入全球经济一体化社会，语言是个关键，应大力培养英语人才，提倡党政干部和普通民众都学习英语及其他的外国语，不要把学英语仅仅只作为涉外人员的事。对证券、保险、银行管理人才放开引进。

（4）大力进行产业结构调整。农业，建立优质高效的创汇农业体系，是实现扩大农产品出口的关键，玉溪市多数县区是我省的发达地区，应在发展创汇农业方面在全省起示范、带动作用。为此，政府应加大政策对农业提供支持和保护。如改革和完善农产品价格政策以及加强对农业的投入、农产品流通、农业信贷、农业风险保护与支持的措施，具有较强的国际竞争力的纺织、服装、家电等产业应抓住机遇，扩大国际市场份额。这些产业在国内的竞争已非常激化，但在国际竞争中却有巨大的潜力，应调整产业产品的结构，实行资源优化配置。汽车工业，目前汽车进口关税为80%—100%，到2006年前后将降至25%，应利用好近几年的保护期，加快引资引技及资产重组，创中华民族的汽车品牌，以应付挑战。电信产业应修改、完善、理顺各项通信业务的管理条例，加快国企重组和股份改造，以进军国际市场。

（5）西部开发治理环境，退耕1亩，国家给20元及400斤粮食。

综上所述，加入WTO是由我国的国家和民族的利益所决定的。"入世"后的头几年中，将对中国的改革开放与经济增长产生重要的影响，我们应抓住机遇，回应挑战，变压力为动力，使各行各业工作上台阶，使我国的现代化进程出现新的格局。

2000年7月29日于玉溪市

# 理论·回顾·增长

## ——在中共玉溪市委理论学习中心组的辅导讲座

当前，全党和全国人民正学习《中共中央关于在全党深入学习邓小平理论的通知》和江泽民总书记在学习邓小平理论工作会议上的重要讲话，掀起深入学习邓小平理论的新高潮。省委理论学习中心组7月下旬召开了学习会议，对全省的深入学习做出了部署。省委书记令狐安同志指出："我们必须从国际国内大局的高度，充分认识深入学习邓小平理论是我们党面向新世纪推进伟大事业的战略需要，是全面提高干部队伍，特别是领导干部队伍思想政治素质的需要。邓小平理论总结改革、建设的实践，在许多方面取得了重大突破，在社会主义现代化建设的新时期，有邓小平理论的指导，这是我们党最大的思想政治优势……全省党员特别是各级领导干部，一定要继续紧密联系云南省改革开放和两个文明建设的实践，以强烈的历史责任感和使命感，增强学习邓小平理论的自觉性……一定要真学、真信、真干，用邓小平理论武装头脑、教育干部。"玉溪市委把学习贯彻省委部署，掀起邓小平理论学习新高潮摆在一切工作的首位，给我们树立了学习的榜样。这次我到玉溪来，就是来向大家学习和取经的。根据市委的安排，我做个抛砖引玉的发言，讲三个问题。

# 一　进一步提高对邓小平理论历史地位的认识

我们党是以马列主义、毛泽东思想为行动指南的党，但是马列主义、毛泽东思想从来不是僵化的教条，而是严格地以客观事实为根据的科学。它应该随着时代、实践和科学的发展而发展，不可能一成不变。因此，我们党的指导思想，也应该随着时代的发展而发展。正如邓小平同志指出的："绝不能要求马克思为解决他去世之后百年、几百年所产生的问题提供现成答案。列宁同样也不可能承担为他去世以后五十年、一百年所产生的问题提供现成答案的任务。""世界形势日新月异，特别是现代科学技术发展很快。现在的一年抵得上过去古老社会几十年，上百年甚至更长的时间，不以新的思想观点去继承、发展马克思主义，不是真正的马克思主义者。"

十一届三中全会以后，邓小平同志敏锐地把握时代发展的脉搏，在总结我国和其他社会主义国家社会主义建设正反两方面历史经验的基础上，以巨大的政治勇气和理论勇气，为开辟社会主义建设的新道路，创立了邓小平理论，使中国发生了第三次历史巨变。实践证明，邓小平理论是指导中国人民在改革开放中胜利实现社会主义现代化的正确理论；在当代中国，只有这一理论而没有别的理论能够解决社会主义的前途和命运问题。因此，党的"十五大"政治报告指出，这次大会的主题是：高举邓小平理论伟大旗帜，把建设有中国特色社会主义事业全面推向 21 世纪。旗帜问题至关重要，旗帜就是方向，旗帜就是形象。在跨越世纪的新征途上，一定要高举邓小平理论的伟大旗帜，用邓小平理论来指导我们整个事业和各项工作。这是党从历史和现实中得出的不可动摇的结论。"十五大"在党章中庄重地把邓小平理论确立为党的指导思想，把它作为党的行动的指南。

"十五大"确立邓小平理论为党的指导思想，充分表明以江泽民同志为核心的党中央沿着邓小平开辟的正确道路胜利前进的信心和决心，充分反映了全党全军全国人民的共识和心愿，这是实现民族振兴、国家富强、人民幸福的迫切需要。

回顾十一届三中全会以来的历史，我国改革开放和现代化建设之所以取得举世瞩目的伟大成就，最根本的就是靠邓小平理论的指导，同样，推动建设有中国特色的社会主义事业跨世纪发展的关键时期，我们党要领导全国人民完成"十五大"确定的历史任务，最根本的仍然是要靠邓小平理论的指导。《通知》和《讲话》明确指出了学习邓小平理论和贯彻"十五大"精神方面存在的倾向和问题，具有很强的针对性。全党和全国人民只有提高对邓小平理论的历史地位和指导意义的认识，才能用邓小平理论统揽全局，把握形势，做好改革开放和两个文明建设的各项工作。

学习邓小平理论，必须发扬解放思想、实事求是和理论联系实际的好学风。特别要与改造世界观紧密联系，自觉改造主观世界。中央一再指出反腐倡廉的重要性。但是，腐败问题仍然相当严重，很重要的原因之一，就是有些党员和领导干部，放弃了世界观的改造，忘记了党的理想、信念和宗旨，经受不住金钱和物质的引诱，所以联系改造主观世界的实际，是十分重要的。

## 二　西方国家 30 年代的反经济萧条的回顾

在亚洲金融危机对我国影响日益加深的情况下，我国经济遇到相当大的困难，主要表现是市场需求不旺，工业生产供过于求，产品库存积压，企业经济效益下滑；农产品销售困难，价格下跌，物价持续走低；外贸出口增幅回落；财政收入增幅下降等。有人主张用人民币贬值的办法来保持出口增长，用外贸顺差来拉动增长，克服当前遇到的困难，但是党中央、国务院冷静分析形势，果断做出增加投入，扩大国内需求，开拓国内外市场和保持人民币汇率稳定等的正确决策，促进了国民经济的稳定增长。

为加深对党中央、国务院正确决策的理解，让我们来看看 20 世纪 30 年代西方各国反萧条的历史经验。资本主义经济的周期循环，一般分为四个阶段：繁荣—危机—萧条—复苏。危机的表现是股市或物价大幅下跌。萧条的表现是危机出现后经济在低水平上长期徘徊。20 世纪 30 年代的萧条自 1929 年 10 月开始至 1933 年结束。1929 年 10 月 24 日，美国纽约证券交易所的股票价格陡然从高峰跌下来，一天之间被抛出的股票高达 1280 万美元，不少大户股民手中的巨额股票，几小时内就化为乌有，成千上万的小股民顿时之间变为一无所有的穷光蛋，大家称那天为"不祥的星期四"，把那个月称为"黑暗的 10 月"。10 月 29 日，当天被抛售的股票为 163887 万股。1932 年 6 月、7 月间股市跌到最低点，下滑了 5/6 以上。

整个资本主义经济陷入混乱状态，物价迅速跌落，商品无法销售，企业无利可图，工厂停工或减产，工业大幅下滑，工人大批失业，据伦敦大学经济学教授罗宾斯的《大萧条》（1934 年出版）一书记载，总计各国失业人数达 3000 万人以上。1931 年，维也纳银行破产，同年 7 月德国达姆斯达特银行倒闭。由此爆发金融危机，德、奥两国人民争先恐后以马克或先令换成法郎、美元、英镑。由于农产品跌价，农业资本家为了维持市价、确保利润，除缩小耕地面积实行减产外，还把大量农产品、畜产品加以销毁。美国将 1000 英亩的棉花毁在田间，并将大批小麦烧掉，牛奶倒入密西西比河中。美国在这场世界性的大危机中受害最深：工业生产降低了 46.2%，工商企业倒闭

8.66万家，失业人数多达1333万人，占工作人员的1/4，进出口减少75.7%—77.06%。

为分析这次危机和萧条产生的原因，经济学家们提出了种种不同的看法：一种是"通货紧缩论"，认为世界上黄金不足，不够应付市场需要，从而导致物价下跌，投资不足。二是"消费不足论"，以美国霍布森为代表，认为消费者没有足够的购买力，因为工资过低，国民收入分配不均。三是"投资过度论"，此论以德国的施皮特霍夫为代表，认为问题在于生产资料部门投资太多与其他部门不能保持均衡，因而发生过剩。四是凯恩斯出版《就业、利息与货币通论》（1936），创立凯恩斯主义，进行理论"革命"，提出了有效需求不足说，他认为，企业家总得有一种预期收益才肯进行生产，但目前的消费偏低，不能满足他们这样的要求，因而造成失业，解决的办法是由政府增发通货，刺激消费，扩张信用，增加投资，以创造就业机会，这个主义风靡一时，影响各国政府的政策。五是伦敦大学的罗宾斯提出"工人工资过高论"，他认为这使企业家无利可图，因而导致危机。

在当时各国政府采取的不同的反萧条措施中，以美国总统罗斯福的"新政"主张最引人瞩目，也最行之有效。民主党人富兰克林·罗斯福在1932年11月与当届总统胡佛竞选总统，他在竞选演说中说："这次竞选不单是我们两个人的竞争，也不单是我们两个党的竞争，而是两种哲学的竞争……此举足以决定我国今后一百年的大局。"他说他的"新政"可将国家从危机中解救出来。1933年3月4日，在他竞选获胜往白宫就职时，美国的经济危机达到了顶点，银行在挤兑压力下朝不保夕，他断然下令自3月6日至9日全国所有银行休假，使之渡过了难关。他的僚属有国务卿赫尔、财政部长摩根、农业部长华莱士及约翰逊将军。另外，他聘请哥伦比亚大学教授摩莱、杜格威尔、伯利及哈佛大学弗兰克福特等为顾问，被称为"智囊团"。出任总统后的第三天（9月6日），他连续召开99天的特别会议，制定了一系列旨在拯救危机的"新政法案",并强制推行之。

## (一) 紧急失业救济法

罗斯福就任总统的时候,美国失业人数已近 1400 万人,部分时间失业者尚不在内,估计全国有将近 1/3 的劳动力闲置着,不少青年人从未就业,这是摆在他面前最严重的问题。总统说:"我政府的主要目的在同各州和产业界合作,尽力使所有失业者能依正常方式获得工作机会,不过在没有全部复业之前,联邦政府、各州与地方机关必须给每个贫困的失业者以救济。"为了救济失业者,政府曾先后制定了一连串的法案,并想了各种各样的办法。1933 年 3 月 31 日通过的《失业救济法》,确定雇用失业者从事造林、防河患、开垦公地、建造公园等工作,供给他们必要的生活。5 月 12 日通过的《联邦紧急救济法》,由联邦与各州各地公共救济机关分担救济费,受惠的失业者和贫民有 425 万户近 1.9 万人。6 月 6 日通过《全国就业服务法》,设立全国就业服务处,在联邦与地方合作下统一调配全国各地各业劳动者的供求。1934 年 4 月还组织民间资源保护队,吸收乡区年龄在 18 岁至 25 岁的青年参加,从事各项自然资源的保护工作,如造林、修路、筑坝等,除供给必需的生活用品外,每月还发给少量工资。解决失业问题的措施不限于临时性的救济工作,另外还大举兴办公共工程,作为"以工代赈"的办法,这不但足以提高受惠者的自尊心,还可借此扩大建设事业。

## (二) 改革币制与银行制度

放弃金本位制,实行通货再膨胀政策。政府于 1933 年 3 月 6 日通令银行休假,美元兑换黄金即自动停止。接着 3 月 10 日禁止黄金出口,4 月 5 日禁止民间窖藏金币金块,要求人民将藏金交给联邦储备银行,4 月 19 日下令中止金银自由流通,6 月 5 日又宣告废止黄金条款，规定公私收付不用黄金，而代以法定的纸币，经过这一连串的法令规定，美国的金本位制在事实上与名义上都已停止。同年 6 月正式通过《1933 年银行法》，对银行制度做了些根本性的改革。该法目的在于加强与统一全国银行制度，杜绝投机活动。所采取的具体办法为：（1）扩大联邦储备银行系统的会员银行；（2）规定银行资金不得少于 107 美元；（3）政府购买私人银行一部分优先股以便参加管理；（4）实行银行存款保险制度以保障存户安全；（5）授权联邦储备委员会干涉银行放款作投机之用。1934 年 6 月又通过《银行存款保险法》，对《1933 年银行法》中存款保险制度做了具体规定。1935 年 8 月通过《惠勒雷·伯恩法》规定禁止银行、交易所或投资公司成员兼任公用事业公司的董事或经理，使后者能不受前者的支配。新政的这种银行政策对金融资本的统治是相当大的打击，将金融市场的控制权从纽约转归华盛顿。

### （三）农业调整法及农贷法令

在农产品生产过剩，外销困难，价格惨跌，跌落程度远较工业品为甚，农业对工业的购买力降低，只及第一次世界大战前的一半，这反过来，也影响了工业的情况下，罗斯福在一篇"向前者"的演说中指出："在我们国内，总有 5000 万男人、女人和小孩直接与农业的现状及前途有关。另外五六千万从事工商业的人民最后也会明白这简单的事实，就是他们的生活及前途和农业的繁荣也有深切的关系。"新政中改革农业的主要立法是《农业调整法》，于 1933 年 5 月 12 日由国会通过，设立农业调整署专司其事。该法首先指出，目前深刻的经济危机，一部分是由于农产品与其他产品价格失去平衡所造成，国会的政策在"建立与维持农产品生产与消费的平衡，并且要在市场上为农产品重建一种价格水平"，这就是要将农产品价格提高到战前的水平。实施的办法是实行减产，缩减耕地面积，因为农民（一般指农场主）本身没有法子齐心起来这样做，所以由国家来做统一规定，农民减产的损失由国家给予补贴，这种办法从小麦与棉花做起，后又推广到玉米、大米、烟草、生猪、牛乳及乳制品等方面。这笔补贴支出由向有关工业征收加工税来拨充，如农民将小麦售与面粉厂或将棉花售与纺织厂，即向这些厂家征收加工税。农整法实施之初尚有效，农产品价格确实有所提高；若以1923—1925年的物价基数为100，则1933年3月的农产品价格为30美元，到同年12月提高到76美元，1934年4月、5月间为74美元。农整法为恢复农业与工业间的均衡，使用向工业家征税的办法来补贴农民，这遭到了后者的反对，《农业调整法》后于1938年重新施行。

新政的农业措施不限于《农业调整法》，农业信贷也是一个重要的方面。美国农民苦于资金缺乏，有不少沉在债务中不能自拔。前届政府也曾做些农贷工作，到罗斯福任内则将其扩大到空前的规模，从各方面给予照顾。这里试举几个重要的措施：（1）1933年3月27日总统下令将现存所有农业信用机关合并为农业信用管理局由它统一管理农贷事宜。（2）1933年5月12日制定《紧急农业抵押放款法》，发行农代债券，做大量农业低利抵押放款，将还本期定得很长。（3）1933年6月16日制定《农业信用法》，设立12个农业信用公司及许多地方生产信用机构，负责办理农业放款。（4）1934年1月31日制定《农业抵押放款法》，设立农产抵押，公司拨出资金2亿美元，遇农民对抵押借款到期不能偿还时再予贷款协助。（5）1934年2月23日制定《农作物收获贷款法》，授命农业信用管理局于本年度农作物收获前给农民信用贷款，让他们在作物收割并售出后偿还。（6）1934年6月12日制定《农产抵押取赎法》，对到期不能偿债而被没收抵押品的农民再给予贷款，使他们得以赎还原物。

### （四）工业复兴法及其措施

《全国工业复兴法》与《农业调整法》是新政的两根主要支柱，前者的关系更为重大。《工业复兴法》于1933年6月16日在国会通过，据负责方面表示，它的目的是在为更多人创造就业机会，提高他们的购买力，取缔企业间的不良竞争，使现有工业生产力得到充分利用，保证劳工与管理当局双方在健全的企业制度下相互合作，给劳动者以保护，使他们得到公平合理的报酬，由此提高一般工人的生活水平。

此法的第一部分是进行工业改组，这是在现行制度下进行改造的大胆尝试。政府督促私人企业组织起来，接受法规的约束，同时鼓励工人组织团体，参加管理工作，以使工业、劳工与政府打成一片。该法意在保持小企业的竞争，防止大企业的垄断，提高劳动者的地位。任何"公正竞争业规"的贯彻，必须让雇工组织团体实行集体谈判，在工人寻求工作时雇主不能强制他们做不愿意做的工作，雇主必须定出工人最长的工作时间与最低限度的工资。此项工作当作一个运动来推行，即所谓"蓝鹰运动"，凡遵照法令办理的企业房屋上张贴"蓝鹰"标志以示响应。

此法的第二部分是"公共工程与建设计划"。这个计划的目的就在贯彻上述"以工代赈"的方针，使闲散的工人得以就业而不再增加政府负担，并使大规模的建设计划得以实施。为执行此项计划，设立了联邦紧急工程管理局，拨出基金 33 亿美元，兴办下列各项工程：（1）建设、修理或改进公路、公园、公共建设及其他便利公共使用的工程事业。（2）保护与开发自然资源，包括疏通河道，修建海港、船坞，发展水力、电力等项。（3）建造或翻修平民房屋并清除贫民窟。（4）建造军舰等。另外工程管理局还拨款资助各州及地方工程事业，帮助农民购置自给家园，又拨给资金对田纳西河流域进行开发。联邦政府对公共工程的支出在 1933—1934 年财政年度为 16 多亿美元，1934—1935 年度为 10 多亿美元，约占联邦岁出的 10% 以上。

《工业复兴法》实施不到一年，即已见到成效。拿 1934 年 3 月与 1933 年 3 月的工业情况相比，工业生产增进 46.9%，就业人数增加

37.4%，职工实际收入增加 59.8%。对于《工业复兴法》，一般工人是欢迎的，这从 1933 年 9 月 13 日纽约有 25 万人组织游行表示拥护可以见到。

### （五）田纳西河流域的开发

新政公共工程中最大的一项是对田纳西河流域的开发，这是大规模的地方建设事业。田纳西河是密西西比河的支流之一，在美国东南部流经七个州，面积有 4.1 万平方英里，1933 年 5 月 18 日通过法案，设立田纳西河流域开发局，罗斯福在国会演说中指出它宽广的任务，说它"不仅是开发动力，还涉及控制河流泛滥、防止土壤侵蚀、造林……各方面，它将关系到河流行经各州千万人民未来生活与幸福的全国性计划"。开发局属于国营公司性质，而具有私人企业的灵活性与创造性，由以李连恩戴尔为首的三人委员会主持，由公共工程管理处拨出 3000 万美元作开办费，可以国家信用发行债券，并以生产所得继续增资。开发局成立后首先兴办的是水利工程，修筑了很多水坝。威尔逊水坝是其中之一，工程非常宏大，仅所用的水泥就比巴拿马运河筑水坝时用的水泥多 2 倍半，比苏联最大的第聂伯河水坝所用的水泥多 7 倍。它经营的事业为水电厂与化肥厂。那里水力大，水电成本低，电力优先分配给区内非营利的公共机关，也分配给居民家用，使该区人民受惠不浅。化肥厂以定温的氮气制造硝酸钠肥料，低价配售给区内农户，使农户收获大大提高。开发局所办的事业很多，如控制河水泛滥，防止土壤被侵蚀，利用边际土地，修筑道路，开采矿产，造林并保护其他自然资源。

### （六）《社会保障法》与《瓦格纳法》

《社会保障法》内容包括四个部分：（1）养老金制，无论男女凡年满 65 岁而生活无着需要照顾者，都可领取养老金，金额初时定为每月 15 美元，后改为 10—85 美元，这其实就是一种退休金制度。费用由原单位与职工各缴纳薪资的 1% 作为基金，后缴纳数增至 3%，养老金额也随之增加。（2）失业保险制，凡职工遭遇失业而经济困难者，可领取失业救济金，金额最多可到工资额的 90%，但工作恢复时需要退还。失业救济基金由雇主与雇工于平时缴纳，1936 年时定为工资额的 1%，1938 年及其后增至 3%。失业救济金虽不能解决失业者的全部问题，但至少可使他们的困难缓和不少。（3）儿童救济金，对贫苦无依的儿童、无家可归的儿童、残疾的儿童，分别给予照顾。每家第一个孩子每月发给 6 美元，以下的每月发给 4 美元，这些救济费的 1/3 由联邦政府拨给，其他部分由州及地方政府负担。（4）资助保健事业，国家开始重视公共卫生，要无病者预防，有病者治疗，不能因经济困难而任其失治。对有残疾的人要帮助他们恢复工作能力，对产妇与婴孩特别注意保护。

《瓦格纳法》于 1935 年 11 月 9 日制定，正式名称为《全国劳工关系法》，由于这个法得到参议员瓦格纳（Robert Wagner）热心策划，他很熟悉工人情况，又特别同情与关怀他们，故一般就用他的名字称这个法，所以又称《瓦格纳法》。它是根据《全国工业复兴法》的原则制定的，设立了一个全国劳工关系局，对工人权利给予保护。该法明白表示对劳工方面予以支持，认为他们有权组织工人团体，可推举代表与资方从事集体谈判，对工资进行集体议价，资方不得加以拒绝，如发现这种事情，将当作非法行为论处。就在劳工关系局的鼓励与支持下，刘易斯于 1935 年组成了产业工会委员会，1937 年改称产业工会联合会或简称产联，后与劳联合流，成为当今美国的主要劳工组织。

罗斯福反萧条的举措，在资本主义世界有广泛的影响，1936 年出现的凯恩斯主义，有很多内容可以说是对罗斯福新政的总结。

## 三　扩大内需，保持经济增长

在 1997 年 7 月以后不断升级的亚洲金融危机的影响下，世界经济增长进一步放慢，使我国的改革和发展面临严峻的挑战，为将亚洲金融危机对我国的冲击减少到最低限度，我国采取增加投入、扩大国内需求、开拓国内外市场和保持人民币汇率稳定的政策。1998 年上半年我国国内生产总值同比增长 7%，人民币汇率保持稳定，物价稳中有降，尽管经济增长速度比去年同期有所减慢，但在全球范围内仍是高速度。这个速度的取得，与扩大内需为主的各项措施逐步到位，拉动经济增长分不开。

为扩大内需，国家加大资金投入，大搞铁路、公路、邮电通信、农田水利、城市基础设施、住宅建设等基础设施建设。1998 年上半年固定资产投资完成 5828 亿元（不包括城乡、集体和个体），同比增长 13.8%。要确保 1998 年经济增长 8% 的目标和人民币汇率稳定，就须进一步扩大国内需求，加大基础设施建设力度。为此，中央财政向国有商业银行发行 1000 亿元十年期的长期国债，定向用于农田水利、铁路交通、邮电通信、城市基础设施、城乡电网建设与改造、长江黄河中上游水土保持和植树造林等建设性支出。这个做法既能刺激国内需求，拉动经济增长，又能有效调整、改善投资和经济结构，同时无多大风险，因为这笔资金定向用于国民经济和社会发展急需的基础设施建设，不会搞重复建设；在目前市场物价总水平继续下降和银行存差较大、外汇占款减少、货币回笼较多的情况下，财政向银行发行长期国债，不会导致货币超计划发行，引发通货膨胀，反而会改善银行的经营状况；发行 1000 亿元长期国债，可以为银行扩大贷款创造条件。据专家测算，可以使银行配套增加贷款 1000 亿元左右，这样总数为 2000 亿元的建设投资所形成的最终需求，可以拉动经济增长两个多百分点。1998 年按发挥一半效果推算，估计可确保经济增长 8%。这笔投资将优先安排农田水利和生态环境建设。1998 年特大洪灾，给人民生命财产和国家建设带来严重的损失，截止到该年 7 月 13 日，全国洪涝受灾面积 1.52 亿亩，经济损失达 804 亿元。但是，从坏事可变好事的角度来考虑，这次洪灾对推动发展是有好处的，一是大量压库物资可拿出来利用，二是加固大江大河干流堤防和大湖重要堤防可增加内需，中小河流治理、水毁工程修复、长江黄河中上游天然林资源保持、植树造林等也可以增加内需。农业是国民经济的基础，增加农业投入是扩大内需、保持增长的重要方面。加快铁路（如京九南段复线）、公路、电信建设，对大中城市污水、垃圾处理、供水、供暖、供气、城市道路改造及城市绿化，建设 500 亿斤国家直属粮库，实施农村电网改造，建大规模的经济适用住宅也是扩大内需的重要方面。各省市自治区根据中央的统一部署和自身发展的需要，又确定大批自己的内需项目，使经济保持持续的增长。

以云南省为例，1998 年上半年，云南省固定资产投资增长水平比全国 12.7% 的平均增长水平高出 26.7 个百分点，名列全国第一，对经济发展贡献率上升到 56%，成为推动全省经济增长的重要力量。省委、省政府建议 1998 年全省固定资产投资由 640 亿元增加到 740 亿元，以加大基础设施建设的力度。由于省内需求的扩大等因素，建筑业、普通居民住宅业、非公有制经济、第三产业、畜牧业、花卉等产业，乡镇企业（1998 年上半年营业收入增长了 27.6%）、外商投资工业、股份制工业成了我省新的经济增长点。

扩大内需对经济增长的拉动是肯定的，但应该指出，对经济增长拉动的高低，并不仅仅取决于资金的投入或投入的多少，还取决于科学技术的作用，人力资源的开发、利用和科学的管理，等等，应注重投资效益，做好与此相关的各方面的工作。如要深化粮食流通体制改革，促进农业持续稳定增长、农民增收。要调整农村产业结构，目前，全国棉花库存 8000 多万担，严重供过于求，为减少黄河长江流域播种面积，稳定新疆棉花面积，使棉花产量稳定在 7000 万担左右，1999 年起国家对棉花价格将下调到每担 500—550 元。同时取消烤烟的价外补贴，调整卷烟消费税，以控制烤烟种植面积。1998 年国家对烤烟实行双控，即控制播种面积，控制收购总量，以解决生产过剩问题，不久前，我到保山地区、曲靖市调研，看到烤烟"双控"对农村经济的影响是大的，如富源县 1997 年种烤烟 25.9 万亩，占农作物播种面积的 12.2%，收购总值 26353 万元，占农业总产值的 51442 万元的 53.2%。1998 年烤烟播种面积从 25.9 万亩压缩到 13 万亩，收购总量由 62 万担压到 30 万担，收购总值将减少 1 亿元，农民人均减少200 元，县财政将减少 3000 万元。这就是说，农村必须以市场取向作为调整产业结构的依据，大力调整种植业结构。

　　抓好企业的改革和发展，努力提高经济效益也是实现扩大内需、保持增长的一个重要要求。1998 年国家对纺织行业将压锭 480 万锭，减员 60 万人，减亏 30 亿元；煤炭行业的 94 个国有重点矿将下放，以控制总量，优化结构，提高效益；石油、石化、兵器等行业都要做好扭亏增盈的工作。继续扩大外贸进出口，加强引进外资工作是另一个重要要求，要继续推行出口市场多元化战略，增加银行出口信贷规模，千方百计扩大机电、纺织等大宗商品的出口。要加强外汇管理，提高出口结算率，打击逃汇、套汇、截留外汇和黑市交易。要严厉打击走私犯罪活动。要大力拓展消费领域，扩大国内消费需求。要努力开发不同档次的消费品，以适应不同居民的消费需求，逐步扩大银行消费信贷，支持住房等高价值商品进入个人消费领域。要推进旅游、体育、非义务教育、医疗保健、社区服务的产业化，开发潜力巨大的服务消费市场。从中国总需求的三大构成，即最终消费、资本形成

（投资）及净出口来看，最终消费是三大需求中份额最大的部分。1997 年，最终消费对经济增长的贡献率为 48.98%；1994 年为 55.7%；1995 年为 59.49%；1996 年为 62.05%。而资本形成（投资）对经济增长的贡献率则由 1993 年的 62.08% 下降到 1996 年的 32.88%。这说明扩大最终消费对拉动增长是很重要的。目前，中国低水平供给过剩，而适应市场需求的供给短缺，市场疲软表现为大量低劣产品的滞销积压，使供给不能满足需求，经济增长将越来越依赖于消费结构高级化的带动，产品结构、产业结构的高级化，资源配置的优化、生产市场化导向，经济效率、经济运行质量的提高，就成为经济增长的内在需求。

　　总而言之，扩大内需、加强基础设施建设是拉动经济增长的杠杆，必须认真做好。但是要保持增长，还应同时做好与之相关的各项工作，特别是要大力开拓消费领域，刺激不同档次的最终消费的增长。

1998 年 9 月 27 日

# 论促进山区民族经济开发
# 与社会进步

　　我国是一个多山的国家，全国 2000 多个县，大约有 56% 分布在山区和半山区，全国 40% 的耕地为山地，95% 的森林为山地林，35% 的人口为山地人口，90% 以上的民族为山地民族。没有山区民族经济的发展和社会进步，我国社会主义现代化建设的蓝图就不可能实现。

　　山区经济发展指的是山区生产力的不断提高，经济增长超过了人口的增长，技术不断更新完善，现代技术渗透到工农业生产的主要领域，农业商品化不断提高，乡镇工业扩大，利润再投资成倍增长等；社会进步指的是更好的教育，更好的科技，更好的医疗保健，更好的营养，更好的住房，更好的精神文化生活，更好的管理，更好的安全与社会保障，等等。促进山区民族经济的发展，必须把山区民族经济的开发进一步纳入建设有中国特色的社会主义经济体系，实现平原经济与山区民族经济的互补共荣，以提高山区民族经济发展水平的各项指标。促进山区民族社会进步，必须以提高劳动者的文化科学素质和弘扬民族优秀传统文化为基础。促进山区民族经济开发和社会进步涉及的学科和问题很多，本文想就与这个问题相关的五个基本要素谈些不成熟的看法，以供研究者参考。

## 一 提高山地农业的成长和发育率

我国山区地域辽阔，天然资源极为丰富，利用自然资源创造财富，可以说是得天独厚的。但是，山区民族所赖以安身立命的基础是山和地，我们所说的开发山区民族经济，指的主要是提高山地农业、林业和牧业的生产发展水平。而开发山地农、林、牧业，一是要继续改变某些民族（如苗、瑶、彝等）的以游动为特点的传统游耕、烧耕和狩猎的形态，使其变为定耕农、林、牧业。这一点云南宁蒗县彝族的经验值得注意。这里的彝族是100多年前从四川大凉山因打冤家而不断迁来的，迁来后多半未形成固定的定居点，游动很频繁，他们住的简陋的板片房就是因适应游耕而形成的。为了改变他们游耕的传统习惯，人民政府在他们中间推行定居、定业、定心的三定政策，并取得了显著的成效。在那里，我们看到一幢幢价值数万元的新式楼房取代了传统的板片房，山村农牧业兴旺，到处呈现定耕农牧业带来的繁荣景象。二是要开发山地地力，提高现有土地的使用价值和经济效益。山区不少民族其土地贫瘠，耕地不大固定，轮歇地较多，广种薄收。提高山地农业的发育率。重要的一环就是要采取各种措施，固定耕地，减少轮歇地，改良土壤，提高山地地力，增加单位面积产量。三是改变旧的生产方式，引进新的耕作方式和技术，促进农业水利设施及其他基础设施的建设。四是要扩大对内对外的开放，利用邻近坝区和城镇经济的辐射以及引进三资企业和市场，加速农业的商品化进程。从总的发展趋势看，山地经济将愈来愈依赖市场和平坝市镇经济，因此只有帮助山区各民族学会经营商品农业及经营传统的富有民族特色的手工艺品，如竹藤、草编制品、木、漆、雕刻、制陶、金银工艺等商品，山区经济才能得到发展。

## 二 大力恢复和保护生态，实现生产生活环境良化及生态经济效益的增长

水土不断流失，森林不断消失，山体不断滑坡，山地地力不断下降，正使山区各族人民陷于生存的困境。自然的财富是否可以"取之不尽，用之不竭"，关键在于人们有没有明确的环境保护意识，并能以之约束自己的行为。在生产力还比较落后的时代，大自然以人类的相对贫困为代价保持着自己的平衡状态。但近几十年来，经济发展的浪潮冲破了一切传统的堤防。乱砍滥伐森林和过量采伐森林被作为一种"靠山吃山"而致富的手段。但很少有人想到，人们辛辛苦苦挣来的那点"富足"毕竟不会长久，而永久受穷的厄运难免要降临。不久以前，我到金沙江上游的山区去考察，看到山区的宝库——森林，已经快要枯竭了。据说，仅中甸县所属的林场，每年木材采伐量便由1974年的500亩猛增到1980年的3000亩。居民们私自砍伐的木材更难以统计。我们所到过的村子，各家的门前屋后都堆起一块块上好木质的栋梁之材。放眼四望，大凡一座城镇和一个村落的周围，都立着光秃秃的山岭，十分碍眼。有人指出，中甸的森林资源正面临枯竭的危险。多少年来抚育着中甸草原的纳帕海，在藏语中意为"森林之海"；流经中甸草原的纳曲河，意为"森林中的河"，但是如今在城垣四周，既看不到连绵的林带，也寻不见浩渺的碧波。由于大大小小的山峰都被剃了光头，纳帕海的水位逐年下降。"海"的姿容已荡然无存，只剩下成片的草甸、沼泽和面积不大的水泊供牛羊徘徊。森林破

坏现象甚至扩展到了雪线附近。在白马雪山垭口附近的冰山之下，也出现了经利斧洗劫后残存的树桩、荒坡。横断山本来就山高坡陡，哪怕仅一小块植被剥离，薄薄的土层便会成片流失，最终形成寸草不生的石头山。当然，这样的情景不只在中甸如此。在我实地步行过的丽江高原的黑水、白水、大具、鸣音等纳西族、彝族、藏族、傈僳族居住的山区，情况也是这样。因此，开发山区经济的第二个基本要点是必须大力保护和恢复山区良好的生态环境。具体做法：一是要大力推进育林、造林、护林的运动，严禁毁林和一切破坏生态的行动；二是要对水源、水地、农地、牧地、林地、宅地、矿产用地等进行水土保持的处理，并对其合理规划利用；三是要限制发展那些可以导致生态破坏的工业，把实现生态保护和经济开发有机地结合起来。20 世纪80 年代初，国家在许多地方设立自然保护区大力恢复生态，效果十分显著，如在中甸，云南省人民政府先后设立哈巴雪山、碧塔海和纳帕海三个自然保护区，并采取了退耕还林、改良草场等一系列措施，从而促进了当地农牧业经济的发展。实践证明，开发山区经济，必须大力恢复和保护生态，实现生态经济效益的增长。

## 三　发展教育，提高山地各族劳动者的文化科学素质

　　教育的发展是经济发展、社会进步、人民生活水平提高的重要标志之一，也是反映少数民族社会地位是否提高的一个指数。开发山区经济的关键是要有各种不同的专门人才，而发展教育则是获得这些人才的途径。我国山区经济在全国有发展滞后的特点，之所以滞后，重要的一条就是因为少数民族教育发展落后。以云南省来说，在全省

1000多万少数民族人口中，只有居住在内地平坝交通沿线城镇的白、回、纳西、蒙古以及少数彝、壮等族，教育发展水平接近于汉族，其人口仅有200万，其余的大都落后于汉族。特别是20世纪50年代以前基本上还处于原始氏族公社末期的傈僳、佤、景颇、布朗、普米、怒、德昂、基诺、独龙等族，处于奴隶制社会的小凉山彝族和高寒贫瘠山区的苗、瑶、彝等族，教育更为落后，有的民族长期保留着刀耕火种的原始耕作制度和刻木结绳记事的原始文化制度，青壮年几乎全是文盲，中小学生也只占本民族人口的10%。因此，要开发山区民族经济，实现山区少数民族社会进步的各种目标，只有认真发展山区民族的教育事业。

发展山区民族教育，一是应该进一步改革不适应少数民族地区实际的教育体制，如修业年限应该适当放长。有专家主张：小学7年，大学5年，专科3—4年；入学年龄放宽，小学7岁，中学14岁，大学21岁，对特别后进的民族，还可以再放宽。我认为是可取的。

二是要进一步培养山区民族师资。山区民族师资队伍量少质差，直接影响到山区民族中小学生的质量。有一个调查材料说，1982年云南的临沧、西盟、孟连、沧源四县初等教育经费500万元，在编小学教师3159人，只培养出语文、算术两科及格的小学生217人，平均2.2万多元培养一个合格的小学生。有一种意见认为，这是由于少数民族的智力低下而造成的。这种看法是不对的，问题产生的真正原因是师资质量不高，小学毕业教小学，中学毕业教中学的不少，让不合格的教师去教智力合格的学生，当然培养不出合格的人才。因此，大力发展民族师范学校，并采用优惠政策，吸引外地教师到山区学校来工作，从数量和质量上解决民族师资队伍的存在问题，是开发山区、推进民族经济发展和社会进步的一项重要任务。

三是要制定有助于提高山区儿童入学率和巩固率的奖励政策和保障政策。可以在省、地、县、乡、村五级建立山区民族教育发展基金会，为资助及奖励山区民族学生筹措资金，解决山区民族入学率和巩固率低的问题。

四是大力抓好职业技术培训和扫盲工作。这样的培训光靠政策是不行的，大量的应该依靠民间组织来进行。可以组织民间性质的山区民族技术培训与扫盲协进会来承担组织与推进工作。这样既可以培育山区民族自动、自立、自进、自强的精神，又可以遍地开花，大面积、大范围地推进技术培训和扫盲。

## 四　促进山区民族生活方式的改变

山区民族的生活方式，在经济活动方面基本上是生计型的，自家生产，自家消费，没有市场的进入或不受市场的左右；在文化上是外来文化渗入甚少，传统的动态艺术舞蹈和歌唱等处于支配地位，并富有独树一帜的风采和特色；在习惯上保存较多自然宗教的色彩，常受多神观念的左右和制约。在衣着、饮食、居住、卫生、婚丧、生育等方面还保有一些不利于民族繁荣昌盛的传统陋习。促进山区民族社会进步的一个重要任务，就是要正面认定每一个民族优秀的传统文化，并加以保护和弘扬，使民族精神经久不衰。同时要引导各族人民改变落后生活方式，剔除不利于民族进步的陋俗。

衣着在山区民族社会生活中的作用不可忽视，即使是很贫困的山区民族，也很重视能反映其民族传统文化习俗的衣服及服饰。衣服有遮掩身体，克服自然环境中的严寒、酷暑等功能，也有区分男女性别、社会地位、身份职业及婚否的作用；服饰具有装点美化人体、显现民族特色的功能。根据上述功能，应倡导整齐、清洁、简单、朴素、寒暖适度、便于劳作和突出民族特色的衣着。

饮食方面，不少民族有酗酒的习惯，应厉行节酒。食物要因地制宜，注重营养和卫生。要改变就地而食、手抓而食的传统习惯，提倡置备桌椅，使用筷子，学习烹饪知识，使其在饮食方面获得进步。

改良住房是推进山区民族社会进步的一个方面。房屋有挡风雨、避严寒、防炎热、防潮湿等方面的功用。不少山区民族的传统住房为移动型，十分简陋。这些移动型的房屋是进行游耕农、牧、林业的产物，要改变山区民族的生活方式，就应将这种简陋的房屋改为定居式的房屋，提高其建筑的层次和水平，改变三代人共居一室及人畜共居、厨房与卧室合一的格局，使家庭卫生得到改善，生活环境得到美化。

在风俗方面，要培养勤劳风尚，树立良好的村风、民风，要禁止神汉及巫婆符咒治病的活动，防止早婚早育，实行计划生育，婚丧要力戒铺张浪费。

## 五　加强山区党政建设，建立山地农业社会化服务体系

加强山区党政建设，是实现山区少数民族经济开发和社会进步的各项目标的根本保证。加强党政建设的核心是提高山区党员队伍和党政干部队伍的政治素质，牢固地树立起对社会主义和共产主义的信念，自觉坚持党的基本路线，全心全意为改变山区少数民族穷困状况而努力。乡政府应发挥在行政管理和经济开发中的协调作用，为山区开发和社会进步事业提供保障。

山地农业的社会化服务体系，指的是专业经济技术部门、乡村合作经济组织和行政组织为山地农、林、牧、副各业发展所提供的服

务。乡村集体合作经济组织是建立社会化服务体系的基础，可以以此为根基，以专业技术经济为依托，以农民自办服务为补充，形成多种经济成分，多渠道、多形式、多层次的服务体系。要建立和健全山区乡级农技站、水利（水保）站、林业站、畜牧兽医站、经营管理站、气象站等机构，为山区提供以良种和技术推广、科学管理为重点的服务；供销合作社和商业、物资、外贸、金融等部门要提供生产生活资料、收购、加工、运销、出口产品以及筹资等为重点的服务；科研、教育单位应深入山区，开展以人员培训和技术咨询为重点的服务。社会化服务的重点是为各族农民提供产前、产中、产后的综合配套服务。要支持农民自办、联办服务的组织，发扬"自动、自立、自强"精神。从一定意义上说，农民自办服务是最有实效、最有活力、最为主动的。因此可组织农民社会化服务协进会、农民专业技术协进会等农民自身的组织来推动自办服务。

（原载何耀华主编《山区民族开发与经济进步》，学林出版社1994 年版）

# 对云南少数民族贫困地区实行
# 优惠政策的建议

云南地处祖国西南边疆，国境线长，战略地位十分重要。在占全省总面积 2/3 以上的土地上，分布着 24 个少数民族及一些尚未确定民族成分的人，其人口约 1065 万，占全省总人口的 31.7%。其中有 13 个民族跨境而居，对处理好内外关系具有重要的作用。

由于各种各样的历史原因，云南少数民族的社会经济发展水平比较低下，新中国成立前有 9 个民族，约 134 万人尚处在原始社会末期的发展阶段上，小凉山彝族，约 10 万人处在奴隶制社会的发展阶段，西双版纳傣族、红河地区的一部分哈尼族及藏族、普米族等处在封建社会初期领主制的发展阶段，其余处在封建地主制阶段。刀耕火种，广种薄收，牧业粗放，没有商品经济或商品经济处在原始状态，温饱问题未能解决，是许多民族历史上经济发展的基本状况。

新中国成立以来，党和政府十分关心这些民族地区的经济发展。为了改变这些民族贫困落后的面貌，除了从政治上废除各种残酷的阶级剥削压迫制度以外，在经济上制定了特殊的政策，并采取一系列脱贫致富的措施，每年拿出很多钱，进行扶持，使其贫困状况发生改变。但是，总的来看，改变不是很显著，至今仍有相当数量的少数民族贫困地区发展不快，温饱问题没有得到根本的解决。最近党中央在国务院成立了贫困地区经济开发领导小组，提出要在"七五"期间解决大多数地区的温饱问题。就云南省的情况而言，这类地区基本上是少数民族地区。改变这些民族的面貌，必须认真执行党中央和国务院制定的方针路线，从多方面着手。本文仅就在这些地区实行优惠政策提几点粗浅的建议。

（1）在不影响国家三材、能源平衡的原则下，对少数民族贫困地区自筹资金进行的能源、交通、地方工业、农田水利、文教卫生建设，可不纳入国家固定资产总规模的限制，以促进地方经济文化的发展。

（2）将国家在民族贫困地区征收的能源、交通和重点建设基金，交给民族贫困地区发展当地的能源交通事业。或者免征那里的能源、交通和基本建设基金，以扩大民族贫困地区自身谋求发展的能力，减少对国家的依赖。

（3）制定对少数民族贫困地区的优惠贷款办法，在自有资金比例、利率、还款期限等方面给予特殊照顾，对民贸企业的自有资金比例部分，可由国家实行无息贷款。

（4）增加边疆事业辅助费和支援民族贫困地区的发展基金。民族贫困地区的经济开发需要一定的资金支持，在国家财力允许的情况下，增拨这方面的资金，有利于增强当地的发展能力。增拨这部分资金以后，应彻底改变过去那种平均分散使用和单纯救济的办法。将这部分资金重点用于解决温饱问题的开发性生产和经营，开辟就业门路，增加群众收入。在有条件的地方，可将单纯用于救济的资金，改为以工代赈，按项目使用，并逐步做到有偿使用，循环投资。

（5）对民族贫困地区的乡镇企业在税收方面给予照顾。民族贫困地区的农产品加工业十分薄弱，乡镇企业在许多地方可说是一张白纸，或者刚刚起步，免征和减征这些地区乡镇企业的税收，可以促进当地乡镇企业的建立和发展，搞活当地的经济。

（6）制定特殊政策，促使科技人员流向民族贫困地区。民族贫困地区资源丰富，但科技力量十分薄弱，无法将资源优势变为经济优势，而且由于缺乏师资，教育十分落后，如宁蒗彝族自治县12岁以上的文盲有 7.5 万人，占总人口的 45%，占 12 周岁年龄总人数的 66%。这不能不使群众愚昧和迷信的情况有所发展，使之进一步陷于贫困。建议对科技人员实行更为优惠的政策，在工资、福利等方面给予特殊照顾，将内地的科技工作者、文化工作者大量引入贫困地区，在实行经济开发的同时加强当地的智力开发，培养当地的本民族的知识分子，使他们成为当地脱贫致富的生力军。民族贫困地区开发的核心是人的智力的开发，而人的智力的开发需采取多种形式，派出去，请进来。请进来的关键是制定有吸引力的引进人才的优惠政策。

（7）为民族贫困地区的商品生产鸣锣开道。民族贫困地区不能脱贫的一个重要原因，就是商品经济处于十分原始的发展阶段，或者根本没有商品生产。国家可在条件允许的情况下，积极为民族地区商品生产的发展解决好流通和交通问题，积极收购民族贫困地区的商品，千方百计地为其产品打开销路。创造一个有利于自给性生产向商品经济转化的经济环境。

实行优惠政策的目的，是加强民族贫困地区的自我发展能力，使这些地区初步形成依靠自身力量发展商品经济，首先解决温饱问题，进而实现逐步富裕。目前，我国的改革使贫困地区的发展充满生机。国务院提出在今后五年左右的时间里，基本解决贫困地区农民的温饱问题，各级政府为实现这个战略目标，正在改变一般化的领导方式，采取各种特殊的政策和措施，促进贫困地区的发展，同时，也在彻底改变过去那种单纯救济的扶贫办法，改变不适宜于民族贫困区发展的生产方针，实行新的经济开发方式，制定各种有利于新的经济开发的优惠政策。我们深信，这个战略目标在"七五"期间定能实现。

（原载《西南民族研究动态》1986 年第 17 期，用笔名云津发表）

# 小城镇建设在中国城市化
# 进程中的地位和作用

## 一 小城镇研究的回顾

　　小城镇指的是依法设立的建制镇①、农村集镇（通常为乡人民政府所在地），也泛指 20 万人口以下的小城市。据国家统计局的统计，1994 年，中国的建制镇有 1.6 万个，拥有人口 1.9 亿人（非农业人口占 1 亿人），其中县城关镇 2200 个，人口 9000 多万人（非农业人口占 60% 以上），农村集镇 3 万多个，人口 5000 多万人（非农业人口占 23%）。小城镇数量如此多、人口如此之众，为世界各国罕见。在我国，进行小城镇建设不仅是一个实践问题，更重要的是一个理论问题。费孝通教授用"小城镇，大问题"来概括小城镇建设的重要性是很精辟的。20 世纪 80 年代中期以来，中国学术界在对小城镇的地位和作用的讨论中，有肯定、否定两种截然相反的意见。

---

　　① 根据 1984 年 10 月国务院批准的关于调整镇的设置标准的报告。镇是指县级地方政府机关所在地；乡的总人口在 2 万人以上，非农业人口占总人口的 10% 以上的乡政府所在地；乡的总人口在 2 万人以下，非农业人口在 2000 人以上的乡政府所在地；少数民族地区、人口稀少的边远地区、山区和小型工矿区、小港口、风景旅游、边境口岸等地，非农业人口虽不足 2000 人，如确有必要，也可以设置镇的建制。

肯定的意见认为：第一，从整个国家经济、社会发展的角度来看，小城镇的发展是建设具有中国特色的社会主义农村的重要组成部分，是建立合理的城乡人口结构的重要途径，对建立新型城乡关系、逐步缩小以至消灭三大差别都具有重要的意义；第二，从城市化角度来看，小城镇可以作为人口的"蓄水池""节流闸"，可以防止农村人口大量涌入城市，以便更好地发挥大中城市的作用；第三，从农村现代化的角度来看，小城镇的发展必然会将现代化的城市文明向农村扩散，使农村居民的生活逐步现代化，同时，它也会将先进的科学技术传播到农村并促进农村文化教育卫生事业的发展。此外，小城镇还可安排农村剩余劳动力，促进农村商品经济的发展和农村产业结构的合理化；第四，从市场经济的角度来看，小城镇是城乡、工农之间商品交换和流通的中间环节，也是农村社区内部商品交换的重要场所。对商品生产和流通起引导、促进和疏通作用。

否定的意见则认为：第一，以上四种说法只不过是农村经济结构和社会结构变化所引起的后续连锁变化，它不是小城镇带来的，因为小城镇的功能只有两个，即"聚落功能"和"组织功能"。① 持此观点的学者认为，在中国的城市化道路中大力发展小城镇不如发展大中城市。因为城市化与工业化密切相关，在强大的工业化力量冲击下难以促进发展的都是小城镇；第二，与大中城市比较起来，小城镇的经济社会效益低，如果片面强调小城镇的发展，不仅小城镇本身发展效益不佳，而且很可能导致城市整体效益低下，最终将弊多于利；第三，小城镇的吸引力与辐射力较弱，它们虽可把部分农村人口吸引到小城镇来，但这只是暂时的、过渡性的，这些人口将以小城镇为跳板，集中到大中城市去。第四，小城镇过多发展有可能占用过多耕地，因为大约15个15万人口的城市建成区占地约等于1个200万人口城市建成区占地，而多数小城镇建成后吸纳的人口会远低于15万，

① 参见陈欧《小城镇的功能和农业现代化》，《社会学研究》1987年第3期。

故小城镇建成区占地面积总和要大于同等人口大城市建设区占地面积；第五，农村的改革实践证明，农村产业有其极大的局限性，如果认为发展小城镇是中国城市化的唯一道路，那么走出的将是一条低效益之路。不仅不能从根本上改变中国的城乡格局，也解决不了城市化问题。①

许多外国学者也提出了自己的见解。如持否定意见的外国学者认为："中国并不是唯一的鼓励小城镇发展并限制大都市发展，以达到控制人口居住区域发展的国家。但一个有趣的事实是我们都有亲身经历显示出这一政策不是很成功。因为乡村和小城镇没有规模经济和集约经济来加速经济的发展，它们的市场太小，不足以支持商业化和工业化生产。因为实现商业化和工业化生产，需要极大的社会和基础设施投资。这种一体化的农业发展纲要，'绿色革命'、农业走向市场化道路、农业信贷、集约化大农业等已在许多国家做过试验。当前，全球对这些纲领的结论是，正面作用不如预期的好。""发展大城市比发展小城镇好，因为集约化经济、大规模经济和大都市之间的交往，人力物资资源和市场，使大城市成为经济快速增长的发动机。大城市是大事发生的地方，在工程、建筑、交通和艺术方向，人类最伟大的成就都可以在大城市中看到。"②

不同意见的争论是非常有益的，它推进了人们的深入思考，又对当前中国的小城镇建设具有指导作用。随着小城镇数量的不断增加及其规模的不断扩大，小城镇以势不可当的发展趋势，在中国城市化进程中取得了极其重要的战略地位。

---

① 参见李青《对小城镇的再认识》，《城市问题》1987 年第 4 期。
② 加拿大温哥华不列颠哥伦比亚大学居住中心：《中国发展小城镇的规划和实施办法》，国家体改委农村司编《全国小城镇试点改革政策要览》，改革出版社 1996 年版，第 228—230 页。

# 二　小城镇的再认识

社会生产力的发展引起产业结构、就业结构、城乡结构的改变，导致第二产业主导地位的确定，第三产业比重的急剧增长，农业人口逐渐下降，非农业人口逐步上升，大量农村剩余劳动力向城市转移，乡村人口减少而城市人口剧增，居民的物质面貌与精神生活随之发生质的改变，这是不以人的意志为转移的客观规律。经济学家、社会学家把这个改变的过程称为"城市化"。

城市要容纳农村转移出来的大量剩余劳动力，出路只有两条：一是扩大城市规模，增加城市容量；二是增加城市数量。前者会使城市出现住房紧张、交通堵塞、生活物资供应困难、环境质量下降、社会治安不佳等"大城市病"问题，带来社会的不安定。后者一是可增加大中城市的数量，二是增加小城镇的数量，但增加大中城市的数量，因受到生产力发展水平的制约而不可能，即使是因现有中小城市的升格可增加一些，矛盾也不能缓和。有关部门曾估计：到 20 世纪末，我国将有 2 亿劳动力从农业中转移出来，那时，全国各级城市的接收能力极限为 3000 万人，如果让 2 亿农民进入大城市，则要新建 100 万人口的城市 200 个或 50 万人口的城市 400 个，需占地 6 亿亩，投资 1.2 亿元，这是绝对不可能的。① 只有大力发展小城镇，不断增加小城镇的数量才是正确的选择。改革开放以来小城镇迅猛发展的现实充分说明了这一点。1979 年，中国建制镇 2600 个，人口 5555 万人，到 1994 年，建制镇发展到 16433 个，人口 1 亿多人。小城镇吸收的乡镇企业劳动力占全国乡镇企业劳动力的 50%，创造的乡镇企业产值占全

---

① 参见吴大声《论小城镇与城乡协同发展》，《社会学探索》1988 年第 2 期。

国乡镇企业产值的 57% 。这些数字说明，小城镇在中国城市化进程中所处的战略地位和发挥的主导作用是毋庸置疑的。

增加小城镇数量从长远来讲是不是可行的呢？当然可行。中国有发展农业的良好基础和巨大的潜力。农业对经济发展、社会安定、国家自立有决定性作用。国家实行农业是国民经济基础的方针。小城镇主要是以农业为载体来发展的，农业的发展是小城镇发展的源泉。在广大的农村，非农的集体和个体私营工商企业与农业有天然联系，二者相互促进、互为依存，农产品的加工增值，市场开拓，新技术引进及推广等，都需要非农产业的服务，而非农产业的发展主要也要靠农业的发展来支撑。小城镇是非农产业发展的基地和中心，因此小城镇数量的增加是非农产业和农业发展的需要。

小城镇的经济、社会效益是不是低下呢？当然不是！如果从大中城市的高效益、高辐射力、高聚集力来看，小城镇不能与之相比，但是，若从它贴近农村，在居民体系中处于中间环节，具有城乡二元特征，是"城市之尾""乡村之首"，能推动乡村工业化和城市化的作用来看，则是大城市不能比拟的。小城镇的经济社会效益是否真的不高呢？对具体城镇应做具体分析，不能一概而论。同样，说大中城市效益都高，也不符合实际，因为城市或城镇效益的高低主要不取决于城镇规模的大小，而取决于经济要素的完备与优化组合的程度。昆明市官渡区六甲乡福保村，过去是一个典型的农业自然村，全村 4 个农业生产合作社，其中农户 724 户，2317 人，劳动力 1500 人，共有耕地 1295 亩，人均占有耕地 0.56 亩。1988 年 9 月，村领导根据全村劳动力大量富余，地处昆明近郊，可利用昆明及滇池沿岸农村市场，利用城市科技力量等生产要素进行优化组合，来发展农村经济的实际，决定以全村为单位建立福保农工商联合公司，开办铸管厂、造纸厂、彩印包装厂、纸卷管厂及综合商场，走乡村城市化道路。至 1994 年，全村即全公司有固定资产 8000 多万元，经济总收入从 1978 年的 122

万元增加到 1.72 亿元，上缴国家税金由 85 万元增加到 600 万元；社员人均纯收入由 252 元增加到 4296 元。公司每年拿出 50 多万元投入农业生产，迅速实现了水利化、机械化、科技化，成功地走出了一条以进行生产要素优化组合，发展工商业，以工商业资金的积累扶持农业，以工补农，以工建农，相互协同发展的路子。村办工厂从业人员 1900 人，其中吸纳外地农村分流出来的剩余劳力 400 人，而全村 1500 名劳力全部都进了工厂。全村按高起点、环境美、设施配套的要求，大搞交通、通信、科教文体卫、农副产品商场、百货交易商场、信用社及居民二三层新式楼房住宅等建设，从而初步实现了农村工业化、农业现代化、农村城市化、农民工人化的战略目标。这个村只是云南近 20 年来成百上千个农村向城镇转化的个案；是经济社会效益按人均贡献率不亚于大城市的个案。它在城镇化后吸纳农村剩余劳力 1900 人，其吸引力不可谓不高。它的产品多是城市大企业不愿涉足的，又是农村和城市所不可缺少的，能说这样的集镇不是以支撑商业化和工业化生产，没有规模经济和集约经济来加速经济的发展吗？不能！应该指出：我们做此结论并非要否定存在经济社会效益低的小城镇，但少数小城镇经济社会效益的低下并不出自小城镇本身，而是由于其生产要素的缺乏或不足。不能因为存在这样的小城镇，就否定小城镇的地位与作用。

小城镇的地位和作用是由它的性质、功能及其在中国城市化进程中有不可替代的作用所决定的。

第一，小城镇的经济社会性质可定为中国农村的工业化、现代化、城市化。换句话说，否定小城镇就是否定农村的工业化、现代化和城市化。小城镇是由于乡镇企业的发展、农村要素市场的逐步开放和农村产业结构变化，促使人口、资金、技术等向某一区域聚集而形成的。许多小城镇的性质都在这个过程中发生了改变，由原来只作农副产品贸易场地变为办工厂、制造工业品的基地。还有一些小城镇，其工业原料采自外国，产品靠出口，具有外向型经济的特点。在长江三角洲和珠江三角洲，许多农村开辟了乡镇工业小区，大量农村人口流入这些小区，使这些小区城镇化。在中西部地区，一些农村的专业产销市场吸引了大量的农村剩余劳力并发展为城镇。因此，小城镇可以说是农村工业化、农业商品化、农村现代化和城市化的代名词。没有小城镇的勃兴，就没有农村工业化、现代化和城市化。

第二，小城镇有吸纳农村剩余劳动力，优化农村经济结构，缩小城乡差别，改变农村生产生活方式，提高土地利用率，改变中国人口分布等的特殊功能。就其吸纳农村剩余劳动力的能力来说，江苏省南部地区集镇人口1992年比1989年增加80万人，同时建制镇增加89个，每镇增加大约9000人（不包括流动人口）。[①] 这样巨大的吸纳能力，使小城镇充满生机与活力。再拿提高土地利用率来说吧，人口与经济的聚集是城镇有别于乡村的特征，人口与产业向城镇的聚集，必然导致土地利用效率的提高。认为发展小城镇将过多地占有耕地，使土地利用率降低的说法是值得商榷的。

第三，中国城市化的概念可以定性为农村城镇化与大中城市的融合、互补、互动与共荣。中国是一个农业国，据1996年统计，全国从事农业生产的劳动者占全国劳动者的71.20%。全国的城市人口占总人口的42.08%，绝大多数的人口生活在农村，如果走以农民破产、农业萎缩、农村萧条为代价的资本主义工业化、城市化的道路，那是走不通的。在中国，农村是各业兴盛的基础，没有农业的进步与现代化，工业化、城市化就不可能实现。小城镇的发展以农业为载体，而农业的现代化、农村的城市化又以小城镇的发展作为载体。农村城市化是中国城市化的主要载体，所谓载体，就是能承载某种物质的物质。任何事物的发展变化，都需要载体作为条件，作为依托。因此，

---

① 参见费孝通《论中国小城镇的发展》，国家体改委农村司编《全国小城镇试点改革政策要览》，改革出版社1996年版，第87页。

中国的城市化离不开农村的城镇化。应该指出，我国大中城市的发展，绝大部分也是以农业发展为载体的，大中城市的发展又反过来促进农业的发展，农业发展既离不开小城镇的发展，又离不开大中城市的繁荣。农业这个基础，农村人口众多及城镇依存这个实际，就决定了中国城市化的特征是农村城镇化与大中城市的融合、互补、互动与共荣。因此，任何否定小城镇发展的主张，任何不重视大城市作用的意见，都是不可取的。

## 三　发展小城镇的有利条件、问题与对策

我国小城镇发展的有利条件很多：第一，实现农村工业化的条件好。我国农村幅员广大，资源丰富而开发程度低，农业和能源、建筑业、原材料等基础产业有发展的巨大潜力。改革开放以来，农民生活水平普遍提高，农村储蓄率高，高储蓄会转化为基础产业和小城镇建设的高投资。第二，农村市场容量大，小城镇工业和基础产业的发展有广阔的前景。第三，党的"十五大"提出的迈向 21 世纪的宏伟纲领，将使我国由农业和农村人口比重高，主要依靠手工劳动的农业国，逐步转变为非农业人口占多数的工业化国家；由自然经济、半自然经济占主导地位，逐步转变为市场经济占主导的国家；由能源、交通、通信等物质技术基础设施落后，逐步转变为能源充裕、交通便捷、信息流畅的国家；由文盲、半文盲人口占多数，科技教育文化落后，逐步转变为科技教育文化发达的国家；由贫困人口比重高，贫困程度深，人民生活总体水平低，逐步转变为全体人民比较富裕的国家；由地区间发展不平衡，东、中、西部差距大，逐步发展为地区差别小的国家。这些转变的过程就是农村城镇化、工业化、现代化和城

市化的过程。由于实施上述纲领，小城镇建设的迅猛发展和大中城市的国际化、现代化将是我国未来发展的时代特征。第四，随着改革的深化和对外开放程度的提高，国家对发展农业和发展西部实行优惠政策和倾斜政策，这些政策如缩小工农业产品的"剪刀差"、降低税率、扩大外贸出口权、扩大农村的对外开放和实行城乡平等竞争等将给小城镇的发展注入新的动力与活力。

小城镇发展中出现的主要问题和应采取的正确对策如下：

（1）小城镇类型与产业结构单一。按职能分类，我国的小城镇有综合型、交通型、农副产品加工型、工矿型、旅游型、边贸口岸型等类，但农副产品加工型的数量最多。作为推动农村现代化、城市化的中心和杠杆，类型单一，产业结构单一，功能简单，是不适应发展需要的。因此，我国的农村城镇化道路应该选择乡村（农村）第二产业（工业化）城市化的常规模式（苏南模式），或乡村（农业）第二、三产业城市化的复合模式（深圳模式），如果没有工业化及第三产业的发展作为支撑，小城镇的带动作用就难于发挥。因此，发展小城镇，应以发展第二、三产业为中心。特别是要发展小城镇的工业。

（2）小城镇发展存在较大的地区差异。我国小城镇的数量分布及发展层次都呈东高西低状态，即东部沿海地区数量多，层次高，效益大。因此，应加大对西部地区的投资，开发其丰富资源，以加快西部地区城镇化及城市化进程。1995年，东部地区全年完成投资12188亿元，比上年增长17.5%，占全部投资比重的62.7%。西部地区完成投资2387亿元，增长21.1%，所占比重由12%上升到12.3%；1996年东部12个地区全年完成10380亿元，增长17.4%，西部9个地区完成投资2113亿元，增长11.2%。西部地区的投资虽逐年有增加，但投资量及所占比重均不如东部地区。这种不平衡告诉我们：国家应加大西部开发的力度，增加投资，推动其城市化进程，同时，西部地区应创造更好的投资环境，加快基础设施建设，提高对外开放程度，吸引更多的投资，以加速自身农村工业化、城市化、现代化步伐。

（3）各种不同级别的城镇人口的分布不协调，各省区内部城镇人口分布不平衡。1993 年我国城镇非农业人口占总人口的比重，大城市和特大城市为 37.3%，中等城市为 19.86%，小城市（平均每市 10.87 万人）和县辖建制镇（平均每镇 6381 人）为 42.77%。随着今后小城镇和涌入大城市的人口数量的再增加，各级城镇人口不协调，即两头大、中间小的矛盾还会加大。因此，在采取控制大城市规模，加快农村小城镇发展的同时，应采取合理发展中等城市的政策。各省（区）内部人口的城镇分布存在严重不平衡的问题也值得重视，以云南省为例，1995 年全省按非农业人口和从事非农业的农业人口计算，其城市化水平为 18.7%，低于全国 28.6% 的水平，17 个地、州、市中，有 12 个城市化水平低于全省的平均数（见下表）。

云南省地、州、市城市化水平一览

| 地、州、市 | 总人口（万人） | 非农业人口及从事非农产业的乡村劳动力人口（万人） | 城市化水平（%） |
|---|---|---|---|
| 总　计 | 3889.64 | 747.1 | 19.2 |
| 昆　明 | 374.9 | 185.08 | 49.4 |
| 东　川 | 28.82 | 8.46 | 29.4 |
| 昭　通 | 457.1 | 50.43 | 11.0 |
| 曲　靖 | 557.77 | 92.08 | 16.5 |
| 楚　雄 | 241.99 | 40.4 | 16.7 |
| 玉　溪 | 190.58 | 47.5 | 24.9 |
| 红　河 | 379.87 | 78.21 | 20.6 |
| 文　山 | 308.03 | 29.28 | 9.5 |
| 思　茅 | 225.89 | 30.84 | 13.7 |
| 西双版纳 | 81.78 | 16.0 | 19.6 |

| 地、州、市 | 总人口(万人) | 非农业人口及从事非农产业的乡村劳动力人口(万人) | 城市化水平(%) |
|---|---|---|---|
| 大　理 | 315.66 | 33.68 | 10.7 |
| 保　山 | 223.67 | 18.54 | 8.3 |
| 德　宏 | 96.61 | 16.9 | 17.5 |
| 丽　江 | 105.94 | 16.9 | 16.0 |
| 怒　江 | 45.38 | 6.2 | 13.7 |
| 迪　庆 | 32.53 | 4.5 | 13.8 |
| 临　沧 | 207.08 | 19.8 | 9.6 |

昆明市总人口 374.9 万，城市人口为 185.08 万人，城市化水平为 49.4%。文山州总人口 308.03 万人，城镇人口为 29.28 万人，城市化水平仅为 9.5%。临沧地区 207.08 万人，城镇人口 19.8 万人，城市化水平也只有 9.6%。因此，应采取着力推进后进地区，特别是少数民族贫困地区城镇发展的政策，一手推动其农、工、商、建筑、运输、服务等各业的发展，一手促进其集镇、城镇的发展。在少数民族后进地区，首先要增加集镇、集市的数量，进而推进集市转化为集镇、集镇转化为建制镇，建制镇转化为小城市。

（4）小城镇的改革亟待深化。我国的小城镇长期以来建立在以公有制为基础的高度集中的产品经济之上，建立市场经济体制，必然带来整个传统社会经济结构、产业结构、所有制结构等各种结构的变革。当前应该着力推动改革，促进所有制结构和产业结构的调整。发展小城镇应大力发展个体、私营经济，发展股份合作制经济。小城镇的小型国有企业可以用拍卖或股份制改造的方式改变它的所有制属性。只有推进市场经济条件下的各种改革，小城镇才能健康发展。

（5）小城镇的生态环境不良加剧。应对小城镇的环境结构（如大气、水源、土地）、资源结构（如土地、淡水、食物、能源等）进行综合治理，制定可持续发展战略，采取强有力的保护措施，以实现高速发展和可持续发展的统一。

总而言之，城市化是经济发展的必然结果。发展小城镇是中国城市化道路的战略选择，是解决中国农村剩余劳动力转移，实现农村现代化的必由之路。小城镇发展中出现的问题，是可以通过深化改革，制定和实施科学的总体规划，加强管理和改善软硬环境来解决的。应该积极消除影响小城镇发展的各种思想障碍和弊端，使小城镇在推进中国城市化进程上发挥更大的作用。

# 坚持科学发展观
# 合理开发怒江水电资源

一段时间以来，学术界对怒江、澜沧江、金沙江的水电开发进行了热烈的讨论。赞成开发的学者认为："开发是实现我国新世纪能源平衡的需要"；"是落实温家宝总理把云南建成国家西电东送的重要能源基地的指示的需要"；"是优化及改善我国东、中部地区能源结构，减少环境污染，发展滇、川经济的重大发展战略举措"。

持不同意见的学者认为："三江并流是世界自然遗产，在该地区进行水电开发不符合保护世界遗产的宗旨"；"横断山脉具有独特的地形、地貌和丰富的生物多样性资源。其中怒江流域可以为多学科研究提供原生环境的宝贵数据，尤其是其丰富的遗传基因库，可以为经济快速发展提供生物学支持"；"建坝截流发电，改变库区和下游的水文、水流、水温、气候、地质、植被等方面生态系统状况，会导致流域生态恶化，将使这一地区乃至世界仅存的原始生物物种基因库遭受无可挽回的损失"。[①]

现在争议最大的是怒江水电开发。

---

① 参见丁品《怒江原始生态环境应予保留》，《中国环境报》2003 年 9 月 5 日第 1 版。

# 一　开发怒江水电是我国生产力发展的必然选择

怒江中下游规划河段长 742 公里，天然落差约 1578 米，河段径流丰沛稳定，水力资源理论蕴藏量 22220 兆瓦。各梯级坝段地形、地质条件较好，交通方便，是我国水能资源富集、开发条件优越的河段。其移民数量少，开发成本低，电价低廉，是我国尚待开发的最大的水电能源基地之一。按规划中的 13 个梯级电站开发，总装机为 21320 兆瓦，保证出力 7789 兆瓦，年发电量 1029.6 亿千瓦小时。其总装机约为我国 2002 年水电总装机的 21.5%。

根据我国国民经济发展的能源需求，到 2020 年，我国发电总装机需 9 亿千瓦，也就是说，需在 2003 年 4 亿千瓦的基础上，新增 5 亿千瓦。如果依靠煤电来实现，每年需开采 12 亿吨电力用煤。采煤对煤资源的浪费极大，以目前云南煤资源的采出率来说，平均采煤 1 吨，要浪费资源 5 吨以上，采 12 亿吨，每年就需耗费资源 72 亿吨。据有关部门提供的资料，我国剩余的煤炭储量仅 900 亿吨，按此速度，12.5 年即可耗尽。因此，依靠煤电根本不现实。在我国的能源资源结构中，石油、天然气仅占 2.2%，靠油、气也不可能。能不能靠核电呢？核电是用核裂变或聚变所释放的能量为动力发电的，虽然核裂变或聚变时释放的能量比矿物燃料燃烧释出的能量大百万倍以上（1 千克铀 235 全部裂变相当于 2500 吨左右优质煤燃烧释放的能量），但核反应堆的科技投入高，资金投入大，单位千瓦造价高达 10 万元以上，加之生产运营的高风险，目前靠核电也不行。即便是发达国家，也没有把发展核电作为解决能源问题的主要手段，而是把发展水电作为首选。据统计，目前有 65 个国家的水电占其发电总量的 50%，其中的 24 国占 90% 以上。瑞士、法国、意大利、英国的水电开发程度都已达 95% 以上，美国达 80% 以上。

我国是世界上水能资源最丰富的国家，水能资源理论蕴藏量 6.3 亿千瓦，年发电量 5.9 万亿千瓦小时。2000 年我国水电的开发程度，仅占可开发程度的 19%，西部地区不足 10%，低于目前世界 22% 的平均开发程度。从我国资源开发程度来看，发展水电当是解决我国能源问题之首要途径，到 2020 年要新增 5 亿千瓦，只能走加快水电开发之路。解决 2020 年以后我国的能源问题也只能依靠发展水电。

云南水能资源丰富，理论蕴藏量 10364 万千瓦，年发电量 9078.9 亿千瓦小时。可开发的水电装机容量 7116.79 万千瓦，年发电量 3944.53 亿千瓦小时，占全国的 20.5%。据 1994 年《中国大中型水电站规划集》统计，云南的水电装机容量为 8820 万千瓦，年发电量 4373 亿千瓦小时，占全国的 22.9%。目前云南的水电开发不足 6.9%。金沙江、澜沧江、怒江可开发的水能资源占云南可开发水能资源的 92%。金沙江干流按 19 个梯级电站开发，总装机容量（含四川）接近 8000 万千瓦，年发电量 3560 亿千瓦小时以上；澜沧江干流按 14 个梯级电站开发，利用落差 1655 米，总装机容量达 2261 万千瓦，年发电量 1105.78 亿千瓦小时；怒江按 13 个梯级电站开发，总装机容量 2132 万千瓦，年发电量 1029.6 亿千瓦小时。

以上情况说明，要解决我国新世纪的能源，开发云南水电是关键。1995 年 5 月，国家通过金沙江下游向家坝、溪落渡电站的预可行性研究的审查，拉开了金沙江水能资源开发的序幕。澜沧江水能资源的开发，已经进行和正在进行。当务之急是应尽早启动怒江 13 级电站的开发。

## 二 坚持以人为本的开发，促进经济社会 全面协调可持续发展

怒江中下游水电开发，可为全国人民提供稳定、可靠、清洁、廉价的可持续电能，体现了以人为本的发展要求。据国家电力公司北京和华东两勘测设计研究院的预测，2015 年怒江梯级送电的市场空间为：广东 4651 兆瓦，云南 387 兆瓦。2020 年为：广东 21521 兆瓦、广西 2544 兆瓦，华中地区 5578 兆瓦。2030 年为：广东 61127 兆瓦，广西 11514 兆瓦，华中地区 25931 兆瓦。怒江中下游干流大规模的梯级开发，规划在 2015 年之后，2020 年前开发的是马吉、亚碧罗、赛格、碧江、泸水、岩桑树、六库等 7 座，2030 年前将其余 6 座开发完毕。届时，年发电总量 1029.6 亿千瓦小时，每年可为全国人民创造价值342.3 亿元（电价 0.35 元/千瓦小时，有效电量率 90%），每年至少可增创国民生产总值 5158 亿元（按每度电创造国民生产总值 5.0 元计）东部地区可减少火电投资 850.7 亿元，每年节约标煤 3705 万吨。

对怒江流域各族人民而言，13 个梯级电站的开发，总投资 896.5亿元，如果 2030 年前全部建成，平均每年投入 30 多亿元，国税年收入增加 51.99 亿元，地税年收入增加 27.18 亿元。巨额投资，将扩大就业。根据统计，电站建设每投入 20 万元，就带来一个长期就业机会，896.5 亿元的总投资，可带来 448250 个长期就业机会。巨额投资还将带动地方建材、交通等第二、三产业的发展，带动地方 GDP 的增长，促进财政增收。梯级的建设，将使电力成为地方的新兴支柱产业，成为地方经济和社会发展的坚实基础。由于可以以较低电价带动和支持矿业和其他产业的发展，地方经济将会实现产业更新和产业升

级，由此带来的社会经济效益将远远超过电力行业本身。梯级水库的建成，除了水能的利用之外，还产生巨大的水利效益，使农业获灌溉之利，城乡获供水之益及河道通航之利。光潞江坝一地，就可增加灌溉农地2.31万平方公里（34.6万亩）。这使我们想到历史上美国建胡佛水坝拉动美国区域经济腾飞的奇迹；浮现埃及建阿斯旺水坝使尼罗河物质文明、精神文明出现空前繁荣的图景。

怒江中下游主要属怒江傈僳族自治州和保山市，局部涉及德宏傣族景颇族自治州和临沧市。这里居住的傈僳、怒、独龙、藏、彝、傣、景颇等少数民族及汉族，经济发展落后，社会贫困面较大。怒江州有42万农业人口，22万为贫困人口，全州4个县均为国家扶贫开发重点扶持县。在这里开发水电，无疑是振兴民族经济，使贫困地区各族人民脱贫致富的突破口。有专家主张用发展生态旅游来替代水电开发，而这是很难替代的。如全梯级每年的直接经济效益360.36亿元。光马吉一个梯级的年发电量189.7亿千瓦小时，每年就可带来直接经济效益66.395亿元。生态旅游的特点是把资源环境的负面影响减到最小的程度，同时争取尽可能大的经济效益。然而由于生态旅游是自然旅游、科学旅游、绿色旅游、低支出旅游，其经济效益再好，也不能与水电开发相比。

为使以人为本的科学发展观得到更好的落实，使开发更加惠及怒江各族人民，开发公司制订开发方案，应同时制订直接帮助怒江各族人民脱贫致富奔小康的行动计划。要将带动当地经济、社会发展的项目列入开发计划，列入电站建设与运营的成本；要以建一座电站，富一方百姓为目标，严防建一座电站，制造一方贫困，绝不能再建业主受益、百姓受穷的电站；要帮助当地选准优势产业和特色产业，通过重点支持和帮扶，推动其走新型工业化的道路；要以增加农民收入为中心，以发展壮大区域经济为突破口，努力解决"三农"问题。

规划中的13级电站，共需安置移民48979人，政府及开发公司应以足够的资金、最佳的安置方案，使之安居乐业。既要实现对他们前期的生活进行补助，又要对其后期的生活进行扶持。可采用从电站发电之日起，每度电提取几厘钱设立长期扶持资金的办法，把移民问题真正解决好。建议国家制定政策，让受益地区进行对口支援，既帮助解决移民问题，又帮助当地社会、经济实现快速发展。

以人为本不仅要满足人民日益增长的物质生活需要，而且要满足他们日益增长的精神文化的需要，开发公司在带动和帮助当地发展经济的同时，还应帮助和支持流域区傈僳族、怒族、独龙族、普米族发展国民教育、文化、卫生等事业，要建立民族文化保护村，保护和发展民族文化的多样性，促进人的全面发展。

# 三　坚持人与自然和谐的开发，电站建设与生态环境建设并重

怒江中下游自然条件复杂，生态环境脆弱，由于人类的生产生活活动，生态环境破坏严重。20 世纪 50 年代森林覆盖率为 50% 以上，20 世纪 50 年代后人口迅速增长造成的过量垦殖，使海拔 2500 米以下的地区，原生森林植被不复存在，水土流失面积占耕地面积的 25.52%，土壤侵蚀面积占土地面积 3734.66 平方公里的 25.66%，河流输沙量与日俱增，滑坡、泥石流频繁发生。1979 年 8 月福贡利沙底发生泥石流，全村 7 户 33 人除 5 人外均未幸免于难，9—10 月全县因泥石流死亡 143 人；1985 年，全州发生洪灾、泥石流，死亡 10 人，冲毁桥梁 148 座；1989 年的洪灾、泥石流，死亡 12 人，毁房 1387 间。由于生态恶化，怒江州 4 万傈僳族人失去生存条件。流域区的经济发展，长期以来靠消耗自然环境资源的状况，至今尚无根本的改

变。根据 1997 年的统计资料，怒江州治理水土流失面积 25.5 平方公里，仅占该州水土流失面积的 0.674%。要真正改变自然环境继续恶化的状况，抵御自然灾害的袭击，经济发展是关键，只有经济发展，人类与生态的关系才会和谐，人们也才有资金治理环境。因此，开发怒江水能资源，对治理怒江流域的生态恶化，具有关键的意义。

坚持人与自然和谐发展的水电开发，同步进行生态环境建设，不仅会使怒江流域的生态环境得到改善，而且还会给东部地区带来巨大的生态效益。如 2002 年，珠三角火力发电产生的二氧化硫，使广东省 63% 的国土面积受害，酸雨频率接近 50%，17 个城市已被国务院划为酸雨控制区，酸雨造成的经济损失每年高达 40 亿元。怒江中下游河段总装机 21320 兆瓦，如按简单替代考虑，每年可减少酸雨造成的经济损失 33.40 亿元。由怒江水电开发带来的生态效益，还会优化东部地区电力资源的配备，推动经济、社会、环境的可持续发展。

为实现人与自然的和谐发展，怒江中下游水电开发规划方案，坚持"保护是前提，发展促保护"的方针，在规划中认真处理环境与梯级开发的关系。中国科学院昆明动物研究所提供的研究报告指出，规划河段无长距离洄游鱼类，各电站大坝的建设不会阻断鱼类的生命周期循环，各水库无须建设过鱼设施，各电站的建设不会导致各种鱼类的灭绝。对坝下河段鱼类的影响很小。本区所记录的陆生脊椎动物，其分布均不仅仅局限于水库库区，在库区外的高黎贡山、大雪山等自然保护区也有分布。因此，电站建设不会导致陆生脊椎动物物种（包括珍稀物种）的灭绝。

怒江流域海拔 2000 米以下的地区为生态环境恶化区，由于过度垦殖，植被破坏严重，林地多为次生用材林，由于水库大坝高程控制在海拔 1750 米，梯级水库建设对森林植被的影响很小，不会导致植物物种的灭绝。高黎贡山国家级自然保护区的边界距怒江干流 50 公里，各种需要保护的动植物在保护区得到了保护。陆生植物物种分布在水库淹没以下地区的仅有 4 种，可通过科研解决物种的保护。"三江并流"世界自然遗产地面积 1.7 万平方公里，大部分都在海拔 3000米以上（生物多样性密集区），除丙中洛一个电站的地下厂房在遗产地范围内以外，其他电站都在遗产地范围之外，梯级电站开发对世界遗产地的影响很小。相反，通过库区移民，可以减轻人为活动对遗产地的压力，使原生自然景观及生物多样性得到更好的保护，电站建设与"三江并流"世界遗产保护可以协调发展。马吉梯级对贡山景区的青纳桶峡谷、石门关、怒江第一湾 3 个景点有影响，青纳桶峡谷、石门关仅很小部分（6.5%）被淹。怒江第一湾有 1/3 左右被淹，大部分还存在，仍不失为一大天然景观。总而言之，水电开发对生物资源、"遗产"景观景区的影响都很微小。怒江中下游水电梯级开发建议方案是一个符合人与自然和谐并可持续发展的方案。

值得思考的是，像所有的开发建设那样，怒江水电开发也会给生态环境造成破坏。如建坝选址不当会破坏景观；开山筑坝会破坏天然的地质结构，会产生"三废一噪"对环境的污染；筑坝、修道路对土壤、植被及地表径流路径会带来破坏；进而改变局部气候条件，加剧水土流失及泥石流、滑坡等自然灾害；水库蓄水后流速变小，污染物的扩散能力会降低；陆生脊椎动物的分布区也会局部缩小等。因此，必须按照科学发展观的要求，在水电开发的全过程，十分重视和加强生态环境的保护与生态建设，着力处理好发展与环境的关系，实现水电开发和生态环境相协调，走可持续发展的生态文明之路。

为此，我们提出以下对策建议：

第一，强化政府对环境的管理，消除在领导层中普遍存在的"重开发，轻保护"的意识。我们的政府是服务政府、责任政府、法治政府，各级政府应在环保方面做好服务，承担责任，依法对开发中出现的环境问题进行整治。政府除应严格贯彻《水土保持法》《环境保护法》《森林法》等法规之外，还应针对梯级建设中出现的环境问题，制定行之有效的单项法规。正如世界银行在《发展与环境》的报告中所指出的"强有力的环境保护机构和政策"是保证发展过程中环境质量的"基本前提"。只有依靠政府"强有力的环境保护政策，才能促进和加强发展"。

第二，电站的经济效益必须建立在提高环境效益之上。也就是说，环境保护资金与建设资金应列入电站建设及运营的预算，从电费中提取一定比例的环境建设基金，按期投入沿江地区的生态建设，目前规划部门提出的林地补偿投资及植被恢复费为9.39亿元，用材林补偿单价为6580元，灌木林为2576元，森林植被恢复费，用材林为4000元/亩，灌木林为2000元/亩。这个单价超过了林地及包括生态价值在内的所有价值，但它仅仅是补偿费、恢复费，没有列出生态建设费，如在水库区及怒江两岸植树造林、封山育林、坡耕地退耕还林、坡改梯田、水土保持等方面的费用，这些费用当中的一部分也应作为开发成本，列入电站建设与运营的预算。另外，推荐梯级开发方案的环保静态投资为6.24亿元。但尚未列出动态投资，希望补列。

第三，工程引起的环境地质问题，应采取及时有效的工程治理措施；施工期间"三废一噪"对环境的污染，也应采取防治措施。政府应加强环境监测，实施环境监理，确保环境保护的措施落到实处。

第四，开发商应按照国家的《环境质量影响评价法》，进一步做好环境影响评价；政府还应对全流域的水能、水利资源开发做好环境规划。

（原载《群言》2004年第12期总第237期）

# "三江"水能资源开发与
# 环境保护综合研究

　　2004 年 9 月 1 日至 12 月 31 日，中国西南民族研究学会与云南民族大学在云南、北京、上海、湖北、湖南、四川、贵州、广西、西藏等省、市、自治区，组织权威专家和有影响的学者 76 人，对怒江、澜沧江、金沙江（简称"三江"）的水能资源开发与环境保护进行了研究，取得论文、研究报告、网络资料目录汇编等 45 项成果。这些成果曾以精制稿的形式，编成简报 42 期，自 10 月 11 日起，陆续上报国家有关部委及云南省委、省政府，供领导机关做决策参考。同时，在云网、云南信息港等网站挂网，供全国媒体选用及广大读者参阅。

　　为将研究引向深入，使成果在舆论上发挥应有的作用，中国西南民族研究学会与云南民族大学，12 月 1—2 日在昆明联合召开三江水能资源开发与环境保护国际学术讨论会。来自 7 省市区及美国大自然保护协会的 122 名专家学者出席了会议。中共云南省委副书记、常务副省长秦光荣到会发表重要讲话，省人大常委会副主任卢邦正出席，省人大原副主任吴光范，国家民委代表温军到会讲话，中国科学院院士、中国工程院院士、中国工程院原副院长、水利电力部原总工程师、能源部原总工程师、清华大学教授潘家铮做了书面发言。这是在联合国《水电可持续发展北京宣言》发表后，在中国召开的首次水电开发与可持续发展的大型国际学术会议。清华大学、中国社会科学院民族学人类学研究所、上海国际问题研究中心、成都理工大学、中南民族大学、云南大学、云南民族大学、云南农业大学、云南财贸学院、中共云南省委党校、云南省社会科学院、云南省环境科学研究所、云南省政府政策研究室，怒江州、大理州、昭通市的专家、学者及美国大自然保护协会中国部首席代表、首席科学家、高级科学家共27人做了大会发言。

# 一　项目背景与研究宗旨

进行本课题研究的背景之一，是中国出现的能源紧缺。中国2004年前三个季度的能源短缺，已经迫使24个省市区经常停电，其中包括超级工业大省广东以及陕西、四川、湖南等省。2005年中国的电力缺口将达到3000万—3500万千瓦，这是中国有史以来最大的电力缺口。这说明发展电力已成为中国经济社会能否持续发展、改革开放成果能否巩固、国家能否长治久安的关键。缺电不仅给中国的经济社会发展和人民生活带来巨大的危害，也对外国经济产生影响。一家总部设在美国新泽西州锡考克斯城的服装零售商——儿童乐园公司（Children's place），评论说，其所销售的许多商品都来自浙江和江苏两省，因为这里是中国纺织业的心脏，是数百家超高效纺织服装厂的大本营，然而停电已迫使这些地区的工厂每周关闭两天，该公司从这两个省购进的T恤、裤子和夹克的供货周期需由原来的4周延至5周，这使该公司的盈利大受损失。该公司中国区总经理劳伦斯·科尔抱怨："中国拥有这么大的成本优势，我们将继续在这里，但最终如果他们无法及时供货，我们将到类似中国台湾和香港这样的地区寻找供货商。"另一家总部设在宁波，专为索尼公司、三星集团和夏普公司生产电子元件的汇港电子公司（HKE Electronics Co.），由于供电不足，该公司增加了第四台柴油发电机，使用后备能源使公司的能源支增加了30%。公司的总裁托尼·王叫苦不迭。① 中国电力缺口的一个重要原因，是中国的能源基础设施跟不上改革开放和现代化发展的步伐。中国约3/4的电力来自燃煤发电，而超负荷运转的铁路系统无法及时为电厂提供所需的煤，实现中国能源安全、能源平衡的出路主要靠推进水电开发。

背景之二，是国际国内舆论对中国在"三江"建坝发电存在争议。② 一些人士强烈反对建坝和开发水电，一些媒体则大肆炒作，以反建坝、反水电为时髦，否定水电是清洁能源，无限夸大建坝的负面作用，严重误导人民。据2004年9月初的一项统计：中国网、自然之友网、乐趣网、《中国青年报》绿网、人民网、中新网、中经网、网易、广州环境保护网、新华网、中国世界遗产网、北京天下溪网、中国西部网、国家环保总局网、凤凰网、大洋网、中国水利网、中国电力网、搜狐财经、中国广播网、科技网、泉州网、中国江苏网、中华会计网校、成都园林网、农电信息网等30多家网站及《中国青年报》《中国环境报》《南方周末》等报刊，先后发表《怒江原始生态环境应予以保留》《最后的生态河上要修13道坝，众专家棒喝怒江开发》《要大坝还是要自然遗产》《怒江13级水坝是否会步三门峡后尘》《千亿元工程怒江水坝将上马，靠水电脱贫备受质疑》《还有多少工程会置专家于不顾而上马》《怒江大坝突然搁置，幕后的民间力量》《怒江，中国最后的处女江命悬一线》《6月26日世纪大讲堂，怒江水电开发威胁》《众多专家质疑怒江开发，呼吁GDP应包含生态成本》《怒江13级电站仍要上马，环保专家提出质疑》《怒江困境除了水电脱贫有无第二道路》《怒江将上马13级水坝，专家何大明提出

---

① 参见罗谷（Dexter Roberts）《能源短缺袭击中国》，《商业周刊》2004年第8期。
② 参见丁品《怒江原始生态环境应予保留》，《中国环境报》2003年9月5日第1版。

六点质疑》《众多专家质疑怒江开发忽略生态成本》《绿色 GDP 也是硬道理》《澜沧江（漫湾）水电开发对怒江开发的启示》等反对建坝发电的文章，使怒江人民开发水电的愿望受阻，开发项目不能立项。因此，树立和落实科学发展观，营造一种有利于开发与环保相统一的舆论，已成为解决"三江"水能资源能否开发与能否开发好的紧迫问题。

本项目研究的宗旨是，坚持以人为本，全面、协调、可持续的科学发展观，通过深入论证"三江"水能资源开发与环境保护相统一的必要性、可行性，积极促进"三江"水能资源的科学开发，为实现国家能源安全、生态安全和云南各族人民奔小康提供更多的发展对策和理论指导，并对某些误导进行驳正。


## 二  研究成果的价值

本项成果包括41篇按设计要求撰写的论文，其中有对"三江"水能资源开发与环境保护进行综合性研究的 7 篇；有对怒江水电开发与环境保护进行专项研究的 22 篇；有对金沙江水电开发与环境保护进行研究的 5 篇；有针对某一种观点进行评论的 7 篇。本项成果的价值集中反映在以下几个方面。

### （一）论证了在水电开发与环保中必须树立与落实科学发展观

以人为本，全面、协调、可持续发展的科学发展观是贯穿本课题研究的一条主线，也是本项成果的闪光之点，从综合研究到分项研究，都以科学发展观作为立论的根据或判断是非的准绳。本项研究表明：科学发展观是解决"发展与保护"问题的理论武器，在水电开发与环保上，存在的两种截然相反的观点，可以用科学发展观统一起来。发展是科学发展观的内核和本质属性。坚持科学发展观，就必须以开发促保护，以发展作为解决一切问题的基础。那种要以"保护原始生态环境"来反对建坝发电的观点，是对科学发展观的背离，只强调开发而忽视环境的保护，也不符合科学发展观的要求。环境保护绝不能以牺牲当地群众发展水电的经济利益为代价。水电开发也不能以牺牲流域地区的环境为代价，搞破坏生态的盲目开发。能不能坚持以人为本的科学发展观，通过水电开发，全面推进流域地区经济、政治、文化建设，实现经济发展和社会的全面进步，是"三江"水能资源开发与生态环境保护能否成功的关键；能不能坚持"人与自然和谐"的开发，同步进行生态建设，是开发能否成功和可持续发展的保证。①

## （二）对"三江"水能资源开发进行了战略定位

"三江"水能资源开发，是一个事关云南经济社会快速、健康发展，事关国家能源安全和生态安全的重大战略问题。云南水能资源可开发量占全国的1/4，而"三江"的可开发量占云南可开发量的92%以上，"三江"水能资源开发的定位，不仅在中国是具有战略意义的，在亚太，特别是在东盟地区，也是事关全局的。金沙江溪洛渡电站的装机容量1260万千瓦，在我国是仅次于三峡的第二大电站，而类似的大电站，在"三江"上就可以建很多个。可以说，今后中国和东盟自由贸易区的电能需求，最主要的出路之一在于开发"三江"水电。本项研究表明，中国的水能资源居世界第一，但中国东部的水能资源仅占全国的7%，而且开发率已超过50%；西部的水能资源占全国的75%，但开发率仅有10%左右，云南的开发率仅为6.9%，实现国家

---

① 参见何耀华《坚持科学发展观，合理开发怒江水电资源》，《群言》2004年总第237期。

的能源安全，必须开发西部的水能资源；开发西部的水能资源，又必须以开发云南"三江"的水能资源为重点。为解决电力短缺问题，在国家加快电力建设的同时，一些地区和企业，无视国家三令五申，违反国家规定和产业政策，大上火电建设项目，加剧了煤炭供应、交通运输和发电设备制造能力紧张的矛盾。压缩火电，已成为今后中国电力建设的态势，这为水电发展提供了更大的空间，"三江"水电开发面临有史以来最大的发展机遇，应破除"电力紧张状况容易缓解""大坝本身就是炸弹""开发水电不如开发火电"等错误观点，乘势而上，尽快把"三江"建成国家大型优质水电能源基地。

### （三）论证了水电开发在"三江"流域地区各族人民脱贫致富奔小康中的战略意义

"三江"水能资源丰富，但流域地区各族人民贫困，科学文化发展滞后，几千年延续的毁林开荒、刀耕火种、陡坡种植、伐木取暖的原始生产生活方式，已造成对生态环境的严重破坏，许多居民失去生存环境，许多村落生产生活无以为继。贫困是生态恶化的根源，生态恶化又进一步加剧贫困，以遏制水电开发来谋求"原始生态"的保存，只能使贫困更加贫困，生态环境更加恶化。

开发"三江"水电，是改变这个地区数千年贫困面貌、改变生态环境日益恶化的必然选择。"三江"流域地区农业资源丰富，但可利用的土地少；矿产资源丰富，但发展矿业没有电力支撑，且对环境破坏大；生物资源丰富，但受到保护，不能随意开发；旅游资源丰富，但受交通条件制约，产业化前景也不乐观，最具有开发潜力的资源是水能。开发水能资源是各族人民向贫困宣战的利器，一可改善水利基础设施，提高农业单产；二可发展电矿结合、电力生物工程等支柱产业，使农民就业扩大，非农收入增加；三是开发巨资的投入、内需的扩大，可拉动第三产业的腾飞，使农民增收；四是可改善投资环境，吸引外资，使市场需求扩张，产业升级，农民增收。像美国科罗拉多河上建胡佛、戴维斯、帕克、格伦峡谷等水坝，曾使美国的区域经济腾飞那样，中国的"三江"水电开发，也必然使流域区现代型的经济快速发展，人民脱贫致富奔小康。

**（四）对国际国内反"三江"水电开发的观点进行了理性化的交锋，积极扭转舆论对人民的误导**

1. 关于开发水电破坏生态问题

潘家铮院士在《开发水电，失误不得、耽误不起》一文中说："现在中国的水电开发既面临从未有过的大好形势，也面临从未有过的压力和指责。一些人士强烈反对建坝和开发水电，一些媒体则大肆炒作，以反建坝、反水电为时髦，否认水电是清洁能源，无限夸大建坝的负面作用，严重误导人民。"

第一，这种意见没有抓住中国今后发展中面临的最主要矛盾。"今后二三十年是中国和平崛起的关键时期。我们能否在这段可贵的时期中健康、高速、可持续发展，决定着国家的前途、民族的命运。由于历史失误，现在中国人口达13亿，要持续发展，面临十分严峻的局面。能源短缺和以煤为主产生的采掘、运输，特别是污染环境问题，成为制约中国能否健康发展的主要矛盾之一。任何对国家民族前途负责的人都不能不正视这一问题。任何能缓解这一主要危机的努力都应得到全国人民的支持。中国有举世无双的水电资源，水电又是目前唯一能够大规模开发利用的可再生清洁能源。开发水电减少燃煤正是从根本上保护中国生态环境的重大措施。正由于此，国家才将'大力开发水电'列为能源基本政策之首，国务院和国家综合部门紧抓不放。这说明领导层的高瞻远瞩之处。反对开发水电的人士，从来不肯面对中国国情，面对这一主要矛盾。试问人们能够提得出另外一条现实可行、能在近期大量替代燃煤的措施来吗？有些同志不肯承认水电是清洁能源，试问水力发电排出了二氧化硫、氮氧化物、二氧化碳和其他废气废渣了吗？导致酸雨和温室效应的加剧了吗?"第二，这种看法没有抓住矛盾的主要方面。"凡事一分为二，开发水电在取得包括环境保护在内的巨大效益的同时，也会产生一些负面影响。有些人士抓住这一点做文章，以偏概全，无限上纲。似乎一开发水电，就必然要产生恶果，而且是无法化解、为害千秋的。应该看到在这一矛盾中，人的活动是主导方面。通过全面规划、优化设计、文明施工、采取各种有效措施，负面影响是可以减免、化解和补偿的，甚至可以转化为正面影响的。例如，只要做好工作，移民就能脱贫致富，摆脱几千年来的悲惨局面。"第三，强烈反对开发水电的论点缺乏量的概念。不懂得变化和发展是宇宙的正道。"建坝成库，调节水流，当然要改变天然水流状态，引起一些变化。但如库容与流域年径流量比很小，抬高的水位和峡谷高度相比很小，则产生的变化也是有限的。我相信在怒江适当建些水电站，改变不了洪水期江水咆哮奔腾的壮观景象，改变不了怒江大峡谷有雪山、陡坡、草原、急流的瑰丽景观，更不会使三江并流区的地质多样性、生物多样性和景观多样性丧失掉。""有些人士强调要保留原始生态和古老文化。事实上，变化和发展是一切事物的根本规律。宇宙间没有绝对静止的东西。静止、停滞就意味着死亡和消失。当然，在变化和发展中我们一定要注意使它沿着正确方向前进，一定要保护生态环境和古老文化，但保护不等于保留不变和停滞不进，使经济和人民永远处于极端落后与贫困的局面下。我们可以批评北京在发展中所犯的种种失误，但总不能把龙须沟保留下来；我们可以要求上海保留些石库门建筑，但总不能不让上海建楼房，要求上海人民清晨在里弄里刷马桶；我们要保护猴子，但总不能因此要求人们过着猴子般的生活。人的生存权和发展权毕竟是第一位的。""总之，开发水电与保护生态环境不是不能兼顾的。有些文章总是给水电戴上一顶破坏生态环境的大帽子，罗列些以往的失误，从而予以全面否定，这种做法是不科学、不客观、对国家有害的。以往的失误值得认真吸取，坚决纠正，这是我们不容推卸的责任。我们要以新思想新观点搞水电开发规划，那就是在保护生态环境的前提下开发水电，在开发水电中加强环境保护。在这个新观点下，不应追求水能的'充分开发'，并不是发电量最多的方案就是最优方案。不要企图把一条江河全部渠化，对所有水量进行完全调节，而要选择一个包括生态环境因素在内的最优方案，有时这个因素甚至起到主导作用。""让我们努力奋斗，一方面要深入细致地做好宣传解释工作，把事实真相告诉人民；一方面要认真做好自己的工作，选出真正的最优方案，要做到水能开发和生态环境保护双赢，要站在弱势群体一面，用我们的出色工作成果来证明我们的观点。要使怒江水电得到利用之日，也就是地方经济开始大发展，移民走向脱贫致富之时，更是生态环境得到认真保护，比过去更加美好之时。对所引起的不可避免的负面影响，则要千方百计使之减小到最低程度，或进行补偿。用事实来回答某些人士对水电的责难和疑虑，则国家幸甚，人民幸甚！"潘家铮院士的文章集中代表了本课题研究者的共同意见。

2. 关于开发"富了业主，穷了百姓"的问题

本项成果以怒江水电开发的定量做个案说明：怒江 13 级水电开发，年发电 1029.6 亿千瓦小时，每年可为全国人民创造价值 342.3 亿元（电价 0.35 元/千瓦小时，有效电量率 90%），每年至少可增创国民生产总值 5158 亿元（按每度电创造国民生产总值 5 元计）；东部地区可减少火电投资 850.7 亿元，每年节约标煤 3705 万吨。对于怒江流域各族人民而言，13 个梯级电站的开发，总投资 896.5 亿元，如果 2030 年前全部建成，平均每年投入 30 多亿元，国税年收入增加 51.99 亿元，地税年收入增加 27.18 亿元。巨额投资，将扩大就业。按每投入 20 万元，就可带来一个长期就业机会计算，896.5 亿元的总投资，可带来 448250 个长期就业机会。巨额投资还将带动地方建材、交通等第二、三产业的发展，带动地方 GDP 的增长，促进财政增收。梯

级的建设，将使电力成为流域区内诸多地方的新型支柱产业，成为地方经济和社会发展的坚实基础。由于可以以较低电价带动和支持矿业和其他产业的发展，地方经济将会实现产业更新和产业升级，由此带来的社会经济效益将远远超过电力行业本身。梯级水库的建成，除了水能的利用之外，还产生巨大的水利效益，使农业获灌溉之利，城乡获供水之益及河道通航之利。光潞江坝一地，就可增加灌溉农地 2.31 万平方公里（34.6 万亩）。① 怎么能说"开发水电，会富了业主，穷了百姓呢"？

3. 关于"破坏'三江'并流世界自然遗产"问题

怒江流域海拔 2000 米以下的地区为生态环境恶化区，由于过度垦殖，植被破坏严重，林地多为次生用材林，由于水库大坝高程控制在海拔 1750 米，梯级水库建设对森林植被的影响很小，不会导致植物物种的灭绝。高黎贡山国家级自然保护区的边界距怒江干流 50 公里，各种需要保护的动植物在保护区得到了保护。陆生植物物种分布在水库淹没以下地区的仅有 4 种，可通过科研解决物种的保护。"三江并流"世界自然遗产地面积 1.7 万平方公里，大部分都在海拔 3000 米以上（生物多样性密集区），除丙中洛一个电站的地下厂房在遗产地范围内以外，其他电站都在遗产地范围之外，梯级电站开发对世界遗产地的影响很小。相反，通过库区移民，可以减轻人为活动对遗产地的压力，使原生自然景观及生物多样性得到更好的保护，电站建设与"三江并流"世界遗产保护可以协调发展。马吉梯级对贡山景区的青纳桶峡谷、石门关、怒江第一湾 3 个景点有影响，青纳桶峡谷、石门关（6.5%）仅很小部分被淹。怒江第一湾有 1/3 左右被淹，大部分还存在，仍不失为一大天然景观。总而言之，水电开发对生物资源、"遗产"景观景区的影响都很微小。

---

① 参见国家电力公司北京勘测设计研究院、华东勘测设计研究院《怒江中下游流域水电开发与环境保护情况简介》，2003 年 10 月。

4. 关于"美国大规模炸坝，中国为何还要大规模建坝"问题

本项研究成果证明：水坝已成为促进美国经济增长的重要基础设施。美国有大小坝82704座，约占世界水坝总数的10%，高度在15—30米之间的坝有6975座，30米以上的大坝有1749座。在美国所有大江大河中，只有一条黄石河，没有建坝。水电总装机为7.55兆瓦，另有抽水蓄能装机1.9万兆瓦。水库总库容为13.5万亿立方米，为世界之最。按功能划分，美国水坝中用于供水或灌溉的大坝有1890座，防洪的有大坝1873座，旅游、娱乐目的的大坝有870座，以发电为主的大坝有629座。水库总库容为13.5万亿立方米。在美国，大坝的所有权由私人（占58%）、当地政府（17%）、州政府（5%）和联邦政府（3%）持有，公共设施占2%。美国通过修建水坝充分开发水能资源，综合利用水坝在防洪、发电、航运、漂木、供水、水资源调配、水环境保护、旅游、娱乐休闲等方面的综合优势，极大地促进了国家经济的发展。胡佛大坝、大古力大坝、田纳西河流域大坝群等都是美国经济发展与能源开发的成功范例。

美国的82704座大坝，工作年限超过50年的，2000年达25%以上，2010年达41%，2013年达50%，2020年达76%。2030年有89%的大坝将超过50年。大坝的工程寿命一般为50年。超过服役期就该退役或拆除。

1946年以来，美国退役的水坝总数为467座。据调查，这些退役坝有以下特点：第一，占美国现有水坝总数的0.56%，所占比例极低；第二，大多都属于小坝，标明坝高的均方值不到5米，查明坝长的均方值约52米；第三，坝龄较长，服役期一般已有50—140年。位于缅因州的德华兹（Edwards）坝，服役了162年后才被拆除；第四，水坝一般存在安全隐患；第五，大多属于功能丧失的废坝弃坝；第六，绝大多数都是修筑在支流、溪流上；第七，约99%都不是用于发电的；第八，一些水坝的维护加固费用超过了水坝所带来的收益总和。

美国环保部门、渔业部门很多人曾提出，应该拆除俄勒冈州蛇河上的多目标坝。最后总统裁定不能拆除，认为蛇河上的坝是符合国家利益的，责成陆军工程兵团为下游鱼类的迁徙研究其他设施。

因此，拆坝主张在美国未能成为主流。美国拆除少量丧失功能的"老、弱、病、残"的退役小水坝，并不意味着对水电开发的否定。一些人动辄拿这些按大坝统计标准都难以收录的非水电坝之废弃来作为反对水电的洋依据，在逻辑上是讲不通的。最近 5 年内（1999—2004年），美国有 53 座超过 15 米的大坝在建或已建成，其中包括高 193 米的 Seven Oaks 坝，97 米高的 Olivenhain 坝，87 米高的 Diamond Valley坝，34 米高的 Fortune 坝，50 米高的 Trask River 坝和 48 米高的 Penn Forest 坝。1993 年，联邦能源监管委员会收到 157 份新的许可证申请，经申请复核后装机容量的高峰将出现在 2007 年，大约为 7420 万兆瓦。

5. 关于"开发水电带给移民苦难生活"的问题

本项目的研究表明：怒江库区将淹没耕地 58996 亩，在怒江耕地总面积中的比重微不足道；怒江人口密度低，水电开发涉及的移民人口 48979 人，每兆瓦移民 2.3 人，相当于全国同类工程平均移民人口的 12%。我国在水库移民问题上积累了成功的经验和失败的教训，国家会采取包括投资移民在内的各种优惠政策解决移民问题。投资移民是移民以在库区享有的居住权和土地使用权作为资本入股，在电站经营中享有一定的股权，使移民的生活得到根本的保障，生活水平得到提高。所谓"水电开发会带给移民苦难"，只是抓住以往在移民工作中的某些失误而得出的片面结论，在做好移民安置工作的情况下，水电开发本身带给移民的不是苦难，而是他们摆脱贫困，走向富裕、幸福、美满生活的机遇。

6. 关于"保留怒江原始生态河"的问题

本项目的研究表明：怒江根本不是什么"原始生态河"。早在1990 年，西藏比如县就经国家批准，在怒江上建起了 1600 千瓦的水电站。1997 年，西藏那曲地区又经批准在怒江干流上建了发电 1 万多千瓦的查龙水电站。怒江中下游由于人类的生产生活活动，生态环境破坏严重。如 20 世纪 50 年代森林覆盖率在 50% 以上，20 世纪 50 年代后人口迅速增长造成的过量垦殖，使海拔 2500 米以下的地区，原生森林植被被毁灭，由此造成的水土流失面积占耕地面积的 25.52%，土壤侵蚀面积占土地面积 3734.66 平方公里的 25.66%。河流输沙量与日俱增，滑坡、泥石流频繁发生。1979 年 8 月福贡利沙底发生泥石流，全村 7 户 33 人，除 5 人外均未幸免于难，9—10 月全县因泥石流死亡 143 人；1985 年，全州发生洪灾、泥石流，死亡 10 人，冲毁桥梁 148 座；1989 年的洪灾、泥石流，死亡 12 人，毁房 1387 间。由于生态恶化，怒江州 4 万傈僳族人失去生存条件。流域区的经济发展，长期以来靠消耗自然环境资源的状况，至今尚无根本的改变。所谓"怒江属原始生态河"的论断，完全是对舆论的误导。地学发展史的研究证明：20 世纪以后的后工业化时代，根本不可能从地球的哪一个角落找到"原生态"和"原生态河流"，近代以来的环境科学家们发现，喜马拉雅珠穆朗玛峰的积雪中都能找到 DDT 和重金属的存在；发现地球大气圈已出现了至少两个臭氧层的空洞；在地球的大气圈、水圈、岩石圈、土壤圈、生物圈五大圈层中都不容忽视地出现了环境的污染和破坏。用历史唯物主义观点认识今日的环境，说"怒江是原始生态河"是毫无科学根据的。

除以上六个方面之外，本项成果还针对建坝发电会使鱼类和生物物种减少；会污染大气环境，带来温室效应；会影响景观；会摧毁民族传统文化；会带来水体的变化和公共卫生问题；会带来地质灾害、诱发地震；会使泥沙淤库及溃坝等问题进行专题的论述，使困扰人们的问题得到澄清，并提出了解决这些问题的建议。由于篇幅的限制，恕不在此——赘述。

由于坚持以科学发展观指导做分析论证；坚持采用定性与定量相

结合的科学方法；坚持实事求是，以理服人，取长补短，求同存异的态度，本项成果陆续上网后，获全国 40 多家网站转载，多家报刊刊发，广泛引起社会的关注。中共云南省委副书记、常务副省长秦光荣在本课题组召开的学术研讨会上发表讲话，高度评价此项成果，他说："'三江'水能资源开发与生态环境保护，是一个事关云南快速健康发展、事关国家能源安全和生态安全的重大课题，各位专家倾心研究，写出富有科学理论价值和科学决策价值的论文，是对云南工作的支持。"12 月 2 日的《云南日报》《都市时报》《春城晚报》报道说："秦光荣指出，水电开发必须与生态保护并重。开发'三江'流域地区丰富的水能资源，发展电矿结合经济、电力生物工程经济、旅游经济，是改变这个地区几千年贫困落后面貌的必然选择。贫困是生态恶化的根源，生态恶化又进一步加剧贫困。以遏制水电开发来谋求'原始生态'的保存，这只能使当地居民更加贫困，生态环境更加恶化。"据不完全统计，香港《文汇报》、香港《大公报》《瞭望》《云南日报》《中国青年报》《昆明日报》以《怒江"争"坝》《百名专家学者激烈交锋，怒江开发争论再次升级》《开发水电可纾东南亚电荒》《遏制水电只能使生态环境更加恶化》《怒江电站或明年解禁》《专家共商"三江"环保》《水电开发势在必行》《10 年内开建"三江"干流水电》等为题，发表报道或评论。2004 年 12 月 7 日，香港《文汇报》的报道说："争议提高了决策的科学性，加大了环保的投入，更加关注开发给原住民带来的实惠。"在争论升级后，长江水利委员会主任蔡其华到怒江进行调研后表示："从生态环境的角度看，不存在制约怒江水电资源开发的生态因素。相反，水电资源的开发可以促进经济发展和生态环境的保护。对于怒江流域来说，最需要提高和改善的是流域人民的生存生活环境，最需要修复、呵护的是生态环境，怒江五十年没有开发的实践也证明，贫困是生态恶化的根源，生态恶化又进一步加剧贫穷，以遏制水电开发来谋求'原始生态'的保存，只能使贫困更加贫困，生态环境更加恶化。"2004 年 12 月 30 日，《瞭望》文章《怒江"争"坝》说：国家发改委和国家环保总局 11 月 13 日联合召开了"怒江中下游水电规划环评审查会"，包括 4 名院士在内的 15 名专家组成了审查小组，审查了由国内多家权威机构参与共同完成的"怒江中下游水电规划环境影响评价报告书"。这将给持续一年的怒江电站的争论下一个决断。虽然在审查中个别专家还有不同意见，但与会绝大多数专家已基本认可这份"环境影响评价报告"。在修改完善报告书并完成审查后，国家发展改革委员会近期即将正式批复怒江梯级电站的开发规划。2004 年 12 月 7 日，香港《文汇报》云南网又做了下列的报道："针对全国拉闸限电的能源困境，中国西南民族研究学会会长、曾任云南省社会科学院院长的何耀华研究员今天说，今后中国和东盟自由贸易区的电能需求，最主要的出路之一在于开发云南'三江'（怒江、澜沧江、金沙江）水电。他是在今天召开的'怒江、澜沧江、金沙江水能资源开发与生态环境保护研讨会'上提出上述观点的。他说，'三江'水电开发目前面临最大的发展机遇，但要破除'电力紧张状况容易缓解''大坝本身就是炸弹''开发水电不如开发火电'等片面观点，把'三江'建成国家大型的优质能源基地。"云南省政府研究室副主任何宣说："云南已经提出争取用 15 年时间建成中国重要的以水电为主的西电东送、云电外送能源基地的目标。全省六大水系上已经完成规划 73 座电站开发建设。据了解，云南境内的金沙江、澜沧江、怒江、红河、南盘江、独龙江六大水系，大小河流共 600 多条，水能理论蕴藏量为 8549 万千瓦，占全省可供开发水能资源的 92%，是云南水电资源开发的主力军。与云南接壤或相邻的一些国家如越南、缅甸、老挝、泰国等，由于其地势缓、海拔低、落差小，可开发的水能资源较少，煤矿资源也相对贫乏，随着经济社会的发展，对电力需求越来越大。泰国根据需求已提前与云南电力公司签订了到 2014 年向云南购电 300 万千瓦的协议。加快云南的水电开发，早日向东南亚国家提供充足、优质、价廉的电力，对构建中国—东盟自由贸易区、促进周边国家经济的持续发展也有着重要而深远的意义。2004 年 8 月怒江水电开发规划引起不同意见后，有些人士自称'保护怒江的斗士'，代表着'库区的移民'，是'民间的力量'……而把赞成怒江水电资源开发的人们说成是'一个强大的利益集团'。这是一种不正常的舆论氛围。"

## 三 开发机遇与对策建议

中国经济的快速、健康、持续发展，拉动了电力需求的快速增长；国家西部大开发提出"西电东送"的战略；温家宝总理 2004 年 10 月 6 日在云南做出"将云南建成国家西电东送的重要能源基地"的指示；为缓解电力供应紧张的矛盾，国家加大电力建设力度；10 + 1 的东盟自由贸易区合作机制为"三江"水能资源的开发提供了广阔的融资市场与电力商品市场，都说明"三江"水能资源开发正面临前所未有的历史机遇。

2004 年 12 月 14—15 日，世界银行在万象召开民间非政府组织国际咨询研讨会，讨论该行 2004 年 11 月 25 日提出的《湄公河水资源援助战略》（MWRAS），这个战略的英文文本长达 140 多页。包括长期和短期目标、援助工作方案、研究、对湄公河委员会及各国的支持、对话机制等等。该战略指出："湄公河流域各国（老、泰、越、柬）正进入一个湄公河水资源管理与开发的新阶段"，该战略"是为适应由于未来开发而产生的湄公河管理问题"和为"及早论证及平息纠纷"而提出的。该战略强调："流域管理的效益将来自竞争者之间的相互理解"；"必须注意到中国（云南省）和缅甸将来乐于接受用于对话与合作体制安排的敏感性"；"中国不是《1995协议》（《湄公河协议》）的缔约国，我们接受其有些大坝将建成（拟指小湾电站等）。其已建成的两个滚水坝（指大朝山及漫湾电站）对流量基本没有影响。计划中最大的两个大坝在所评价的开发情景中，都可能对季节性流量产生影响"。这个战略向我们提供了两个信息：一是世界银行及湄公河下游国家肯定和接受我对澜沧江水能资源进行"低度开发"（水电开发）的现状；把澜沧江"中国水坝等同于基线情景，包括计划中的（澜沧江）中国水坝"，作为分析下游各国"开发机会与影响"评价的基准线。二是2020年前的15年，是中国开发澜沧江、怒江最好的时期。该战略指出，"湄公河的高度开发与农业开发有关，包括大幅度的水电增长，包括计划中的所有中国水坝，大多数计划中的老挝、越南水坝，以及柬埔寨的一个主河道水坝。按照年人口增长量，到2020年可能出现最高水平的用水增长，包括流域内和流域之间的分流。由可灌溉土地和可得到水资源所引起的限制，将引发对湄公河水资源利用的纠纷"。所以世行关注中国和缅甸将来接受《湄公河协议》的对话与合作体制的安排。因此，2020年前的15年，是中国开发澜沧江水电和水利资源无国际制约的最好时期，也是开发怒江水电的最好时期，因为到那时，中国、缅甸都有可能成为湄公河合作体制的签字国，怒江的开发也会受到同样的制约。

根据国内外出现的开发机遇和本课题从不同角度进行的研究，我们提出如下的对策建议。

第一，在继续搞好金沙江水电开发的同时，下大力推进澜沧江、怒江水电开发。按照科学发展观的要求，进一步统一思想认识，制定工作日程，采取切实有效的工作步骤和工作方法，实行责任制，限时做好澜沧江规划项目及怒江梯级开发的前期工作，包括完善开发规划，做好全流域环境规划项目的环境评价、环境建设规划、银行贷款评审、融资、土地征用、移民安置、项目审批、相关的软科学研究等项工作，力争在未来10—15年分期分批完成澜、怒两江的水电开发规划项目的建设。

第二，采取倾斜措施，把"三江"建成国家水能资源开发的重要基地。从"三江"水能开发条件和市场前景的比较优势来看，建议国家发展改革委将"三江"水能资源开发纳入国家近期、中期的水电开发计划，既作为"西电东输"的西部大开发项目而准予优先实施，又作为与东盟发展自由贸易区经贸合作的重大项目而予以先期启动。因为这样的项目不属于国家制止的无序建设项目。

第三，紧紧抓住战略机遇期，加速开发澜沧江、怒江水能资源。

第四，以科学发展观统领水电开发。在做好环评和规划的基础上，加大澜沧江、怒江、金沙江流域绿色生态工程的建设和宣传，将澜、怒、金三江流域建成绿色水电开发的试验示范基地，创立有中国特色的开发模式，让中华民族引以为自豪，让世界银行、亚洲银行作为向下游国家推荐的开发模式。

第五，强化政府对环境的管理，消除在领导层和开发企业中存在的"重开发，轻环保"的意识。我国的政府是"以人为本"、执政为民的政府，是服务政府、责任政府、法治政府，各级政府应全面理解，坚决贯彻科学发展观，在大力推进经济建设的同时，要更加重视生态安全和环境保护，在环保方面做好服务规划，组织实施，加强监督，承担责任，并依法对开发中出现的环境问题坚决进行整治。除应严格贯彻《水土保持法》《环境保护法》《森林法》等法规之外，还应针对梯级建设中出现的环境问题，制定行之有效的单项法规。正如世界银行在《发展与环境》报告中所指出的："强有力的环境保护机构和政策"是保证发展过程中环境质量的"基本前提"。只有依靠政府"强有力的环境保护政策，才能促进和加强发展"。

第六，充分重视做好库区移民工作。总结和吸取过去大电站建设移民工作中积累的经验和教训，改进工作方法，加大补偿力度，真正做到以人为本，建立确保移民生活得到改善的长效机制，创新移民的扶贫开发方式，如在"安置型移民""开发型移民"等方式的基础上，探索"居住权投资式移民"方式，使移民真正成为开发的受益者，在水坝经营中享有一定的权益，也承担一定的责任。

第七，继续重视和发挥科研促发展的作用。要加大科研投入和队伍建设，充分发挥社会科学、自然科学对经济建设和社会发展，特别是对重大项目建设的支持、促进和引导。"三江"水电开发项目多，牵涉面广，需要深入研究的问题多，且有国际影响，建议有关方面继续重视开发、建设中的科研工作，适时组织社会科学、自然科学多学科的专家进行持续而有效的研究，使其成果成为指导开发，协调与和谐利益相关各方关系，帮助政府进行科学决策，引导社会舆论，主导媒体宣传的理论支撑。

第八，做好对外宣传与对外合作工作。让国际社会深知中国水电开发以人为本，人与自然和谐发展的价值取向。除做好政府间的合作之外，应积极开展与非政府组织的合作，使它们成为我国我省水电开发的促进派及协力者。

（原载何耀华主编《"三江"水能开发与环境保护》，社会科学文献出版社 2006 年版）

### 附件 两院院士潘家铮①致何耀华的信

《开发水电，失误不得、耽误不起——我对
水电开发和生态环境保护的理解》

耀华同志：

"三江水能资源开发与环境保护学术研讨会"是由学术团体中国

---

① 作者潘家铮系中国科学院院士、中国工程院院士、国家电网公司顾问、中国工程院原副院长、国家水利电力部原总工程师、清华大学资深教授。

西南民族研究学会组织召开的学术性会议，中国非常需要这种研讨会。我衷心希望这次研讨会将有助于交流观点，求同存异，争取在大方向上取得共识，以促进三江特别是怒江流域的开发。

现在中国的水电开发既面临从未有过的大好形势，也面临从未有过的压力和指责。一些人士强烈反对建坝和开发水电，一些媒体则大肆炒作，以反建坝、反水电为时髦，否认水电是清洁能源，无限夸大建坝的负面作用，严重误导人民。我们对这种意见实难苟同。我认为，这种意见似存在以下误区，愿提出来供大家商讨。

## 一 没有抓住中国今后发展中面临的最主要矛盾

正如领导同志指出的，今后二三十年是中国和平崛起的关键时期。我们能否在这段可贵的时期中健康、高速、可持续发展，决定着国家的前途、民族的命运。由于历史失误，现在中国人口达13亿，要持续发展，面临十分严峻的局面。能源短缺和以煤为主产生的采掘、运输特别是污染环境问题，成为制约中国能否健康发展的主要矛盾之一。任何对国家民族前途负责的人都不能不正视这一问题。任何能缓解这一主要危机的努力都应得到全国人民的支持。中国有举世无双的水电资源，水电又是目前唯一能够大规模开发利用的可再生清洁能源。开发水电减少燃煤正是从根本上保护中国生态环境的重大措施。正由于此，国家才将"大力开发水电"列为能源基本政策之首，国务院和国家综合部门紧抓不放。这说明领导层的高瞻远瞩之处。反对开发水电的人士，从来不肯面对中国国情，面对这一主要矛盾。试问人们能够提得出另外一条现实可行、能在近期大量替代燃煤的措施来吗？有些同志不肯承认水电是清洁能源，试问水力发电排出二氧化硫、氮氧化物、二氧化碳和其他废气废渣了吗？导致酸雨和温室效应的问题加剧了吗？前不久，联合国在北京举办"水电与可持续发展国际研讨会"，会议一致通过"北京宣言"，充分肯定了开发水电的巨大意义，希望这有助于我们取得共识。

## 二　没有抓住矛盾的主要方面

凡事一分为二，开发水电在取得包括环境保护在内的巨大效益的同时，也会产生一些负面影响。有些人士抓住这一点做文章，以偏概全，无限上纲。似乎一开发水电，就必然要产生恶果，而且是无法化解、为害千秋的。应该看到在这一矛盾中，人的活动是主导方面。通过全面规划、优化设计、文明施工、采取各种有效措施，负面影响是可以减免、化解和补偿的，甚至可以转化为正面影响的。例如，只要做好工作，移民就能脱贫致富，摆脱几千年来的悲惨局面。

## 三　缺乏量的概念

建坝成库，调节水流，当然要改变天然水流状态，引起一些变化。但如库容与流域年径流量比很小，抬高的水位和峡谷高度相比很小，则产生的变化也是有限的。我相信在怒江适当建些水电站，改变不了洪水期江水咆哮奔腾的壮观景象，改变不了怒江大峡谷有雪山、陡坡、草原、急流的瑰丽景观，更不会使三江并流区的地质多样性、生物多样性和景观多样性丧失掉。

## 四　不懂得变化和发展是宇宙正道

有些人士强调要保留原始生态和古老文化。事实上，变化和发展是一切事物的根本规律。宇宙间没有绝对静止的东西。静止、停滞就意味着死亡和消失。当然，在变化和发展中我们一定要注意使它沿着正确方向前进，一定要保护生态环境和古老文化，但保护不等于保留不变和停滞不进，使经济和人民永远处于极端落后与贫困的局面下。我们可以批评北京在发展中所犯的种种失误，但总不能把龙须沟保留下来；我们可以要求上海保留些石库门建筑，但总不能不让上海建楼房，要求上海人民清晨在里弄里刷马桶；我们要保护猴子，但总不能因此要求人们过着猴子般的生活。人的生存权和发展权毕竟是第一位的。

总之，开发水电与保护生态环境不是不能兼顾的。有些文章总是给水电戴上一顶破坏生态环境的大帽子，罗列些以往的失误，从而予以全面否定，这种做法是不科学、不客观、对国家有害的。以往的失误值得认真吸取，坚决纠正，这是我们不容推卸的责任。我们要以新思想新观点搞水电开发规划，那就是在保护生态环境的前提下开发水电，在开发水电中加强环境保护。在这个新观点下，不应追求水能的"充分开发"，并不是发电量最多的方案就是最优方案。不要企图把一条江河全部渠化，对所有水量进行完全调节，而要选择一个包括生态环境因素在内的最优方案，有时这个因素甚至起到主导作用。

让我们努力奋斗，一方面要深入细致地做好宣传解释工作，把事实真相告诉人民；另一方面要认真做好自己的工作，选出真正的最优方案，要做到水能开发和生态环境保护双赢，要站在弱势群体一面，用我们的出色工作成果来证明我们的观点。要使怒江水电得到利用之日，也就是地方经济开始大发展，移民走向脱贫致富之时，更是生态环境得到认真保护，比过去更加美好之时。对所引起的不可避免的负面影响，则要千方百计使之减小到最低程度，或进行补偿。用事实来回答某些人士对水电的责难和疑虑，则国家幸甚，人民幸甚！

2004 年 11 月 28 日

# 加快水电开发和生态建设
# 建立金沙江下游生态能源经济区

开发水电是我国实现可持续发展的关键之一。我们提倡以可靠的、负担得起的、经济可行的、社会可以接受的、环境友好的各种方式，开发金沙江的水电，以实现国家的能源安全、生态安全，并为这个地区的经济增长，教育、卫生条件的改善，培训和就业的增长及商业效率的提高创造机遇，持续地改变贫困，实现流域内少数民族和地区的现代化。

金沙江是长江的上游，在我国国民经济中占有重要的地位。向家坝、溪洛渡、白鹤滩三大水电站建设的前期工作已经启动，以三大电站建设为契机，建金沙江下游水电生态能源经济带，可以使两岸少数民族改变几千年来的贫困面貌，可以使举世闻名的三峡工程青春永在。

## 一 建立金沙江下游生态能源经济带、 经济区的战略意义

（1）建立金沙江下游生态能源经济带、经济区，可为金沙江在我国经济发展中进行科学的战略性定位，对建立长江生态屏障，解决长江上游的水土流失，保护三峡工程，增加长江优质水流量，提高全

流域的环境承载能力，减轻下游的洪水灾害，实现长江流域的可持续发展具有重大的战略意义。

金沙江干流长 2326 公里，从青海玉树县之巴塘河口开始止于四川省宜宾市（宜宾以下称长江），流经青海、西藏、云南、四川四省区，流域面积 50.2 万平方公里。其自德钦县的德拉村进入云南境，流经德钦、香格里拉、维西、玉龙、宁蒗、永胜、鹤庆、宾川、华坪、永仁、元谋、武定、禄劝、东川、巧家、昭通市朝阳区、永善、绥江、水富等县区，于云富镇中嘴入四川。金沙江分为上游、中游、下游三段，上游由青海玉树县到云南玉龙纳西族自治县的石鼓镇，全长 994 公里，江水落差 1722 米；中游自石鼓镇开始到四川省攀枝花市雅砻江口，全长 564 公里，江水落差 838 米；下游自雅砻江口到宜宾市，全长 564 公里，江水落差 719 米，下游的大部分江段为川、滇之界河。金沙江干流落差大，超过 3200 米，水能蕴藏量高达 1.124 亿千瓦，约占全国水能资源总量的 16.7%，可开发水能资源 8891 万千瓦，相当于 2002 年前我国水电装机的总和，是我国最大的水电能源基地。金沙江在云南省境内长 1560 公里，流域面积 10.91 万平方公里，流域内多年平均水资源总量为 450.2 亿立方米，水能理论蕴藏量 4025.25 万千瓦，占全省的 39% 左右；可能开发的水能源资源达 3543.53 万千瓦，占全省的 50%，是我省流程最长、流域面积最广、水能开发潜力最大的河流。金沙江中游经批准的水电开发规划为一库八级电站，包括上虎跳、两家人、梨园、阿海、金安桥、龙开口、鲁地拉、观音岩。上虎跳电站是金沙江梯级开发的战略性工程，其水库的蓄能补偿作用巨大，除本身巨大的发电效益外，还将大大增加金沙江中下游电站的效益，提高外送电能的可靠性及稳定性，对提高金沙江水电基地的电能质量有巨大作用。虎跳峡电站是"滇中调水"的水源保障工程，是巨大的调节水库，它的建设可大大减少提水扬程，节省工程投资和运行费用。它是金沙江中下游系列大电站的"龙头"，配合三峡水库对长江中下游平原区防洪可发挥关键作用，是长江防洪体系中的重要组成部分。金沙江在云南省境内有支流182条，左岸有交界河、硕多岗河、五郎河、马过河、新庄河；右岸有巴洛河、冲江河、漾弓江、落漏河、达旦河、渔泡江、万马河、龙川江、勐果河、普渡河、小江、以礼河、牛栏江、横江等。流域内有滇池、清水海、程海、泸沽湖等湖泊。四川省境内的主要支流有雅砻江、安宁河、黑水河、西溪河等。

金沙江是祖国的大动脉长江的上游，长江是我国的第一大河，世界第三大河，素有"黄金水道"之称。金沙江生态建设的好坏，直接影响长江沿岸，特别是下游地区的经济、社会发展和人居环境的安危，影响国家的长治久安。长江的治理及流域区几乎所有的经济效益均依赖金沙江流域水土流失治理和生态系统的恢复。目前国家已经启动或已开展前期工作的金沙江下游的溪洛渡、向家坝、白鹤滩、乌东德四大电站的建设工程。四大电站是解决三峡工程泥沙淤积的关键工程，其装机总量为3860万千瓦（川、滇各占一半），是解决我国能源短缺、西电东输的关键工程。金沙江、长江能源的特征是以金沙江环境的优良化为前提的，没有生态环境的优良化，就没有金沙江、长江的水能和灌溉之利。从本质上说，生态本身亦是经济，生态建设不仅可带来直接的经济效益，而且可为经济可持续发展提供前提和基础。解决金沙江的生态问题，就是解决金沙江流域的经济发展问题。因此我们把金沙江下游的经济定为生态能源经济。主张用生态建设支撑水能资源的开发，支持地方经济的快速发展；主张以生态建设为主轴，建设金沙江下游生态能源经济带、经济区。

（2）可推动我国区域经济的平衡发展，将金沙江下游地区建成我国西部一个新的经济增长极。这个地区是我国历史上发展十分滞后的地区，彝族的农奴制经济、奴隶制经济，可以说都是这个地区新中国成立前生产力发展原始低下的产物。新中国成立以来，特别是改革开放以来，这个地区的经济发展迅速，人民的生活水平日益提高，但与发达地区相比，城乡差距、地区差距、人均收入的差距持续扩大，就业和社会保障压力增加，教育、卫生、文化等社会事业发展滞后，人口增长迅猛，昭通市新中国成立初期有人口 176.86 万人，到 2000 年增至 485 万人，人口密度为 216.2 人/平方公里，高于全省平均水平 2 倍多。人口增长同生态环境、自然资源的矛盾空前加剧，如昭通市 96% 的国土面积是山区，坡耕地占总耕地的 22.4%。全市垦殖指数高达 56%，居全省之首，导致水土流失严重。用科学发展观指导，建金沙江下游生态能源经济带、经济区，可以突破以行政区划布局生产力的传统方式，实现生产要素的优化配置，迅速拉动区域经济的发展，逐步缩小区域发展差距。

解决金沙江下游地区与我国其他地区的不平衡发展问题，早在改革开放初期就已引起党中央和国务院的重视。1984 年 4 月 28 日，1129 期《国内动态清样》刊登胡耀邦、李鹏、宋平对《安平生同志建议国家统一安排开发金沙江下游资源》的批示。国家计委国土局根据这些批示，曾会同交通、水电、化工、地矿等五个部委的同志，组成开发金沙江下游资源调查组，在陈鹄局长率领下，于 1984 年 5 月 24 日至 6 月 2 日对金沙江下游地区进行实地考察，调查组与四川、云南两省计委的领导同志商定，立即开展这一地区国土规划工作，同时确定规划区范围为凉山、宜宾、乐山、昭通 4 个地、市、州的 18 个县市，包括四川的雷波、马边、屏山、宜宾（县）、筠连、高县、珙县、宜宾（市），云南的巧家、永善、绥江、水富、盐津、大关、彝良、威信、镇雄和昭通（指今朝阳区）等 18 个县、市，总面积 3.22 万平方公里，人口约 590 余万，其中四川省的规划面积为 14429 平方公里，人口 314 万。云南为 17771 平方公里，人口 276 万。要求两省各自先做本省规划区的规划，然后由国家计委国土局协调做整个规划区的总体规划。同时议定了规划的主要目标和内容：合理开发这一地区的煤、磷等矿产资源（并考虑与川南地区丰富的硫铁矿、天然气综合利用），利用山区林木等资源，保护植被，防止水土流失；统筹规划城镇（发展中小城镇布局），改善金沙江下游通航条件及两岸公路交通，促进地区经济繁荣，使川、滇两省边远山区的人民更快富裕起来。

（3）可以快速促进金沙江下游地区民族经济文化的繁荣和社会的进步。民族问题是我国改革开放现代化建设需要解决的根本问题之一。现阶段民族问题的核心是实现各民族的共同发展与繁荣，消除历史上形成的和在新时期出现的少数民族与先进民族经济文化上存在的事实上的不平等问题。金沙江下游经济带的建设，将成为四川大凉山地区、雷波、马边、峨边、屏山、小凉山地区和云南昭通地区民族快速奔小康的启动器和助推器。

## 二　建立金沙江下游生态能源经济带、经济区的条件

（1）金沙江下游地区的区位环境、资源优势、自然状况为经济带、经济区的建设提供了良好的基础条件。这个区域地处大西南的腹心，成都、重庆、昆明、贵阳四大周边城市的强大经济辐射功能皆会聚于此；长江经济带的功能西向辐射，也直接延伸至此。从区位的比较优势上来看，它比我国其他民族地区具有先行建设为经济带、经济区的优势。这个地区气候温和、雨量充沛。海拔 1000 米以下的地区具有南亚热带气候的特征；2000—3000 米的地区属暖温带气候。整个地区的年降水量约在 1000 毫米以上。金沙江干、支流水资源丰富。煤、硫铁、铜、铅、锌、磷等矿产的储量丰富，资源富存状况良好。昭通市辖区内泥炭总储量 7111 万吨，褐煤探明总储量 80.79 亿吨；

烟煤总储量 10377 万吨，无烟煤总储量 108.5 亿吨；磷矿总储量16336 万吨；硫铁矿总储量 95807 万吨，探明 6688.85 万吨；重晶石储量 617.8 万吨，其中永善金沙厂详查探明储量 590.2 万吨；铅锌矿已探明储量 166.92 万吨，待查清的总储量规模巨大；铜矿探明储量3.43 万吨；铝土矿储量 1300 万吨；铁矿已探明储量 6784 万吨；金、锗、镉、镓等矿的储量也有工业开采价值。四川一侧，筠连、高县煤储量 25 亿吨，马边、雷波磷矿储量 46.76 亿吨，雷波矿带北起丁家坪，南至卡哈罗，长 40 公里，宽 10 公里，共计 400 平方公里。20 世纪 80 年代国家计委曾提出将磷矿资源与川南的硫铁矿配套生产磷铵复合高效化肥的战略，现建设向家坝、溪洛渡、白鹤滩电站，还可用其直供电发展黄磷工业。这个地区农、林、土特产及畜禽品种繁多，具有进行规模化生产的比较优势。

建设经济带的制约因素：一是交通不便、信息不畅；二是自然灾害频繁，在 5—9 月的雨季，常有洪涝、冰雹、大风、滑坡、泥石流发生；三是地貌复杂，河流深切，山势陡峭，峡谷相间，分水岭多，地形相对高差大，河流流向多变，可利用的平坝少；四是生产力水平低，农业在金沙江沿线多以粗放式的原始经营为主；五是居民受教育程度低，劳动者素质不高，青壮年文盲多，观念落后，发展商品经济的意识比较缺乏。这些制约因素可以在开发过程中进行克服。

（2）国家陆续启动金沙江下游四大电站的建设，为经济带、经济区的建设提供了历史性机遇和发展的活力。溪洛渡电站装机 1260 万千瓦；向家坝 600 万千瓦；白鹤滩 1200 万千瓦；乌东德 800 万千瓦。大电站建设期对金沙江下游经济带的启动和拉动发展都是超常规的，大电站建成后对经济带、经济区建设的作用是主导型的。它在能源上对经济带的支撑将使这个地区新型工业化的步伐加快。

（3）金沙江下游地区具有"从科学保存和自然美学角度看来具有普遍价值"的地质地貌形成物，以及遭受绝种威胁的动植物栖生地；

有"从历史学、艺术学和科学观点看来具有突出普遍价值的"文化、建筑群和名胜地。光乌东德电站所在的禄劝县就是由丹霞圆形巨石叠积而成，"四面陡绝，顶有三峰，可容数万家，昔为罗婺寨，有天生之险，牢不可破"的火期山（幸丘山）的地貌、历史名胜地；有合刺章水城之历史遗迹；有滇中第一山、南国雪山之地景轿子雪山等，其品位都是堪称一绝的。与四大电站伴生的工程文化资源是世界上罕见的。和金沙江上游"三江并流"地带横断山脉的大峡谷不同，下游的大峡谷是西东向的、瀑布众多的绿色大峡谷。溪洛渡大峡谷的两岸都是玄武岩，而不是沉积岩、变质岩。这里有中国历史上彝族奴隶主、封建领主（土司）和"改土归流"遗存下来的活化石和沉积物。有丰富的民族文化习俗和歌舞、音乐艺术。汉武帝建元六年（前135年），在宜宾设犍为郡，在昭通设朱提郡。唐代时昭通的乌蒙部彝族酋长称雄，唐建乌蒙土府。明朝时的东川府、乌蒙府、镇雄府皆属四川省所辖，土长势力坐大，四川总督无法节制。清雍正四年（1726年），云贵总督鄂尔泰向清世宗上《改土归流疏》，主张废土官设流官，雍正以鄂尔泰"才必能办寇"，乃将东川、乌蒙、镇雄三府划归云南，让鄂改流。雍正五年（1727年），乌蒙彝族土知府禄氏被废，《昭通志稿》说："以其地置郡，隶云南。大关设通制，芒部改为镇雄州，以州同驻彝良，州判驻威信，设永善县，驻米贴，俱属府辖。雍正八年八月鲁甸土酋禄鼎坤子万福叛，杀官据城，勾引凉山蛮过江，并东川、镇雄俱各响应。十二月，讨平逆党，遂废天梯土城，另建今城于二名那（今朝阳区），易乌蒙为昭通，设恩安县治附郭（与府同城）。昭通府辖三县两厅［恩安县、永善县、靖江县（今绥江）、大关厅、鲁甸厅]。"

永善县改流前为乌蒙府米贴塞（在今黄华），土酋禄氏世据其地。雍正五年，乌蒙府改土设流，米贴土目禄永孝被捕。雍正六年（1728年），鄂尔泰又复派副将郭寿城率兵五百，前往米贴逮捕其妻禄氏，禄氏发动彝族将其全部杀光。鄂尔泰以张耀组率兵进剿，残酷屠杀，于是于米贴设县，命名永善。四川一侧的彝族土司有雷波千万贯杨氏、马湖土府安氏、蛮夷长官司文氏、泥溪长官司王氏、夷都长官司夷氏（屏山、马边交界处）等。这些土司一部分一直袭职至绝嗣，雷波女土司杨代蒂等则一直袭职至新中国成立后。土司土目时期的历史遗物遗址与当地彝族、苗族的其他丰富多彩的民俗、艺术等民间文化遗产，都是建设金沙江下游生态能源经济带的文化资源。

## 三　建立金沙江下游生态能源经济带、经济区的思路、对策及措施

坚持以马列主义、毛泽东思想、邓小平理论和"三个代表"重要思想为指导，以 2020 年全面建成小康社会，实现人均国内生产总值 1000 美元为目标；树立和落实以人为本，全面、协调、可持续的科学发展观。科学发展观是以胡锦涛同志为总书记的中央领导集体深刻总结社会主义现代化建设规律的理论概括，是坚持邓小平理论和"三个代表"重要思想上的与时俱进，是对现代化建设指导思想新的重大发展。坚持以人为本，就是要从人民群众的根本利益出发，谋发展，促发展，不断满足人民群众日益增长的物质文化需要，切实保障人民群众的经济、政治和文化权益；全面发展，就是要以经济建设为中心，全面推进经济、政治、文化建设，实现经济发展和社会全面进步。协调发展就是要坚持"五个统筹"，实现经济发展和人口、资源、环境相协调，走生产发展、生活富裕、生态良好的文明发展道路，一代一代地永续发展，各地区平衡发展。

以国家深入实施西部大开发战略，兴建溪洛渡、白鹤滩、向家坝、乌东德四大电站，省委、省政府和昭通市委、市政府实施将昭通市建成云南北大门的战略部署的重大历史机遇为契机，分两步走，第

一步将金沙江下游干流沿线云南省的禄劝、东川区、会泽、巧家、永善、绥江、水富、昭通（朝阳）和四川省的会理、会东、宁南、金阳、雷波、马边、屏山、宜宾等16个县、区、市，率先建成金沙江下游的生态能源经济带。金沙江下游的生态建设和水能资源开发是这个经济带的增长轴，将溪洛渡电站所在的永善县建成这个经济带的生态之都和轴心县。第二步，以金沙江下游生态能源经济带的承载功能和辐射功能为强大动力，进而将云南昭通、四川的凉山、乐山、宜宾等4州、市的25个县、市，包括云南的禄劝、东川区、会泽、巧家、永善、绥江、水富、盐津、大关、彝良、威信、镇雄、鲁甸、朝阳区，四川的会理、会东、宁南、金阳、雷波、马边、屏山、宜宾、筠连、高县、珙县，建成金沙江下游生态能源经济区，在云南一侧以禄劝、会泽、永善、朝阳、水富、巧家，四川一侧以雷波、屏山、宜宾、筠连为网络核心，实现金沙江下游地区的城市化。

建立金沙江下游生态能源经济带、经济区的对策如下：

（1）要从战略高度认识水电开发的重要意义。水电是一种重要的能源，占世界电力供应总量的20%左右。在发达国家，大部分技术及经济可行的水电资源都得到了开发。在一些发展中国家，通过水电开发和工业化发展，对减轻贫困、实现经济增长也做出了贡献。目前全世界尚有2/3的经济可行的水电资源仍待开发；其中90%在发展中国家。我国的水能资源居世界第一，但东部的水能资源仅占全国的7%，而且开发率已超过50%，西部的水能资源占全国的75%，但开发仅有10%左右；云南的水能资源占全国的1/4，但开发率仅有6.9%，实现国家的能源安全，必须开发西部的水能资源，而开发西部的水能资源，又必须重点开发云南的水能资源。金沙江下游四大电站的建设，是我国能源开发的重中之重。应采取经济的、法律的、行政的、生态的措施确保开发的成功。

（2）川、滇两省有关市、州、县应积极支持三峡总公司保质保量地建好溪洛渡、向家坝、白鹤滩、乌东德四大电站的建设，做好库区移民搬迁的前期和后期的扶持工作，推动三峡总公司运用三峡移民工作的经验来做好相关的扶持工作。国家水利部部长汪恕诚在《学习时报》（京）2004 年 5 月 10 日发表《大坝与生态》的文章，主张走投资移民的道路，以做好移民工作，即移民以其在库区享有的居住权和土地使用权作为资本入股，在电站经营中享有一定的股权。这种办法必将使移民的生活得到保障，生活水平得到提高，是比较可行的，究竟还有没有比此更好的办法，应该再做深入研究。

（3）贯彻以人为本，全面协调可持续发展的科学发展观，以大电站建设为契机，进行经济带区域内的产业结构调整，走新型工业化的道路，把矿电结合，电力与机械制造、食品加工、农副产品加工结合等的新型产业建立起来，实现区域经济的历史性腾飞。同时发展第三产业、生态旅游产业、工程大坝文化旅游产业，使沿江岸的人民走上脱贫致富奔小康的富民之路。

（4）着力进行生态建设，发展生态经济和良好生态支撑的水电经济。如前所述，这个经济带的经济特征和产业支柱是生态能源经济，生态是金沙江水能资源的源泉和载体。没有生态的良化就不可能有金沙江下游的水能资源，就不可能有生态能源经济。因此，建设生态能源经济带，要以生态建设作为战略的重点之一。

现以永善县为代表进行讨论。1998 年国家实施重点县生态综合治理工程，同年 9 月启动天然林资源保护工程，1999 年秋天又启动退耕还林还草工程。永善县是国家"长治"工程治理的重点县，经过几年的治理，县内森林面积增大，水土流失治理成绩显著。但县域内地形地貌、地质构造、气候、土壤、生物等复杂多样，水土流失还在加剧，人多地少、人增地减的趋势仍在发展，土地沙化、土壤侵蚀、崩塌、滑坡等灾害还在发生。永善要建成生态能源经济带的轴心县和生态之都，就必须努力进行生态与产业结构调整相结合，与治穷致富相结合，大力发展生态能源、生态农业、生态林业、生态矿业和建设生态城镇。

进行生态建设，首先要调查分析水土流失严重的情况、森林生态功能失调情况、坡耕地比重大及耕作质量不高的情况、草山生态功能退化情况、自然灾害频繁情况等。

其次要采用正确的生态环境建设方针，如以小流域为治理单元，各个所属行政单位包干治理，最后形成成片治理；要因地制宜，因害设防的治理；治理手段应采取生物措施、工程措施、农耕措施的科学配置，实施综合治理；要制定保护生态和生态工程的乡规民约和法律法规，实施依法保护；要多渠道筹集资金等。

要制定量化的建设目标，如新增森林面积多少；森林覆盖率达到百分之多少；治理水土流失面积多少；生产林副产品多少，种优良牧草多少；增加粮食作物产量多少等。生态建设内容包括人工造林（包括公益林、经济林）、封山育林、人工种草、改良草山、坡耕地治理、沃土工程、节柴灶、沼气池、蓄水池、塘、堰、排灌渠、拦沙坝、苗圃等建设。要进行效益分析与评价：改善生态系统，保护水资源，减少土壤侵蚀，保持土壤肥力，净化空气和水质的生态效益分析；社会效益分析保护溪洛渡、向家坝、三峡水利工程的安全使用，促进县域经济可持续发展的效益分析。

要发展生态农业、林业、牧业：在沿江河谷规模种植魔芋、花椒、柑橘、核桃、砂仁、桐子、茶叶等有利水土保持及效益高效的作物，建金沙江绿色经济走廊。半山区建旱作农业、节水农业生产基地，规模种植玉米、马铃薯、高粱、荞子等粮食作物，高粱耐旱高产，在绥江、屏山地区已大面积种植，永善亦可发展，它是五粮液等高级酒的原料。大力发展养殖业，为电站建设及经济带内外市场提供猪肉、牛肉、禽蛋、奶制品。大力发展生态林业。永善遍布栲属、石栎属科为主的常绿阔叶林，杉木、竹类的分布也多，应广为种植；规模化地发展林业园地。应把本地种的林木作为生态建设的主要林木加以种植。

在上述研究过程要求进行农业资源的评价，提出产业开发规划和开发方案，市场预测、经济效益和环境效益评价。必须有定性、定量的具体规划目标。

实现金沙江下游生态能源经济带、经济区的发展战略，还应采取以下措施。

第一，对经济区进行系统深入的科学研究，以科学发展观为指导，提出可行性研究报告，并制订具体的建设规划，包括提出产业发展重点规划，建沿江公路和跨江的大桥，建自然景观、历史人文景观、大坝工程文化景观的旅游景区等，同时制订生态环境建设规划，报国家审批。

第二，深化改革，扩大对外开放，面向长江流域、"9 + 2"的泛珠三角地区及东盟自由贸易区拓展市场，提高经济带的整体竞争力。

第三，提高城市质量和城市经济对区域经济的拉动作用。

第四，加快教育、科技、卫生、文化等社会事业发展，实施人才发展战略。制定社会发展战略。如以人才战略为例，经济带的人才战略措施，应以支柱产业人才、紧缺专业人才开发为重点，着力建设党政人才、师资人才、经济管理人才、专业技术人才、农村实用人才5支队伍。要重点培养中高级党政人才、支柱产业人才（矿产业、农业科技、食品加工、旅游）、经济管理人才、财会金融人才、法律人才、工程人才等。要加大对基础教育的投入，创办溪洛渡大学，要完善培养人才、吸引人才、用好人才的政策体系等。

第五，建议成立由国家发改委牵头，中央有关部委、国家发展银行、商业银行、三峡总公司和云南、四川省政府领导参加的金沙江下游生态能源经济带、经济区建设委员会及其办事机构。

（原载《"三江"水能资源与环境保护》，社会科学文献出版社2006年版）

# 水电开发与环境保护有机
# 结合的一个典型

——新西兰世界自然遗产费奥陆地国家公园
（Fiorodand National Park）
文那波利水电站考察报告

在我国进行能源结构调整，大力发展可再生能源、清洁能源的背景下，我于 2009 年年初，对新西兰在世界自然遗产费奥陆地国家公园建文那波利水电站及其相关的旅游项目进行了考察。

**文那波利电站的位置**

2008 年 12 月 31 日，我从香港飞往奥克兰，计划于次日飞往南岛的昆士坦（Queenstown），再从昆士坦去距马纳普里湖不远的游客栖息点蒂安纳（Teanau）。由于时逢元旦假期，又是南半球鲜花盛开的初夏季节，飞昆士坦的机票难求，只好在奥克兰候机三天，做资料及聘请翻译等方面的准备。1月4日，经过2小时40分的飞行抵达昆士坦（皇后镇），1月5日驱车3小时到达蒂安纳，从蒂安纳再驱车1小时到达马纳普里湖码头，又行船2小时45分到达文那波利水电站。当天晚上返回蒂安纳。1月6日，又向西北驱车135公里，至欧美游客梦寐以求的自然胜境米弗峡湾，考察那里的旅游经济与生态环境保护的有机结合。

## 一 新西兰怎样处理世界自然遗产保护
## 与电站建设的关系

新西兰位于远离世界人口密集区的南太平洋南部，首都惠灵顿是地球上最靠南极洲的都城，隔塔斯曼海与澳大利亚相望。新西兰由南岛、北岛和众多的离岛组成，全境多山，平原狭小，山地和丘陵占全国面积的75%以上。新西兰被誉为地球上保护最好的原始地域，但它的生态系统却是世界上最特异、最脆弱的生态系统之一。6500万年前，新西兰从冈瓦纳大陆漂移分离出来，远离地球的几个大陆板块。长期封闭的环境演化形成了独特、古老、多样、罕见的生态系统；其生物物种的生存能力和金字塔食物链的某些缺失，导致其生态系统的脆弱性。独特的区位、资源和生态条件，决定了新西兰选择绿色经济强国的国家发展战略。

费奥陆地位于新西兰南岛的西南端，是雪山、森林、海峡、大湖、沼泽、湿地、河流、草原相间的地球原生态地域，是大洋洲距南极最近的无人区，其地貌大部是高山峡谷，有蒂安纳、马纳普里、瓦纳卡等大湖坐落其间。因雨量丰沛，又有周围雪山群的融水补给，这里的湖泊蓄水量极大。马纳普里湖湖面辽阔，水深440米，其蓄水量是取之不尽、用之不竭的。1986 年，费奥陆地被列入世界自然遗产名录，之后，费奥陆地又被新西兰建立为国家公园。

马纳普里湖一角

　　文那波利是马纳普里的同音异译。文那波利水电站，又称马纳普里电站，位于世界自然遗产费奥陆地马纳普里湖的地下。整个电站是利用马纳普里湖湖面与太平洋洋面 178 米的落差建设的。电站建于马纳普里湖湖底 200 米深的隧道内，电站内七台发电机呈一字型排列，由七根长 180 米，直径 4 米的管道将湖水垂直导入地下，形成 166 米的落差，带动 7—121.5 MW 发电机组，产生 710 MW 的发电量，平均每年输出 5025 GWh 的电能。电站顶部的湖畔山上建有规模巨大的输变电站，高压电线将巨大的电能由新西兰南岛输往北岛。

一字型排列的地下发电机

文那波利电站是新西兰最大的建设工程之一，电站建设者用了 8 年时间，在极度艰苦的条件下建成。为了有效保护费奥陆地国家公园的环境不受破坏，新西兰政府投巨资，不仅将电站建在湖底，而且使整个电站的配套建筑及入海隧道也建于地下，使整个电站形成了庞杂的地下建筑以及入海隧道。电站工程涉及在湖底开凿巨大的山洞，通向山洞的几条隧道以及一条 10 公里长通入大海的泄水隧道，这些工程都是在极度坚硬的岩石上，应用钻、爆破等传统施工技术建成的。规模巨大、复杂的地下建设工程及隧道入海口，使文那波利电站成为费奥陆地国家公园的经典景区，每年吸引大批游客前往观光。

**建设者庆祝电站建成**

传统的水电站是以筑坝形式进行建设的，但马纳普里电站是个例外。电站的建设最早提出于 1904 年，但鉴于工程的难度，直到 20 世纪 60 年代才投入建设。最初，澳大利亚卡莫可公司在靠近马纳普里湖的布拉夫建了一家铝冶炼厂，他们想利用马纳普里湖水发电供给铝厂，但他们没有财力和能力有效解决电站建设与生态保护的关系，因此，1963年新西兰政府介入，并由新西兰政府独立建设地下电站。1969年电站首台机组发电，1972年全面投入运行。为了既提高电站效率，又不损失发电量，1997—2002年又新建了1条与原有隧道成45°角的相同尾水隧道，使电站新增6.4亿千瓦小时的发电量。

水资源富集的世界自然遗产保护地可不可以建电站？新西兰文那波利电站为我们做出了正面的回答。在世界自然遗产地内建设电站，问题的焦点不是可不可以建，而是应该怎样建？怎样才能使遗产地得到科学的保护。新西兰在世界自然遗产地建电站，为了实现开发与保护完美的结合不惜投巨资，甚至献出16人的生命。

## 二　新西兰经验对怒江水电开发的启示

不同意开发怒江干流水电站的意见认为：怒江电站的开发与"三江并流"世界自然遗产地的保护有不可调和的矛盾。要开发就不能保护，要保护就不能开发。新西兰文那波利水电站的开发，说明这种看法是没有根据的。

计划中的怒江一库四级电站不像新西兰文那波利电站那样，直接建于世界遗产地之内，而是建在"三江并流"世界遗产地之外。马吉电站距"三江并流"世界遗产地2.21千米，亚碧罗电站距5.54千米，六库电站距8.13千米，赛格电站距45千米。因此，怒江干流水电的开发，在空间上不会占用"三江并流"世界自然遗产地，即使对它的保护有影响，那也是可以通过有效的保护措施来化解的。

开发怒江水能，可变资源优势为产业优势；有利于优化能源结构，缓解能源紧缺矛盾，降低温室气体排放；有利于带动区域经济发展和当地各族人民脱贫致富。因此开发怒江水电，是实现云南省和谐社会、小康社会建设目标的必然选择。若能借鉴文那波利电站坚持保护第一的经验，加强对库区自然生态的治理，还可使"三江并流"遗产地的功能升级，使其在为人类需求服务中发挥更大的作用。

新西兰世界自然遗产费奥陆地的马纳普里湖、蒂安纳湖及峡湾是世界著名的旅游胜地。三地与旅游专用公路相通，公路旁建有观景台和栈道，在马纳普里湖及峡湾，均有现代大型豪华游轮为游客服务。据文那波利电站管理人员介绍，旅游旺季每天到该电站参观的游客达2000—3000人，游客先乘游轮饱览大湖的奇异风光，再乘观光车到地下电站或迪普科夫海湾看电站尾水排放口工程。峡湾是费奥陆地世界遗产国家公园的一个组成部分，游客可乘游轮巡航游览淡水盆地至安居塔海峡的波纹瀑布、墓地峰顶、新巴得溪谷等18个迷人的景点。由于游客不下游船，使人们旅游活动对这些景点的干扰降到最低限度，有效保留了原有生态的面貌。费奥陆地国家公园的经验证明，世界自然遗产地的保护也必须以人为本，满足人类观光、休闲、科考的需求，把自然遗产地封闭孤立起来的做法是不可取的。怒江流域具有丰富珍贵的生物资源，具备世界一流而独特的自然、人文景观，发展生态旅游业，一是可以利用怒江峡谷壮丽的景观资源，借助"三江并流"品牌发展旅游业，实现当地经济社会又好又快发展；二是可以为当地居民创造就业机会，减轻电站移民安置压力；三是可以促进当地居民生产生活方式的转变，减轻电站库区生态压力。同时，发展生态旅游业的资金投入和技术引进，可增加电站建设及后期管理中的环境保护投入，减轻电站建设中的环境投资压力。因此，要将旅游业发展作为实现水电开发、"三江并流"世界自然遗产保护的重要载体,将怒江大峡谷生态旅游建设纳入怒江流域水电开发总体规划,列为怒江流域生态建设、移民安置、后期发展的主要工作。当前,应按照"一园三区"(独龙江、丙中洛、石月亮)的总体布局,高起点、高水平做好生态旅游建设总体规划的编制工作,确保怒江旅游业的健康有序发展。

2009 年 1 月 20 日

# 弘扬少数民族优良的传统道德*

　　道德建设在社会主义精神文明建设中占有举足轻重的地位，关系到党和国家的命运。《管子·牧民》说："四维不张，国乃灭亡"，"何谓四维？一曰礼、二曰义、三曰廉、四曰耻"。封建时代以"四维"作为治国的"四纲"，而"四维"属于道德范畴，可见道德对治国安邦具有决定性的作用。

　　在社会主义精神文明建设中怎样加强道德建设？重要的一条就是要弘扬各民族优良的传统道德。优良的少数民族传统道德是历数千年不衰的意识形态，它从一个侧面反映了不同民族的精神文化和心理素质，代表了一民族的价值取向、行为方式、信念和追求。不同民族的传统道德规范虽有不同的内容和特色，但有许多方面是共同的，可以作为共同的财富而加以推广应用。如在为人处世方面，云南各民族都提倡做人要诚信、正直、勤奋、俭朴，用诚实劳动去争取美好生活；要见利思义，自觉、自律、自强；提倡道德的价值高于生命的价值，主张品格之美高于外表和形式之美；提倡集体意识高于个人意识……在婚姻家庭方面，提倡夫妻平等、互敬、互爱、纯真的爱情与崇高的义务相统一；提倡在家庭中建立和睦、亲密、自尊、自立、自爱的关系。在民族关系上，提倡平等团结、互相帮助、互相学习、互相依存等。各民族把各自的优秀传统道德规范，作为凝聚本民族的力量和准

---

　　* 此文是 1996 年 2 月 4 日在中宣部白克明副部长召开的加强精神文明建设座谈会上的发言。

则，用它来约束和规范自己的言行，从而使民族共同体充满生机与活力，使维护国家的统一和各民族之间的团结建立在牢固的民族传统道德观念之上。这样的传统道德，是有利于建设"四化"、振兴中华、社会进步和人民幸福的，对我们建设社会主义的物质文明和精神文明有积极的意义。

为此，我有如下几点建议：

第一，少数民族道德内容极为丰富，它融合于少数民族生产、生活、文化、教育、信仰、宗教、婚姻、习俗之中。建议加大发掘与研究的力度，组织有水平的社会科学专业工作者进行调研与发掘，按民族各编一套多卷本的少数民族道德丛书作为各民族自身进行道德教育的材料。同时汇集全国55个少数民族传统道德的精华，编中小学教材各一本。报刊宣传应有少数民族传统道德的内容。

第二，云南省在少数民族地区，利用订立"乡规民约"的模式，进行社会主义精神文明建设的做法值得大加总结推广。"乡规民约"建立在本民族传统道德观念和道德规范的基础上，用于调适民族的内外部关系，具有很强的针对性、群众性、易行性。我在路南彝族自治县圭小乡大糯黑村（彝族撒尼支聚居），看到的"乡规民约"，内容广泛、简明，村民称之为"小宪法"，自觉认真履行，整个村团结和谐，经济和文化建设蒸蒸日上。如果在全国少数民族地区广泛推广用"乡规民约"进行道德建设的经验，那意义是不可估量的。

第三，少数民族传统道德中也有糟粕的成分。有些内容在某一特定的历史时代是正确的、积极的，而在今天就不合时代了，如某些民族中存在的反映原始共产主义原则的平均主义道德规范，某些民族以经商为耻的道德习俗等，与我们今天所倡导的原则是背道而驰的。因此对少数民族道德应进行科学的分析，取其精华，弃其糟粕，并对传统道德中有益的内容加以改造和创新，使它成为新型的社会主义道德的一部分。

# 论民族文化多样性的保护与发展

## 一 国际社会文化多元化的价值观

文化在不同时代，不同地方，不同的人类群体中具有不同的表现形式。这种多样性的表现，是由不同的生产生活模式所决定的。文化就是由一个个稳定的生产生活模式所构成的一个个不同的整体。不同的生产生活构成不同的文化模式。否定文化多样性的存在，就是否定不同生产生活模式的存在，这就像要否定地球的存在那样，是完全脱离实际的。

1972 年 11 月 16 日在巴黎召开的联合国教科文组织第 17 届会议，提出确保世界文化多样性的价值观，通过了《世界文化和自然遗产保护公约》。该公约指出："任何文化或自然遗产的毁灭或消失，都将造成世界遗产之有害匮乏"；将民族文化"传之于后代，是当前和未来文化丰富与和谐发展的源泉"。

1998 年 8 月，国际旅游组织制定《国际文化旅游宪章》，进一步强调保护民族传统文化的重要意义："那些属于过去的，但仍在继续中的传统，仍然有效的经验和其他一些习惯行为，是形成各国各地区特征的基本要素，也是现代生活不可分割的一部分。文化遗产既是记录社会经济发展变化的基本参照点，又是促进这种发展变化的有效手段，是未来文化发展的宝贵财富和重要基础。在这个迅速全球化的时代，对任何一个民族、任何一个地方的文化多样性及文化遗产的保护，对当地人来说都是重大的责任，也是人类共同的义务。"

国际社会关于世界文化多元化的价值观，给许多国家和地区民族传统文化的保护与发展带来了生机，但在一些发展中国家，现代化浪潮对民族传统文化的冲击依然猛烈，民族文化的保护仍显得十分滞后。如在中国，随着少数民族地区现代化进程的加快、经济的转型和生产生活方式的急速变迁，社会文化单一化的发展趋势强劲，一些民族有价值的传统文化正在消失，甚至濒于灭绝之境地。在农村城镇化、城镇城市化、公路高速化等现代潮流的冲击下，许多民族聚落的人口锐减，城镇人口增加，城市向大型化、经济化、现代化的发展，使千百年来民族传统文化赖以生存的环境受到动摇。

从广义的文化概念来讲，经济也可说是一种文化，但不能以经济的发展取代文化的发展。狭义概念上的文化不是经济，但它可以加速或制约经济的发展。可以断言，民族文化的消失，必然会给国家、民族的经济现代化带来障碍；全球经济一体化、国家现代化，如果不是建立在确保世界文化和本国民族文化多样性的基础之上，那它将是不能实现的，或是十分脆弱而不能持久的。

## 二 现代化与传统文化的互动

现代化是一个与变迁密切相关的概念，其内涵是动态的，前进的，与时俱进的。现代化兼具建设性及破坏性的特质，它破坏传统的生产生活模式及价值观念，摧毁效率低下的传统生产技术及管理形态；提高人类社会生产生活的水准，增加人类的福祉，促进社会的进步，使人口大量增加，农村及家庭生活形态改变；现代化是一种适应的过程，适应多变的自然环境和社会环境，在适应过程中会不断出现新的思想、行为规范和行为准则。

传统文化以人类历史上的思想、行为模式、习惯行为、道德、技术、艺术等作为内涵，并被认为对现实和未来亦值得加以保持者。以道德而论，中国传统道德以"修身立己为本"，《礼记·儒行篇》提倡为人要"博学而不穷，笃行而不倦""推贤而进，不望其报，程功积事，推贤而进之""慕贤而容众""戴仁而行，抱义而处""委之以货财，淹之以乐好，见利不忘其义""先劳而后禄""虽危起居，竟信其志，犹将不忘百姓之病""身可危也，而志不可夺"……管仲协助齐桓公推行政令所提倡的行为准则是"四维"。《管子·牧民》说："四维不张，国乃灭亡。""所谓四维，一曰礼，二曰义，三曰廉，四曰耻。"即崇礼、行义、廉洁、知耻。像这样的传统文化是民族精神之精髓，是永具光辉、永具活力、永具生命力的。它不仅可以推进现代化，而且是现代化不可缺少的因子。应该指出，"传统"与"现代"是一对矛盾，"传统"对"现代"有逾越之规范，往往是现代化发展的障碍，具有保守的影响力。

在不少国家实现现代化的进程中，经济与社会的转型大都以牺牲国内少数民族的传统文化为代价。如在 1861—1865 年南北战争后的美国，为发展资本主义，美国政府强迫印第安人放弃自己的文化传统，宣布他们的部落舞、鬼神舞为非法，禁止起跳，禁止唱部落歌，禁止他们敲鼓及文身，不准延续传统的葬礼和青年人的成年仪式。在印第安保留地内，美国政府官员无刻不惩罚讲本族语言的印第安儿童。1875 年和 1887 年，美国国会先后通过《印第安人宅地法》《道斯单独占有土地法》，以每人 160 英亩的数额，将延续数千年的印第安民族共有共管的土地制度加以废除，以摧毁他们的文化根基和部落制度。美国政府的强迫同化政策曾激起印第安人的强烈反抗。1928年，一些白人土著文化保护主义者发表轰动一时的《梅里亚姆报告》，揭露摧毁印第安人传统文化带来的危机，要求给印第安人沿袭传统文化的权利，让他们自觉自愿地进行自身文化的改造与转变。1933年，新任总统罗斯福把复兴印第安文化作为"新政"的内容之一，国会于次年通过《印第安重组法》，同意恢复印第安部落的威权，让部落拥有保留地内的土地，并自己制定部落的宪法，沿袭自己的文化传统。当时出任美国政府印第安事务长官的约翰·科利尔，在保留地内恢复印第安语教育，不再强迫联邦寄宿学校的印第安儿童参加基督教的礼拜。[①]

罗斯福的政策对印第安传统文化起了拯救与保护的作用，但因他没有同时在推进印第安经济现代化上采取措施，所以印第安文化所出现的复兴只是暂时的，饥饿、疾病、失业很快就使他们的部落重新坠入苦难的深渊。1953年8月，国会倒行逆施，重新通过有关印第安文化的新法案，取消罗斯福政府给予印第安部落复兴文化的种种特权，授予印第安人公民权，鼓励他们迁入城市，融入白人现代化的主流社会。印第安人的文化，重新被迫步入被同化的轨道。

面对中国现代化进程中少数民族传统文化日趋消失的情况，一些民族学家以美国印第安人、日本的阿衣努人的传统文化，在现代化过程中被同化的历史为依据，认为"传统"与"现代"是水火不相容的，二者不可兼得。一些经济学家更认为，少数民族传统文化的消失，是走向现代化的必然；少数民族的贫困和封闭落后，是它们的文化传统与现代文明相悖造成的。其现代化进程的新要素，只有废弃他们的传统文化而从外部寻入。

然而，如此种种的论断，都只不过是以"现代"否定"传统"的片面思维得出的，印第安文化的消失，并不是由于本民族的现代化

---

① 参见黄兆群《美国的民族与民族政策》，（台北）文津出版社1993年版。

引起的，而是由于美国政府的强迫同化政策所致。正因为印第安人没有实现本民族的现代化，他们的传统文化才被白人所同化。"传统"与"现代"虽有相互矛盾的一面，但也有相互适应、相互促进、相互依存、相互发展的一面。传统文化需要现代化，现代化同样需要传统文化，这是一个双向的同步进行的过程。二者是互动的。如上文所论，只有在保留优良传统的基础上去实现现代化，现代化的实现才有可能。但不是所有传统都是优良的，应"择其善者而从之，其不善者而改之"。少数民族现代化的实现，除了经济与社会生活的现代化之外，应该是本民族的传统与现代文明的发扬光大。通过少数民族传统文化对现代化的调适及在自身传统中的不断创新，通过民族传统文化保护政策与经济现代化政策的同步实施，各民族可以在传统文化与现代化之间找到富有生命力与活力的生长点，从而实现富有民族特点的现代化。

## 三　怎样保护与推进民族传统文化的发展

民族传统文化是民族生产生活模式所构成的整体，生存于民族聚落，与民族聚落的关系犹如鱼水。因此，以传统文化底蕴深厚的原生民族聚落，作为保护与复兴民族传统文化的基地，建立民族文化保护村、保护区，是保护民族传统文化的最佳模式。

民族文化保护村、保护区的概念，涉及的是中国民族文化发展的一个全新的领域。它的宗旨之一，是将有价值的活的民族文化，包括人与自然、人与社会长期互动中创造的物质和精神的文化，如生产技术、生产工艺、生态环境保护、科学知识、语言文字、伦理道德、行为规范、宗教信仰、文学艺术、戏剧与歌舞、民风民俗完整地保留在社区民族群体中，从而唤起本民族对自己传统文化的保护意识和文化自豪。建设宗旨之二，是从全球经济一体化、全国现代化的发展趋势出发，合理开发资源，走工业化、市场化、现代化的道路，实现社区文明、富裕与繁荣，让社区人民共享现代文明的成果，同时，透过对本民族传统文化在自身前进道路上的不断创新，实现富有鲜明民族个性与传统文化特色的现代文化转型。换句话说，民族文化保护村、保护区不仅要保护历史上整体形成和积淀下来的优秀传统文化，还要把传统与现代联系起来，创造由传统走向未来的民族新文化。民族文化保护村、保护区既有保护民族优秀文化传统的强大功能，又有使民族接受现代文明的机制；它植根于民族传统文化，又与现代文明相对接。

继承、创新、繁荣是文化运动的一般规律，民族文化的保护可采取传统延续型、传统改进型、全新创造型三种模式。传统延续型做法是通过师徒传承，定期举办聚落的传统文化活动，学校开设乡土文化课，举办传统民族文化传习馆等多种形式，进行继承与弘扬。传承是一个动态的历史过程，随着民族文化保护村、保护区的建立及其传承功能的发挥，传承将变得更加生动积极与形式多样。要认识传统文化之核心未必容易，选择何种要素来论证也很困难，应发挥本民族专家和外来专家的作用，对优秀的传统文化进行认定和发掘。传统改进型是保留传统的框架、形式与特色，只对局部做改进或改变。全新创造型则是指传统文化的自我更新、对异文化的移植或将异文化本土化。

民族保护村（区）的文化保护可实施"产业文化化与文化产业化"的发展战略，在传媒、科技、教育、文艺、体育、旅游、资讯、生态保护及农、工、商业生产等领域，建立有民族文化特点的社区文化产业。

民族文化保护村、保护区的遴选与建设，应纳入省、市、县、乡的建设规则，其交通、水利、电力、环保、通信及文化设施等建设项目，各级政府应积极立项，并在建设资金上给予支持。同时，鼓励民间团体、企业、个人及国际文化机构，在文化保护村、保护区举办该民族的文化传习活动，建立文化书院、语言文字培训中心、民族音乐室、生物多样性保护展览室等文化机构。一切开发项目应坚持"保护第一"的原则，并做到以村民为主体。民族文化保护村（区）应纳入省、市、县、乡旅游观光体系。民族文化保护村（区）的管理应法制化，按一区一村一法的方式，正式立法管理。

2004 年 2 月 27 日

附记：

此文是我在中国台湾佛光大学社会系任研究生专任教授时，2004年 2 月 27 日下午在佛光学术讲座上的一次讲演稿。

# 建立民族文化保护村的理论与实践

## ——西部大开发中的文态环境保护问题

再造秀美山川，良化西部的自然环境，弘扬和发展西部各民族的优秀传统文化，保护西部的文态环境，这既是开发西部诸多重大任务中两项带有战略意义的任务，又是决定西部开发能否成功的诸多因素中两个具有关键影响的因素。如果说前者已成为人们普遍共识的话，那么，后者却不是这样，其主要原因是人们对文态环境保护的理论、方法、对象、目标等尚缺乏系统深入的研究。为此，我们曾进行抽样，对滇西北藏族、纳西族、彝族、白族、傈僳族、怒族、普米族、独龙族聚居的 15 个县、市进行调研，提出建立民族文化保护村、保护区的理论构想及付诸实施的具体方案，向理论界的同人请教。

## 一　实现富有民族传统文化特色的现代化

我国少数民族的物质文化和精神文化，是中华民族文化宝库中一个璀璨夺目的组成部分。

随着全国、全省和滇西北地区现代化进程的加快、经济的转型和社会生活方式的急剧变迁，"传统与现代"的矛盾在滇西北地区不断加剧，社会文化的单一化趋势强劲，民族传统文化陷于没落、衰退、消失和灭绝的境地，民族自信心被削弱。后进民族要不要实现现代化，现代化进程中要不要继承、弘扬民族传统文化，是近百年来世界政治家、文化人类学家关注的重大课题。有远见的政治家都竭力主张文化多元化、民族化，认为单一化是没有生命力的，会使国家失去推动力。1999 年 10 月，世界银行、联合国教科文组织和意大利政府联合召开"世界经济与文化研讨会"，呼吁各国政府采取措施，防范经济全球化对各国传统文化带来的威胁。

在世界各民族的现代化进程中，经济与社会的转型大都以牺牲本民族的传统文化为代价。1861 年美国南北战争前，为使印第安人的土著文化不受现代化的冲击，美国政府划定许多印第安人保留地（Reservations），把大约 52 万印第安人约束在保留地内，让他们过传统生活，沿袭自身的传统文化。这种牢笼般的文化保护政策使印第安人无法接受现代文明而不能实现现代化，因此受到印第安人的强烈反对。1887 年、1934 年，美国国会通过旨在加速印第安人现代化的法案：把保留地内的土地分割给每个印第安家庭，同时设立农业、工业贷款，使他们得到所需资本，并对他们进行职业、技术和行政管理等的训练。1953 年，艾森豪威尔政府更鼓励印第安人迁入城市，让其融入主流社会，结果印第安人的传统文化被白人的现代文化所同化。一些文化学家据此断言，"传统"与"现代"是水火不相容的，二者不可得兼。一些经济学家认为：少数民族地区的封闭落后是社会结构、文化传统与现代化相悖而造成的，其现代化进程的新要素需要通过改变传统文化而从外部寻入。

然而，如此种种的论断，都只不过是以"现代"否定"传统"的错误思维而得出的。印第安人传统文化的消亡，并不是由于现代化引起的，而是美国政府的民族同化政策所致。在我国百余年来的近代化、现代化进程中，传统文化虽然不断受到近现代文明的猛烈冲击，但在"中学为体，西学为用""古为今用，洋为中用""尊重少数民族风俗习惯"等政策的作用下，民族文化的个性和传统始终得到了弘扬。"传统"与"现代"不仅不是水火不容的，而且是可以共存共荣的。"传统"与"现代"有相互矛盾的一面，又有相互适应、相互促进、相互发展的一面。传统文化需要现代化，现代化同样需要传统文化，这是一个双向的同时进行的过程，二者是互动的。现代化是不可阻挡的潮流，但现代化的实现，不能以牺牲民族传统文化作为代价。民族传统文化的消亡意味着民族的消亡。因此，少数民族现代化的实现，应该是各民族生活方式、人生理想、价值观念、民族精神、民风民俗与现代文明的发扬光大，而不是相反。历史证明，少数民族通过对传统文化的不断创新，通过政府的民族传统文化保护政策的实施，通过自身对现代化的调适，可以在现代化与传统文化之间寻找到富有生命力与活力的生长点，而实现富有民族传统文化特色的现代化。

## 二 建立民族文化保护村（区）的原则和方法

建立民族文化保护村、保护区，是保护与发展民族传统文化的最佳模式，是保护和发展民族传统文化整体和建设现代村落文明的手段。民族文化保护村的概念所涉及的是中国文化发展的一个新的领域。它的建设宗旨之一是将有价值的文化遗产和自然遗产原状地保护和保存在其所属村落社区及生态环境中，并使其正常地发展和延续下去，从而唤起本民族对自己传统文化的保护意识和文化自豪感。宗旨之二是从全球一体化的发展趋势出发，在顺应工业化、城市化、现代化的潮流，实现社区文明、富裕、繁荣，让少数民族人民在共享现代文明成果的进程中，保留自己的优秀传统文化，并通过民族传统文化在自身前进道路上的不断创新，实现富有鲜明民族个性和特色的现代文化转型。因此，民族文化保护村不仅是旨在保护整体形成和积淀下来的优秀传统文化，还要把传统与现代联系起来，创造由传统走向未来的民族新文化。它既有保护民族优秀文化传统的强劲功能，又有使村民接受现代文明的机制。它可在改革开放和现代化条件下，为处理变革与传统的矛盾提供经验和榜样。

民族文化村要保护的传统文化，是指特定村落地域界线内的民族群体在人与自然、人与社会长期互动中所创造的物质和精神的文化。包括所创造的物质与知识体系、行为准则、理想信念、价值观念和与自然的共融与和谐关系的总和。保留、创新、繁荣是文化运动的一般规律，民族传统文化的发展和保护可采取传统延续型、传统改进型、全新创造型三种。延续型的主要做法是通过传承和传播，如师徒传承传播、定期举行群众性传统文化活动与民族节日活动的传承传播，学校教育的传承传播，传习馆的传承传播等。传承是一个动态的历史过程，随着民族文化保护村的建立，生存环境、社会环境的改变，劳动者素质的提高，传承将会变得更加主动积极和形式多样。传统改进型是保留传统之框架与特色，只对局部做改进或改变。全新创造是指传统文化的自我更新，对异文化的移植或将异文化本土化。

民族文化村的文化保护，应与社区经济的发展有机结合起来，实行"产业文化化与文化产业化"的发展战略。在传媒、科技、教育、文艺、体育、旅游、信息、生态、医药和工农业生产等领域付诸实施，积极兴办以传统文化价值为内核的社区文化产业。

民族文化保护村把对自然生态环境的保护纳入传统文化的保护范围。人类赖以自然生态环境而生存，生态环境靠人类的精心保护而存在，社区自然物是聚落群体数千年保护而得以存在的自然遗产，它和所有物质的和精神的文化因子一样，都能对创造美好的未来提供发展的基础和动力。少数民族保护生态环境是其传统文化中一个极其重要的组成部分。他们在长期求生存、求发展的实践中，认知人与自然共生共存的发展规律，从而形成富有价值的生态伦理道德观和固有的生态文明。其与生态伦理道德观有内在联系的自然崇拜、图腾崇拜、祖先崇拜、民族习惯法、村规民约等对生态环境都有积极的保护作用，民族文化保护村应对他们创造的传统生态文明及生态伦理道德观进行认真的发掘与弘扬。

民族文化保护村既是保护民族传统文化的基地，又是具有现代色彩的民族文化载体，是少数民族安居乐业、富足、和谐、温馨的生存空间，它植根于灿烂的民族本土文化底蕴，又与现代文明相对接，能满足现代民族生活的需要。因此，它应建成社会主义现代化新农村的榜样。

民族文化保护村（区）的建设应从整体性、结构性、层次性、相关性、动态性的发展需要加以全面规划，建设项目包括交通、水利、环境、电力、通信等基础设施建设及文化基础设施建设两大方面。具体项目如下：

——外连道路，建立整体性道路交通网，拓宽原有道路，铺设沥青、水泥路面。

——水利灌溉与防洪，建立水利灌溉系统，治理塌方之边坡，建堤防、护岸及给排水设施。

——电力与通信，通电、通程控电话，建卫星接收系统。

——环境治理，治理污染源、造林治溪、植草、种花，绿化、美化山川和人居环境，净化湖泊，建垃圾处理及公共卫生设施。

——社区道路网，铺设社区石板或沥青、水泥路面，装设路灯。

——社区博物馆（民俗馆），建民族文物陈列馆，陈列民族生产、生活工具，器皿用具，工艺制品，文献，经卷，绘画，乐器，服饰及其他遗产和生态资源。

——社区民族文化活动中心，建民俗传承室，民族植物园区，音乐、舞蹈、体育与民俗演示场，社区大发展休闲园、游憩服务设施（餐厅、宾馆、商店）。

## 三 滇西北民族文化保护村的初选概览

民族文化保护村（区）入选条件如下：

（1）建村历史悠久，农户一般在 200 户左右，人口 800 人左右，民族文化的单一性特色或多元特色鲜明、典型、丰厚；

（2）村中有一批农民文化人及组织者，村民富有弘扬本民族文化的志向和传统；

（3）村落整体具有"文化特性"或"文化意蕴"；

（4）有特殊自然景观、地形、地貌、地物及文物古迹名胜作为依托；

（5）交通方便。

符合上述五项条件的，可确定为一级文化保护村；交通不方便，但具有其他四项条件的可作为二级民族文化保护村，以做近期、中期、远期建设的点；有同一民族聚居，具有共同文化特色和内涵，由数个村落组成的小区域，可建为民族文化保护区。

根据以上条件进行遴选，我们认为在滇西北拟建以下 60 个民族文化保护村、保护区。

**德钦县** （1）明永、西单太子雪山藏族神山生态文化保护区，包括斯农、明永、西单、雨崩 4 个村。（2）奔子栏藏族木制工艺、服饰及歌舞文化保护村（以习水贡村为中心）。（3）茨中藏族宗教文化及葡萄酒生产技术文化保护村。

**中旬县** （1）尼西陶制、木制工艺文化保护村。（2）红坡藏族草原生态文化保护区，包括林都、阔机达拉、租母谷、果姑、司牙、给诸6个自然村。（3）白地纳西族东巴文化保护村。（4）尼汝及属都岗藏族草原牧业文化保护村。

**维西傈僳族自治县** （1）其宗藏族热巴舞文化保护村。（2）叶枝傈僳族"阿尺目刮"（山羊的歌舞）文化保护村。（3）康普喇嘛寺藏传教文化保护村（以喇嘛寺村为中心）。

**丽江纳西族自治县** （1）玉龙雪山纳西族文化保护区，包括文海（生态保护文化）、玉湖（民居）、玉龙（采松果祭大自然、白沙细乐）、束河（皮革制作工艺）4个村。（2）依陇东巴文化保护区，包括署明、巴甸、依支等村，署明村为中心。（3）黄山东巴传统教育及纳西族饮食文化保护村。（4）石头城纳西族古城建筑文化保护村。

**鹤庆县** （1）辛屯乡逢密天子湖生态文化保护村。（2）新华白族铜银加工工艺文化保护区，包括新华南邑村、秀邑村、周王屯、母屯、小妙南等村。（3）六合乡五星白衣人（彝族）服饰与歌舞文化保护村。

**剑川县** （1）石宝山白族歌会文化保护区（以石龙村为依托）。（2）狮河白族木雕工艺文化保护村。

**贡山独龙族怒族自治县** （1）丙中洛怒族民俗（石板民居、水磨群、信仰、仙女节日等）文化保护区，包括重丁、扎拉桶、扎拉、双拉4个自然村。（2）独龙江独龙族文化保护区，包括孔当、马库、敌政当等村。

**福贡县** （1）米俄罗傈僳族歌舞文化保护村（包括知底、拉马吾多、依马底依祖等几个小自然村）。（2）斯乃基傈僳族民居建筑与服饰文化保护村。（3）依块比傈僳族饮食文化保护村。（4）里吾底傈僳族文化保护村。（5）狮河白族木雕工艺文化保护村。

**泸水县** （1）子克三岔河傈僳族文化保护村（弦子舞，"上刀杆、下火海"）。（2）片古岗傈僳族、景颇族（茶山）民俗文化保护区，包括片马、古浪、岗房 3 个村。（3）新建傈僳族歌舞文化保护村（四声部无伴奏合唱、民族歌舞"摆时"等）。

**兰坪普米族自治县** （1）锣锅箐普米族生态文化保护村（包括大羊场、箐花、河边、兰坪县下甸等村）。（2）挂登、弩弓普米族服饰与歌舞艺术保护村，以挂登为中心。（3）回龙普米族雪门会文化保护区，包括庄河、大竹箐等村。

**宾川县** （1）沙址佛教生态文化保护村。（2）上沧白族本主文化保护村。（3）莉村白族文化保护村。

**云龙县** （1）旧州乡白族民间戏剧文化保护区，包括下坞、汤邓、汤涧等村。（2）庄坪白族本主文化保护村（依托自然太极图）。（3）诺邓白族民居建筑文化保护村。（4）大达白族民间戏剧（吹吹腔）文化保护村。（5）天池生态文化保护区，以海头寺为中心，包括与之接壤的 8 个自然村。（6）顺荡桥梁建筑文化保护村。

**洱源县** （1）梨园生态文化保护村。（2）松鹤唢呐音乐文化保护村。（3）起凤白族砚台雕刻工艺文化保护村。（4）凤翔白族田家乐民俗文化保护村。（5）西山白族歌舞文化保护村。（6）邓川白族饮食文化保护区。（7）右所白族歌舞与民族教育文化保护村。（8）双廊白族街市建筑文化保护村。

**大理市** （1）三汶笔白族大理石制工艺文化保护村。（2）庆洞白族绕王灵文化保护村。（3）喜洲、周城白族文化（建筑、扎染、歌舞、饮食等）保护区。（4）吊草彝族生态文化保护村。（5）挖色白族刺绣工艺文化保护村。

**宁蒗彝族自治县** （1）牦牛坪彝族民俗文化保护村。（2）沙力彝族竹编工艺文化保护村。（3）小丫口毕摩文化保护村。（4）沙里坪彝族文化保护村。（5）干坝子彝族文化保护村。（6）泸沽湖摩梭文化保护区。（7）拉伯摩梭达巴文化保护村。

建立民族文化保护村，应制订分阶段实施的行动计划，行动计划应在省计划部门分别立项。行动计划的总目标是在全球经济一体化进程加快，民族文化的生存面临严峻挑战的历史条件下，确保滇西北民族文化多样性、生物多样性、自然文化资源多样性的存在和发展，为中国和世界提供一个保护民族文化多样性、生物多样性、自然文化资源多样性的示范区；为滇西北各民族现代化提供科学有效的发展模式，使各民族的经济、社会、文化、生态可持续发展，人民生活质量日益获得提高。

具体目标是在全面规划、突出重点、以点带面、逐步推进的原则下，在"十五"期间建成6个民族文化保护区和15个民族文化保护村；在2010年前，最终完成60个民族文化保护村（区）的建设。要求做到村（区）文化基础设施建设有规模和水平；突出生物多样性的村落民族植物园区建得有特色；特色文化的保护与弘扬见成效，民族文化人才的传承培养与村落文化队伍的建设水平有所提高；群众文化活动经常化，民族文化产业步入市场轨道。

建设民族文化村所需的费用，包括各项工程建设费、设备购置费、文物搜集费、图书资料费、展示设计与制作费、管理人员工资，据实预算后建议由省、地、县、村四级按5∶2∶2∶1的比例分摊，或建议通过引进外资来解决。建成后投入市场，自收自支，自负盈亏。

## 四 民族文化保护政策、法律与
### 发展对策的制定

民族文化多样性的保护和民族文化保护村（区）的建设，需要国家的政策支持和保障。文化部2000年5月15日发的文社图发

[2000] 19 号文件《文化部关于实施西部大开发战略，加强西部文化建设的意见》中规定："在传统文化生态保存比较完整的地区，要推动民族文化生态保护区的建立；对一些濒于灭绝的民族民间绝技、绝活等文化遗产，要抓紧抢救和保护。"这是我国政府首次提出建立民族文化生态保护区的政策规定。文件要求"在搞好西部再造山川秀美工程的同时，要重视西部文化生态环境建设，做到自然生态环境和文化生态环境并举"。所谓"文化生态保护区"，就是我们主张在滇西北要建立的民族文化保护区（村）。所谓的"文化生态环境"就是我们要建立的文化多样性保护和发展的文态环境。此项政策的出台对我们是一个巨大的鼓舞，说明我们在 2000 年提出的保护方案是符合国家要求的。我们希望云南省政府批准我们的建议，制定相应的政策和保障措施，使其得到落实。国家制定的加快民族地区文化事业发展的特殊政策是多方面的，就投资而言，党的十四届六中全会决议确定"对中西部欠发达地区和少数民族地区文化事业增加投入"的政策；国务院 1996 年 37 号文件《关于进一步完善文化经济政策的若干规定》中又作出"在边境建设费和民族地区发展费中应有一定比例用于文化事业建设"的政策规定。这些政策的制定对推进民族文化事业的发展是十分有意义的，但事实上没有得到很好的落实。滇西北民族地区群众文化生活贫乏，特别是在贫穷、后进的少数民族农村社区，基本上没有什么文化设施，没有文化经费的投入。进行滇西北民族文化的保护与开发，首先要用好用活国家已有的各种政策，特别是投资政策，改变这项政策未得到认真贯彻落实的状况。

制定建立民族文化保护村（区）的政策，应包括以下几个方面：

（1）保护区域的划界政策。根据生活领域与生态环境之完整，视觉景观之完整的原则，划定保护村（区）范围。一般来说，其范围应包括居住区、农业区、牧业区、林业区、渔业区诸方面，但视当地实际情况增减。应制定有利于现有村级行政区分界线可依上述原则进行调整的政策。

（2）投资倾斜政策。"十五"期间每年至少拨 5000 万元投入民族文化村建设工程。

（3）土地与资源的合理利用政策。建议对利用当地文化资源开办文化产业，对文化保护村建设工程进行投资的本地人、外地人，无偿或低价提供所需的土地，每投资 5 万元给土地 1 亩（0.0667 公顷）作补偿奖励；建议国家实行低息信贷政策和 5 年内免征一切税收的政策，鼓励对民族文化保护村（区）进行投资及兴办文化产业。

（4）留住人才和吸引人才政策。滇西北民族文化保护村落社区内的文化人，可给他们评定文化师的特殊职称，建立人尽其才、才尽其用的机制；同时采取吸引外地人才的优惠政策和措施。凡本地人、外地人对文化保护村（区）工程或文化产业开发进行智能、光能、技能等投入的，可折成股份享有相关的权益，对外地文化人可无偿拨给0.1—0.13 公顷土地盖建私有别墅。

2000 年 5 月 26 日，云南省颁布《云南省民族民间传统文化保护条例》，为民族传统文化的保护立了法，民族文化保护村应严格执行。除此之外，还应按一村一条例、一区一条例的方式制定民族文化保护村的保护法规和条例。保护对象为村（区）范围内的人造文化资源和自然文化资源。

人造文化包括有形文化资源和无形文化资源两种。有形文化资源指具有历史、文化艺术价值的下列资源：

（1）古物：具有鉴赏、研究、发展、宣传价值的历史文化遗物，如年代悠远的礼器、兵器、农具、舟车、货币、绘画、书法、雕塑、织物、服饰、器皿、经卷、文献印玺、文玩、家具、杂器等文化遗物。文化村管理处研究部应对这些遗物之年代、作者、材料、质地、形状、大小、重量、件数、出处、保管场所等做研究及记录，并对其进行分级评估和保护，对珍贵稀有者要特殊保管，且择优精制图片。

古迹之修护应保存原有色彩、形貌，采用原有或相近之材料，使用传统之技术和方法。凡确定为古物之物均不得上市出卖及转移给外国人。属私人所有的，应作收购。地下埋藏之古物，概属国家所有，对发现者给予奖励。

（2）古迹：指古建筑物、遗址等文化遗迹。包括年代悠远的城郭、关塞、市街、土官衙署、书院、宅第、寺塔、祠庙、牌坊、陵墓（含火葬墓）、堤闸、桥梁等。遗址指历史上人类活动的旧址，包括居住、信仰、教化、生产、交易、交通、战争、墓葬等旧址。古迹之整修、复原或修护是进行保护的重要措施，应由民族文化保护村管理处会同县有关部门共同筹资进行。古迹应保存原有形貌，其他建筑物之新建、改建、扩建、拆除等应事先报经村管理处及县有关部门批准。擅自进行者按违反省民族民间传统文化保护条例进行处罚。

（3）艺术：指少数民族和文化村特有传统技术及艺能。包括编织、刺绣、窑艺、琢玉、木作、髹漆、竹木雕、牙雕、裱褙、版刻、造纸、摹拓、作笔制墨、制砚、戏曲、古乐、歌谣、舞蹈、说唱、杂技等。为保存发展其传统的技艺，对执艺者应遴选任命为艺术师，让其主导有关的传授、研究及发展工作。能变为文化产业的，交社区民族文化产业部门进行开发。民族艺术的保护应利用节日、庙会、观光等机会组织民族艺术活动，包括传承训练、发表、欣赏、比赛、展演、出版等。对于已消失的要通过研究予以复活，对即将消失的应及时采取保存措施，包括对传承人给予保护及奖励。

无形文化资源包括民俗、信仰等精神领域中的资源。民俗，指本村本地区具有特色的优良的传统民俗，民俗是民族聚落群体共有的世代相袭的行为方式，包括伦理道德规范、传统教育、宗教仪式、婚丧礼仪、人生礼俗、节庆仪式、饮食习俗等。有关民俗的实物或文物应进行收集展示。民俗的保护应逐一登记其名称、规模、由来、沿革、内容或仪式，将其保存在社区博物馆、民俗资料馆中。应制作图片或拍摄制作纪录片、幻灯片。社区还应根据优秀的民俗事项定期举行民俗活动，为发展旅游业服务。

自然文化资源包括对保护村地域内之自然景观、地形、地物、化石及未经人工培育自然生长之野生动植物的保护。它们是村落社区地域内的自然遗产，村民和游憩观光者应树立保护意识，使社区确定的生态保育区（指保护本地野生动植物之生长、生育、栖息地，游憩者禁止进入）。自然保留区（指生态体系地区）的自然状态及其境内的珍稀动植物不受损害、破坏，使村落有人与自然和谐共融的生态环境。对自然资源的保护还应包括环境保护、水土保持、森林育护等几个方面。

（1）依法防治水污染，对河川、湖泊、水库、池塘、沟渠的水及地下水实行水污染防治，应建社区废（污）水处理设施，将其纳入污水下水道，并按国家的水污染防治法规进行管理，违者受罚。社区应有专人进行管理。

（2）依法进行空气污染防治，不使用污染空气之燃料，提倡使用沼气或用电，不燃烧产生尘、烟之物质，不弃置可生恶臭（如氨气、硫化氢、硫化甲基、硫醇类等）或有毒气体之物质。对硫氧化物、一氧化碳、氮氧化物、碳氢化合物、氯气、氯化氢、悬浮微粒、金属熏烟、黑烟、酸雾等进行严格防治。

（3）处理废弃物。如垃圾、粪尿、动物尸体及其他有毒、有害的物质纳入法律法规保护体系。

保护民族文化遗产，涉及的部门和范围很广，各县人大应根据民族文化保护村的发展需要，制定行之有效的民族文化村保护条例。

建设好民族文化保护村，我们认为应采取以下对策：

1. 改革文化管理体制

现有的文化管理体制基本上是计划经济时代的国有文化管理体制，其特征是政府给予财政保障，机构是国有的，存在形式是公共图书馆、博物馆、文化馆、文化站等，其领导机关是各级政府的文化职能部门。行政村和自然村一级没有政府设立的文化专门机构。这种文化管理体制应该进行改革。首先应把民族文化保护村纳入国家文化管理的统一体制之内，在民族文化保护村（区）设管理处，作为国家文化管理机构的最基层组织。其次应大力推进非国有文化事业的发展，鼓励集体、企业、个人和社会各方力量举办民族文化传习馆、民族文化书院、民族语言文字培训中心、民族音乐厅、民族画院等文化项目，以实现文化事业（产业）所有制多元化的快速发展。最后，民族文化保护村在旅游业发展的热点地区，属于可以产生效益，可以进行经营运作的公益文化事业单位，其经费可实行全额自给；在旅游业及其他产业不发达的贫困地区，可实行政府部分资助或全额资助，让其创造条件，逐步减少政府的资助而走上市场化的道路。

2. 实施民族文化的对外开放

民族文化的保护与发展，必须建立在扩大对内对外开放的基础之上。要通过宣传，实现"请进来，走出去"，让我国东部地区和世界了解滇西北民族文化保护村文化艺术的瑰丽和神奇。以此引进资金、技术、人才和管理模式，加强保护村的建设，加快保护区民族文化的创新和繁荣。纳西古乐之进入维也纳金色大厅，丽江古城之被列入世界文化遗产，说明滇西北的民族文化通过走对外开放的道路，可登上国际精神文化的大舞台。美国大自然保护协会是一个实力雄厚、影响力巨大的跨国非政府机构，已在云南省设办事处，建议政府进一步与其签订建立滇西北民族文化多样性保护的合作协议，把建设民族文化保护村、保护区作为一个对外开放的项目而与其进行合作。

3. 依靠科技进步

"科学技术是第一生产力"，民族文化保护村（区）的经济发展要依靠新科技，民族文化的保护与发展也要依靠新科技。要利用滇西北文化资源的优势，加快文化资源数字化、文化管理网络化、文化保护信息化的步伐，增加滇西北民族特色文化的影响力。

### 4. 坚持"保护第一"的方针

合理开发利用人造文化资源和自然文化资源，走可持续利用和文化与经济、社会协调发展，文化保护与生态保护协调发展的道路，是搞好民族文化保护与发展的战略选择。对人造文化、自然文化资源的开发利用必须坚持"保护第一"的方针，开发利用必须以有利于保护作为前提和归宿。

### 5. 认真执行民族宗教政策

民族文化保护与开发，必须有利于民族团结和边疆地区的社会稳定，而要做到这一点，必须认真执行党的民族政策与宗教政策。文化保护与发展的各种决策应尊重少数民族人民的意愿和选择。

### 6. 把民族文化保护区、保护村纳入旅游观光体系

大力发展民族文化旅游产业及民族文化产业，把旅游产业和民族文化产业作为民族文化保护村（区）的支柱产业之一，把民族文化的保护与发展建立在保护区人民的经济繁荣、富裕的基础之上，是民族文化保护的重要目标，滇西北民族文化的保护与发展，必须认真促使这一目标的实现。因此，建议把民族文化保护村、保护区纳入全省的旅游观光体系，以带动民族文化保护区经济、文化的发展。

### 7. 建立民族文化保护村（区）建设指导委员会

在省、地、县三级设立民族文化保护区、保护村的建设指导委员会（包括组建专家组），作为党和政府的管理、协调机构，有利于全面实施滇西北民族文化保护村（区）的建设工程。因此，建议在省、地、县设立这样的机构。

概括本文论述，可得出如下的结论：实现民族传统优秀文化的保护与繁荣，是进行西部大开发的一个具有战略意义的任务；建立民族

文化保护村、保护区，是保护和发展民族传统文化的一种有效的模式，又是发展现代民族村落文明，使各民族的社会主义现代化建设更具有民族特色的手段。

（原载《云南日报》2000 年 7 月 24 日 A3 版。苏太恒、翁家烈编《走进西部》一书选刊，贵州民族出版社 2001 年版）

**附记　《人民日报内参》第 584 期（2009 年 9 月 13 日编印）**

关于西部大开发：建设"活态博物馆"，保护民族文化村

——关于云南建设民族文化大省的新目标思路（四）

（云南省社科院院长　何耀华）

云南生活着众多的少数民族，是一个"活态博物馆"。民族文化保护村是建设云南民族文化大省的根基，是保护民族传统文化整体和发展现代村落文明的手段。把有价值的文化遗产和自然遗产原状的保护和保存在其所属村落社区及生态环境中，唤起本民族对自己传统文化的保护意识和文化自豪感，并通过不断创新，发展现代文化，实现富有鲜明民族个性和特色的现代文化转型。

民族文化村要保护的传统文化，是指特定村落地域界线内的民族群体在人与自然、人与社会长期互动中所创造的物质的和精神的文化。包括所创造的物质与知识体系、行为准则、理想信念和价值观念的总和。少数民族在长期求生存、求发展的实践中，形成了富有价值的生态伦理道德观和固有的生态文明。如自然崇拜、图腾崇拜、祖先崇拜、民族习惯法、村规民约等。

民族传统文化的发展和保护可采取传统延续型、传统改进型、全新创造型 3 种。延续型的主要做法是通过传承和传播，如师徒传承传播、定期举行群众性传统文化活动与民族节日活动的传承传播、学校

教育的传承传播、传习馆的传承传播等。传承是一个动态的历史过程，随着民族文化保护村的建立，生存环境、社会环境的改变，劳动者素质的提高，传承将会变得更加主动积极和形式多样。传统改进型是保留传统之框架与特色，只对局部做改进或改变。全新创造是指传统文化的自我更新，对异文化的移植或将异文化本土化。

民族文化保护村是少数民族安居乐业、富足、和谐、温馨的生存空间，它植根于灿烂的民族本土文化底蕴，又与现代文明相对接，能满足现代民族生活的需要。因此，它应建成社会主义现代化新农村的样板。为此，特提出建设规划框架。民族文化保护村建设项目及内容如下：

外连道路：建立整体性道路交通网，拓宽原有道路，铺设沥青、水泥路面。

水利灌溉与防洪：建立水利灌溉系统，治理塌方之边坡，建堤防、护岸及给排水设施。

电力与通信：通电、通程控电话，建卫星接收系统。

环境治理：治理污染源，造林治溪，植草、种花，绿化、美化山川和人居环境，净化湖泊，建垃圾处理及公共卫生设施。

社区道路网：铺设社区石板或沥青、水泥路面，装设路灯。

社区博物馆（民俗馆）：建民族文物陈列馆，陈列民族生产工具、生活用具、器皿、工艺制品、文献、经卷、绘画、乐器、服饰及其他遗产和生态资源样品。

社区民族文化中心：建民俗传承室，民族植物园区，音乐、舞蹈、体育与民俗演示场，社区居民休闲园，游憩服务设施（餐厅、宾馆、商店）。

民族文化保护村的构成，应从整体性、结构性、层次性、相关性、动态性的需要加以建构。其组织结构为：设立民族文化保护村管理处，管辖全村农户；下设文化产业部、民族文化研究与抢救部；管理历史地段和遗迹、遗址，社区民俗博物馆，民族植物园区，文化传承，图书资料信息室，民族歌舞、体育活动场所，游憩、餐饮设施，商店等。

民族文化保护村按下列 5 项条件进行遴选：建村历史悠久，农户一般在 200 户以上，人口 800 人左右，民族文化单一，特色鲜明、典型，或多元特色突出、丰厚；村中有一批农民文化人及组织者，村民富有弘扬本民族文化的志向和传统；村落整体具有"文化特性"或"文化意蕴"；有特殊自然景观、地形、地物或文物古迹名胜作为依托；交通方便。

符合上述 5 项条件的，可确定为一级文化保护村；交通不方便，但具有其他 4 项条件的可作为二级民族文化保护村，以作中期、远期开发的点；有同一民族聚居，具有共同文化特色或内涵，由数个村落组成的小区域，可建为民族文化保护区。

如滇西北 15 县市有一批可以列为民族文化保护村（区）：

中甸县：尼西陶制、木制工艺文化保护村。红坡藏族草原生态文化保护区，包括林都、阔机达拉、租母谷、果姑、司牙、给诸 6 个自然村。白地纳西族东巴文化保护村。尼汝及属都岗藏族草原牧业文化保护村。

维西傈僳族自治县：其宗藏族热巴舞文化保护村。叶枝傈僳族"阿尺目刮"（山羊的歌舞）文化保护村。康普喇嘛寺藏传佛教文化保护村，以喇嘛寺村为中心。

丽江纳西族自治县：玉龙雪山纳西族文化保护区，包括文海（生态保护文化）、玉湖（民居）、玉龙（采松果祭大自然、白沙细乐）、束河（皮革制作工艺）4 个村。依陇东巴文化保护区，包括署明、巴甸、依支等村，署明村为中心。黄山东巴传统教育及纳西族饮食文化保护村。石头城纳西族古城建筑文化保护村。

贡山独龙族怒族自治县：丙中洛怒族民俗石板民居、水磨群、信仰、仙女节日等文化保护区，包括重丁、扎拉桶、扎拉、双拉4个自然村。独龙江独龙族文化保护区，包括孔当等村。

大理市：三汶笔白族大理石制工艺文化保护村。庆洞白族绕三灵文化保护村。吊草彝族生态文化保护村。挖色白族刺绣工艺文化保护村等。

民族文化保护村（区）的建设，可以县为单位，分别进行可行性研究，优选后分期分批进行。

2009年5月26日，云南省制定《云南省民族民间传统文化保护条例》，为民族传统文化的保护立了法，民族文化保护村应严格执行。除此之外，还应制定民族文化保护村的保护法规和条例。民族文化保护村保护法规、条例的规定，是保护民族传统文化之重要手段。

# 失业问题的再立法势在必行

## ——在省九届人大法制工作座谈会上的发言

　　失业问题是目前人们议论最多，最令人关注，也引人思考的社会问题。据著名经济学家董辅礽的研究：不算农村中的隐形失业和国有企业中的在职失业（也是隐形失业），1997 年年底，我国城市中的失业人数最低估计达 1300 万人，其中登记的失业者为 650 万人，公布的登记失业率为 3.1%；还有许多未登记的失业者，如"下岗"职工不包括在内。所谓下岗职工，是指在企业等单位已无工作而又还未离开原单位的职工，他们不领工资，或者在一段时间之内只从原单位领到少量生活补助费，他们实际已经失业，需另找工作，但又未计入失业者，其数量高达 1200 万人。他们中 40%（480 万）的人已再就业，其余（720 万人）处于失业状态。

　　失业是许多原因引起的。中国是一个发展中国家，农村人口占很大比重，1952 年农村人口占总人口的 87.54%，1996 年占 70.63%。中国在工业化、现代化的发展过程中，必定要经历农业人口转化为工业人口的过程，以及与此相伴随的农村人口转为城市人口的过程。但是，由于在改革开放前，不容许发展非公有制经济，不容许农民离开农村和土地到城市寻找工作，这个过程进展得很慢，造成了农村和农业中大量劳动力的就业不充分，或者说大量的隐形失业。目前农村剩余劳力有人估计为 1.2 亿至 1.7 亿人，有人估计为 2 亿人。改革开放后，实行农业家庭联产承包制，劳动生产率提高，允许劳动力自由流动，大量劳动力由农村流向城市，形成巨大的就业压力，隐性的失业变成了公开的失业。还有非隐性失业的大量劳动力由落后地区流向发达地区，也引起了大量的失业。

在计划经济时期似乎不存在失业，表面上没有失业，但这只是假象，那时一是靠牺牲劳动生产率和实行低工资政策来增加就业，二是靠实行不允许劳动力自由流动的户籍制度来维系表面上的没有失业。其结果不仅在农村而且在城市都形成了大量隐蔽性失业。在 20 世纪 80 年代，企业还实行计划经济中的"铁饭碗制"，一般不解除多余的职工，城镇中的就业问题仍主要是使新成长的劳动力就业，曾经就业而又失业的劳动力占需要就业的劳动力的比重很低，1987 年只占 15%（不包括农村流入城市寻求就业者）。

20 世纪 90 年代在由计划经济向市场经济转变的过程中，面对市场的竞争，企业必须把多余的职工裁下来，以提高劳动生产率，增加企业效益；同时在竞争中又发生了企业的停业、解散、破产，这些都使失业问题加剧。1995 年，曾经就业而又失业的劳动力，占需要就业的劳动力的比重达 41%。由此可见，当前的失业问题有一部分是计划经济时期埋下的，在转向市场经济时由隐性变成显性；有一部分则是与实行市场经济有关的，后者的分量逐渐增加。既然要实行市场经济，失业问题是必定会发生的，只是严重程度有大有小而已。在经济体制转型中，引起失业的这两个因素共同起作用，使得失业问题更为严重。

当前的失业还与经济结构有密切关系。第一是在计划经济时期，强调优先发展重工业，造成经济结构的许多问题：如劳动密集的轻工业、就业门路广的第三产业发展严重不足，这使从各方面释放出来的剩余劳动力无法被吸纳。第二是在冷战结束后，军事工业大大压缩，因而产生许多人无业可就问题。第三是在转向市场经济中，由于过度竞争，一些产业盲目发展，形成生产能力过剩（如制造业、纺织业、家电业），使许多人无业可就。第四在转向市场经济中，市场经济的周期开始出现，近来为控制通货膨胀，实行了四年多的紧缩政策，价格平稳了，过高的经济增长速度逐渐下降，但近来也出现了有效需求不足，使失业问题更为严重。这些都是造成大量失业的因素。

　　失业问题是当前和今后一个相当长的时期内存在的重大社会问题，不解决失业问题，社会矛盾就会激化，以致造成社会的动荡。解决失业问题的根本办法，一是发展经济，改变不发达状态，增加就业机会。二是进行法制建设，使法制建设和经济建设与改革同步，与再就业工作和社会保障体制的建立同步。1997 年 12 月 3 日，省八届人大第 31 次常委会通过《云南省企业职工失业保险条例》，这个条例的内容是好的，但是随着改革的深入和经济体制的转型，还需要根据目前出现的新情况，对失业问题进行再立法，我建议制定《职工下岗管理条例》，对下岗职工的定义作出科学的概括，对下岗的条件、下岗的审批程序、下岗后的生活保障、下岗后的就业培训及再就业的安排等作出规定，以法规的形式固定下来，使"下岗"问题，不以领导者的个人意志为转移。在制定《职工下岗管理条例》的基础上，今后还应该扩大范围制定《失业保障条例》。

1998 年 5 月 25 日

# 有感于澳大利亚、新西兰的农业立法

　　2002 年 3 月，我有幸随省人大常委会副主任吴光范同志率领的省人大常委会赴澳、新农业立法考察团，去澳、新进行了 12 天的访问考察。

　　澳大利亚墨尔本大学的麦凯恩教授（农业经济管理系主任、WTO农业国际贸易纠纷仲裁委员会委员）、唐纳德·麦克柱伦教授，新西南农业部资深顾问莫里期·卡特、亚太牲畜运输公司执行总裁克里斯·阿格纽向我们介绍了澳、新两国农业（包括畜牧业、渔业、林业）发展、农业立法、WTO 成员农产品贸易等情况，并就云南与澳、新农业合作交流、农产品贸易与法制建设等方面的问题与中国代表团进行了交流。澳、新是农业、畜牧业发达的国家，农业在国民经济中占有极其重要的位置，两国都是 WTO 的成员国，又都是区域性经济组织凯恩斯集团的主要成员。澳大利亚国土面积 768.23 万平方公里，人口 1930 多万，2000 年 GDP 为 3818 亿美元。农业是国民经济的基础产业，农业（种植业）、牧业和畜产品加工业是三大支柱产业，羊和羊毛产量居世界前列，畜产品在国民经济中占重要地位，约占其出口商品的 30% 以上，被称为驮在羊背上的国家。1999 年全国绵羊存栏数近 1.7 亿只，年产羊毛 10 亿公斤，所产羊毛的 90% 出口，占世界羊毛产量的 1/3 以上。奶牛和肉牛的存栏数为 2600 多万头，年产牛奶 20 亿公升，产牛肉 200 万吨。新西兰国土面积 26.8 万平方公里，人口380万，2000年GDP为499亿美元。畜牧业是国民经济的极其重要的产业，2001年全国绵羊存栏数为4398.7万只，牛存栏数为927.4万头。黄油、奶酪、肉、羊毛的产量分别为39.1万吨、25.4万吨、120.9万吨和17.8万吨。

农业法律是政府管理农业的依据，也是农业生产、加工、流通经营者及涉农部门的行为准则。澳大利亚政府对农业的管理方式大体经过三个阶段的变革。1983年以前，澳政府主要是用行政手段直接管理农业，突出表现为政府直接控制农产品市场和价格，农产品由国家统一收购和销售（包括出口）；1983—1995年，这13年是澳政府管理农业方式的转型时期，不再由政府直接调控农业并转变政府职能，为农业和农场主提供社会化服务；1995年以后，国家通过农业立法，用法律对农业实行宏观调控，用法律规范农业生产者、经营者及涉农部门的行为，使农业完全走上法治的轨道。澳、新两国的农业法律体系有一个特点，就是既有对农业进行宏观调控的基本法，又有实行微观管理的专门法；既有扶持和发展支柱产业的产业法，又有对具体每个农产品质量的标准化生产和质量安全监督检测的产品法；既有规范政府行政活动的法律，又有约束农业生产、经营行为的法律。据不完全统计，澳大利亚农业法律体系由基本法、专项法两大类构成，内容有产业法、产品法、生产法、加工法、运输法、交易法、保险法、环保法、检疫检验法、生产资料法、技术培训法、农业信贷法、农场经营法、农产品进出口法等十余大类。

新西兰围绕畜牧业制定了完整的畜牧业法律体系，主要的有动物产品法、动物保护法、动物福利法、动物识别法、生物安全法、奶制品产业法、奶制品产业重组法、肉类法、动物疫病防治法、兽医法、肉类董事会法、羊毛董事会法、猪产业董事会法、贮藏食品法、农业和畜牧业社团上诉条例、牲畜检测条例、肉类残余物条例、家禽加工条例等。

　　澳、新农业法律的另一个特点是专项法规为主，一事一法，针对性和可操作性很强。如新西兰为保证农产品的出口，就分别制定了园艺出口权利法、柑橘销售权利条例、杏仁出口标准通知、柑橘出口标准通知、猕猴桃出口标准通知、土豆出口标准通知等，围绕牲畜疫病防治，分别制定了防治疯牛病、口蹄疫、结核病的法律。两国动植物检疫法律、法规十分严格，除海关检查外，国家渔农署官员牵犬检查入境行李，严防疫病传入。他们的法律，综合型的很少，大多是一事一法的专项法律，内容具体，规定明确，没有空洞的原则，没有模棱两可的内容。

　　两国还突出了加强生态建设、保护环境的立法，除对土壤、水源、森林等自然资源的保护立法外，还对化学品、农药等影响环境的农业生产资料立法，加强了生产、使用、检测的管理，依法实施生态环境建设，促进农业的可持续发展。两国农业立法都贯穿着一根主线，就是一切农业法律都是以保护农业和稳定农民收入为出发点。墨尔本大学唐纳德·麦克柱伦教授在介绍澳大利亚制定农业法律政策的目标时，概括为：（1）稳定农民收入；（2）帮助农民渡过自然灾害；（3）保护家庭农场的经营形式；（4）保护农业生态环境；（5）提高农产品的市场竞争能力。

　　澳、新两国的农业立法，对我省的农业立法有许多有益的启示：一是立法的数量质量要够用、管用、实用；综合立法与专项立法要以专项立法为主。二是宏观调控立法与微观管理立法要以微观管理立法为主；配套立法与自主立法相结合，以自主立法为主。

# 关于云南省社科院的自身
# 改革与发展 *
## ——在全国部分省区社科体制改革经验交流会上的讲话

会议主持人一定要我讲几句话，我简单说几点，是即席讲话，敞开思想的讲话。

第一，我觉得，今天大家的发言，特别是各位社科院院长的发言，都非常精彩，非常有见地，对大家非常有启发。对云南省社会科学院的工作，同志们给了很多鼓励，我在这里表示衷心感谢。我们的工作还有很多不足，比起各个兄弟社科院来，我们的差距是很大的。上午，我们的老书记（省委原书记普朝柱）讲："云南社科院有不少创新的成果，对社会起到了重要的作用，总的说有创新精神，但还不够。"说我们有创新精神，是对我们的鼓励，说我们创新不够，则是一语击中了我们工作的不足。我认为通过大家给我们传经送宝，云南社科院在科研成果的创新、科研体制改革方面会有新的进展。

我们院的改革和四川院是两个模式。刚才刘茂才院长讲了四川社科院通过改革，有400人实现了自苦自吃。这是个很成功的经验。符合国家的全额拨款、差额拨款改革要求。云南社科院的改革还没有这样做。我们是从学科本身扩大内涵和外延，没有触动人事，因为人事制度的改革社科院没有这个权，中央和省里不给政策，人事制度是改不动的，所以，我们没有走半额拨款或全额拨款的路。关于聘任制，

* 本文是在 1999 年 9 月 12 日召开的全国部分省、区、市社科体制改革经验交流会上的讲话。

我们搞过一年，聘了一次后就没再搞，评职称后，只要有指标就给兑现工资。在课题上我们实行的是课题组长负责制。对一些学科的改革，我们是扩大它的内涵，扩大它的外延。比如说，搞农村经济研究的也可以搞城市经济研究，现在我院没有环境经济的研究机构，搞农经研究的，也可以搞环境经济；又民族文学所研究民俗民间文学，但也可以搞宗教学，搞民族学，只要你能搞上去，院里都鼓励支持。我们在学科领域增加很多新的项目，都是在各种学科的交叉和结合点上进行，这样更适应社会需要。

云南社科院提出的"十六字方针"，叫"高举旗帜、强化基础、突出应用、立足创新"。"高举旗帜"，就是以邓小平理论，有中国特色的社会主义理论为研究的指导思想和准则。所谓"强化基础"，第一，要强化学科基础理论知识，每一位同志对自己搞的学科的基础知识必须打牢，做到广、博、精、深，搞历史的必须搞古汉语和搞辨伪考据，必须把文献搞得很系统、很精；第二是基本理论，马克思的基本理论、列宁的基本理论、毛泽东的基本理论、邓小平的基本理论，要说得出来，会用以分析问题；第三是基本技能，要求有较高的写作水平，较高的表达能力，解决问题的能力要比较强。再就是电子计算机的应用能力、外语能力要强，对本学科国际国内的前沿发展态势的掌握，对国学的各种要素，对西方的各种政治、经济理论，每个学科都必须掌握。这些就构成我们强化基础的主要方面。所以把大家的注意力引导到这方面来，我们办计算机培训班、外语培训班，举行各种各样的学术报告会。我们拨出很多钱，用于强化基础。

"突出应用"，就是要求立足以科研成果满足社会需要，为党政机关的科学决策服务，如果不能为党政机关的决策服务，也要对提高全民族的科学文化素质、道德素质起作用，要有社会效益。或者为哪个企业解决它的什么问题，研究一个什么战略方案、什么发展方案，一定要突出应用。什么是"立足创新"呢？我们深深感觉到我们的创新成果不多，精品的精度不够。为把精品搞上去，我们提出创新。老书记讲我们创新不够，我们自身也觉得创新不足。当然，我们也有一些创新，不是说完全没有创新。云南省发展的思路和改革理论，有很多就是我们院向省委、省政府建议的。

第二，我觉得一个院要对本省省情有深刻的认识，对本省的发展要形成自己的理论体系，要有自己的看法。这些看法应该对省委、省政府的决策有参考价值，这样社科院的地位就会提高了。我每次想，我当社科院院长，要能对全省的整体发展提出思路，就要能集全院之所思，因此，在各种场合下，我都要把大家的共识总结出来，对省里的科学决策提供服务。前天（1999 年 9 月 10 日），省计委找我去研究制定"十五"规划问题，我一到他们就问我"十五"规划怎么定，要我先抛个纲。在这种情况下，你不说，社科院的地位就没有了，要说就要有新意，要标新立异，或者你要提出决策者欢迎而又可操作的东西。所以，我做院长没有考虑把哪个人裁掉，或者说不聘哪一个，或者降低哪一个的待遇。一些想法一旦形成课题，就着眼于把大家固着在现实问题及基础理论的研究上，然后出成果。

社会科学院是社会的公益机构，是靠政府投资办的，这一点几十年来都一样。所以大家不要为自己的饭碗发愁，如果真正像"文革"中陈伯达讲的，文科大学可以不办，社科院可以不办，那是不可能的，实际上不但要办，且要越办越好，社会科学的问题，关键是怎样搞，怎样做贡献。

昨天（1999 年 9 月 11 日）我又去省计委，在会上提出要强化基础。第一要打通三条高速公路，一条是从滇东北通往四川的高速公路，一条是从昆明通往缅甸的高速公路，一条是通往老挝、泰国的高速公路；第二是修三条铁路，一条是滇藏铁路，应该开始前期准备工作；一条是滇缅铁路；一条是滇泰铁路。打通"三条铁路、三条公路"就是强化基础。当前是国家扩大内需的时候，这样做可以扩大内需。云南省的产业优势是什么，不是什么五大优势、八大优势甚至几十个优势。其实就是两大优势，一是我们的"两烟"优势，这"两烟"的优势绝不能丢，因为"两烟"是目前全省农民致富的出路所在。我们的几大烟厂把全省农村都变成了种烤烟的场所，老百姓卖烟得了钱，经济发展了。这个优势现在碰到了挑战，但是必须保住这个优势，突出这个优势。二是旅游产业优势。矿业自明、清以来就有发展，但矿业受国际市场影响很大，我们的铅锌外销不行，铝主要也在国内销售。省计委的领导说，你讲得非常具体、思路清楚，怎么强化基础，怎样突出优势要非常明白。云南省要发展，必须搞新型产业，必须搞高技术、新技术，围绕知识经济的发展来搞新的产业，这样可带动老产业的结构调整。

我的这些意见是从社会科学的角度提出的，我们有明白的态度，跟你讲的十种八种不一样，措施七条八条不一样。云南省的生产力布局是按"四路五江"沿线布局，我提出不同的看法，主张实行以昆明为中心的三个同心圆的互动发展的布局。我把它叫作"同心圆经济发展战略"。将大量的资金和技术投到滇中核心圈，以带动中间圈和边疆圈的发展。这个想法和已有的思路不一样。在这种情况下，省委领导考虑问题的时候也是什么意见有道理就采用什么意见。研究省情是社科院应有的一个特殊职能，要急政府之所急，想政府之所想，我们做咨政应用研究，应该为省委、省政府提出一些使他们能够接受的东西。

讲社科院的改革，我想应从学科建设上考虑怎样出精品成果，怎样出高端人才。我院现在有一批40来岁懂外语、熟悉电子计算机、科研能力很强的青年人，这些人是社科院的中坚和动力。如果没有这些人，我们的大楼就会是空的、没有用的。我们就通过搞学科建设来培养人才，这样可使我们的队伍稳定。这几年我们社科院有点成绩，就是大家心都在院里头，下海经商只有少数的几个，且很少做成功的，后来有的人又纷纷转向政界。有的又回到院里来。科研人员说："院有凝聚力，所以大家都不想离开这个窝子。"

因为是和大家交流我讲了这些，不妥的地方，请与会的同志们批评指正。

1999 年 9 月 12 日

# 在改革开放中发展繁荣云南的
# 社会科学*

尊敬的省委令狐书记、天玺副书记，省委、省人大、省政府的老领导朝柱同志、桂英同志、廷光同志、光范同志，各位来宾、同志们、朋友们：

今天，我们在这里济济一堂，隆重庆祝云南省社会科学院建院20周年。让我代表中共云南省社会科学院党组和院行政，向前来出席我院院庆活动的中国社会科学院常务副院长王洛林同志、科研局副局长蔡文兰同志；向各兄弟省、市、自治区社会科学院的院长、副院长和代表；向中共云南省委、省人大、省人民政府、省政协、省各部、委、办、厅、局、大学、大型企业、科研单位及地、州、市、县的领导表示衷心的感谢！向台北中山纪念馆副馆长曾一士先生，台湾淡江大学图书馆馆长黄世雄先生，香港乐施会驻昆明代表徐国伟先生表示热烈的欢迎！向应邀出席庆祝活动的老挝驻昆明总领事宋立·春拉先生，泰国驻昆明总领事嘎蒙·阿拉章先生，缅甸驻昆明总领事吴瑞模先生，向汉通校长为首的泰国西北大学祝贺团，福特基金会驻北京办事处的首席代表华安德先生、项目官员莫雷先生，美国大自然保护协会中国部高级顾问艾德先生，向我院荣誉院士、泰国清迈大学人文社会科学院乌来旺教授，日本国立民族学博物馆横山广子助教授，向对我院建设和科研进行辛勤劳动和做出巨大贡献的全院职工、离退休老

---

* 本文是在隆重庆祝云南省社会科学院建院20周年大会上的讲话。

同志及调到其他单位工作的同志们致以亲切的问候！

云南省社会科学院建立于 1980 年 1 月，是在党的十一届三中全会召开之后出现的全国改革开放大潮中建立的，可以说，它本身就是改革开放的产物。

邓小平同志建设有中国特色的社会主义理论，是我们党在领导社会主义现代化建设和全面改革中对中国社会主义建设规律的科学总结，它集中体现了马列主义、毛泽东思想的精髓及其所指引的科学方向，是我们党和全国人民的精神支柱，是做好一切工作的根本指针。云南省社会科学院的建院宗旨和首要目标，就是要拓展和深化邓小平理论研究，及时概括群众在建设有中国特色的社会主义伟大实践中的新鲜经验，进行新的理论创造，提出新的理论观点，以丰富和发展邓小平理论，为现代化建设改革开放提供有力的理论指导，科学的决策依据，我院先后出版的《邓小平经济思想研究》《邓小平理论的科学体系和哲学基础》《当代中国的马克思主义》《邓小平社会主义论》《邓小平社会发展论》《精神文明建设理论与方法》《邓小平理论与云南发展》（上、中、下三卷）等一批在干部群众中卓有影响的理论专著，就是在为实现这个宗旨和目标方面所做出的成功实践。

为经济建设这个全党全国的中心任务服务，是云南省社会科学院始终坚持的基本方针。建院 20 年来，特别是近 10 年中，我院着力研究云南经济建设中国民经济的宏观管理，社会总供给与总需求平衡的理论与实践，生产力的布局优化和产业结构调整，经济发展中的比例、速度和效益问题，科技进步推动经济发展问题，现阶段的收入分配、流通、消费问题，增强国有大中型企业活力问题，建立现代企业制度问题，公有制采取什么样的实现形式，才能更好地发挥优越性的问题，提高农业的综合生产能力和水平问题，加快滇中城市化建设与城乡协调发展问题，民族地区的经济与社会发展问题，人口问题，资源的开发与合理利用问题，价格体制、投资、金融、财政、税收的体制改革问题，外经贸、边贸的体制改革问题，等等。根据我省经济建设中提出来的任务，不仅研究经济理论，而且研究与此相关的民主政治建设问题，廉政政治建设问题，法制建设问题，扶贫攻坚问题，社会保障以及坚定共产主义理想信念、共产主义的世界观、价值观、人生观等问题，为省政府制定有关方针、政策以及发展战略、发展方案提供咨询和建议，并进一步研究实行这些方针、政策、战略的社会效益。根据改革开放条件下，人们特别是青少年人生观、价值观、道德观变化的特点和规律，我院着力研究人们的精神世界、精神生活，包括批判李洪志"法轮功"的歪理邪说；研究我省的社会主义精神文明建设战略和建设民族文化大省的发展战略，力求把现代化建设和改革开放建立在提高全体劳动者的思想、道德素质和科学文化素质之上。据不完全统计，截至 1998 年，我院完成中央有关部委、省委、省政府，各地、州、市及企业委托的咨询研究项目 310 多项，提交调研报告 571 份。其中，《云南仍处于社会主义初级阶段的表现形式和特点研究》《公有制的实现形式研究》《东南亚金融危机带给云南的挑战和机遇研究》《云南省发展战略研究》《云南农业发展战略研究》《云南农村改革研究》《云南小城镇建设研究》《推进云南现代化建设的新思路研究》《国有企业规范化管理》《云南建立社会主义市场经济体制及实施步骤》《商品基地建设与边疆民族跨越式发展》《云南市场体系研究》《云南所有制结构研究》《云南水电能源基地建设研究》《少数民族地区经济运行机制研究》《云南多民族特困地区脱贫致富研究》《滇西北农业资源评价与生产力布局研究》《云南乡镇企业发展与经济效益研究》《云南扶贫攻坚战略研究》《农村小额信贷研究》《云南证券市场研究》《云南分税制财政体改研究》《云南非国有制经济发展研究》《云南科技引进战略研究》《云南农村劳动力研究》等一批推动经济建设的应用性成果，取得了显著的经济效益和社会效益。《股份经济的理论与实践》《县域发展战略学》《中国扶贫攻坚的理论与实践》《不发达区域经济学》等一批经济理论著作，或填补了我国经济理论研究的空白，或提出了新的创见、新的资料而受到学术界的赞扬。

我省是多民族的边疆省份，研究民族问题有十分重要的理论意义和现实意义，有优良的传统和深厚的基础。抗战期间，西南联大迁至昆明，我国一批国学大师在这里致力于少数民族政治、经济、文化、文学、艺术、宗教、历史的调查，他们给后学者留下了博大精深的宏文巨著和深入边疆民族地区做实地调研的学风。1954 年周恩来总理到云南视察，做了云南要建立民族研究机构，发展民族学学科，为少数民族地区的社会主义革命和建设，为加强民族团结和维护祖国的统一服务的指示，当年云南大学就遵照周总理的指示，率先成立云南少数民族历史研究室，由著名史学家方国瑜教授作学术领导和学术带头人；1956 年，云南省成立云南省少数民族社会历史研究所，1958 年，中国科学院云南分院也成立以研究民族历史和地方历史为主要研究对象的历史研究所，1964 年两所合并为云南省历史研究所，云南省社会科学院就是在历史研究所的基础上建立的。可以说，民族研究或民族学研究是云南省社会科学院的根。自 1956 年云南省少数民族社会历史研究所建立开始，我院研究人员就长期深入云南的边疆与民族地区，进行少数民族经济、社会、历史、语言、文学、宗教、民俗学等全方位多领域的民族学调查，为国家识别民族、确定民族成分和各民族的社会性质，制定不同的民主改革政策和方案提供了科学的建议，我院珍藏的 20 世纪 50—60 年代数百万字的原始调查资料，至今仍在为各民族的现代化建设和改革开放提供着科学决策的依据。建院以来，特别是在最近 10 年中，我院的民族学研究者又把研究各民族地区的建设和改革开放问题，新的历史条件下各民族的政治、经济、历史、文化、宗教、民族关系、民族区域自治、民族地区的持续、快速与协调发展、边疆地区的社会稳定等问题作为主攻方向，为民族地区的改革开放和"两个文明建设"服务，他们撰写的，或主编的《论当代中国的民族问题》《中国西南历史民族学论集》《武定凤氏本末笺证》《藏汉民族关系史》（博士学位课程讲稿）、《纳西东巴古籍译注》《云南省有关西藏和藏事档案目录汇编》《松赞林寺的历史与现状调查报告》《怒江州贫困程度及根源调查和脱贫对策》《藏密仪式表演的实地考察》《基诺族简史》《纳西族史》《纳西族文学史》《多元文化与纳西族社会》《云南民族团结和边疆稳定》《云南苗族传统文化的变迁》《西双版纳傣族稻作文化》《傣族佛教与傣族文化》《中国各民族宗教神话大词典》《纳西东巴文化》《摩梭达巴文化》《白族文化》《白族神话传说集成》《傣族文学简史》《布朗族文学史》《普米族文学简史》《中国各民族原始宗教资料集成》（彝族卷、基诺族卷、纳西族卷）、《宗教大词典·中国各民族宗教》《红河彝族词典》《红河哈尼族词典》《中国西南与东南亚跨境民族》《周边国家民族问题与民族政策研究》《云南山地民族生活方式的传承与选择》《云南境内的少数民族》《云南少数民族教育发展与改革》《云南民族自治地方政府管理职能研究》《文明中国的彝族 10 月历》《白族科技与文明》《世界三大宗教在云南》《藏族纳西族普米族的藏传佛教》《东巴文化艺术》《云南少数民族文学简史》《走进女儿国》《中国西部少数民族的服饰》等一批著作，既对改革开放有促进或指导意义，又对建立有中国特色的学术体系有巨大的影响。

东南亚、南亚研究也是我院的重点学科和特色学科，这个学科对扩大我国特别是云南对东南亚、南亚国家的对外开放，发展睦邻友好，发挥了重要的作用。如我院研究和推进的澜沧江—湄公河次区域合作，早已变成了流域各国政府的行动。亚洲开发银行为这个次区域合作而召开的部长级会议，至今已有 8 次之多。我院推动的云南与印度的经贸合作，也正向中、印、缅、孟地区的区域性合作演变。在我院与省政府经济中心最近召开的"中、印、缅、孟地区经济合作与发展国际研讨会"上，我院院长代表中国学术代表团与印度、孟加拉、缅甸三国的学术代表团共同签署了旨在导致区域内各国政府进行区域经济合作的《昆明倡议》，这个"倡议"主张于近期成立"四国间区域经济合作论坛"，四国各出 2 名成员组成工作小组或协调委员会，负责拟订地区合作行动计划，印度政策研究中心的高级研究员维吉斯教授说："此'倡议'虽是非官方的民间倡议，但它将产生历史性的影响，空前地加快四国的对外开放和地区内各国的平等互利合作，这在亚洲历史上是一个新的突破。"我院东南亚研究所公开出版的《泰族起源问题研究》《缅甸史》《东南亚文化发展史》《战后东南亚历史发展》《从东盟到大东盟》等 42 部专著，内部出版的 22 部专著及 12 本当代东南亚系列丛书，不但成了我国人民了解东南亚各国历史和现状的基础性著作，而且还成了我国向东南亚开放、扩大与合作发展的指导性、理论性、应用性的基础著作。

最近全国人大常委会副委员长、中国社会科学院院长李铁映视察云南。他在省委省政府向他做工作汇报的会议上说："云南省社会科学院何耀华院长谈了云南院加强邓小平理论研究、经济研究、民族研究和东南亚研究的情况，这和我所了解、所想到的是一致的。深入研究民族问题、经济问题、东南亚问题，同时集中精力建立云南省的邓小平理论研究中心，研究邓小平理论，是非常恰当的。民族问题关系到国家的稳定和长治久安，深入开展民族研究十分重要。云南在民族研究方面有自己的传统，有自己的特色。要把这一学科作为重点，长期坚持研究。同时，把民族研究与边疆研究、宗教研究结合起来，与民族地区的扶贫与发展结合起来，为民族团结、边疆稳定和发展服务。经济研究方面，地方社会科学院要形成自己的特色和优势，研究工作重点可考虑两个：一个是研究中长期发展战略；另一个是对经济形势及时进行分析和预测，提出对策性建议。研究经济体制改革要有重点，与北京的同类研究机构，与国务院的研究机构有所区别。东南亚研究在云南、广西、广东有特色，特别是云南，在研究缅甸、老挝、柬埔寨、越南方面有自己的特色。要有几个学者始终研究某一国家，培养国别学专家。现在中国社会科学院提出要建立美国学，出版国别年鉴，写美国政治、经济、历史、文化、地理、民族、宗教各方面系统的专著。"

我院举行庆祝建院 20 周年的活动，就是要总结我院 20 年来的发展经验，学习中国社会科学院和兄弟省、市社会科学院办院的成功经验，更好地走向未来。我坚信，在党中央、国务院的英明领导和省委、省政府的正确领导下，未来的发展中，我院将会在发展繁荣云南的社会科学中创造出更大、更辉煌的成就！

# 发展繁荣昆明市的社会科学<sup>*</sup>

昆明市社会科学院，在全国人民学习贯彻"十五大"精神、省委六届六次全会精神的热潮中宣告成立，这是我省社会主义现代化建设中出现的一件令人鼓舞和振奋的大事。我代表云南省社会科学院对昆明市社会科学院的全体同志，对昆明市社会科学界的同人表示热烈的祝贺。中共昆明市委、昆明市人民政府对社会科学事业的发展十分重视，市委杨建强书记在市社科联第二次大会上对发展昆明市的社会科学事业，发表过重要的讲话，昆明市社会科学院的同志们要认真贯彻。

邓小平同志说："我们国家要赶上世界先进水平，从何着手呢？我想，要从科学和教育着手。科学当然包括社会科学。"[1]江泽民同志指出："社会科学研究的方向正确与否，社会科学发展状况如何，对人们的思想意识和社会道德风尚、对经济建设、对社会稳定和发展，都会产生巨大而深远的影响，甚至关系到中华民族的兴衰和社会主义的命运。"在省第六届六次党代会的报告中，省委提出要"逐步加大资金投入，大力发展社会科学"。省委书记令狐安强调："自然科学和社会科学要注意结合实际开展研究，把研究成果尽快转化为生产力。"上述中央和省委领导的重要讲话，深刻地阐明了社会科学的重要地位

---

* 这是 1997 年 12 月 29 日在昆明市社会科学院成立大会上的讲话。

① 《关于科学和教育工作的九点意见》《邓小平文选》第 2 卷，人民出版社 1989 年版，第 48 页。

和作用，我们社会科学界的同人应该把繁荣和发展我国、我省社会科学的重担，放在自己身上，并以优异的成绩，报效党和政府对我们的关怀和期望。

怎样才能发挥社会科学的作用呢？我讲三点：第一，必须坚持以马列主义、毛泽东思想和邓小平理论为根本指针，坚持党的基本路线，坚持在社会科学研究中讲政治、讲科学的世界观、人生观、价值观，坚持正确的政治方向，理论方向，发挥"用科学理论武装人"的作用。第二，要研究社会主义现代化建设中提出的重大理论问题和实际问题。当好各级党委和政府的参谋和助手。要研究这样的问题和发挥这样的作用，关键是要用理论指导实践，要在实践中拓展和发展理论。毛泽东同志曾经指出："我们所要的理论家是什么样的人呢？是要这样的理论家，他们能够依据马克思、列宁主义的立场、观点和方法，正确地解释历史中和革命中所发生的实际问题，能够在中国的经济、政治、军事文化等问题上给予科学的解释，给予理论的说明。"因此，我们一定要深入专业，深入实际调查研究，力戒空谈和形式主义。第三，要重视学科基础理论研究。一般而言，从事应用研究的目的是解决实际问题，而基础研究则是要解决认识问题、理论问题。如经济学要对社会的生产、交换、分配、消费等经济关系进行认识和调节；政治学要对社会的阶级关系、阶级内部的关系、国家关系、政党关系、社会集团的关系进行认识和调节；民族学要研究各民族的历史、文化及经济、社会发展，民族之间的平等、团结、友爱关系，以振奋民族精神，实现各民族的共同繁荣与进步。应该指出，基础研究虽然不能直接解决应用问题，但它亦具有推动生产力发展的职能，亦能转变为生产力。因此，基础研究绝不能忽视和放松。第四，要着力培养青年社会科学家，造就一支社会科学的宏大队伍。昆明是我国西部地区一个有特色而发展迅速的中心城市，不但交通发达，信息流畅，商、工、科、文兴盛，而且人才汇集，集中了我省人才的精华，如果昆明市不培养年轻的社会科学家，在我省建立社会科学宏大队伍的理想是不可能实现的。因此，昆明市社会科学院一成立就要在这方面采取措施，实施人才兴院、兴市战略。

同志们，新的一年即将到来，我们所面临的跨世纪的任务光荣而艰巨，让我们团结我省社会科学界的所有力量，所有同志，为繁荣和发展各省、市的社会科学而奋斗。

# 《云南省志》和地、州志的
# 编纂和使用*

　　1999年，我省地、州志办主任工作会议在这里召开，李省长、梁副省长十分重视，要省政府邹纲仁秘书长代表省政府和云南省地方志编纂委员会前来看望大家。作为云南省地方志编纂委员会副主任、省志副总纂，受邹秘书长的委托，我想就加快省志、地、州志编修和使用新修地方志的问题讲下列两点意见。

　　一是加强领导，明确职责，在2000年完成省志和地、州志编纂和出版任务。自1981年云南省地方志编纂委员会成立以来，到今年（1999年），《云南省志》的编纂工作，已经进行了19年，地、州志的编纂除因对越自卫反击战而起步晚的《文山州志》以外，最少的也有十多个年头了。各县县志的编纂，时间也不算短了。广大的修志人员，以马列主义、毛泽东思想和邓小平理论为指导，坚持党的基本路线，开拓进取，辛勤笔耕，使一大批应用价值、资料价值、学术理论价值都比较高的志书纷纷问世。据1999年2月统计，82部省志已发排60部；80部地、州、市级志已发排34部；县、市、区级志已出版3部。这些志书真实地记录了我省和地、州、市、县改革开放和现代化建设所取得的伟大成就，在推动我省的改革开放和两个文明建设中发挥着巨大的作用。这些志书的出版是云南省改革开放和两个文明建设所取得的历史性成果之一，看不到我们所取得的成就不是实事求是的。

---

　　* 这是在1999年地、州志办主任工作会议上的讲话。

但是，看不到我们工作中存在的问题也是不实事求是的。那么，存在的问题是什么呢？这需要我们修志的同志，特别是领导同志自己去寻找，今天，我只想说其中的一个问题，那就是省志和部分地、州志编修的进度过于缓慢，到明年（2000 年），省志的编修就是 20 年了，如果按 20 至 25 年为一代的话，那么省志到明年就修了一代人了。民国时期的《新纂云南通志》，自 1931 年年初开始编撰，1949年铅印出版，历时 18 年，计 266 卷、地图 198 张、表 530 张、图 78幅，共 640 万字。当时修志人员不足 100 人，与今天修省志的 1000 多人相比，它的修志人员是何等的少，而进度又是何等的快啊，这部志书的资料价值是举世公认的，总体质量大家都给予肯定。云南省志已经修了 19 年，可至今尚有 20 部未修好。为什么进展会如此之缓慢呢？同志们可以列出十条乃至几十条原因来为此开脱，但是，我想没有一条原因是足以可为其开脱的。如果要有，那就是一条，省志办的督促工作、指导工作、服务工作没有做好（包括我的工作在内）。为实现在 20 世纪内，即在 2000 年完成省志编纂出版的任务，应采取下列措施：

第一，在省志办公室实行责任制，把未完成的 20 部省志的联络、督促、指导、服务工作的责任落实到主任、副主任和每一个中职以上人员的头上，省志办与其签订责任书限定完成时间，按计划按质量完成。如果到时完不成，要追究责任人的责任。

第二，省志办要与有关修志部门的主要领导和主编在 6 月以前签订责任协议，按质按量限定在 2000 年 12 月出书，至少也得定稿。如果到时完不成，亦要追究领导者和编修者的责任。

第三，为按时按质按量完成省志及地、州志，若有需要政府解决的重大问题，请省志办专门写报告请示省编纂委员会及省政府解决。

关于地、州、市志出版或定稿的时间，除文山州志可延至 2002年完成外，其余地、州志也要求在明年（2000 年）出版或修完。所应采取的措施和以上省志的相同，请各地、州志办公室向所在地、州行署和政府汇报，加强行署和州府的领导，订出行动计划，报省志办加以督查和指导。

二是关于使用新编地方志的问题。修志的目的在于应用，省志办及各地、州、市、县志办应采取开门办志的措施，积极为本省、本地、州、市、县的改革开放和现代化建设提供地方志资料，为企业或重大工程和重大项目提供资料，服务上门，服务到项目。同时要为广大读者提供用志的方便。志书使用的频率，与对志书的宣传及为读者服务工作分不开，应把志书使用频率的高低作为干部考核的一项内容。

目前对志书的使用，有的地方做得比较好，如玉溪市红塔区，将志书资料简编作为爱国主义的教材，也作为中小学生阅读的乡土教育参考教材，这个做法很值得提倡，志书应为唱响爱国主义、社会主义的主旋律服务。昆明市、楚雄州、曲靖市对志书的推广使用也是比较好的，要把经验总结起来，加以推广宣传，让广大群众了解新编志书的内容和价值，使他们了解志书，使用志书。

1999 年 4 月 16 日下午

# 地方志编纂的理论创新问题 *

  云南省地方志学会在这里举行第四次会员代表大会。刚才省政府邹秘书长做了重要讲话，希望大家在会上认真讨论学习，在会后认真贯彻执行。省人大吴光范副主任还要做重要讲话，因为他谦虚，一定要我先讲，我遵命就讲一些自己的看法。

  跨入 21 世纪，我们伟大的祖国正进入社会主义现代化建设的新的发展阶段，云南省地方志的编修和研究又面临新的形势和新的任务，面临一个新的发展机遇。云南省地方志学会，必须以推进云南省地方志编修和研究为本。前几届地方志学会的工作之所以取得令人瞩目的成就，最重要的一条，就是坚持了以修志和地方志研究为本的思想和做法，适应了云南改革开放和现代化发展的需要。从存在的不足方面进行总结，我认为，也是在这方面做得不够，或者说是对以学术为本、学术为现实服务的要求不高，在方志学科体系创新、方志的内容创新、观点理念创新、修志方法创新等方面做得不够；一些成果未能很好地达到理想的水平。例如，我们进行的编纂，强调实证的多，将大量地方志资料进行科学的分析，使其升华为理论、概念、模式的比较少；流于素材的白描、临摹的比较多，进行规律性的探讨则不够。

  地方志学者，要注重方志编修和理论创新之术。创新，是方志工

---

  * 这是 2001 年 9 月 24 日在 2001 年全省地方志主任会议及省地方志学会第四次会员代表大会上的即席讲话的录音整理稿。笔者时任省地方志编纂委员副主任、省志副总纂，云南省通志馆馆长。

作向前发展的源泉和动力。今后，学会要以方志编修和方志理论研究为本，重心应是推动它的创新。就学科体系框架之创新而言，我认为，应将地方（地域性的）政治学、历史学、经济学、社会学、文化学、宗教学、环境生态学等学科进行交叉和整合。地方志研究，我认为应该是一种综合型的研究。离开了综合型的研究，只是单科独进的研究是不行的，要把它整合起来，交叉起来。要分析该地域的经济、社会、文化、历史、民俗发展的一般规律和特殊规律，从而使地方志的内容不是千篇一律的，而是有个性、有特点、有特色的，可以给人以新的认识和启示的。历史上编修的方志，多是后志抄前志，体例大致上也差不多是一样的，形成了一个比较千篇一律的模式，有一些突破得比较少。你看云南的志书，各县都差不多，体例基本上都一样。我认为，我们应该从创新的高度来加以考虑，没有创新不行，没有继承和发扬也不行。应按照我们的时代特点和社会发展的要求，在批判、继承和创新方面做一些新的尝试。这样的话，我们的研究才不会只停留在一个水平上，才会不断地得到提高。

就内容的创新而言，既要满足先进生产力的发展要求，又要代表先进文化的前进方向，比如，实施可持续发展战略，在过去修的志书当中比较薄弱，或者说，根本是一个空白。可持续发展，是近年提出来的。这样的思想，在过去没有，所以在过去的方志当中，是一个空白。我们新修的方志，就应突出地方传统文化中有关保护生态的价值观和知识体系。各民族、各个地方的人民怎样保护当地的生态环境，他有一套传统的、原始的（或者说，原来是原始的，后来发展了）自成体系的知识体系和价值观。像这样一类的东西，我们没有很好地在方志里面进行记载。从创新的高度来看，这是我们需要加以改进的。这些传统的价值观和知识体系，包括乡规民约。前段时间，我在滇西的15个县市调查，着重看当地的碑刻和当地民间流传的一些手抄本，我想看看有没有当地老百姓自己创作的、独有的有关生态环境保护或者当地的文物古迹保护的东西。我发现，这方面的东西，事实上是很多的。在大理下关附近吊草村的一个小庙里，有几块碑，上面专门提到当地水土保持的规定，这样的东西各地都很多。但是各地对它的发掘与收集不够。我们应该用可持续发展的大的战略观念和思路来考虑，从传统的乡规民约、习惯法、民俗、地方禁忌里面，发掘这方面的知识。只有利用当地的知识，贯穿新的内容，使之成为反映时代特点的新知识，才便于当地的老百姓接受。

另外关于"风水学"。我今天是大胆地讲。过去，对于农村的一些风水先生，大家都只看到他们搞封建迷信的一面，认为他们搞的是唯心主义的那一套。其实，看风水也是一门"学问"。从某种意义上来说，它可以被看作是一种特殊的、原始的生态环境学。不久前，我到日本的一些地方考察，了解他们生态方面的情况和日本红松的文化属性。我发现，在日本的很多大学和研究单位里面都有风水系、风水专业和风水研究机构。在我们国家是没有这种情况的。我想，我们应该从可持续发展的高度，从保护生态的高度，对各民族民间的风水事项进行去伪存真、由表及里的剖析，弃其糟粕，取其精华，继承和发扬其中有用的东西，推动可持续发展战略的实施。"风水"问题与老百姓的生活息息相关，与经济社会的发展息息相关。要建立一个度假村，必然要找一个风水好的地方才有吸引力。怎样利用环境，怎样认识环境，怎样保护环境，我认为这是我们马克思主义环境生态学的一个重要的内容。这方面的东西，过去在我们的地方志里面基本上没有什么反映，迫切需要我们去研究，要从创新的角度加以考虑。对传统的东西批判地继承，并赋予它新的内容，使它在继承和创新的基础上，进入方志编纂的领域。

另外，传统的生态农业、生态村落、社区参与性自然保护等方面的内容，我们也要注意记录。例如生态村的建设，我所在的县，哪些是生态村落，以什么标准来建设，内容怎么样。这在很多方志中都没有看到记录。又如，生态农业，应赋予它具体的内容。有的地方提到

"生态农业",但是生态农业的内涵是什么,怎样建立,它要解决些什么问题,它的发展水平和目标怎样,都应该在方志里探讨。

方志既要给当地老百姓一种关于地方事物的系统的知识,又要给他们一种系统的科学化理念。只有这样,我们的方志才能发挥更好的作用。不久前,我陪同联合国开发计划署北京办事处的首席代表科斯丁·莱特纳,到云南省南涧县无量山自然保护区边上的一个最大的村落大息场考察。她与村落里的村民进行座谈,当时她要求我们要把当地值得保护的动物、植物,制成大型的、可以持久保存的图片或者是雕刻、泥塑。放在公路边或放在村头,让大家看。让村民和游人知道,你这个地方,哪些植物是特有的、珍贵的,哪些动物是珍稀的,是值得保护的。把它制成图片,让世世代代的人,包括小朋友,一看就知道。她的这个示意,使我想到,在我们的方志中,这方面的内容应该加强。过去的志书里虽然有这方面的内容,但在科学化的调研,或者形象化的描述——在用图片来展示等方面做得不够。如果方志里面基本没有图片,你用文字说半天,但是老百姓还是不知到底这个东西是个什么样子,所以也就很难知道应不应该和怎样去保护它们。我想,这是我们在方志编写工作当中应该正确吸收借鉴的方法。

地方志要用一些新的概念、新的思维,来考虑志书所应记载的内容和应该收录的范围。这样做,我们的方志工作和所编的志书才能随着时代的发展与时俱进。过去我说过的话,当时也许是对的,但现在看来可能不完善了甚至错了,这就得根据时代的要求来进行新的认识。所以我们地方志要用与时俱进的思想观点来做指导,要用现代的观点来看地方志,使反映党的方针政策的东西和反映时代特点的东西,在我们的志书里面得到记载。这样,志书才能更好地对社会发挥作用。

今天,我来参加这个会议,大家让我讲个话,我没有什么准备,即席谈了以上一些想法和观点,与同志们一起研究讨论。欢迎大家批评指正。

# 用"系统论"的观点、方法研究
# 元谋县的经济社会发展

我国民族学的一个重要任务，就是要促进我国各民族，特别是经济文化比较后进的民族尽快实现"四化"的宏伟目标。但是，怎样才能加快这些民族"四化"的进程，民族学本身并没有给我们作出具体的论断。

最近，笔者与云大的部分教师，深入云南元谋县这个有多民族杂居的地区，用"系统论"的观点、方法研究如何推进当地各族人民的经济和社会的发展问题，深深感到"系统论"可以为民族学家所用，可以推进和加快少数民族"四化"的进程，现谈如下三点体会。

## （一）民族学家应注意当代系统综合发展趋势的形成问题

新的科学技术革命，正以传统科学不能抗拒的力量，在全世界绝大多数国家和地区蓬勃发展起来。以这一发展为转机，科学技术出现了信息化、数学化、电脑化、社会化、生态化、系统化、综合化和专业化的新特点。

在这些特点的作用下，社会生产力结构发生了变化，劳动的条件、性质、内容以及劳动者的素质也发生了改变。社会劳动的智力化不断加强，劳动生产率不断被刷新，人们的经济生活和文化生活发生了深刻的变化。

在新技术革命的冲击下，传统的民族经济出现了系统综合发展的新趋势：一是由孤立型的发展转为系统型的发展；二是由静态型的发展转为动态型的发展；三是从封闭型的发展转为开放型的发展，这些转变是新技术革命浪潮激荡民族经济领域的一种反冲。

早在20世纪初年，列宁就尖锐地指出："从自然科学奔向社会科学的强大潮流，不仅在配第时代存在，在马克思时代也是存在的，在20世纪，这个潮流同样强大，甚至可以说更加强大了。"①自然科学和社会科学的汇流，促进了文化、科技、经济与社会的高度协同，导致了系统综合发展趋势的产生及大经济、大科学、大战略的系统规划和管理的出现。

回顾一下历史，我们可以看到，人类在古代朴素唯物论的自然整体观的引导下，曾经迎接过第一次文化、科技、经济、社会系统综合发展的时期，创造了光辉灿烂文化的中国、印度、埃及和巴比伦的古代文明。19世纪初叶，由于能量守恒与转换定律、细胞学说和进化论这自然科学三大新发现的出现以及工业化生产的到来，人类迎来了第二次系统综合发展的新时期，不言而喻，这一次出现的"综合效应"，比第一次更为壮观、更为深刻、更富有价值。20世纪三四十年代，随着英国生态学家坦斯利的生态系统研究的不断深入（生物与环境相互作用，共同构成的生物和环境的综合体系的研究的不断深入），奥地利理论物理学家薛定谔对于生物科学精密化的多学科探索，特别是随着美籍奥地利理论生物学家和哲学家贝塔朗菲的系统论的问世，人类迎来了第三次文化、科技、经济、社会系统综合发展的新时期。可以这样说，贝塔朗菲的系统论是第三次系统综合发展时期的催生剂和助产婆，同时它又是适应第三次文化、科技、经济、社会的系统综合发展的新趋势而出现的。

第三次系统综合发展趋势的出现是以什么为背景的呢？除了上述的原因之外，还有以下三方面的背景：一是以现代科学技术发展的复

---

① 《列宁全集》第20卷，人民出版社1958年版，第189页。

杂性、精密性为背景。根据有关材料统计，自行车、缝纫机、照相机、摩托车等工业产品的部件，仅仅是100—1万个数量级，汽车、飞机、计算机等产品的部件是1万—10万个数量级；发展到人造卫星、宇宙飞船、导弹等产品，则猛增到百万个数量级，美国的阿波罗飞船（包括土星S型运载火箭）有700万个部件，数量级越高，说明系统综合发展的程度越高。人们进行这些复杂的精密度极高的产品的生产，必须保证每个零部件的最佳化的良好性能，以及它们之间的正确组合，才能保证整体的可靠性能。为此，人们必须采用系统分析的办法，才能达到这样的预期目的。"系统"是一个数学上的"集合"的概念，由两个以上不同质的要素组成，可以定义为相互作用的若干元素的复合体。如人体的消化系统是由牙齿、舌头、咽喉、食道、胃、肠、肛门等要素组成，这些要素在互相联系、互相作用下构成一个有机的整体。系统有大有小，一个系统往往有自己的子系统，而自己同时又是一个更大系统的子系统。如胃是消化系统的子系统，而消化系统又是人体系统的一个子系统，人体系统的各个大的子系统是很多的，各个子系统的子系统也是很多的，子系统越多，就越需要从系统思想出发，保证每一个器官的良好性能及它们之间的正确组合。二是以社会各个方面的联系日益紧密为背景。联系越紧密就越需要从整体上和综合上来考虑问题，越需要把发展建立在各个方面的系统综合上。例如，城市系统是由很多子系统组成的，但绝不是各子系统的最佳化的简单总和就构成城市的最佳化。如某工厂建在居民区，该工厂生产搞得好，产量高，质量是第一流的，但它排放大量废气，还有噪声污染，破坏了整体协调。因此，工厂这个子系统在城市母系统中就不适应，不能达到城市的最佳化，从而不符合系统综合发展的要求。三是以人类对未来预测的急迫需要为背景。由于当今世界是急剧变化的时代，人们必须预测未来可能出现的变化及其带来的影响。为了正确地进行预测，就有必要考虑各种有关因素，并仔细地研究每个因素与整体的关系，从而从战略上做出进行全面系统综合发展的决策，于是就自然产生了系统综合发展的趋势。目前，世界上许多国家的发展计划都是建立在对未来的预测之上的。英国伦敦的"2000年人类学会"、荷兰的"人类2000年国际协会"。意大利的罗马俱乐部、美国的当代问题研究所、兰德公司、赫德森研究所和华盛顿的"世界未来学会"、巴黎的"国际未来可能性协会"、柏林的未来研究中心，都是对未来进行预测，并为本国政府制订系统综合发展计划而服务的著名机构，这些机构通过系统分析，论断人类所做选择实现的可能性，从人类的今天预测人类的明天，由人类明天的预测反馈影响今天的决策。

我们这次搞元谋县的农业系统工程的一个重要目标，也就是要适应系统综合发展的总趋势，通过系统分析，预测元谋县近期、中期、长期的经济增长速度、比例和结构三者的未来关系，预测生产力结构和劳动力布局的发展格局，以帮助党政领导机关各有关部门认识经济规律，制定经济政策，做好经济规划，认识各子系统和母系统的经济发展方向，进一步提高经济效益，加速实现元谋"四化"建设的总目标。

## （二）民族学家对系统综合发展趋势应该采取的对策

在漫长的人类发展史上，人与自然的关系经历了三次大的变革：第一次大约是在3380多年前，由于公元前1400年的小亚细亚的赫梯王国掌握了冶铸铁制工具的技术，人类完成了材料革命，有效地增强了人的体力；第二次是200年前，能源革命使劳动者"不再是生产过程的主要当事者，而是站在生产过程的旁边"，并"以生产过程的监督者和调节者的身份同生产过程本身发生关系"[①]，劳动过程冲破了人体的局限；第三次是第二次世界大战以后，信息革命使人类生产力提

---

① 《马克思恩格斯选集》第1卷，人民出版社1972年版，第471页。

高的途径不再完全依赖于加强体力和增加动力,而是凭借人的智力的放大,人脑、人体各器官的延长。因此,我们对当前出现的系统综合发展应采取的对策,主要是要放大人的智力和延长人脑和人体的各器官。

怎样才能放大人的智力,延长人脑和人体各器官功能呢?回答是多元的。目前正在开拓的人工智能的研究和探索,就是一种放大人的智能的方法。人工智能是采用仿生学的方法,模拟动物和人的感官及大脑的结构和机能,制成神经模型和脑模型,其结果是大大提高了人们的信息处理能力,使人工智能成为人类智能的延长。除此之外,尚有许多放大人的智能的方法。如系统工程(即系统分析)就是当今受到人们广泛重视的一种,如前文所说,它是文化、科技、经济社会系统综合发展的产物。通过系统分析,它可以使人们对自然和社会的认识达到最佳或最优化的水平。实践告诉我们:现代管理系统是一个纵横交错、纷繁复杂的网络体系,它对我们提出了管理思想现代化和管理最优化的要求,怎样才能达到最优化呢?这涉及管理体制的高效化问题、管理人员素质的高质量问题、管理程序的最佳组合问题、管理时空的综合渗透问题等等,这些问题的解决,不靠人的智力的放大和延长是不可能解决的。于是,人们就靠系统论、控制论、数学经济方法、模拟方法、人机工程、价值工程、效用理论、经济预测等多种方法来放大人的智力。因此,管理方法的进一步科学化,是对付系统综合发展应该采取的一大对策,由于采取这一对策,以电子计算机为中心,与现代通信技术相结合,运用系统工程新的科学理论,使生产组织、管理全盘自动化,已成为当前和今后管理方法科学化的基本措施。

关于方法问题,列宁在《哲学笔记》中摘录了黑格尔《逻辑学》的一段名言,"在探索的认识中,方法也就是工具,是主观方面的某种手段，主观方面通过这个手段和客体发生关系"①。系统论或系统工程实际上就是一种方法，是我们和系统综合发展的客体发生关系的一种方法，由于这种方法的出现，人类的实践和认识从来没有像今天这样深刻和有效。它能在不确定的情况下，通过对问题的充分调查，找出其目标和各种可行方案，并通过直觉和判断，对这些方案的结果进行比较，帮助决策者在复杂问题中做出最佳的决策。

作为人们对付系统综合发展趋势的一种手段，系统工程自第二次世界大战出现以来越来越被世界各国所广泛的采用。目前，在系统工程的研究和应用方面，美国居于前列，其次是英国与欧洲国家，苏联与日本起步较晚。

美国从 1953 年开始在大学内设系统工程系，并授予学士、硕士、博士学位。到 1974 年已普及到 40 余所大学。其中包括哈佛、麻省理工、普林斯顿等著名大学。美国空军、通用电气公司、威斯汀豪斯公司对所属工作人员定期举办系统工程培训班。据有关资料统计，早在 20 世纪 70 年代初，美国就有系统工程师 17.5 万人，目前已增至 300 万人。

英国于 1964 年在兰开斯特大学成立系统工程系，以后又有伦敦市立大学等几所大学相继成立有关科系，并授予学士、硕士学位，与此同时，还大办这方面的培训班，有的班只要 4 天，就可使富有经验的经理掌握系统工程的思想和方法，并运用到本行业中去。

日本在 20 世纪 70 年代初向英国兰德公司求援，逐步设立系统工程专业及研究机构，到 1975 年就有系统工程师 11 万人。

苏联起步较英、美晚，20 世纪 50 年代末始有系统论的文章发表，1969 年 1 月召开全苏系统问题讨论会，70 年代后发展快，成立了不少有关的研究机构。苏联学者认为，系统方式是现代科学认识的一种强大武器，它能够使人们在完全崭新的基础上，从统一的系统方法的

---

① 《列宁全集》第 38 卷，人民出版社 1959 年版，第 36 页。

立场对自然界任何复杂过程进行研究。

我国从 20 世纪 60 年代开始，在一些科研项目上采用系统工程，如 1962 年，在钱学森同志倡导和支持下，结合我国情况提出了某一研究课题采用此法的试行报告，并在 1963 年进行试点，但"文革"浩劫中遭到摧残，陷于停顿，粉碎"四人帮"后开始复兴，上海机械学院成立了系统工程专业。现在，有更多的学校已办或正在兴办这类专业，云南大学最近成立了系统工程研究中心。

### （三）对用"系统论"的观点、方法促进元谋民族经济发展的几点想法

元谋是我国古人类的摇篮之一。1965 年发现的元谋人牙齿化石，距今有 170 万年的历史。1987 年 3 月在物茂区凹蚱乡竹棚和小河地区发现古人类牙齿化石 41 枚，距今大约 250 万年，是世界上迄今为止所发现的最原始的人类牙齿化石。中国古脊椎动物与古人类研究所的林一璞先生对笔者说：1981 年，美国古人类学家约翰森·埃台出版一本新书《露西：人类的地源》，认为露西是迄今已知最早的一种能够直立行走的人类祖先，年代距今 350 万年之前，学名叫阿法种南猿。同年约翰森和哈利斯曾用钾、氟法和黑曜石中钾 238 原子法对发现于埃塞俄比亚阿法地区的石器周围火山岩的年代予以断定，世界上迄今所发现的最早工具，大约只有 260 万年，有工具才开始有人，因此，350 万年前的露西并不是最原始的人，而是南猿，最原始的人是元谋发现的"东方人"。"东方人"的发现被世界上的古人类学家誉为"20 世纪之最大发现"。目前，世界的古人类学家、古生物学家、古地质学家正把注意力转向元谋。从这个意义上来说，元谋"四化"建设的好、坏、快、慢，将直接影响着我们国家在世界上的声誉。因此，进行元谋民族经济系统工程研究的意义，不光是本国性的，而且是世界性的，元谋是我们国家"四化建设"的一个窗口，应尽心尽力，利用系统方法把元谋的民族经济搞好。为尽快改变元谋的经济和

社会发展做出应有的贡献。为此，我就用系统方法指导元谋民族经济的发展提出以下三点不成熟的想法，供大家研究：

一是注意历史情况和现实情况的结合。从"东方人""元谋人"和大墩子新石器文化的发现来看，元谋在远古时代曾是原始经济、文化十分发达的地区。但是，由于各种各样的历史原因，元谋各民族在后来发展中大大落后了。康熙《元谋县志》说："元谋系摆夷，例不编丁。"可以说，在明代以前，元谋坝子内的主要居民是傣族。明朝建立之后，在云南等地区推行卫所制度，将内地汉族军民大量调来元谋等地屯田戍边，在汉族先进经济、文化的影响下，由于长期友好相处，傣族人民大量融合于汉族之中，未融合的部分迁到金沙江的其他干热河谷及安宁河流域地区，从而使元谋坝区变为经济、文化发达的区域。离坝区较远的边远山区，分布着经济、文化发展落后和更为落后的彝、傈僳和苗等族，从历史上来看，元谋这个多民族县的各民族的经济、文化发展是极为不平衡的。搞元谋民族经济的系统工程，必须注意到元谋多民族的特点以及从各族经济、文化发展不平衡的特点出发，以制订适合于各民族发展的最优化的发展方案。

二是注意外部条件与内部条件的结合。如农业作为一个系统，不仅有本系统内部诸因素的作用，而且必须受到外部条件的制约。设计元谋的农业，首先应考虑农业本身的各种因素，如生产系统、物流系统和情报系统等方面的相互作用，也要考虑到外部环境系统、协作系统、运输系统、商业系统、外贸系统、农民生活福利系统、文化教育系统等各种因素的影响。1987年4月中旬，我去江边区的盐水井乡调查，省里在那里搞干热河坝开发的试种，试种规划十分喜人，如果试种成功，将改变那里彝、汉族人民的贫困状况，为了帮助当地的各族群众寻找脱贫的门道，我考察了当地历史上的经济情况。该乡村后有一小股苦盐水，盐水井乡的彝、汉人民在旧社会一是靠煮苦盐来谋生活；二是靠捕金沙江的鱼卖；三是靠淘沙金（金沙江的沙含金）；四是靠搞金沙江的水运，从江边、渡口将盐巴、铁器、布匹等沿江顺水运到北岸的凉山彝族地区，以维持自身的生活。当时，江边渡口每天平均有一二百匹骡马往来于川、滇两省，附近的居民不种田而以做小生意为生。新中国成立后，由于铁路、公路四通八达，工农业生产在党和人民政府的领导下飞速发展，苦水盐已无人再买（因质差成本高），水运等另外三条谋生的门道已不畅通，彝、汉群众转而以务农为生，由于自然条件等的限制，农业并没有使人民摆脱贫困。在了解到这样的情况之后，我着重调查了当地（盐水井）有 50 年淘金历史的淘金工——今年已有 72 岁的汉族郑子发老人，郑子发老人说："穷打厂，富当兵，背拾倒运淘沙金。在旧社会，我和我的老伴（彝族）淘金一直没有停过，不久前也还在淘。旧社会，我们三人平均每天可淘得沙金 0.8 分，当时每分沙金值 11 元半开。那时全村共有五户淘金，每户有三人，一人挖沙，一人挑沙，一人在水边摇洗，一年可淘半年（雨水来前淘，金沙江涨水后就不能淘），淘金的收入在我们每户的总收入中占 1/3。淘金户的生活比一般不淘金的户要好。"经过详细的询问，考虑到自清末以来沿江各族人民都有淘金的历史情况，我认为在保护江河生态环境的前提下组织一部分劳力开发金沙江的沙金是大有可为的。搞系统工程时，应该把可以脱贫的其他门路也考虑进去，以扩大农业投资；像江边这样的川、滇商品流通古道，我们认为应通过发展商品经济使它焕发青春的光彩。

三是注意当前利益和长远利益的结合。一个良好系统工程的最佳方案，不但要看当前，更要看是否符合长远利益，若二者都是有利的，那就很完美。但是，当前利益和长远利益之间并不总是一致的，应把二者结合起来考虑，遇到二者矛盾时，我认为应当更重视长远利益，元谋县自然条件好，但不利条件也十分突出，这里到处是荒山秃岭，缺乏绿色，生态破坏十分严重，为什么呢？就是过去的人们只顾那时的眼前利益，乱砍滥伐造成的，我们搞民族经济发展的系统工程，应该吸取这个教训，把长远利益放到战略的高度来考虑。

**附记：**

此文是 1987 年 5 月 11 日上午，我在元谋县科委为元谋县农业系统工程培训班讲授的原始讲稿。文中有关系统工程的资料参考了夏禹龙、魏瑚、仇金泉等编著的《软科学》一书（知识出版社 1982 年版）及金哲、姚永抗、陈燮君的论文《当代社会科学新学科探索》（载上海社会科学院《学术季刊》1987 年第 1 期）。

（原载《西南民族研究动态》1987 年第 19 期）

# 通海县经济、社会、生态协调发展与规划系统工程研究

近几年来，系统工程理论被广泛应用来作为振兴经济的方法，全国不少省、市、地、县开展了这项工作。通海县搞经济社会发展的系统工程，不仅对推动本县的现代化建设有意义，而且在全省亦具有试点的价值。

系统工程的理论和方法之所以被广泛采用，是以当代生产与社会的综合发展趋势为背景的。20 世纪七八十年代以来，新的科学技术革命，在全世界绝大多数国家和地区蓬勃发展起来。以这一发展为转机，科学技术出现了信息化、数学化、电脑化、社会化、生态化、系统化、综合化和专业化的新特点。在这些特点的作用下，社会生产力结构发生了变化，劳动的条件、性质、内容以及劳动者的素质也发生了改变。社会劳动的智力化不断加强，劳动生产率不断被刷新，人们的经济生活和文化生活发生了深刻的变化。

在新技术革命的冲击下，传统的经济出现了系统综合发展的新趋势：一是由孤立型的发展转为系统型的发展；二是由静态型的发展转为动态型的发展；三是从封闭型的发展转为开放型的发展。这些转变是技术革命浪潮激荡民族经济领域的一种反冲。

早在 20 世纪初年，列宁就尖锐地指出："从自然科学奔向社会科学的强大潮流，不仅在配第（1623—1687 年），英国资产阶级古典政治经济学的创始人，他对商品的价值量曾作过正确的分析认为商品的

自然价格（指价值）决定于所耗费的劳动时间，初步确立了劳动价值论时代存在，在马克思时代也是存在的，在二十世纪，这个潮流同样强大，甚至可以说更加强大了。"① 自然科学和社会科学的汇流，促进了文化、科技、经济与社会的高度协同，导致了系统综合发展趋势的产生及大经济、大科学、大战略的系统规划和管理的出现。

回顾一下历史，我们可以看到，人类在古代朴素唯物论的自然整体观的引导下，曾经迎接过第一次文化、科技、经济、社会系统综合发展时期，创造了光辉灿烂的中国、印度、埃及和巴比伦的古代文明。19 世纪初叶，由于能量守恒与转换定律、细胞学说和进化论这自然科学三大新发现的出现以及工业化生产的到来，人类迎来了第二次系统综合发展的时期，不言而喻，这一次出现的"综合效应"，比第一次更为壮观、更为深刻、更富有价值。20 世纪三四十年代，随着英国生态学家坦斯利的生态系统研究的不断深入（生物与环境相互作用，共同构成的生物和环境的综合体系研究的不断深入），奥地利理论物理学家薛定谔对于生物科学精密化的多学科探索，特别是随着美籍奥地利理论生物学家和哲学家贝塔郎菲的系统论的问世，人类迎来了第三次文化、科学、经济、社会系统综合发展的新时期。可以这样说，贝塔朗菲的系统论是第三次系统综合发展时期的催生剂和助产婆。同时它又是适应第三次文化、科学、经济、社会的系统综合发展的新趋势而出现的。

第三次系统综合发展趋势的出现又是以什么为背景的呢？除了上述原因之外，还有以下三方面的背景：一是以现代科学技不发展的复杂性、精密性为背景。根据有关材料统计，自行车、缝纫机、照相机、摩托车等工业产品的部件，仅仅是 100—1 万个数量级；汽车、飞机、计算机等产品的部件是 1 万—10 万个数量级；发展到人造卫星、宇宙飞船、导弹等产品，则猛增到百万个数量级。美国的阿波罗

---

① 《列宁全集》第 20 卷，人民出版社 1958 年版，第 189 页。

飞船（包括土星 S 型运载火箭）有 700 万个部件，数量级越高，说明系统综合发展的程度越高。人们进行这些复杂的精密度极高的产品的生产，必须保证每个零件的最佳化的良好的性能以及它们之间的正确组合，才能保证整体的可靠性能。为此，人们必须采用系统分析的方法，才能达到这样的预期目的。"系统"是一个数学上的"集合"的概念，由两个以上不同质的要素组成，可以定义为，是相互作用的若干元素的复合体。如人体的消化系统是由牙齿、舌头、咽喉、食道、胃肠、肛门等要素组成，这些要素在互相联系、互相作用下构成一个有机的整体，系统有大有小，一个系统往往有自己的子系统，而自己同时又是一个更大系统的子系统。如胃是消化系统的子系统，而消化系统又是人体系统的一个子系统，人体系统的各个大的子系统是很多的，各个子系统的子系统也是很多的，子系统越多，就越需要从系统思想出发，保证每一个器官的良好性能及它们之间的正确组合。

二是以社会各个方面的联系日益紧密为背景，联系越紧密就越需要从整体上和综合上来考虑问题，越需要把发展建立在各个方面的系统综合上，例如城市系统是由很多子系统组成的，但绝不是各子系统的最佳化的简单组合就构成城市的最佳化。如某工厂建在居民区，该工厂生产搞得好，产量高，质量是第一流的，但是排放大量废气，还有噪声污染，破坏了整体协调。因此，工厂这个子系统在城市母系统中就不适应，不能达到城市的最佳化，从而不符合系统综合发展的要求。

三是以人类对未来预测的急迫需要为背景。由于当今世界是急剧变化的时代，人们必须预测未来可能出现的变化及其带来的影响。为了正确地进行预测，就有必要考虑各种有关因素，并仔细地研究每个因素与整体的关系，从而从战略上做出全面系统综合发展的决策，于是就自然产生了系统综合发展的趋势。

我们这次搞通海县的经济、社会发展系统工程的一个重要目标，也就是要适应系统综合发展的总趋势，通过系统分析，预测通海县近期、中期、长期的经济增长速度、比例和结构三者的未来关系，预测生产力结构规律，制定经济政策，做好经济规划，认识各子系统和母系统的经济发展方向，进一步提高经济效益，加速实现通海"四化"建设的总目标。

在漫长的人类发展史上，人与自然的关系经历了三次大变革：第一次大约是在3380多年前，由于公元前1400年小亚细亚的赫梯王国掌握了冶铸铁制工具的技术，人类完成了材料革命，有效地增强了人的体力；第二次是200年前，能源革命使劳动者"不再是生产过程的主要当事者，而是站在生产过程的旁边"，以"生产过程的监督者和调节者的身份同生产过程本身发生关系"[①]，劳动过程冲破了人体的局限；第三次是第二次世界大战以后，信息革命使人类生产力提高的途径不再完全依赖于加强体力和增加动力，而是凭借人的智力的放大，人脑、人体各器官的延长。因此，我们对当前出现的系统综合发展应采取的对策，主要是要放大人的智力和延长人脑和人体的各器官。

怎样才能放大人的智力，延长人脑和人体各器官呢？回答是多元的。目前正在开拓的人工智能的研究和探索，就是一种放大人的智能的方法，人工智能是采用仿生学的方法，模拟动物和人的感官及大脑的结构和机能，制成神经模型和脑模型。其结果是大大提高了人们的信息处理能力，使人工智能成为人类智能的延长。除此之外，尚有许多放大人的智能的方法，如系统工程（即系统分析）就是当今受人们广泛重视的一种。它是文化、科技、经济、社会系统综合发展的产物。通过系统分析，它可以使人们对自然和社会的认识达到最佳或最优化的水平，实践告诉我们：现代管理系统是一个纵横交错、纷繁复杂的网络体系，它对我们提出了管理思想现代化和管理最优化的要求，怎样才能达到最优化呢？这涉及管理体制高效化问题、管理人员素质的高质量问题、管理程序的最佳组合问题、管理时间的综合渗透

---

① 《马克思恩格斯选集》第1卷，人民出版社1972年版，第471页。

问题等等。这些问题的解决，不靠人的智力的放大和延长是不可能解决的。于是，人们就靠系统论、控制论、经济数学方法、模拟方法、人机工程、价值工程、效用理论、经济预测等多种方法来放大人的智力。因此管理方法采取这一对策，以电子计算机为中心，与现代通信技术相结合运用系统工程新的科学理论，使生产组织，管理全盘自动化，已成为当前和今后管理方法科学化的基本措施。

关于方法问题，列宁在《哲学笔记》中摘录了黑格尔《逻辑学》的一段名言：“在探索的认识中，方法也就是工具是主观方面通过这个手段和客体发生关系。”① 系统论或系统工程实际上就是一种方法，是我们和系统综合发展的客体发生关系的一种方法。由于这种方法的出现，人类的实践和认识从来没有像今天这样深刻和有效。它能在不确定的情况下，通过对问题的充分调查，找出其目标和各种可行方案，并通过直觉和判断，对这些方案的结果进行比较，帮助决策者在复杂问题中做出最佳的决策。

作为人们对付系统综合发展趋势的一种手段，系统工程自第二次世界大战开始出现以来越来越被世界各国所广泛地采用。

用“系统工程”思想、方法研究通海县经济社会、生态协调发展战略，目的有三点：一是为本县寻求最佳发展战略和最优化的发展规划。战略问题是一个全局问题、关键问题，是具有长期性、规律性的谋略，也是指导经济发展的总方针、总目标。一个县的战略选择得好，它的发展才会既快又好。历史情况和现实情况的综合分析是进行战略优化选择的基础。第一，通海县的商品经济比我省的绝大多数县都要发达，从这点出发，我们是不是可以选择以市场为导向型的发展战略。市场导向型战略的基本内容是适应市场的需要发展具有竞争力的行业和产品。第二，通海县的食品加工工业比较著名，从这点出发，是不是可以选择产业导向型战略，以农副产品和食品加工工业为

① 《列宁全集》第38卷，人民出版社1959年版，第36页。

主导产业，形成较长的产业链条，提高产业关联效益，以推动全县的经济、社会发展呢？第三，我们能不能采取乡镇企业中心型战略，把乡镇企业放在全县经济社会发展的首位，以乡镇企业带动全县经济、社会发展呢？第四，通海县旱涝、冰雹、霜冻冷害比较频繁。据方志办公室的统计，元至治二年（1322年）—1983年，全县共发生水旱灾害36次（其中旱灾10次，涝灾26次），1983年大旱，全县粮食减产5354万斤，经济损失1000多万元。各种灾害有不断增加的趋势。灾害的一个重要根源是自然生态遭到破坏。有位到通海调查过的同志告诉我，通海县原有64个龙潭，现在干掉了30个，龙潭干废是与森林覆盖率降低分不开的。有的专家认为，通海缺水，如果生态继续遭到破坏，杞麓湖将随着气候的改变由大变小，由小变无，若出现这样的情况，那么优化的战略也将无济于事。从这个意义上说，能不能采取生态经济综合型发展战略呢？即以改善生态环境、实现良性循环作为全县经济、社会发展的重点，一切工作以此为转移。第五，通海县的资源虽然贫乏，但境内亦有铁、锰、铅、铜等矿，白塔营后半山坡有铁矿石约9千吨，白塔营后山朵朵石有锰矿约6千吨，非金属矿亦有开采价值，钾页岩藏量约有1亿吨，能否实行资源开发导向型战略呢？那将会仁者见仁，智者见智，使你无法做出正确的判断。因此，本课题研究的首要的宗旨，就是要通过各种战略的综合论证，最终找出最优化的战略。二是为本县各级部门领导决策的科学化、民主化和法制化提供科学依据，以避免主观主义、急功近利和短期行为，通过调研，力争形成有应用价值的专项调查和数据库。三是摸索软科学为区域经济社会发展服务的经验。

本课题的成果分为全系统成果和分系统成果。全系统成果分为4项：

（1）现系统总体诊断分析报告。通过各个分系统的历史和现状的诊断分析，找出现系统的优势、制约因素和发展潜力，如在现系统之中，加工工业是一种优势的产业，发展潜力很大，但存在明显的制约因素，即缺少能源和资源。能源对一个以加工工业为主的县来说是攸关存亡的，能源能否解决，怎样解决，应有比较具体的诊断分析，并开出解决问题的药方。（2）1990—2000 年总体发展战略。（3）1990—2000 年总体发展规划。（4）数学模型。

分系统成果共 11 个，包括农业、工业、乡镇企业、商业、财政金融、教育、科技、人口、旅游与文化、城镇发展、生态等门类。每个门类都包括现系统诊断、新系统发展战略、1990—2000 年的发展规划三个部分。不论全系统或分系统，都力求通过投入产出分析（投入系统包括劳动人口—资源—信息—资金；产出系统包括最终产品的消费、出口、积累—环境污染等）、预测分析（包括供给—需求分析）、优化分析（包括部门结构、部门内结构、资源分配、资金分配、交通网络）、决策分析（包括层次决策、多目标决策）等途径来做出结论。

本课题的调研是根据以下七个步骤来完成的：

（1）立题；

（2）理论准备（办培训班）；

（3）收集历史和现状资料，包括以下内容：

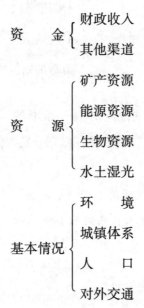

资　　金 { 财政收入 / 其他渠道 }

资　　源 { 矿产资源 / 能源资源 / 生物资源 / 水土湿光 }

基本情况 { 环　　境 / 城镇体系 / 人　　口 / 对外交通 }

$$
\text{产业结构} \begin{cases} \text{工\quad 业} \\ \text{农\quad 业} \\ \text{建 筑 业} \\ \text{商业服务业} \\ \text{运输通信} \\ \text{其\quad 他} \end{cases}
$$

（4）系统结构功能分析 $\begin{cases} \text{优势与潜力} \\ \text{问题与约束} \end{cases}$

（5）发展战略开发研究

（战略目标、重点、步骤）$\begin{cases} \text{各部门发展战略} \\ \text{各乡发展战略} \\ \text{社会经济良性循环} \\ \text{生态环境良性循环} \end{cases}$

（6）写出总体发展战略报告和各部门战略报告

（7）制定各部门发展规划 $\begin{cases} \text{近期措施} \\ \text{中长期措施} \\ \text{编制规划报告及专题资料} \end{cases}$

课题组本着求实、求新、求深、求准的精神进行每一步骤的工作，并贯彻"百家争鸣"的方针，以充分发挥大家的智慧。

（原载何耀华主编《通海县经济、社会、生态协调发展战略与规划系统工程研究》，云南人民出版社 1990 年版）

# 对我省国企改革和编制"十五规划"的建议

我最近对国企改革和编制"十五规划"进行调研和思考，有三点不成熟的建议，供省委、省政府决策参考。

（1）以昆明制药厂产权多元化的模式进行国企改革，是我省国企改革的根本出路。昆明制药厂 1995 年实行产权多元化，由单一的国企变为由 6 家法人共同持股的非国有制企业，企业没有绝对控股权，昆药与昆明金鼎公司的股本持平。其股票预计今年（1999 年）可上市。这一改革的实质是使国企变为非国企，产权由全国人民所有变为一小部分社会成员所有，收益和风险都由产权所有者承担，政府可从中超脱出来，政企分开得以实现。国有企业是以高度的计划经济来实现资源和市场配置的，在市场经济体制日益走向成熟的条件下，其走入困境是必然的。因此，只有将其变为非国企，才能使其获得新生，并充满生机与活力。

（2）以"强化基础，突出优势，立足创新"作为编制"十五规划"及未来发展的思路。

"强化基础"可以建设三条高速公路及三条铁路作为基本项目或预选项目来进行。三条高速公路即滇川、滇缅、滇泰。滇川，自昆明经曲靖、昭通达四川，与成渝高速相连而通达内地；滇缅（先修国内段），自昆明经大理、保山至瑞丽；滇泰（先修国内段），自昆明经玉溪思茅至勐腊边境。三条铁路，即滇藏、滇缅、滇泰，可作预选项目列入规划，促国家分期立项。滇藏铁路，按朱总理来视察时的指示办。

"突出优势"，即突出"两烟"及旅游产业的两大优势。就目前的实际而言，"两烟"可带动全省很多地区的农民致富；而旅游产业亦是富民产业，它可带动就业，推进我省就业结构、产业结构、城乡结构向高层次发展阶段升级。

"立足创新"，即创造条件发展信息产业、生物技术等高新技术产业，并引导企业利用新技术新工艺开发新产品和提高产品质量。只有创新，创品牌，我省在 21 世纪才会有新的腾飞和竞争力。具体的创新产业，建议由省里组织自然科学、社会科学的专家论证。

（3）促进国家加快对烟草产业改革的步伐，对烟草产业进行股份制的改造，用经济手段，而不是用行政手段下令关闭中小烟厂来发展我省的两烟产业。具体设想是由我省烟草公司与外省的多家或十数家省级烟草公司签订股份制合作协议。外省烟草公司将其地方烟厂的生产利润税额和该省的市场转为股份入股，实现我省烟草公司独家生产并占有该省的市场，按股分红，而该省消除地方保护主义，关闭省内地方烟厂，我省可在该地设分厂，该省的市场全部保证提供给我省。只有用这种经济手段才能解决"假烟、非法烟、超产烟、走私烟"对我省烟草产业的冲击。否则，因有地方经济利益的驱动，地方保护主义是不能消除的，即使中央下令废除也不会有理想的收效。

1999 年 9 月 15 日

# 华宁县应实施以交通带动
# 经济发展的战略 *

　　这次陪省委普朝柱书记，来华宁考察，有机会参加《华宁县志》定稿会，会议领导要我做个发言，对《华宁县志》的评论大家讲得很多，我无什么新见要讲了。我想给地、县提个建议：华宁县应采取"交通发展战略"，推动全县经济快速发展。

　　华宁县自然条件优越，资源丰富，人才辈出，但是经济和社会发展不如邻近的玉溪、通海。能打入全省、全国市场，成为全县经济支柱的产品不多。可以采取以交通带动经济发展的战略，推动华宁的经济建设再上新台阶。华宁是一个较封闭的县，商旅过路都是从华宁县的两边走了，一边是通海到建水，另一边就从昆河铁路到开远。因此，对于如何打破这个封闭需要认真研究。"若要富，先修路。"这句话很有道理。经济要发展交通应先行，县里规划了许多经济发展项目。这些项目要上去，不改善交通是不行的。只有打破了封闭，才会有一个好的投资环境。朝柱同志谈到华宁县长期封闭的问题，说："这个县封建社会封闭的时间很长，滇越铁路通车后，盘溪有变化，但是由于铁路位于县境边缘，没有推动整个县的经济发展。"朝柱同志的话很正确。我建议县里进一步发展交通，用高等级公路与玉溪、弥勒等地方相连。目前高等级公路已修到玉溪，昆明经弥勒到河口的

---

　　* 此文是笔者 1993 年 7 月 25 日在省、地、县主要领导参加的《华宁县志》定稿会上的发言。原载《云南社科院报》1994 年第 4 期。

高等级公路正在修。如果将本县与玉溪、弥勒之间用高等级公路连通，就会形成比较现代化的交通网络，以交通促开放、开发，促进华宁县经济的发展。县领导告诉我县里要搞矿泉水生产，引起了法国的兴趣。但是没有高等级公路，外资是难以进来的。不要满足于我们已有的柏油路面和公路通车里程数。当今的经济发展要求交通设施是高起点的，低起点不行，低起点不可能有大发展，只可能有小而慢的发展，在某种意义说，搞低起点的交通建设是一种浪费。低起点只能搞乡村公路。我到美、日、加等西方发达国家考察，首先感触到的是人家的交通是现代化的，其经济发展主要都靠高速公路，我们向人家学什么呢？首先应该向他们学习建高速公路的经验。

1993 年 7 月 25 日于华宁

# 论中印缅孟地区的经济合作

21世纪将是一个发展的世纪、和平友好的世纪。这个世纪的中、印、缅、孟四国关系，应有利于四国经济与社会的发展，有利于增进四国人民的友好合作。四国的学者和政治家，应该为21世纪的四国关系进行新的设计，赋予新的内容，注入新的活力，做出新的贡献。在四国的共同发展和友好交流中，云南一直是一座坚实而又宽广的桥梁，是联系四国人民的一条纽带，展望21世纪的四国关系，云南将在四国交往中发挥更加重要的作用，希望四国学者研究云南在四国交往中的定位问题，推动印度、缅甸、孟加拉国与云南的经济、贸易与科学、文化交流。

相当一段时期以来，国际经济一体化、区域经济一体化的浪潮，迅猛地冲击一些国家闭关锁国、封闭运行的传统经济体制，使地区经济合作成为各国通向21世纪的枢纽。中、印、缅、孟四国毗连地区，包括中国的云南省、缅甸联邦国、孟加拉人民共和国及印度东部、东北部的西孟加拉、比哈尔、曼尼普尔、梅加拉雅等8个邦，总面积约203万平方公里，总人口约4.35亿，由于受长期封闭运行经济体制的制约，经济发展水平极低。1990年，孟加拉国的人均GNP仅为210美元，缅甸则更低，为200美元，根据世界银行当年将人均GNP总值低于610美元的国家，列为低收入国家的标准来衡量，缅、孟两国是世界上最贫穷的10个国家中的两个。中国云南和印度的8个邦，发展水平虽要高一些，但也远远未能改变低收入的发展状态。四国政府相继采取不同程度的改革措施，使闭关锁国向对外开放转变，计划经济向市场经济转变，公有制向公有制为主体的多种所有制或私有制转变。封闭经济体制的改变，使四国毗邻地区的经济合作成为可能。

地区经济合作是指地区范围内各国政府、国际经济组织、区域经济组织和超越国家界限的自然人及法人，基于平等互利的原则，通过一定的方式，在生产领域和流通领域（主要是生产领域）内共同开展的较长期的经济活动，这种活动使参与合作的各国占优势的生产要素实现最佳的组合，从而实现共同的发展与繁荣。为实现这种合作，各国政府应制定相关协议和涉外经济法规，以保证共同经济活动的顺利进行。

在中、印、缅、孟四国毗邻地区的经济发展中，中国云南省的经济发展水平相对较高，近 10 年中，云南的经济发展速度均保持在10% 左右。1998 年全省国内生产总值（GDP）达 1793 亿元（人民币），由于实行市场多元化和以质取胜战略，外贸、外资、外经并举，实现了全方位、多层次、宽领域的对外开放。目前，全省已有 230 家企业从事各类对外经济贸易活动，同世界 100 多个国家和地区建立了经济贸易关系，年进出口额超过 20 亿美元。来自日本、美国、中国的港澳台地区等 40 多个国家和地区的 1700 多家外商直接投资企业落户云南，1998 年云南的进出口额达到 20.35 亿美元，与改革开放之初的 1978 年相比，全省进出口总额由 8935 万美元增加到 20.35 亿美元，增长 24 倍，年均增长 18.2%，不仅高于本省国民经济增长速度 8.2个百分点，也高于全国对外贸易的平均增长水平。历史上出口商品主要以矿产品、农副土特产品为主。而到 1998 年，工业制成品在出口总额中的比重已占 69%，实现了由主要出口初级产品向主要出口制成品的历史性转变。烟草、有色冶金、机电、磷化工、轻纺、农副产品为六大优势骨干出口商品系列，出口上千万美元以上的商品达 25 种，出口额占全省出口总额的 65%，1998 年，全省边境小额贸易完成 1.3

亿美元，较上年同期增长 76.6%；其中出口 8896 万美元，同比增长 111.8%；进口 4193 万美元，同比增长 30.5%。

在利用外资方面，截至 1998 年年底，全省累计批准外商投资企业 1714 家，其中，合资企业 1109 家，合作企业 122 家，独资企业 483 家。协议总投资额 49 亿美元，协议利用外贸 21.9 亿美元，占协议总投资的 45%；实际利用外资 10.7 亿美元，占协议利用外资总额的 48.2%。外商投资涉及全省国民经济的各个领域。产业分布为：工业项目 1101 个，协议外资 11.13 亿美元，服务业项目 530 个，协议外资 10.44 亿美元。工业、农业、服务业三类项目协议外资分别占协议外资总额的 50.8%、1.5% 和 47.7%，投资结构日益完善。1998 年项目平均规模为 277.6 万美元，单个项目投资规模逐年增大。在累计批准的项目中，1000 万—3000 万美元的项目 99 个，协议外资 7.97 亿美元，占协议外资总额的 36.4%，3000 万美元以上的项目 9 个，协议外资 2.36 亿美元，占协议外资总额的 10.8%。大项目不断增多，基础产业和基础设施项目正在成为外商投资的热点。1992—1998 年，全省累计批准外商投资企业 1641 家，协议总投资 46.98 亿美元，协议外资 21.3 亿美元。

在对外经济技术合作方面，1984—1998 年云南省累计签订对外承包工程和劳务合作合同 9.5 亿美元，完成营业额 5.4 亿美元。对外经济技术合作的业务范围已从单纯的承包工程和劳务出口发展到国际投资合作、对外经济援助、国际承包工程和劳务合作等诸多方面。目前，云南外经队伍已由 20 世纪 80 年代的 1 家发展到 17 家，总体实力不断增强，已成为全国外经十强省区之一。

云南省对中、印、缅、孟地区的经济合作，一贯奉行积极推进改革，谋求在平等互利的基础上实现共同发展。我认为：中、印、缅、孟地区经济合作，可在宏观、微观两个经济领域中来进行。

宏观领域是各国政府间在国际经济交往中的合作。如政府间的合资经营与合作经营、合作生产与合作发展、经济技术援助等。还有，为保护本国企业在国外的合作利益，政府间签订双边和多边协议；为本国企业引进外资外技，推动以双边、多边政府协定为基础的国际公共投资，国际经济、技术、劳务合作等也属于这个领域。微观领域是不同国籍的自然人和法人相互间的国际经济合作，主要是企业间的国际合作。不同国家的生产厂商通过契约合同方式确定各自的权利、义务、责任，以建立长期指定的经济关系，使生产要素实现最佳组合，共同发展，按比例分享效益。中、印、缅、孟地区经济合作可采取下列形式：

（1）以经营生产为主的经济合作，包括合资经营、合作经营、独资经营、合作开发、合作生产、承包工程、技术贸易、技术咨询服务等。云南与缅甸现今进行的合作，多半是属于此种经营生产式的合作，截至目前，中国在缅合作的项目20个，金额5.1646亿美元，其中1998年新签8个，3.211亿美元，分别是迪洛瓦船厂、德耶水泥厂、邦朗电站、工程建筑机械制造、码头、水泥仓库、孟电站、德潘塞电站等。1998年完成4个，4074万美元，即波昂觉码头、密支那大桥、毛乌彬大桥、照济电站。云南机械设备进出口公司为邦朗电站提供成套机电产品，合同金额1.7亿美元。为发展经营性生产贸易，云南投资参与缅甸的基础设施建设，提供农机产品，如水电站设备、输变电设备及器材、铁路机械设备（机车、车厢、通信钢轨）、交通设施（码头及港口设备、船舶）、施工机械、汽车、糖厂设备、桥梁、柴油机、拖拉机等。云南对缅甸的贸易中有很多与工程相结合的项目，如仰光波昂觉集装箱码头就是包括了设计、施工、提供港口机械、安装调试及人员培训的交钥匙工程。水电站、糖厂、水泥厂及内河船、铁路车厢都包括了设计、安装、施工指导及散件组装等。近年来，云南省在缅甸合作建立了手扶拖拉机组装工厂、BOT方式的铁路轨枕厂，正准备建立木材加工厂。

（2）贸易合作，包括商品交换、现金交易、资助性贸易、代理、联合经销、补偿贸易、加工贸易、租赁贸易、许可证贸易等。边境贸易是目前普遍进行的一种具有地区性经贸合作形式，根据缅甸边贸总局的统计，1998 年的缅甸边境贸易情况如下表。

**缅甸边境贸易进出口统计表**　　　　单位：元

|  | 缅中 | 缅泰 | 缅孟 | 缅印 | 仰光 | 总计 |
|---|---|---|---|---|---|---|
| 出　口 | 0.8852 | 0.33014 | 0.0719 | 0.01016 | 0.223 | 1.52019 |
| 进　口 | 0.93592 | 0.19311 | 0.00523 | 0.00937 | 0.2029 | 1.34654 |
| 合　计 | 1.82112 | 0.52325 | 0.07713 | 0.01953 | 0.426 | 2.86703 |
| （占比）% | 63.5 | 18.3 | 2.7 | 0.68 | 14.9 | — |

从边贸的数额来看，缅印贸易最少，其次是缅孟贸易（仅占边贸总量的 0.68%）。如果中、印、缅、孟地区经济合作的蓝图得以实现，地区各国的边境贸易会迅速增加。

（3）金融与劳务合作。金融合作包括政府贷款、国际债券、国际金融货币合作、金融政策协调等；劳务合作包括咨询、保险、广告、交通、通信、邮政、旅游等。

中、印、缅、孟地区经济合作，除各国间进行一般经营生产、贸易、金融与劳务等合作之外，可以以第二次世界大战期间的史迪威公路作为大型合作的突破点，即各国投资，并争取"世行""亚行"的投资，修复这条公路，并使之高速化，以为本地区经济社会发展服务，为各国人民造福。

1999 年 8 月 2 日

# 论中国云南与缅甸建立高新技术
# 农业综合开发合作区

中、缅有"彼此为近邻，友谊长积累。不老如青山，不断似流水"的胞波情谊。中国实行睦邻、安邻、富邻的政策，坚持在平等互利的原则下，促进与缅甸全方位的经济技术合作。建立滇、缅高新技术农业综合开发合作区，是实现这种合作的优选形式。两国政府和企业家应通力促成。

1995 年，受云南省民族事务委员会和怒江傈僳族自治州的委托，由笔者牵头，组织赵俊臣、僬体全、董棣、李建新、张惠君、穆文春等一批社会科学专家，对怒江州提出的与缅甸克钦邦合作，在密支那建立农业综合开发区的计划进行预可行性研究，课题组成员曾在克钦邦有关部门的配合下，进行实地踏勘和调研，取得了初步的研究成果。2003 年，笔者赴缅考察，做进一步研究。现将两次研究的基本设想提出来，希望得到两国专家的赐教，两国政府和企业家的认同。

## 一 建立滇缅高新技术农业综合开发
## 合作区的有利条件

中国实行对外开放和睦邻、安邻、富邻政策，坚持在平等互利互惠的原则下，促进与邻国全方位的经济技术合作；缅甸实行和平与发展政策，对内发展市场经济，加强民族团结，以发展经济，提高人民生活水平，实现国家的繁荣稳定，对外坚持开放，积极吸引外资、外国技术，使缅甸经济快速步入"东盟经济一体化"及"中国—东盟10＋1自由贸易区"的进程，为滇、缅的经济技术合作，营造了良好的国际大环境。

云南具有良好的现代工农业技术基础，农产业的高新技术含量高，多样化特点突出，规模化、集约化经营的程度在东盟国家享有盛誉。而缅甸是一个尚以原始种植业为主要产业的农业国家，国内净生产总值中的40％来源于农业，出口商品的1/3是农产品。其2/3以上国土在北回归线以南的热带、亚热带地区。年平均气温27℃，平均降水量1700毫米，发展农业所需的光、热、水条件十分充足。全国可耕地面积1849万公顷，占国土总面积的27.3％，现有耕地900万公顷，只占可耕地面积的50％，可供开发的土地资源也十分丰富。与云南相比，缅甸的农业资源占有先天的优势。问题是，在劳动力资源、资金、现代农业高新科技等方面，它与云南有很大的差距。缅甸全国人口4400万，农村人口占75％，在劳动就业人口中，从事农业的占65％，就可耕地与农业人口的比例而言，农业劳动力不足的矛盾十分尖锐。由于资金与技术的制约，其农业科技含量极低，种植业、养殖业、农副产品加工业均尚处在原始经营的状态。迄今为止，缅甸全国的有效灌溉面积仅有2400万亩左右，水利化程度不到20％；化肥的年销售量为38.7万吨左右，平均每亩耕地的使用量不到3公斤。这些数字说明，云南与缅甸的农业，不论在资源、产业发展水平，还是在资金、技术、劳动力资源等方面，均有很强的互补性。这为两国的农业合作奠定了基础，带来了合作发展的动力与活力。

## 二　缅北是建立滇、缅农业综合开发
## 合作区的优选地域

缅北地域辽阔，就区位类型而言，克钦邦、实阶省、曼德勒省、掸邦都可作为缅北地区，但本文仅以克钦邦所辖地域进行论证。据1983年官方公布的资料，克钦邦面积89110平方公里，人口90.3982万人，人口密度每平方公里10人，是全国人口密度最低的地区之一。

在克钦邦建立滇、缅高新技术农业综合开发合作区，有下列比较优势：

（1）未开发的可耕地资源丰富。这个邦可耕地面积550万英亩，目前开垦种植的只有36万英亩，尚有510多万英亩待开发，占可耕地资源的94%。据我省农业专家1997年9月的考察，八莫地区，面积48.58万英亩，耕地面积为3.18万英亩，其中常耕面积2.91万英亩，轮歇地0.2732万英亩，当地政府已测量待垦的荒地1.7万英亩。距八莫镇直线距离10公里的蛮木岭村周边，就有5000英亩的可垦荒地（其中属八莫地区的有3000英亩）；据克钦邦农业厅介绍，在距邦首府密支那120英里的德耐镇区，14个村有可垦荒地115.6万英亩；德需地区有700万亩的待垦荒地。1995年7月，在克钦邦政府的指导下，我负责的课题组，对密支那东郊丁江扬2.7万英亩（16.4万亩）的可耕荒地进行踏勘，使人感到，该邦待耕地之多，在邦府城下就令人吃惊。

（2）农业生产条件得天独厚。该邦可耕地绝大部分地处伊洛瓦底江冲积平原，海拔165—317米（八莫地区仅为128米）；地势平坦，土壤肥沃。年均降水量 1995 毫米，这个邦不仅江河多，而且地下水量充沛，水位高，水资源异常丰富；整个邦光照充足，年均气温 24.1℃，最热月（5 月）最高气温达 40.6℃，最冷月（1 月）最低温 4.4℃。由于热带季风的作用，一年分三季，3—5 月为夏季，5—10 月为雨季（累计降水量 1853 毫米），11—12 月为凉季。适宜多季种植及水稻、小麦、豆类、油料、麻花、麻类、橡胶、甘蔗、烟草、咖啡、桑、油棕等多种作物种植。

（3）从缅甸中央政府到邦、县、镇政府，对与云南进行高新技术农业综合开发合作高度重视，招商引资条件优越。1995 年 5 月，缅方邀请我省怒江州政府农业考察团赴克钦邦进行考察，缅方官员表示，可将丁江扬的 16.4 万亩荒地，以 30 年为期，每年每亩 2.64 元人民币，租给中方进行高新技术农业综合开发。1997 年 9 月，缅甸农业与灌溉部邀请云南省计委领导率领的 13 人考察团，赴克钦邦进行农业综合开发考察，缅方表示，对开发云南，不论是独资还是合资，不论是种植水稻还是经济作物、经济林木（柚木除外），他们都欢迎和支持。缅方官员的上述表示，是根据 1988 年 11 月 30 日颁布的缅甸联邦《外国投资法》，同年 12 月颁布的《外国投资法实施条例》做出的。该条例规定，外国投资在 3000 万美元的项目，土地使用期为 30 年；用于开发种植业的土地，1 英亩每年租金 8 美元（即每亩每年 10.5 元人民币），但可因地而异，克钦邦的最低。

（4）滇、缅同祖同源。克钦邦主体民族克钦族（自称景颇，克钦是缅族对他们的称呼）、非主体民族禅、傈僳与云南德宏州傣族、怒江州的傈僳族同祖同源，婚姻相通，语言风俗习惯相同，为滇、缅农业合作开发构建了一个坚实的人文亲族平台。

（5）交通便利。克钦邦交通比较发达，铁路由密支那至曼德勒 542 公里，行程 20 小时；至仰光 1163 公里，行程 36 小时。公路由密支那至曼德勒 784 公里；至八莫 187 公里；至木姐 325 公里；至南坎

295 公里；至云南腾冲猴桥 152 公里；至怒江州片马 240 公里。克钦邦是云南通往印度阿萨姆邦的必经之地，滇、印公路将沿史迪威公路兴建，自腾冲经密支那通往印度。内河航运伊洛瓦底江的主河道密支那至八莫 169 千米，河宽 400—800 米，洪水期可通小轮船；八莫至曼德勒 510 公里，河宽 800—1500 米，可通 400 吨以下小轮船。密支那有军民两用机场，每周有 4 个航班飞往仰光。

（6）克钦邦是世界著名的缅玉产地，铜、锑等矿藏储量高，在该邦进行农业综合开发，产业链长，市场购买力高，可以工矿业促农业，以农业促工矿业，二者互动。

（7）克钦邦教育事业相对发达，有中小学 796 所，有师范、农牧业等专科学校，在校学生 15 万—18 万余人，进行高新技术农业综合开发的缅方人才资源相对丰富。

## 三 开发区的定点与开发项目建议

开发区的定点关乎开发项目的成败。据实地考察，克钦邦有两个点可供选择：一是密支那东郊的丁江扬地区；二是八莫蛮木岭村地区。我们认为丁江扬应作为首选。丁江扬可供开发区开发的待耕荒地有 2.7 万英亩（折合 16.4 万亩）。现将各开发项目分述于下。

### （一）稻谷

采用云南优质高产的水稻种植技术，包括采用杂交水稻良种、薄膜育秧、测土施肥、生物与化学除草、留养再生稻等高新技术，种植水稻 6 万亩，旱稻 2 万亩，共 8 万亩，按平均亩产 400 公斤、再生稻 150 公斤、合计 550 公斤的保守计算，可年产 4400 万公斤。

## （二）玉米

采用云南优质高产的杂交玉米良种、测土施肥、生物与化学除草、人工授粉等高新技术，种植玉米2万亩，以平均亩产450公斤的保守计算，年产900万公斤。

## （三）油料

开发区内沙性土壤适宜种花生、芝麻等油料作物，采取我国种植高产花生、芝麻的方式，种植花生、芝麻各1万亩，花生单产按150公斤计算，年产150万公斤；芝麻单产按90公斤计算，年产90万公斤。

## （四）经济作物与林果

经济作物种植优选香茅草。香茅草是一种极易繁殖、生长迅速、产量高的作物，经蒸馏提炼的香茅草油是制造香皂和化妆品的重要原料，市场需求量大，价格坚挺（云南市场价格曾一度达到每公斤2000元以上），种植1万亩，按一年收割两次、亩均割草熬油15公斤计算，年产香茅草油15万公斤。

开发区内适宜多种热带水果种植，可种优质高产的甜橙、柚子等优良品种水果1万亩，平均单产1.5吨，年产可达1.5万吨。

## （五）农副产品加工

1. 精米加工

开发区稻谷年总产4.4万吨，按70%出米率为3.08万吨，按52%加工成小袋包装精米，年产为1.6万吨。

2. 饲料加工

开发区玉米年总产9000吨，加上花生、芝麻榨油后的枯饼等，可建饲料加工厂一座，年加工配合饲料 8000 吨。

### 3. 油料加工

采用精炼油加工技术，建油料加工厂一座，年加工精炼花生油 400 吨、小磨芝麻香油 350 吨。

### （六）养殖

开发区饲料资源丰富，气候好，具有发展牛、猪、鱼虾的良好条件。当地居民喜食牛肉、猪肉和鱼虾，但密支那市场肉类和鱼虾奇缺，价格昂贵，发展养殖业具有广阔的市场，能获可观的利润。

养牛：引进云南省热带优良肉牛品种云南瘤牛、高峰牛等，推广玉米秸秆青贮和氨化技术、人工授精技术等，发展牛 4000 头，年出栏 3200 头。

养猪：引进云南省瘦肉型生猪新品种，采用杂交、配合饲料喂养、提早诱食辅料、人工授精、直线育肥、适时屠宰、厩外积肥和免疫程序预防等"八改"技术，饲养生猪 1.5 万头，年出栏 1 万头。

养鱼虾：开发区内 1035 亩湖泊和 7600 多亩河流面积，水质中性，无污染，气候炎热，光照充足，雨量充沛，水土肥沃，饲草丰富，为发展热带草食性鱼虾养殖提供了良好条件。用先进的网箱养鱼高产技术，进湖泊养鱼，流水养鱼。可利用稻田养鱼 3 万—6 万亩，形成年产鲜鱼 5000 吨的规模。

# 四 投入及产出预测

## （一）总投入产出

本项目总投资 1.2 亿元，当年开发当年见效，2—5 年内年总产出 13485 万元，年利润总额 4308 万元，投资利润率每年为 35.9%，投资回收期 2.79 年；若把投资额扩大到 1.75 亿元，则年利润总额增至 62863 元，投资利润率和投资回收期不变。

### （二）基础设施投资

**1. 水**

开发区北部、南部分别有登基卡河和楠因卡河由东向西流过，于外恩莫汇入伊洛瓦底江。可引这两条河水灌溉，雨季可将洪涝排入这两条河。

根据 6 万亩水稻田用水灌溉需要，规划修建 30 公里主干渠，40 公里支渠，并用节制闸控制，形成能灌、能排、排灌一体化的水利体系。

水利工程总投资 650 万元，其中引水渠 70 公里 330 万元，主坝 2 座 40 万元，桥涵 70 处 10 万元，水闸 140 处 140 万元。

**2. 电**

开发区无建水电站的水能资源，但在开发区外的楠因卡河上游可建小型电站，此地距开发区 28 公里。电站取水口处海拔 210 米，引水渠长 3 公里，引用流量 4.5 m³/s，毛水头 25 米，装机 400 kWX 两台，可基本满足开发区内照明和加工厂用电。

水电总投资 1005 万元，其中 400 kWX 两台装机设备及站址 640 万元，主输电线路 12.5 公里 62.5 万元，供电线路 18 公里 72 万元，配电线路 48 公里 144 万元，变电器及配电设备 38.5 万元。

**3. 公路**

开发区内现无公路。从密支那过伊洛瓦底江，南边由外恩莫从密（支那）腾（冲）公路经瓦雄路口至开发区约 12.5 公里的牛车便道可改扩建；北边由迈恩纳经简易公路至开发区边沿的简易公路也可扩建。为适应开发区需要，需修筑主支线公路、井字形机耕主道及机耕便道。

公路投资总计为 2300 万元，其中主、支线公路 35 公里计 700 万元，机耕主道 100 公里计 1000 万元，机耕便道 150 公里计 600 万元。

### 4. 通信

本开发区内现无任何通信设施。解决开发区内部通信问题，拟采用 50 门自动交换机系统，需投资 172 万元；开发区架两对电话线接外恩莫通信网，以便与密支那联系，需投资 250 万元；开发区与云南德宏州、怒江州的无线电联络，需投资 300 万元。以上通信总投资 720 万元。

### 5. 公房与人居建筑

开发区总部办公室、会议室、招待所、培训教室等采用砖木结构建筑，人居住房因陋就简，就地取竹木、茅草而建。

居民点总投资 600 万元，其中总部 2500 平方米 200 万元，仓库 2000 平方米 100 万元，村民住房补助 100 万元，生活用水打井 160 眼计 16 万元，公用设施 84 万元。

### 6. 农业机械

要把项目区内 16 万多亩荒芜地开垦出来，需要配置拖拉机、悬挂犁、开沟机等。计划购置 76 台拖拉机、38 台配套农具，需投资 723 万元。

### （三）种植业投资及效益预测

### 1. 稻谷

稻谷种植 8 万亩，每亩投资 744 元计 5952 万元，当年直接生产成本 5567 万元。产出按每亩产 550 公斤，合计 4400 万公斤，按每公斤 1.8 元计算，当年产值或销售收入 7920 万元，10% 税金 792 万元，利润 1564 万元。投资利润率为 26.2%，回收期 3.81 年。

### 2. 玉米

玉米种植2万亩，每亩投资670元计1340万元，当年直接生产成本890万元。

产出按每亩450公斤，合计90万公斤，每公斤1.6元计算，当年产值或销售收入1440万元，10%税金144万元，利润406万元。投资利润率为30.3%，回收期3.3年。

### 3. 花生

花生种植1万亩，每亩投资674元，计674万元，当年直接生产成本49.8万元。产出按每亩150公斤，合计150万公斤，每公斤4.5元计算，当年产值或销售收入675万元，10%税金67.5万元，年利润109万元。投资利润率为15.2%，回收期6.18年。

### 4. 芝麻

芝麻种植1万亩，每亩投资539元，计539万元，当年直接生产成本274万元。产出按每亩90公斤，合计90万公斤，按每公斤5元计算，当年产值或销售收入450万元，10%税金45万元，利润131万元。投资利润率为24.3%，回收期4.11年。

### 5. 水果

菠萝种植1万亩，每亩投资1000元计1000万元，当年直接生产成本3000万元。产出按每亩2.5吨、计2.5万吨、每吨2000元计算，当年产值或销售收入5000万元。投资利润率100%，回收期1年。水果种植的另一方案是甜橙、柚子1万亩，追求中期收益，以每亩投资944元计944万元，当年直接生产成本832万元。产出按每亩1.5吨、合计1.5万吨、每吨2000元计算，当年产值或销售收入3000万元，10%税金300万元，年利润为1868万元。投资利润率为197.8%，回收期0.51年。

6. 香茅草及制油

香茅草种植1万亩，每亩投资544元，计544万元，当年直接生产成本1916万元。产出按每亩15公斤，合计15万公斤，每吨200万元计算，当年产值或销售收入3000万元。10%税金300万元，年利润784万元。投资利润率为144%，回收期0.69年。

## （四）加工厂及养殖投资与效益预测

1. 精米加工

精米加工1.6万吨，每吨投资1500元，总投资2400万元，综合成本4544万元；年产值或销售收入8000万元，10%税金800万元，年利润2656万元。投资利润率24.8%，回收期4.03年。

2. 饲料加工

利用开发区生产的玉米及油料厂炼油后的枯饼和鱼虾粉等，建设年加工8000吨的配合饲料厂一座。投资800万元，当年综合成本1780万元，年产值或销售收入2400万元，10%税金240万元，利润380万元。投资利润率47.5%，回收期2.11年。

3. 油料加工

花生、芝麻加工分别为400吨和50吨，总投资539万元，当年综合成本274万元，年产值或销售收入1475万元，10%税金148万元，利润131万元。投资利润率36.9%，回收期2.71年。

4. 养殖

年出栏肉牛4000头，猪1万头，鸡10万只，鱼5000吨，投资4118万元，综合成本7690万元；年产值或销售收入11000万元，年利润2210万元，投资利润率186%，回收期0.9年。

# 五 不确定性分析

## （一）盈亏平衡（BEP）分析

盈亏平衡分析是通过盈亏平衡点（BEP）分析项目成本与收益的平衡关系的一种方法，其计算公式为，以生产能力利润率来表示盈亏平衡（BEP），税率按 10% 计算，本项目的 BEP 二年固定总成本 ÷（年产品销售收入 − 年可变总成本 − 年税金及附加）× 100% = 38.45%，即当整个项目的生产能力达到设计能力的 38.45% 时，项目实现盈亏平衡。其中，对粮食，当生产能力达到设计的 41.52%，即总产量达 18269 吨时，企业即可保本；超过此产量即有盈利，否则亏损。此项目指标表明，本项目抗风险能力较强。

## （二）敏感性分析

主要分析产品平衡销售价格、经营成本、预测销售量（产品）和固定资产投资四个因素的变化对所得税前全部投资财务内部收益率（FIRR）的影响。

考虑到本项目稳定的市场、有利的价格和充分的生产能力等有利条件，以及企业产量、市场价格和开发成本等不利因素的变化，以投资利润率和投资回收期两大指标为例。

当市场价格上升 10% 时，投资利润率增 18.66 个百分点，投资回收期缩短 0.96 年；当市场价格下降 10% 时，投资利润率减少 26.64 个百分点，投资回收期增 8.07 年。提示开发企业要密切关注市场变化。

当综合成本上升10%时，投资利润率减少15.08个百分点，投资回收期增2.03年；当综合成本下降10%时，投资利润率增加15.08个百分点，投资回收期缩短0.3年。提示开发企业要重视成本核算。

# 六　市场分析

（1）根据供需矛盾和商品价格，本项目以种植水稻、玉米等粮食作物的市场最为广阔，经济收益最大。缅甸曾是世界著名的大米出口国，所产优质香软米驰名于世。20世纪60年代初以来，粮食产量逐年下降，80年代由大米出口国变为进口国。由于克钦邦以采挖、加工、贩卖玉石为主，农业受到冷落，大片耕地荒芜，粮食、蔬菜、油料、鱼类、水果等，均靠缅甸中南部运入。由于运距长，价格平均比曼德勒、仰光高5—8个百分点，使密支那成为缅甸物价及其他农副产品最昂贵的城市。预测在今后一个时期内，如无重大的农副产品开发项目成功，密支那市场供应不会有实质性的改变。因此，克钦邦是本项目一个距离最近、容量最大、利润最高的产品销售市场。

（2）在价值规律的作用下，本项目农副产品的直接供应，可能会使密支那市场趋于饱和，市场价格跌落而使项目开发出现无利可图的状况。因此，本项目一开始就安排了农副产品的加工内容，以提高产品档次、花色品种，刺激消费，创造新的市场。克钦邦市场目前食品供应较为单调，花色品种不多，烘烤类仅面包、蛋糕几个品种，饮料当地只能生产汽水，高级点心、易拉罐等产品数量少，大多需进口，且价格昂贵。如本开发区从事此类农副产品加工，可开创当地新的消费市场。

（3）市场的购买力是衡量市场容量及前景的重要因素，克钦邦有开采、经销玉石的矿工和商人数十万，购买力较高。本项目区的综合开发，所吸收的农业和加工业工人以及配套服务人员，将大大增加和提高邦内以密支那为中心的市场容量。

（4）缅甸的邻国泰国是一个经济迅速发展的国家，在农副产品上与缅甸有巨大的互补性，是农副产品的一个巨大的消费市场。该国玉米等饲料供应缺口很大。泰国市场除大米外的其他农副产品，包括精细蔬菜、花卉、果汁、香料等，需求量很大，也需要进口。在缅甸和泰国等东盟国家自由贸易不断发展的前提下，东盟各国将为本项目提供广阔市场。

（5）中国云南省农业资源不足，是一个缺粮的省份，每年约需从省外调进10多亿公斤粮食，本项目生产的粮食，即使全部销回云南，也仅仅只能缓和云南缺粮矛盾的一小部分。

# 七　关税与金融

中国—东盟（10＋1）自由贸易区的合作正稳步向前发展，自由贸易区内的关税与金融政策将会发生质的历史性变化，为本项目的开发创造更加有利的国际环境。在近期内，本项目可采取下列对策。

## （一）关税

根据"缅甸联邦国家治安建设委员会（91）44号'关于中央空地、闲地、荒地管理委员会的职责与权力的命令'"第3条第2款规定，凡开发空地、闲地和荒地的各类企业，可以根据种植品种与养殖业的情况，"免征 2—8 年的地税"和"免征利润税"。据此，本项目应向缅中央政府空地、闲地和荒地管理委员会申请免征 8 年地税和利润税。

本项目应享受《缅甸联邦外国投资法》第 10 章第 21 条以下条款关于"税的减免"的规定：

第 1 款，"从开业第 1 年起，连续 3 年免征所得税。如果对（缅）国家有贡献，根据投资项目的效益，还可以继续适当地减免税收"。

第 2 款，"企业将所得利润在 1 年内进行再投资，对其所得的经营利润，给予减免税收"。

第 3 款，外商投资"按规定的原值比例，从利润中扣除机械、设备、建筑场地及企业设施折旧费后进行征收"。

第 4 款，"其产品销售外国所得到利润的 50% 减征所得税"。

第 5 款，"投资者有义务向（缅）国家支付来自国外受聘于企业的外国人的所得税，此项所得税可从应征税收中扣除"。

第 7 款，"（缅）国内确需有关科研项目和开发性项目的费用支出，允许从应征的所得税中扣除"。

第 8 款，在"享受上述第 1 条减免所得税后，连续两年内确实出现了亏损，从亏损的当年起，连续 3 年予以结转和抵销"。

第 9 款，"在开办期间，确因需要而进口的机器、设备、仪器、机器零部件、备件和用于业务的材料，可减免关税或其他国内税或两种税收同时减免"。

第 10 款，"企业建成头 3 年，因用于生产而进口的原材料，可减免关税或其他国内税，或两种税收同时减免"。

根据《缅甸联邦外国投资法实施条例》第 10 章第 20 条之规定，享受上述税收的减免及其他税收减免，应该向缅甸联邦外国投资委员会提出申请。

出口是世界各国予以鼓励的共同惯例，目的是换取本国急需的外汇。根据《缅甸联邦禁止出口法》，缅禁止私营企业和民间商社出口大米等 29 种商品，但本项目属于两国政府支持的项目，可在谈判中解决。

## （二）金融、保险

（1）密支那目前尚无专门负责外商投资的缅甸外贸银行；中方应建议缅外贸银行在密支那设立机构，为本项目资本金、产品销售及非贸易外汇管理等方面的业务提供服务。

（2）根据缅甸政府关于金融机构的法律规定，本项目开发公司根据需要，可向缅经济银行、缅投资和商业银行、缅农业和农村发展银行、缅外贸银行申请贷款，以解决流动资金及开发资金不足的问题。

（3）根据 1990 年 7 月缅政府授权缅甸中央银行宣布的"允许外国银行在缅开业"的决定，为了保证本项目及其他中国投资项目的顺利运行，也为了繁荣缅甸经济，建议中国云南省内的商业银行在密支那设立联合或单独的办事机构。

（4）保险，根据《缅甸联邦外国投资法》的规定，凡得到在缅投资权利的企业，都要参加保险。缅甸保险公司成立于 1975 年，在密支那设有分公司，能够承担外商投资法规定的各有关保险项目。本项目启动应向该分公司投保。

## （三）外汇

根据缅甸法律及外商投资的通常做法，本项目开发公司的注册资本金、所产产品及其他服务收入，建议采用人民币结算。汇率以双方商定或参考市场汇率确定的汇率为准。根据需要，也可采用易货贸易等双方认可的方式。项目区收入、合法利润，应根据缅法律准许汇入中国国内，亦可作为项目开发的再投资投入。

## 八　风险抵御

本项目区可能出现的自然灾害主要是旱涝。干季旱灾，几乎年年都有，而且还可能引起火灾；雨季涝灾，约 20—30 年一遇，严重时曾使外恩莫镇平地积水一人深。对于旱灾，可采用引水或筑塘蓄水、打井取水的办法解决。对于洪灾，可挖排水沟，居民点建在坡地的高处。

市场瞬息万变，应有高超的市场营销策略与技巧，应大力培养一批能够适应国际市场竞争的营销人才；在重视中、缅市场现货销售的同时，可利用国际著名的商品交易所，进行期货交易，并根据期货订单安排当年生产；再就是可通过加入国际上著名的大企业集团，利用其雄厚的资金、技术力量和现成的市场，来抗御市场带来的风险。

跨国开发可能出现的又一风险是科技人才和管理人才的出走流失。克钦邦是著名的世界玉石产地，开采玉石及经销玉石利润巨大，艰苦程度比种植业、加工业低，公司的人员容易见异思迁，流失到缅甸企业或变成个体经营者。应注意做好全体员工的思想工作，提高待遇，保障人员的稳定。

## 九　结论

（1）缅北地处中国、东南亚、南亚三大市场和沟通太平洋、印度洋的重要地区，具有良好合作发展的地缘基础和优势。尽管缅甸与我国经济社会发展水平不一，消费需求和水平不等，但两国在资源、产业、产品、市场、高新技术、人才等方面有很强的互补性，建立缅北滇、缅高新技术农业综合开发区，对实现优势互补，繁荣两国经济，实现中缅边境和谐发展，加快中国—东盟自由贸易区建设，具有重要的意义。

（2）开发项目事关两国的国计民生，是投资小，见效快，回报率高，风险低，抗风险力强的项目，建议作为两国企业的股份制或云南企业的独资土地租赁合作制项目，在两国政府的扶持帮助下尽快予以启动。

（3）此项目的性质为企业行为，但也是两国政府支持的合作。由于开发规模大，需要长期稳定，所以合作协议应由云南省政府和缅甸农业与灌溉部签订，然后再与合作对象洽谈具体条件，以降低不稳定性。两国政府应在基础设施建设方面给予必要的资金铺垫。开发区位于"中缅印"国际大通道沿线，建议云南省采取昆曼公路建设模式，提前修建中印公路。

（4）项目必须坚持高起点，坚持以高新技术投入作为实现目标和谋求效益的手段，建议云南省在技术设备、科技人才、技术培训等方面给予大力支持。本文在开发项目中未提及生物能源，但生物能源可以缓解世界石油的供需矛盾，应大力开发。建议云南省政府研究室立项研究，以便将本开发区的开发全部纳入种植油料，最好将其建成生物能源的原料基地。

（5）中缅边境线长 1997 公里，有 6 个州、市与缅甸接壤，其中德宏州、怒江州、保山市与克钦邦接壤，建议此三市州实力强的企业，组建缅北中缅高新技术农业综合开发公司，尽快实施本项目。临沧、思茅、西双版纳三市州的企业，也可联合在缅掸邦建立这样的合作开发区。

**主要参考资料：**

1. 何耀华、赵俊臣等：《中国云南省在缅甸克钦邦进行高新技术农业综合开发的预可行性研究报告》，1995 年 7 月。

2.《云南省赴缅农业综合开发考察情况报告》，1997 年 9 月 17 日。

（原载《滇缅和谐发展德宏论坛文集》，德宏民族出版社 2007 年版）

# 将云南建成中国向南亚、东南亚
# 开放基地的建议

"桥头堡"建设离不开文化软实力的支撑，离不开历史文化研究的给力，我想就此提两点建议。

## 一 创办中国昆明南亚洲国际大学，为实施
## "桥头堡战略"培养各类杰出人才

中国与南亚洲各国，包括东南亚、南亚、西南亚国家，虽有高山大海险阻，但都有数千年的经济、文化与人才的交流。

以中印之间交流为例，1924 年，梁启超在欢迎印度诗圣泰戈尔的集会上说："公元头 800 年，中国有 187 名僧侣学者去印度，印度也有不少僧侣来华，其中 24 名非常有名，有 13 名来自克什米尔。"这个讲话概括了中印早期文化与人才交流的历史。中国最早译出的佛经就是东汉初到中国的中天竺人迦叶摩腾和竺法兰翻译的《四十二章经》，东汉皇帝在首都洛阳建白马寺，作为他们做翻译和培养中国僧徒的场所，该寺可称为中国的第一座印度文化学院。1993 年印度总理拉奥访华，还专门去该寺访问。十六国时期，后秦王朝将佛经意译派创始人鸠摩罗什请至长安，尊为国师，主持国立译馆，国立译馆可说

是中国的第二个印度佛教文化学院。鸠摩罗什在此译出包括《禅法要解》等经论约 300 卷。公元 6 世纪初梁武帝时，南天竺高僧菩提达摩应邀从洛道来华，他在中国翻译佛法，教化僧徒，成了禅宗在中国的创始人。唐代来长安的印度高僧大增，中天竺僧人布如鸟伐耶（汉名福生）带 1500 余部大、小乘经来长安坐译。唐朝不但为梵僧建寺办学，培养中国僧众，而且还给他们极高的政治经济待遇。《资治通鉴》说："胡僧不空官至卿监，曾为国公，出入禁阁，势移权贵，京良田美利，多归僧寺。"不空是北天竺僧人，名阿莫佉跋折罗，他先到长安，后去狮子国（斯里兰卡）求得 500 余新密宗经典，于唐玄宗五年（746 年）回到长安。中国到印度等取经 187 名人中，最早的是魏元帝时的朱士行，他公元 260 年去天竺寺求经。东晋时一位年已花甲的高僧法显，公元 399 年（晋安帝隆年三年）不顾高龄从长安经河西走廊、新疆大沙漠，越葱岭达今巴基斯坦、阿富汗、尼泊尔到中天竺学梵文、经律 3 年，又到狮子国住 2 年，广收戒律，出游 14 年，回国后写了《佛国记》（又称《法显传》），该书是中国了解当时南亚、中亚、东南亚的珍贵历史文献。众所皆知的唐玄奘于公元 629 年西行，历经西域 16 国，4 年后到北天竺摩揭陀国的那烂陀寺，师从戒贤，回国后，唐太宗要他专心译经，至他去世时的公元 664 年，共译出经书 75 部 1335 卷。他所写的《大唐西域记》，所记南亚、中亚的情况，比《佛国记》更为详尽。

鉴于历史条件的限制，古代印度与中国的文化交流是以天竺佛教的传播为载体的。

中国王朝以建佛寺办学尊国师，"京良田美利，多归僧寺"等举措来吸引印度、斯里兰卡等南亚国家的高僧来为己服务，这对我们是有启示的，从今天的历史条件和对外开放的需要来说，在昆明创办南亚洲国际大学，不仅是需要，也有可能。这个大学是国际化的大学，应出高薪聘东南亚、南亚、西南亚的高才为师，根据"桥头堡建设"

的需要，设立工商学部、计算机信息学部、金融与国际贸易学部、历史文化学部、语言学部等，并以英语和中国语文进行教学。

## 二　将云南古丝路文化申报世界历史文化遗产

已故北大教授季羡林说："迟在公元前四世纪，中国丝必已输入印度。"成书于公元前4—前3世纪的《治国安邦术》《摩诃婆罗多》《罗摩衍那》等印度古籍，都有公元前4世纪中国的"成捆丝"出现在印度的记录。德国史学家雅各比也说："公元前320—前315年，印度旃陀罗笈多王朝的历史学家卡蒂亚（Kautilya）的著作中有中国（China）产丝，商人曾贩至印度的记载。"早期成捆的中国丝输往印度，不是从海上丝路和西北丝路，因为海上丝路和西北丝路，是西汉武帝时才开通的，而云南—印度间的丝路，则早已存在。1955年4月5日新华社报道说："云南省经过三年多的文物普查，进一步证实了公元前三世纪已从四川成都经云南通印度的西南路的存在。"所谓丝路文化，首先是物流文化；其次是民族文化，物流必然带动人流，在丝绸等输印度的同时，云南的藏缅语族先民不断移往印度，印度居民也大量移入云南。印度的查特基教授说，从云南向西迁徙印度的中国人称为博多人，博多人一度在北比哈尔、北孟加拉、东孟加拉和布拉马普特拉河流域形成一个牢固的蒙古人种集团，他们赋予阿萨姆居民特殊的蒙古人气质。这些主要是从中国云南移入印度的藏缅语族先民，一部分与印度的雅利安人混血，形成了雅利安—蒙古人种，但他们至今仍保有不少的云南藏缅语族人的文化；而另一部分未与雅利安人混血，称为印度东喜马拉雅民族的人，则至今还保持着云南古丝路上藏缅语族的生产生活习俗。这些民族与云南藏缅语族共同的民族渊源和文化，为中印人民之间的友好交往，构建了一根割不断的种族亲族的血缘纽带。中印两国人民几千年交往的友谊和文化，沉淀在云南古丝路上，如云南的大乘佛教、上座部佛教和藏传佛教、阿吒力教等，都是古丝路文化中的亮点，古丝路文化是云南文化的一大内涵，它们具有历史地位和现实价值，建议组织专门班子进行研究，以作为申遗的材料，并进行保护与开发利用。

2011 年 6 月 13 日于昆明震庄宾馆

# 中国云南西双版纳傣族的旅游业

　　西双版纳，地处东经 99°55′—101°50′，北纬 20°10′—21°40′之间，与老挝、缅甸接壤，是中国云南傣族的一个自治州，人口 72 万，土地总面积 9125 平方公里，首府为景洪。其气候属热带雨林气候，全年分旱季（11 月—4 月）、雨季（5 月—10 月）。1 月最冷，平均气温为 16℃，6 月最热，平均气温为 26℃。

　　这里有植物王国、动物王国、少数民族文化风情王国的美称，游人叹为观止，是集国家风景名胜区、国家自然保护区、国家重点文物分布区、国家边境地区、民族自治地区五位一体的著名旅游区。

## 一　西双版纳的旅游资源

　　西双版纳旅游资源丰富，美丽而又神秘，目前已划定的景区有 20 个，占地 10202.31 平方公里。景观的主要类型与特点如下：

　　（1）热带原始森林。主要有常绿季雨林、落叶季雨林、石灰山季雨林、季风常绿阔叶林、竹中混交林等。

　　（2）珍稀野生动物植物。动物有两栖爬行类 118 种，鸟类 429 种，红颈鹤、棕颈犀鸟和绿孔雀等极有观赏价值和研究价值；哺乳动物 102 种。其中亚洲象、印度野牛为国家重点保护对象。植物有 800

年树龄的茶王树和大板根。榕象树，独木成林，还有龙脑香、望天树、董棕、热带兰等。一天三变颜色的"变色花"，叶子在轻音乐旋律震荡中会翩翩起舞的"跳舞草"。味道会由酸变甜的"神秘果"及甜菊等令人着迷。

（3）山、川、洞穴、温泉。山峰洞穴有南贡山、安马山、南糯山、孔明山、小石林、翠屏峰、三石峰、仙人洞、白云洞等；河流瀑布有澜沧江、流沙河、南腊河、曼典瀑布、大宗河瀑布、小瀑布等，温泉与水库有南尼温泉、曼养坎温泉、小街温泉、曼飞龙水库、曼旦水库、勐邦水库等。

（4）少数民族风情。西双版纳虽以绚丽多彩的自然风光闻名于世，但更引人注目的是这里世代居住着的傣族等少数民族的风情。傣族是西双版纳的主体少数民族，其民俗特点独树一帜。住房为人字形两坡顶的竹楼，分上下两层，人住上层，有走廊、凉台、客厅、卧室，外凉台很宽大。下层堆放杂物或圈养牲畜。外围有绿树及竹林环抱，内围有竹篱笆。这种建筑具有冬暖夏凉、防潮、防水、防震的特点。其饮食制作奇特，米饭用竹筒烧烤，称"香竹饭"，鱼、鸡用香茅草捆着烧，名曰"香茅草烤鱼""香茅草烤鸡"。妇女服饰有鲜明的特点：上着白色、粉红色、粉蓝色、粉绿色的紧身上衣，扎腰带，视冷暖需要再套毛背心或外衣，下着长达脚踝的五颜六色的筒裙。傣族的喜庆方式，如泼水节期间的泼水，赕佛、堆沙、赛龙舟等庆祝方式，每年吸引着数以万计的游客前往参加，开门节、关门节的活动也吸引着众多的中外游客。

（5）小乘佛教文化。在西双版纳，每一个傣族村寨，均有一座上座部佛教佛寺，上座部佛教（小乘）公元6至8世纪从泰国、缅甸传入，逐渐在西双版纳傣族中生根。这里的傣族每个男孩10岁必须出家进佛寺当和尚，20岁以后才能还俗结婚。最经常的宗教活动"赕佛"（敬佛布施），以村寨为单位在佛寺进行。上座部（小乘）与大众部（大乘）的不同之点，是只奉释迦牟尼为佛祖。而大众部则认为"三世十方有无数佛"，主张众生可度世成佛。上座部在西双版纳曾傣化形成自己的特点：一是适应封建领主的需要，奉"召片领"为佛的化身，如第一世召片领叭雅真就是"景陇金殿国至尊佛祖"。二是与封建领主的等级制度相适应，形成了自己的佛教等级制度：这些等级是"阿嘎门里""松列""桑卡拉扎""沙弥""祜巳""督竜"（佛爷）"柏"（和尚）。"阿嘎门里"及"松列"级只有最高领主"召片领"的血亲才能升任。三是充分利用傣族古老的原始宗教，并与之共存，在每个村寨，佛寺中供奉的是佛祖释迦牟尼，但寺边又建有神殿供奉"披曼坡勐"（地方和村寨守护神）。这些特点在宗教学上具有重要的研究价值。

（6）古迹与纪念碑：曼飞龙佛塔、景真八角亭、宣慰街遗址、汉王庙、公主坟是著名的古迹。曼飞龙佛塔（笋塔）建于傣历五六六年（1204 年），塔身由主塔和八座小塔组成。主塔高 16.29 米，塔盘直径 8.6 米，实心砖结构。每座小塔下有一座佛龛，龛上有一只泥塑凤凰。其外形如雨后春笋破土而出，壮观异常。景真八角亭是佛爷诵经忏悔、开会议事的地方，建于傣历一〇六三年（1701 年），高 14.42 米，宽 8.6 米，由座、身、顶三部分组成。顶为木结构，呈锥形多层屋檐，面铺如鱼鳞覆盖，整座亭玲珑华丽，造型美观，是傣族佛教建筑中的精品。纪念碑有周总理纪念碑（1961 年 4 月）、中缅友谊碑、泰王国干拉雅妮·瓦塔娜公主植树纪念碑（1985 年 2 月）。

为适应旅游业迅速发展的需要，近几年国家在景洪大力投资开发旅游景点，改善交通条件。1990 年开通了昆明至景洪的航线，每周有 2 个航班从昆明飞往景洪，空中飞行 50 分钟，每个航班可运送旅客 130 人，与此同时，公路建设也有巨大的发展。早在 1987 年，每天就有 68 趟班车从景洪开往东线的橄榄坝、小勐仑、基诺山、小勐养，有 36 趟开往南线的嘎洒、曼飞龙水库、小街、大勐龙；有 86 趟开往西线的南糯山、勐海、景真八角亭、勐遮。景洪至橄榄坝的澜沧江水运，每天发出客货轮 8 艘，共 1330 个客位。鉴于目前存在着旅游设施不配套，道路等级低，不成网络以及旅游管理人才缺乏等方面存在的制约因素，国家正采取措施，从各方面集资进行新的项目建设。澜沧江至万象，1170 公里的水路开通亦正在筹划。老挝的敦朋、会晒与泰国的清盛、清孔两县隔河相望。这条国际水道开通后，中泰、中老之间的旅游与交往将更加发展。

## 二 西双版纳傣族旅游业发展状况

1985 年 1 月，西双版纳对外国游客开放，傣族的旅游业异军突起，迅速发展成为一个新兴的产业部门。

据不完全统计，1978—1989 年，西双版纳共接待海外游客 30917 人次（不含邻国边民），游客年均递增 21.81%。1986—1989 年接待 21756 人次，占 12 年接待总量的 70.37%，年均递增 8.27%。客源主要来自日本、美国、西欧和泰国，也来自中国的港澳台地区。其中外国人的比例占 60% 以上。港澳台是中国的固有领土，其居民到内地旅游，因存在"一国两制"的情况，需要办理出入境手续，可以将其视为国际旅游，1989 年，这部分游客共 1279 人次，占国际游客总数的 28%。国际旅游者在西双版纳平均滞留 3.6 天，若每天滞留费以 60 美元计算，1989 年可创汇 986657 美元。

从景洪游客住宿登记提供的资料看，1989 年至西双版纳旅游的国内游客有 711656 人次。他们平均滞留 5 天，若人均每天消费以 60 元计，这一年共收入 2 亿多元。

旅游业是一种以提供游览享受为内容的特殊的精神商品经济。这种经济是以国家旅行社和傣族农民经营为主体，以旅游资源为依托，为游客提供旅游设施、旅游服务、旅游商品。自西双版纳对外开放以来，一部分傣族农民依靠这种经济走上了富裕的道路。

景洪宾馆西南半公里，有一个名叫曼景兰的傣族村，在这里，干栏式的竹楼连成一片，上座部佛寺巍然屹立，宽街广衢的两旁栽着油棕、槟榔、椰子、杧果、柚子。"曼景兰"是傣语，意为"看守领主坟墓的寨子"。据说这个寨子过去是傣族最高封建领主"召片领"的领地。"召片领"的一个侄子死后埋葬于此，由一对家奴来此守坟，这对家奴世代繁衍而发展成一个远近闻名的傣寨。这个村的旅游经济在最近几年中迅速发展起来，其特点是为游客提供傣族风味食品。1989 年笔者亲临调查时，全村有 18 户农民经营这样的旅游餐厅，每天至此品尝傣味的游客不计其数。其中一个餐厅的老板名玉叫。她原来是村上生产队的会计，1982 年村里实行家庭联产承包责任制，农民有更多的时间从事家庭副业，她回到家里养猪，并成为一名养猪专业户。1986 年，她用养猪积累起来的资金开了一个小小的餐馆，做 25道傣味菜满足游客需要。由于生意兴隆，全家（包括丈夫、女儿、儿子与儿媳）都在餐馆就业，家里承包的土地由亲友帮助耕种。玉叫不愿细致谈论她的餐厅的营业额是多少，但她告诉我们，她的餐厅有餐桌 35 张，每张餐桌可坐 10 人，一次可接纳 350 个游客，旱季游客满坐，供不应求。雨季游客少，但每天仍不少于 40—50 人。店里一次可做 26 道不同风味的傣菜。酸笋煮鸡、香茅草烤鱼、油炸竹虫、糯米竹筒饭等深受中外游客的称赞。目前店里的固定资产为 30 多万元。一幢新建的 333 平方米的钢筋水泥傣式现代化楼房已投入使用，楼上为主人住宅，楼下设有 15 个旅游床位，店里雇有 25 个临时工，另外17 户的傣味餐厅，规模与玉叫的相差不大。每个店每月的营业额都在1 万—1.5 万元（2000—3000 美元左右）。

随着旅游业的兴起，旅游商品的生产迅速发展，大宗的有杧果、菠萝等热带水果的加工，茶叶加工和民族传统工艺品的制作。州民族工艺厂、景洪县民族服装厂、勐海县银饰厂的产品早已成了中外游客的抢手货。除此以外，不少傣族村寨的农民，制作传统工艺品满足旅游者需要。这类工艺品中最为畅销的是傣锦。这是一种织出凸型图案的纺织品，由傣族妇女用古老的提花织机编织而成，其编织的图案精美华丽，粗犷大方，用傣锦做成的筒帕（挎包）、筒裙、披肩、被面、垫单、手巾、挂毯及上座部佛教寺院的宗教饰物，是别具特色的民族旅游商品。不少农民依靠出卖傣锦纺织品及本民族的土陶工艺品、竹编织品而发了财，过去只值几角钱一个的黑土陶水罐，现在增值至一个10—15元。

总而言之，西双版纳傣族旅游业的发展是迅速的，它给傣族的社会经济和民族文化的振兴注入了新的活力。

## 三 对西双版纳旅游业的几点认识

旅游经济是一种劳动密集型的行业，投资少，收效快，既可为傣族农村的剩余劳动力找到就业的机会，又可为农村经济的发展积累资金。西双版纳旅游业的发展具有下列意义：

（1）它促使农民走上富裕的道路。如前所述，曼景兰村的18户农民依靠提供旅游服务而致富，玉叫是一个典型的例子。而这样的例子是很多的。如岩叫家，因经营一个名为"孙满"（幸福的春天）的傣味餐厅而发了财。他家用餐厅的利润增加对农业的投入，每年生产的稻谷达到5吨。其每年生产的中药材卖给国家可得1万多元。全家（包括妻子、大儿子和儿媳）一年的净收入为1.8万元（3600美元），家里有碾米机、自行车、收录机、缝纫机及各种各样的生活用品。又如曼飞龙村的 10 名傣族妇女，利用曼飞龙白塔的景观，为游客摄影，亦获得可观的利润。曼龙罕是一个旅游业不发达的村寨，若与旅游业发达的曼景兰村比较，其农民的富裕程度和消费结构就比曼景兰差距大（详见下表）。用两个村的比较说明，旅游经济是一种富民经济。

**1988 年曼景兰村、曼龙罕村实有商品占有量比较表**

单位：辆、只、架、台

| 项目 指数 村 | 自行车 | 手表 | 缝纫机 | 收录机 | 洗衣机 | 电视机 | 电冰箱 |
|---|---|---|---|---|---|---|---|
| 曼景兰 | 300 | 447 | 130 | 119 | 12 | 121 | 10 |
| 曼龙罕 | 59 | 38 | 154 | 18 | 0 | 16 | 0 |

注：此表的数字为郑晓云实地调查所得。

（2）旅游经济进一步打破了傣族自给自足经济的壁垒，使商品经济得以进一步的发展，并给傣族地区提供了技术经济信息，开通了经济技术交流的渠道。在曼景兰村，过去卖农副产品是以堆、包、把计量，无一人懂得使用衡量轻重的器具（秤），无一户农民经商，无一户农民进行商品生产，全村处于封闭状态。随着改革开放和旅游业的兴起，这种封闭的状态被打破了。现在，村里有一个橡胶种植场，种有橡胶 4300 亩，场内有固定工 5 人，临时工 2109 人，另外还经营菜地 50 亩和养鱼水面 34 亩，有 4 户经营屠宰，3 户开糖果烟酒店。国外游客中有相当一部分是被邀请来观光的企业家、科学家、管理专家，他们给西双版纳带来了经济技术信息，并搭起了经济技术交流的渠道。

（3）有利于改变妨碍民族发展的传统观念，提高民族的科学、文化素质。在漫长的历史发展中，与自给自足的自然经济相适应，傣族人民存在重农轻商等不利于商品经济发展的价值观念，随着旅游经济的发展，市场观念、效益观念、时间观念、利润观念、人才观念、信息观念，逐步成为人们的自觉意识，正是这些新的意识增强了傣族经济社会发展的活力。

（4）推动了西双版纳现代化基础设施的建设。1983—1989年，国家投巨资开发西双版纳的旅游资源，在景洪建成孔雀湖、曼听、观礼台、民族风情园等四处公园，修建了西双版纳二级机场，扩建了宾馆，维修了文物古迹六处，加速了环保、能源、交通等基础设施的建设，农业、工业、林业、商业、科学与教育的基础设施也正在不断改善。

在肯定上述四点作用的同时，我们注意到了旅游业可能给傣族社会发展带来的消极作用。首先，旅游经济作为一种商品经济，由它所产生的片面追求利益、损人利己、弄虚作假等的观念和行为，将给傣族社会带来不利的影响。其次，随着海外游客的涌来，西方文化对傣族传统文化将产生巨大的冲击，西方社会中的丑恶现象也会随之而来。因此，傣族人民在强调发展旅游经济的同时，十分注重发展本民族优秀的传统文化，保护自己的民族特色，十分注重社会主义精神文明的建设，以建立具有中国特色的社会主义的旅游经济体系。

综合本文论述，我认为西双版纳具有独树一帜的旅游资源，这些旅游资源正得到开发利用，到西双版纳观光考察的海外游客，与年俱增。旅游经济推动和加速了傣族现代化的进程，傣族人民以积极的态度发展旅游经济，同时也采取积极的措施来防止旅游业可能给傣族社会带来的消极影响。

**附记：**

本文写作过程中，西双版纳傣族自治州旅游局局长钱仲先、中国国际旅行社昆明分社副总经理刘向宇、景洪县曼景兰办事处负责人玉涛、云南省社会科学院民族学研究员郑晓云等曾为本人提供资料和介绍情况，谨在此表示衷心的感谢。此文于1991年1月20日在泰国清迈"西北大学"的国际旅游学术会议上发表。

# 激活武定历史文化遗产的建议

武定是元、明以来中央王朝经略云南、抚蛮安边的重镇。"武定"是"婆甸"的音转，意为罗婆夷居住的坝子。武定除有誉称"西南第一山"的狮子山自然遗产之外，还有闪耀着中华民族传统文化光辉的印度、韩国文化元素的三大历史文化遗产，实施下列三大历史文化工程，激活这些遗产，将武定建成滇中北部经济增长源和民族团结进步示范基地，具有重要意义。

## 一　重建武定古城

《明史·土司传》说："嘉靖四十五年（1566 年），筑武定新城成。"隆庆年间（1567—1572 年），朝廷巡抚陈用宾、御史刘强、云南布政使邹连（相当于今省长），又以武定是"省会之藩篱，滇西之右臂"，"守邦不宜惜费"（光绪《武定直隶州志》），又决定进一步扩建武定新城。隆庆五年（1571 年），筑石城墙九十丈八尺，围园三厘三分，高二丈，垛口一千三百九十四；建城楼四："东曰迎曦，南曰阜民，西曰靖远，北曰德润。"城楼的命名，集中体现了中华民族文化的传统价值观，意义深远。"迎曦"意为迎晨曦、迎朝阳、迎风调雨顺；"阜民"，意在实现物阜民丰，满足人民丰富的物质生活需求；

"靖远"，意为保边安境，地方宁静，民族和谐；"德润"，意为以德滋润地方，为政清廉，以德养民、育民。

## 二　重建凤氏土司司署

国家文物局已把土司遗址的申遗作为 2015 年的重点项目。列入第一期申遗的有湖南永顺土司城遗址、湖北唐岩土司城遗址、贵州遵义播州海龙屯土司城遗址。国家的政策导向为重建武定凤氏土司[①]司署创造了条件。

武定凤氏土司渊源于南诏、大理国滇东三十七夷人部罗婺部的世袭酋长。元朝授罗婺万户侯、武定路军民总管府土官总管；明朝授武定军民府土官知府等土职。弘治元年（1488 年）赐姓凤，正德二年（1507 年），帝赐"尽心报国"金带。凤氏"守官乐土，与国同休可"，"尽心报国"，"正己爱民"，"制行端庄"，"开辟田野，教民稼穑"，"抚夷安业"，"四礼正家，一经教子"，"聘汉儒为师，习六艺"，"用夷书（用老彝文写的经书）重汉文"，"土官服虽华，不脱彝习"，"死以火化，无坟冢"等[②]土司文化，在今天仍具有重要的价值和意义。

凤氏土司文化有几个特点：一是对中央王朝多民族统一国家的认同，为维护国家的统一"尽心报国"；二是对汉文化先进性的认同；三是对彝、汉及彝族与其他民族团结共处的珍重；四是对本民族传统优秀文化的继承、保护和创新。

凤氏原居今禄劝县云龙乡，幸邱山（彝语名滑驱洛尼白，俗称火

---

① 按：凤氏是世袭土官，不是土司。由吏部而非兵部掌控，但据清末的《六部成语注释》中"土府、土州、土县之类，总名土司"的解释，可将武定军民府土官称为土司，土府称为土司署、土司城。

② 皆引自何耀华《武定凤氏本末笺证》，云南民族出版社 1986 年版。

期山）是其安营扎寨的大本营。天启《滇志·地理志》说："禄劝州，故易龙县，东北曰幸邱山，四面陡绝，顶有三峰可容万家，昔为罗婺寨，有天生城，牢不可破。"又康熙《禄劝州志》卷二说："幸邱山在州北二州北二百里，上易龙后，弘治（1488—1505 年）中，土府凤英所开。四面陡绝峰顶可容万家，昔为罗婺寨。"幸邱山地势地貌奇异，为丹霞巨型红色大石天然叠加成峰，山顶尚有宅基石墙残留。《元史·地理志·云南行省》云："至元八年（1271 年）分大理国三十七部为南、北、中三路，路设达鲁花赤并总管。"北路包括罗婺、仁地（今寻甸）、于矢（今贵州普安）、闷畔（治今会泽，地域包括今四川会理的东部及今东川市）4 个万户府，至元十一年（1274 年），云南行省建立，废除万户、千户、百户和原来的南、北、中三路，代之以路、府、州、县的建制。改北路为武定路军民府（此在至元十二年，1275 年），辖和曲、禄劝两州及元谋、南甸、易笼、石旧 4 县，治南甸县（今武定县南）。同年罢易笼县。正德元年（1506 年）罢南甸县，天启元年（1621 年）罢石旧县。明洪武十五年（1382 年），明朝以元朝的武定路改置武定府，十七年升为军民府，府治在今武定县南，由于文献记录不详，罗婺部土长何时由罗婺寨迁至南甸县不得而知，估计是在至元十二年武定路军民府建立之时。隆庆三年（1569 年）再由南甸迁往今武定县近城镇的武定新城。①

今武定近城东里许有凤氏土城遗址，城墙周长约六里许，有用土夯压痕迹，保存最完好的地方，高度 3 米以上，墙基底厚 4 米，顶厚 2 米左右，发现数块有字砖，其中一块上有"大口监制"的字样。又禄劝三台山有凤家城一座，四围峭壁悬崖，密林丰草，羊肠一径，迂回曲折。上顶宽平，可容万马，曲流成涧。（康熙《武定府志·禄劝州》）整个遗址坐西向东，地形呈三级台阶状，中轴线依次有前、中、

---

① 《明史·地理志·武定军民府》说："隆庆三年（1569 年）闰 6 月徙治狮子山。万历中罢称军民。"所谓徙治狮子山之治，指狮子山山下的今近城镇。

**藏经楼明惠帝塑像**

后三院。现存的内外城遗址占地 1.8 万平方米，内城墙周长 360 米，面积 8000 平方米，保存有雕刻精美的石鼓、柱础、瓦片等建筑构件。房址有后院五开间正房，由规则的石板、条石砌成的厚 1.5 米，高 2 米，长 46 米的残墙。遗址边缘的东、南、西、北有石块垒砌的外城墙基础。此遗址 2011 年已公布为昆明市级文物保护单位。在武定县万德乡还有清代凤氏后裔那氏的土司司署一座，其风格与明代武定凤氏司署有传承关系，武定环州土舍李氏也有土司署。① 重建凤氏司署，三台山、万德和环州三个遗址都可供设计参考。我最近在红河县考察哈尼族思陀等 5 个长官司遗存，发现思陀长官司司署的正立面图，其与武定司署虽不属同一级别，但也可作为参考。

① 民国《新纂云南通志·土司考五·武定直隶州志》说："环州甸……安纳，明嘉靖四十四年（1565 年），从征叛酋凤继祖有功，授上舍，传三世改姓李。"嘉靖七年，土舍凤朝文作乱，举兵与寻甸安铨合犯云南府，铨妻为凤氏女，后平定，杀之。安纳故址与安铨同族而改姓李。

## 三　建梵僧指空纪念馆及中韩文化交流中心

指空，梵名 dhyanadbhadrab，音译提纳薄陀，意译禅贤，指空是其号。他是古印度摩揭提国王子。摩揭提国是佛陀在世时印度 16 个大国之一，位于今南比哈尔（Bihar）地方，有伽蓝 5000 余所，僧徒万余人。指空 8 岁出家，依中印度那烂陀寺律贤（梵名 vian-yabhadra）披剃，传南印度楞迦国吉祥山普明之法，被尊崇为迦叶第一百零八祖。① 他是印度最后一位来华，并受元朝帝室特殊供养的高僧。元顺帝称他是"法中王"。指空在元泰定（1324—1328 年）间来华，辗转教化于云南、贵州等省。延祐二年（1315 年）至延祐七年（1320 年）在云南武定狮山续建正续禅寺。正续禅寺在中国元代所建古寺中占有极其重要的地位。蜀僧"朝宗开之于前，指空成之于后"②。明、清曾多次重建扩建。武定军民府世袭土知府凤氏是正续禅寺重建、扩建的功德主，土知府凤英筑石城墙 300 余雉（古代城墙长三丈高一丈叫一雉），周护狮山；土知府阿伦起钟楼；土知府金甸建二浮屠（释迦牟尼像）。寺院在元、明时堪称是规模最宏大的，有大雄宝殿、观音殿、藏经楼等大小殿堂、楼阁百余间。

相传明永乐元年（1403 年）"靖难之变"，惠帝朱允炆避难来滇，在此为僧数十年。藏经楼下有惠帝塑像，身披袈裟，双十合一，左右各有一太监及随臣塑像。题有对联："僧为帝，帝亦为僧，数十载衣钵相传，正觉依然皇觉旧；叔负侄，侄不负叔，八

---

① （高丽）李穑：《西天提纳薄陀尊者浮屠铭并序》。
② 杨兴贤：《狮山建正续寺碑纪》（元延祐七年），载康熙《武定府志》。

千里芒鞋徒步，狮山更比燕山高。"指空建成正续寺后北去大都见泰定帝，并于泰定四年（1327 年）至高丽，筑金刚山起道场弘法。后被元帝召回，顺帝皇后及太子迎入延华阁问佛法，甚受厚谒。后再赴高丽，在韩国京畿道长湍郡宝凤山（距开城 1.7 公里），用十二年创华藏寺，将他从印度请来之祖师像、贝叶经安置寺内，远近道俗风从，蔚成一大丛林，高丽禅观因其再兴。① 天宝山的松岩寺，指空亦留下遗迹。高丽时指空到此云：山水之形，宛同西竺那烂陀之寺。后僧懒翁建寺，未毕而死。韩国《新增东国舆地胜览》卷十一说："松岩，东国大伽蓝也，三和尚相继开山……肇自指空。"②

正续禅寺与韩国华藏寺都为指空所建，两寺的建筑风格如出一辙。高丽禅师懒翁慧勤（1320—1376 年），元至正八年（1348 年）来华，至燕京法源寺③拜指空为师。懒翁慧勤是大韩佛教曹溪宗的祖师，所以，指空在韩国被尊为"师之师"。懒翁俗姓牙，原名元慧，号懒翁，20 岁从功德山妙寂庵之了然出家，后至扬州（京畿道）天宝山桧岩寺宴坐，精修四年而获开悟，至正八年拜西天僧指空为师后，至正十一年南游，在杭州净慈寺参萏平山丛林，得其印可，后游历捕陀洛山、育王山、明州、婺州、伏龙山、松江等地。十五年奉敕住大都广济禅寺，开堂说法。元至正十八年（高丽恭愍王七年，1358 年）归国，在辽阳、平壤、东海等地说法。翌年敕位神光寺。后移住金刚山正阳庵、清平寺、桧岩寺等处。恭愍王二十年，受封为"王师"，1376 年圆寂，世寿 57 岁。遗有《懒翁和尚语录》一卷传世。法嗣者如无学自超、国师智泉、高峰法藏等 33 人，皆韩国佛学界影响力极

---

① 引自台湾《佛光大辞典》。
② 祁庆富：《指空中国行迹考》，《伽山学报》第 5 号。
③ 祁庆富《指空中国行迹考》（《伽山学报》第 5 号）说法源寺是指空的自题住处而非寺。法源寺为法云寺之误，法云寺是京郊一大寺观，法源寺在西城外，今北京西北郊曙台山麓今妙峰山下大觉寺附近。

大的高僧大德。韩国学者认为，懒翁在韩国佛教界的影响力，一是得益于西天僧指空；二是得益于中国佛教的教诲。可以这样说，指空、懒翁都是一身连三国的国际佛学大师。

1986年10月，云南省社会科学院发起召开指空学术研讨会，有韩国曹溪宗总务院院长李忠雄，曹溪宗奉先寺教育局长李全忠，高僧金成九、洪南权，韩国精神文化研究院著名教授许兴植为首的僧俗朝圣团来狮山正续寺朝拜"师之师"指空的圣地。历史和现实告诉我们：在武定狮山建指空纪念馆和中韩文化交流中心，对于扩大对印度和韩国的经济、文化交流，增进各国特别是中、印、韩人民之间的友谊和往来，是有重要意义的。

# 结　　语

研究历史文化沉淀，对于恢复历史记忆，了解历史发展规律，正确认识当今和开启未来，有重要的意义。通过上述的论述，有下列三点需要强调：

第一，在实施国家的"一带一路"大战略中，建议云南省实施三大历史文化工程，即重建武定古城、建四座城楼、一段城墙和罗婺文化街区；重建凤氏土司司署，传承尽忠国家，维护民族团结的土司文化，和弘扬罗婺部彝族人民团结各族人民、促进社会进步的传统文化，将武定建成民族团结进步的示范基地；建梵僧指空纪念馆和中韩文化交流中心，使武定成为滇中北部对外开放的窗口和"一带一路"的经济增长源。

第二，编辑出版《云南武定狮山正续文丛》，每年一本，每本20万字。出版宗旨是利用历史文化沉淀，促进民族团结和与南亚、东南亚、东北亚国家的经济文化交流，促进宗教与社会主义相适应。

第三，建议对正续禅寺进行修缮；建筑通往正续寺的高级通道；整治狮山周边环境，使它真正成为名副其实的"西南第一山"。

（原载《云南文史》2014 年第 3 期）

# 将"美丽家园"建成"富丽家园"的建议

2014年4月下旬，承蒙红河学院的帮助，我先后两次沿红河而上，考察元阳、红河两县沿岸地区美丽家园建设的实景，访问了一些村民和干部。2015年10月，又去蒙自出席州委、州政府与《人民日报》社联合召开的"红河美丽家园行动计划理论研讨峰会"。考察使我深深感到，红河的"三农"工作和生态文明建设，又立下了新的里程碑。党的"十八大"把生态文明建设纳入中国特色社会主义事业五位一体的总体布局，明确要求大力推进生态文明建设，努力建设美丽中国，实现中华民族的永续发展。中共红河州委、州政府，贯彻党中央和省委、省政府关于生态文明建设的战略部署，以"中国梦，红河路"为主题，领导全州各族人民，迅速启动美丽家园建设，为边疆各族人民创造良好的生活、生产环境。仅在红河以南的元阳、红河、金平、绿春四县，一年多的时间，就做特色民居4万户，其中拆除重建3万户，改造提升1万户；做美丽村庄158个；做优集镇11个。乡村级敬老院、幼儿园、卫生院、中小学，都按标准化要求进行改建。生态文明建设，环境卫生综合整治，道路、引水等乡村基础设施建设，也取得了历史性的进展。什么是"美丽家园"呢？我在峰会上下了个定义：美丽家园是美丽中国的基础。它指的是经济发展、生活富裕、生态良好均衡发展的农村。美丽家园的建设是无止境的。因此我建议将美丽家园建成富丽家园。以红河为例。

（1）大力发展农业合作经济组织，使农业由小生产变为规模化、专业化、社会化的大生产，实现生产—加工—销售农、工、商一体化，以增加农业附加值。建立公司＋合作社＋农场的捆绑式的利益共同体，使土地经营权流转而形成土地的适度规模经营，不断提高农民的收益，使其不断富裕，将美丽家园建成"富丽家园"。美丽家园要持续发展，农民富裕是基础，贫穷落后是美丽家园的天敌。在我调研中，有个村干部告诉我，村里的青壮年人去州城、省城和广州、深圳打工的很多，村里老龄化、空巢化的情况突出，梯田虽成了世界文化遗产，但没有青壮年人去耕种，去维护。我告诉他，组建农业合作经营组织，可提高农民的收益，收入多了，就无须再外出打工，如果用农产合作经营组织去经营梯田，那梯田会种得更好。农业不发展，农民收入低，农村就会凋零，农村人就会外流，家园建得再美，也会留不住人的。

（2）将红河州建成美丽中国的新能源产业基地。所谓新能源，就是采用先进方法及新技术利用太阳能、风能等自然资源来获得的能源。云南年平均日照时数为 2200 小时，每天从太阳获得的热量平均为 $5439.2 \times 10^{12}$ 千焦，每年可获得太阳能 $19853.08 \times 10^{14}$ 千焦，仅次于西藏、新疆。红河州位于云南的南部，州域广，太阳能的储量可能在全省居首位，有发展太阳能光辐产业的优良条件。从工业能源来论，第一次工业化以煤作动力，第二次工业化以石油作动力，第三次以新能源，即低碳再生能源作动力，第三次工业革命是以互联网、新材料和新能源为基础，以数字智能制造为核心的革命，发展低碳能源产业不但是中国而且是世界的当务之急。红河州不仅太阳能资源丰富，而且有自然风带可发展风电。石头山、石漠化的山地、丘陵地寸草不生，可发展太阳能光电。不会影响生态，风机高出森林和植被，也不会影响生态。如果太阳能、风能产业都发展起来，红河州的生产、生活、经济和生态文明建设就会出现巨大变革，美丽云南、美丽红河、美丽家园的建设，将会登上时代的又一高峰。

（3）激活丰富的人文沉淀资源，提升美丽红河、美丽家园的精神文化含量。红河州各民族的历史文化资源多元多样性突出，在建设美丽家园的语境下，有待激活的沉淀遗产很多，如土司文化遗产就是这样。唐朝时，红河地区分布着史称东方三十七蛮部中的几个大部落，为首的称官桂思陀部。嘉庆《临安府志》卷十八说："唐之官桂思陀部，壤地广矣！溪处、落恐、瓦渣、左能，皆其属内，后析为五。"分置后，思陀、溪处、左能、落恐、瓦渣各部元朝初皆置军民万户府。明洪武年初纳款归附，"调御安南有功"，皆授世袭副长官司。这些土司都是管军管民的武职，其留下的遗产不但具有历史记忆价值，而且具有普遍传承与开发利用价值，其中不少涉及水源、山林、农地、牧地、梯田、宅地的养护、管理及人体健康的知识。土司制度的政治价值，首先是守土安邦，维护与捍卫国家统一；其次是扶夷安民，教民稼穑，维护各民族的和谐、互助；最后是传承与创新本民族的传统文化，接受汉族等中华民族的先进文化，吸收有益的外来文化。那种认为土司是压迫剥削奴役农奴的农奴主，而把土司文化都说成垃圾的观点，是不对的。我认为州政府应注入充裕的研究资金，组织专家对红河地区的土司制度、土司的政治文化、军事文化、农耕与生态保护文化、医药与健康文化、茶酒文化、建筑文化、艺术文化等进行深入的研究。土司司署遗址物态研究也极其具有价值。我建议按迤萨马帮会馆中展出的思陀土司王城平面图重建思陀土司城，以作为土司文化展览馆，并作为旅游项目进行开发。

2015 年 10 月 28 日

# 关于启动"泐睢经典研究工程"
# 的建议

　　首先感谢三都县委、县人民政府和县民族宗教事务局、县民族研究所的盛情接待。感谢贵州省民族研究所老所长余宏模同志、副所长陈国安同志在共同考察中给我的具体指导。

　　这次来黔南可以说是"泐睢文化之旅"。前天在荔波，昨天在三都，短短3天的考察，感触很深，收益不小，但还说不上对泐睢文化有什么真正的认识。过去看岑家梧的《水书与水家来源》、王品魁的《水书释义》、石国义的《水族历史文化诸领域研究述评》，都一晃而过，没有留下多少印象。这次亲临其境，看到水族聚居区的美丽山水，看到富于创造精神的水族人民，看到三都县委、县人民政府和荔波县委、县人民政府对抢救泐睢文化所采取的战略措施，心情激动不已。石国义先生、潘中西所长要我讲些意见，觉得自己没有什么可值得向同志们讲的，但不讲又不好，不讲就没有交流，还是讲些感受吧，不妥的地方，请同志们指正。

## 一　启动"泐睢经典研究工程"是抢救和繁荣
## 贵州民族文化的当务之急

　　泐睢经典，是水族古代文明之载体，水族古代意识形态的总汇。它博大精深，从一个侧面反映了中华民族的灿烂文化。

启动"渨睢经典研究工程"的意义，一是可为光辉灿烂的中华文明增辉，为世界的古文字研究提供典型范例；二是可振兴民族文化，振奋民族精神，为建设中国特色的社会主义新文化做出贡献。就一般而言，文化不是经济，但它从另外一个侧面影响经济。启动"渨睢经典研究工程"，对推进三都地域经济的发展是有重大意义的。

胡锦涛总书记在几年前审批"东北边疆历史文化研究工程"，一次就给了几千万元，说明国家对历史文化研究的重视。后来中央审一批"西北文化研究工程"，每年投入1500万元。不久前，云南省委副书记丹增同志向全国哲学社会科学规划办张国祚主任提出，要联合西南各省、区进行"西南边疆历史文化工程研究"，请国家给予支持。把社会科学作为一种工程来研究，投巨资使其结出丰硕的成果，可以说是我们国家新时期发展中华文化的一项重大举措。我所说的启动"渨睢经典研究工程"是把渨睢经典的研究作为振兴中华文化的一项重大课题，作为未来"西南边疆历史文化工程研究"的一个亮点、一个组成部分来看待。

## 二 "渨睢经典研究工程"应该包括的内容

第一，渨睢文字学研究。

渨睢文字是活着的原始象形文字，其特点是既有图画文字的特征，但又比处于表意文字发展阶段的甲骨文更原始，是一种图画文字向表意文字发展的原始象形文字。人们说它的起源时代是殷商，我们认为比殷商还早，比甲骨文的出现还早，这是渨睢文字研究需要进一步研究的问题。渨睢文字是中华古文字源生时期一种具有独立系统的古文字，它不是由甲骨文衍生出来的，不能用它来破译甲骨文。

进行古文字研究，目的是要正确认识这种文字。因此，研究泐睢文字的目的是编一本《泐睢文字字典》。法国人巴克（BaCa）的《么些研究》、李霖灿的《么些象形文字字典》《么些标音文字字典》、美国人洛克（J. Erock）的《纳西百科词典》（简卷）、方国瑜及和志武的《纳西象形文字谱》、日本西田龙雄的《活着的纳西象形文化》及王元鹿的《汉古文字纳西东巴文比较研究》等，可作为编写《泐睢文字字典》的参考资料。

东巴象形文字的构造，是用象形符号、标音符号和附带符号所组成。以象形符号为基础。书写的特点，一是图画式的表意法，"人则图人，物则图物，以为书契"；二是内容词语表意法；三是逐字逐句的表意法，泐睢文字是否也这样，应与之做比较。

第二，泐睢经书的研究。

对泐睢经书进行搜集、整理、分类，最终编写一套《泐睢经典全集译注》。进行少数民族经典译注，这在贵州是具有优秀传统的，丁文江的《彝文丛刻》早已蜚声中外；毕节的彝文翻译组编译的《彝文经书》，在新中国成立后也开了先河。搞泐睢经典研究，在贵州就有经验可以借鉴。东巴文字和东巴经之所以成为世界记忆遗产，重要的一条是云南省成功地出版了《东巴经全集译注》100卷，省政府对进行此项工程十分重视，早在20世纪90年代中期就批给了400万元，是和志祥省长批准的。以此为例，三都县人民政府可以向州政府向省政府争取巨额资金的投入，只有投入重金，才能拉动泐睢文字和泐睢文化走向世界。

据说泐睢经有一两万卷，去掉雷同的部分以后，数量也不少。对每一卷泐睢经典进行研究，应说明它的历史背景，弄清楚它是怎样产生的，有怎样的社会功能，在今天有何意义。只有这样，人们才不会简单地说它是迷信之作，是唯心主义的糟粕。

东巴经可以分为十大类，从不同方面反映纳西族先民原始社会、奴隶社会和早期封建社会的历史文化。《祭山神经》是原始社会对自然神崇拜的产物；《除秽经》是对原始社会群婚和对偶婚进行否定的产物；《开丧经》《起造经》是对原始社会氏族祖先进行崇拜的产物；《大退口舌是非经》是化解血族复仇，和谐部落内外关系的产物；《消灾经》是部落团结，共同对付自然灾害和人为灾害的产物；《超荐丁巴什罗经》是原始宗教产生后对宗教师主崇拜的产物。

第三，泐睢文学研究。

泐睢经典是水族人民的百科全书，对其文学进行研究是重要的任务。原始神话是泐睢文学的重要内容，具有浓厚的浪漫主义色彩，文学品位高，应着力进行发掘。第一是纳西族东巴经中的文学内容，除神话之外，是五、七、九言字句形成的对偶句文学，如"左边出太阳，日出今天暖；右边出月亮，月出今晚亮；天空出明星，择星今天吉；大地出绿草，草色今日青"等。第二是有哲理的串珠式的比兴比喻，如"英雄面前无仇敌"，"骏马面前无战壕"，"利箭面前无坚石"，"宝刀面前无盾牌"等。第三是以夸张作为艺术特色的文学内涵，如"跑声如龙吟，锤声似雷响"。像研究东巴文学那样把泐睢经典中的文学凸显出来，翻译出来，是本项研究工程不可缺少的部分。

第四，泐睢绘画与工艺技术研究。

在东巴经典译注的过程中，对东巴经的木牌画、竹牌画、纸牌画、神轴画、巨型布卷画等进行了发掘，并把这些绘画及东巴文字用以开发旅游产品，极大地推动了丽江旅游业的发展，这也值得借鉴。他们的东巴画，一张好的可以卖500至600元人民币，一床织有东巴文字的"东巴地毯"可以卖上千元人民币，印有东巴文字的烧瓷器，市场销量比一般的瓷器大。

第五，泐睢音乐研究。

大家知道，丽江宣科的东巴宫演奏东巴古音乐，给丽江带来了巨大的收益。游客反映："不听东巴音乐，就等于没有去过丽江。"泐睢音乐的开发，前景也将如此。

第六，泐睢舞蹈研究。

第七，泐睢生态环境保护研究。

第八，泐睢经典中的哲学、天文、历法、医药及食品文化，泐睢经典中的建筑艺术等都应该做专题性的研究。

### 三　关于水书的定名问题

水族，是国家法定的族称。水家族，是常见的称谓。一些学者主张将水族改称为水家族。我想，法定之族名就不必再改了，由族名而称水族的古文字为水书，这差不多已为政界、学术界约定俗成的名称，也可以不改。但是这样命名，碰到的矛盾也不少，如不能把舞蹈定名为水书舞蹈，不能把音乐定名为水书音乐，不能把水族的原始宗教定名为水书宗教，等等。因此，可以以本民族的意愿为根据，以科学、准确为目标，重新定名。

我不成熟的意见是以"泐睢字""泐睢经典""泐睢舞蹈""泐睢生态学""泐睢绘画艺术""泐睢宗教""泐睢经师""泐睢文化"等来命名，这有利于构建科学体系。

进行"泐睢学"研究，启动"泐睢经典研究工程"，应整合水族的全部力量。以三都作为中心和基地，首先，把各县的人员整合进来，再把成果用于各县去，推进全民族旅游业的发展。荔波县对研究水书、抢救水书，推动旅游业的发展，做了许多卓有成效的工作。整合他们的力量，就很重要，要总结他们用水族文化来推动旅游业发展的经验。其次，是把全国甚至国外的研究力量整合进来。

2005 年 6 月 28 日上午于贵州省三都县

**附记：**

贵州省三都水族自治县《工作动态》说："原云南省人民政府经济社会发展咨询团顾问、中国西南民族研究学会会长、云南社会科学院院长何耀华先生到我县考察水书工作时，在民族研究所学术座谈会上就如何抢救开发利用水书，做了精辟的指导性发言。水书抢救办公室已在第10期工作动态中做了表述。为进一步领会何耀华先生的讲话精神，特将其'关于启动"泐睢经典研究工程"的建议'抄印，载《工作动态》第十一期，2005年8月4日。"

# 关于中印缅孟四国学术代表团
# 签订的《昆明倡议》

为进一步推动中国与印度、缅甸、孟加拉国的经济、贸易、技术合作与交流，由云南省政府经济技术研究中心、省社会科学院承办的"中印缅孟地区经济合作与发展国际研讨会"，1999 年 8 月 15 日至 8 月 17 日在昆明举行。参加本次会议的有中、印、缅、孟各界代表 134 人。其中，中国 94 人，印度 23 人，缅甸 5 人，孟加拉国 12 人。代表中有政府部门官员、外交使节、研究机构和各国高等院校的专家学者、企业家和工商界组织负责人以及新闻工作者，代表了四国经济合作与发展研究的方方面面。我国外交部国际问题研究所高级顾问，中国驻印度、缅甸前大使程端声参加了会议。会议共收到论文 80 多篇，许多论文论述精辟、见解独到。

经过几天深入的讨论，四国代表认为：

（1）开展中、印、缅、孟地区经济合作是四国的共同愿望，符合四国人民的根本利益。历史上中、印、缅、孟四国曾有过相同和相似的遭遇，四国人民在捍卫民族尊严的斗争中结下了深厚的情谊。今天，面对世界经济全球化和区域经济集团化的机遇与挑战，四国共同开展区域经济合作是民心所向、众望所归。

（2）四国地区经济合作具有良好的基础和条件。中、印、缅、孟毗邻区域"山同脉、水同源"，位于东亚、东南亚、南亚接合部，是连接中国、东南亚、南亚三大市场和沟通太平洋、印度洋两个大洋的枢纽，具有开展次区域经济合作的优越区位和地理条件。四国的交往源远流长，著名的"南方丝绸之路"，两千多年来一直把四国的历史、文化、商业贸易紧紧相连。四国间在资源、产业、产品、市场、技术、人才等方面具有较强的互补性，进一步合作的前景十分广阔。

（3）中、印、缅、孟次区域应在和平共处五项原则以及"互惠互利、相互开放、共同发展"的前提下展开全面的经济合作。四国地区经济合作应在借鉴世界区域合作成功经验的基础上，优势互补、各展所长、相互信赖，建立起面向 21 世纪的伙伴关系，在合作中发挥区域的整体优势，实现整个区域范围的经济振兴。

（4）四国地区经济合作必须从基础设施起步，逐步向其他领域拓展。首先，尽快连通相互之间的公路、铁路、水运和航空，为充分发挥区位优势和资源优势奠定良好的基础。同时，应加强双边或多边的贸易和旅游合作，逐步扩大经济活动领域和友好往来，最终实现地区经济的全面提升。

（5）加快人力资源开发是开展四国地区经济合作的重点。中国、印度、缅甸和孟加拉国拥有世界 1/2 的人口，劳动力资源十分丰富，但人才缺乏，劳动力素质较低，加快智力开发刻不容缓。加强教育、人才培训和科技交流与合作，不断提高人民的知识文化水平，特别是掌握现代高新科学技术的水平，是四国经济合作的重要议题。

为使会议取得的广泛共识得以延伸，推动四国地区经济合作与发展，与会代表经过紧张而审慎的研究、协商，通过了历史性的《昆明倡议》。《昆明倡议》的核心内容，一是一致肯定了四国之间进行地区合作的必要性。二是共同努力在各国政府支持下成立四国间区域经济合作论坛。三是初步拟定了工作小组的 5 条任务，即各国成员分别将会议成果向各自国家政府、商会和提供资助的学术研究机构提交报告；起草行动计划，提出近期、中期和长期的优选合作项目；召开工作小组预备会议，通过行动计划及补充内容；列出采取行动或开展研究的领域；为论坛及其下属机构制定运作程序、组织机构方案，解决资金来源和其他相关事宜。四是共同努力，争取《昆明倡议》得到四国政府的正式同意。

《昆明倡议》的通过，是建立中、印、缅、孟地区经济合作论坛的前奏，是实现次区域全面合作的良好开端，是各方面共同努力的成果。在这样短的时间里，能够提出这样一个划时代的重要倡议，反映了四国的共同利益、共同意志和对未来美好前景的共同追求。

## THE KUNMING　INITIATIVE（英文版本）

1. The Conference on Regional Economic Cooperation and Development among China, India, Myanmar and Bangladesh was held in Kunming from August 15 to 17, 1999 under the auspices of Yunnan Academy of Social Sciences and the Yunnan Provincial Economic and Technological Research Center.

2. The Conference was acknowledged by all to be a great success. There was broad agreement on the need for regional cooperation among the four panicipating countries and theif sub-regions. The consenusu favoured carrying forward the Kunming process and calling upon the four Govemments to encourage this Initiative.

3. It would accordingly be highly desirable to establish a Forum for Regional Economic Cooperation among the four countries. As a first step, the Conference recommended the designation by each delegation of two persons to constitute a Working Group or Coordination Committee.

4. It was agreed that regional cooperation should be guided by the Fire Principles of Peaceful Coexistence, emphasizing equality and mutual benefit, sustainable development, comparative advantages, adoption of international standards, and infrastructure development in order to enhance con-

nectivity and facilitate the widest possible economic cooperation.

5. The task of country members of the Working Group will be:

a. To report the outcome of the Kunming Conference on Regional Co-operation to the four respective Govemments, their business and trade Chambers, and the sponsoring academic instiutions.

b. Based on this feedback, to formulate a programme of action with immediate, medium term and long term priorities in relation to the mutually bencfisial vision of regional cooperation endorsed by the Conference.

c. There after, to convene a Preparatory Meeting of the Working Group to approve this plan of action with such amendments as may be adopted.

d. List areas of further action, research and study by business associations, scholars, national institutions, and the concerned govemments in order to ensure early institutionalization of the proposed Forum for Regional Cooperation among China, India, Myanmar and Bangladesh.

e. Lay down operational procedures for the functioning of the Forum and its subsidiary organs, their structures, sources of funding, and other relevant matters within the agreed framework of regional cooperation.

6. The Kunming Initiative for the establishment of the Forum for Regional Economic Cooperation will require the formal approval of the four-govemments.

7. The participants expressed their deep thanks to the Govemment of Yunnan, YASS, the Yunnan Provincial Economic and Technological Research Centre and all others responsible for their wonderful hospitality and initiative in organizing such a fruitful and path breaking Conference.

Signature of the head of Chinese delegation:

Signature of the head of India delegation:

Signature of the head of Myanmar delegation：

Signature of the head of Bangladesh delegation：

Signed in Kunming, China on August 17, 1999.

## 《昆明倡议》（中译本）

1. 由云南省社会科学院和云南省经济技术研究中心发起，中、印、缅、孟地区经济合作国际研讨会于 1999 年 8 月 15 日至 17 日在昆明召开。

2. 与会代表一致认为，会议开得极为成功。通过讨论，与会代表就四国之间和该区域的合作之必要性达成了广泛的一致意见。会议达成共识，积极推进昆明会议取得的成果，并共同努力陈请各自政府鼓励推进《昆明倡议》的实施。

3. 因此，与会各方热切希望成立四国间区域经济合作论坛。作为第一步工作，会议建议由每个代表团指定一至二名成员，组成一个工作小组或协调委员会。

4. 区域合作应在和平共处五项原则的基础上强调平等互利、持续发展、比较优势，采用国际标准及发展基础设施建设，以加强联系，促进最大可能的经济合作。

5. 工作小组的任务如下：

（1）就中、印、缅、孟地区经济合作国际研讨会昆明会议的成果向各自国家的政府、商会和提供资助的学术研究机构提交报告。

（2）根据反馈的信息，起草一份行动计划，计划中须在双边互利的基础上围绕会议通过的区域合作目标提出近期、中期和长期的优选项目。

（3）之后，召开一次工作小组预备会议，讨论通过该行动计划及其补充内容。

（4）列出下一步拟由有关商会、学者、国家机构和有关政府采取行动或开展研究的领域，以便尽早成立中、印、缅、孟地区经济合作论坛。

（5）在已通过的区域合作框架内，为论坛及其下属机构制定运作程序、组织机构方案、资金来源和其他相关事宜。

6. 成立区域经济合作论坛的昆明倡议应得到四国政府的正式同意。

7. 研讨会向云南省政府、云南省社会科学院和云南省经济技术研究中心和其他有关主管部门表示衷心的感谢，感谢他们的盛情款待，积极促进和组织了这一次卓有成效和具有突破意义的会议。

中国代表团团长：何耀华

印度代表团团长：B.G. 维吉斯博士（印度政策研究中心高级研究员）

缅甸代表团团长：吴明拉昂（缅甸商务部边贸司司长）

孟加拉国代表团团长：瓦鲁拉赫曼（孟加拉国法律与国际事务研究所所长、前驻联合国大使）

1999 年 8 月 17 日

# 日本神奈川科学园地考察报告

## ——云南省社会科学院访日代表团

由云南省社会科学院院长何耀华教授率领的访日代表团一行四人，应东京大学经济学部的邀请，出席该部有关中国农村市场经济的学术会议。会议期间，我们代表团于 1998 年 2 月 12 日上午专程到神奈川科技园地（Kanagawa Science Park，KSP）进行考察访问。KSP 坐落于东京西面神奈川县的川崎市内，占地 55362 平方米（约合 83 亩），由这块地皮上兴建的三栋大楼（六层、十层、十二层，总建筑面积 146336 平方米）组成。现将有关情况报告如下。

## 一　考察经过

12 日一早，我们由日本一桥大学佐藤副教授陪同，乘电车到川崎市沟之口站下车，再乘免费的公共交通车到达 KSP。KSP 对我们的访问极为重视，事先做了认真的准备。会议厅内陈放着中国国旗和日本国旗，科学园的代表取缔役社长（总经理）、董事长久保孝雄先生亲自与我们面谈。他对我们的到来表示欢迎，向我们介绍了 KSP 的情况，谈到了神奈川县、日本和世界的经济。他对中国的情况很熟悉，有很多中国朋友，能讲一点中文，他介绍他自己原来是神奈川县的副知事，离任后才到此工作。他详细介绍了科学园的建设情况与所发挥的功能。他说 KSP 与中国的大连、沈阳高新开发区建立了友好关系，与合肥、西安的开发区也有意向性合作关系，与北京、上海等地都有往来。神奈川县与辽宁省是友好省区，3 月辽宁省要来 40 个人至此召开辽宁省 2020 年的经济发展研讨会，沈阳高新区还准备在此设办事处。他说，我们很重视与中国的关系。云南的贵宾到此还是第一次，今后应加强联系。他希望能到昆明访问，先建立往来关系，再进一步开展合作。为此，何耀华院长当即表示欢迎他到云南省参观考察。

与久保社长会谈后，即由 KSP 的常务取缔役坪田贤治先生带我们参观了科技园的"神奈川科学技术协会"（KAST）和"神奈川高度技术支援财团"（KTF）。先由 KAST 企划管理部部长铃木隆德向我们介绍了情况，然后参观了他们的一项关于光学应用的研究项目，看了他们的实验室。以后又到 KTF 的"高度计测中心"参观了各种检测分析室，都是运用世界各国的先进设备来测定各种参数，如薄膜的性能、物体的硬度、细胞和血液的成分、金属材料成分等。当我们看了一部"托扎福特后部散乱分析装置"的仪器时，介绍人风趣地说：日本天皇和外国要人来参观也就看了一下这台设备就算看过 KSP 了。意思是我们这次所看到的比那些要人看的还更详细。随后我们又看了企业培育场地、国际会议厅，参观了神奈川县的科技成果展览室，最后于中午 12 点左右离开 KSP 乘车返回东京。

## 二 神奈川科技园地概况

KSP 是在川崎市城市中的高津区坂户建造的一个都市型科学园地，建成于 1989 年 7 月，总投资 650 亿日元，是日本建成的第一座科技园。现在一共有 4200 人，其中 80% 是研究人员、学者，平均年龄 29.7 岁。KSP 也开展经营，有 127 家开发型企业和公司进驻，已形成一个企业家集团。

建立 KSP 的目的：（1）20 世纪七八十年代，日本以重工业为主的工业结构发生变化，需要发展一些新型产业来解决结构调整出现的失业问题。（2）由于工业化发展带来的公害问题，使人们对大都市圈的发展进行反省，政府决定对原来过度密集的"（东）京（横）浜工业带"实行疏散，需要进行新的调整。（3）国际上，特别是东南亚和东亚的经济发展加快，一方面是使很多日本工厂迁往海外，形成日本的产业空洞化需要填补；另一方面是使日本的国际竞争力下降，需要以智力发展来振兴经济，实现从劳动密集和资本密集型向知识密集和技术密集型产业的转变，建成以高技术为中心的生产体制。

由此，于 1984 年 6 月在神奈川县召开了研究开发型企业全国交流大会，会上提出了建立研究开发型企业工业区和建立科技园大厦的建议。1985 年 5 月，又由民间企业集团正式提出"神奈川科技园地的设想"，同年 7 月便成立了"神奈川科技园地设想调查研究会"，9 月即开始对 8000 家研究开发型企业公司进行通信调查，以后又对选定地区问题向 2.8 万家公司进行意向调查。到 1986 年 12 月，批准通过第一号符合民活法（即为发挥民间企业能力而设立特定设施——研究中心［即 1 号设施］的临时措施法），同时即成立了作为科技园地经营核心主体的株式会社 KSP。到 1987 年 5 月 28 日正式破土动工，并于 1989 年 7 月 26 日全部竣工。这样，一项以构造企业的知识集约化为目标，为把神奈川县建成日本和世界的研究开发中心，作为政府部门和民间部门的共同事业，就在"头脑中心设想"的旗帜下开创起来了。它的宗旨是：把 KSP 建成"研究开发型企业的诞生、成长、聚会即交流的据点""面向 21 世纪创造新的科学技术的据点"。

KSP 由三个核心机构组成：

一是株式会社 KSP（相当于 KSP 的总公司）。它成立于 1986 年 12 月 19 日，由政府部门（神奈川县、川崎市、日本开发银行）和民间部门（41 家公司）投入资本 45 亿日元。它以 KSP 的核心事业为主体，与 KSP 的总体经营相配合，推进有组织的培育研究开发型企业的工作。主要从事：（1）扶植（企业、企业家）事业；（2）信息交流规划事业；（3）网络事业（企业、专家、国际交流）；（4）设施服务事业（出租场地、房屋）。其中心任务是培育研究开发型的新技术企业，完成这种企业的"孵化"过程。先是针对初次开展事业的人和企业的状况，提供研究场所、创业指导、经营帮助、技术信息，然后选择有成长性的企业给予投资，帮助其扩大经营，并通过"KSP 新事业管理学校"培育企业家型人才和其他各类人才。这些工作主要是针对小型企业的，他们为此准备了一批仅 5—6 平方米的单间办公室，并提供公共的办公服务和通信、生活条件，甚至一个人就可以办一家公司，待有所进展后再迁往另一栋大楼去扩大发展，一般的培育周期为 5 年，不能成功的即自行淘汰。KSP 十分重视中小企业，认为这些中小骨干企业才是获取研究开发附加价值的源泉，才是新企业成长的真正旗手。现在 KSP 已经培育长成并独立出去了 44 家企业，目前还有 56 家企业正在培育过程之中。

他们介绍，像 KSP 这样的科技园现在全日本已有 100 余家了，但具备企业培育功能的只有 30 多家，其中做得最好的是 KSP。

二是财团法人神奈川科学技术协会（简称为 KAST），它成立于 1989 年 7 月 14 日，基本财产 40 亿日元（神奈川县 35 亿，川崎市和民间 5 亿），主要从事研究事业、教育事业和学术交流事业。

科研工作主要是从事尖端的高科技研究和技术转让，如低公害的汽车发动机、人工脏器研制，其中对肝脏的研究已近成功。到现在 KAST 已取得专利 220 件，其中有很多已投入生产。这里的研究人员主要是从日本国内外初露锋芒的研究生中招聘，一般基础研究项目为5年，研究经费10亿日元，应用研究项目3年，研究经费3亿日元。中选后的课题组长就作为研究室的室长，并组成课题组开展研究。据材料介绍，KAST有16个研究室，如"极限分子计测"5年、"高机能分子认识薄膜"5年、"高纯度化合物半导体结晶"3年、"超磁性材"3年、"生体高分子机能"5年、"光机能变换材料"5年等等。其中，我们参观了由大津元一博士任室长主持的一个研究室，他是来自东京工业大学的一位教授，研究如何分析光谱，然后用光纤传导，把激光束从最小的光纤尖（相当于头发丝的十万分之一）输出，从而可以观察极细小的东西，如遗传因子、半导体粒子，还可以用于测光度、制作极精细的光盘，大约一个手表大的光盘就可录入一个图书馆的资料，利用其能量还可捕捉真空中的原子粒，发现黑暗中的光粒子。他的研究时间是5年，现已完成，又延长2年研究如何应用推广。他的课题组有6位正式的研究人员，然后又从世界各国招聘了7位人员参加研究。

在教育方面主要是面向企业的研究生、技术人员实施大学研究生水平的高等教育培训，利用丰富的研究实践和先进的教学课题，可以在短时间内学到从基础到最尖端的知识。来参加学习的人是公开招聘，外国人也有，要求在45岁以下，到现在已有3800人毕业。

学术交流则是资助年轻的研究生进行有创造性的研究活动，召开讲演会、研讨会，并出版发行协会刊物。

三是财团法人神川高度技术支援财团（KTF）。它成立于1989年8月28日，系由政府出资12亿日元（神奈川县10亿，川崎市2亿）为基本财产，理事长由神奈川县副知事饭田幸夫担任。主要开展技术市场服务和试验计测服务。技术市场服务实质是推进企业之间的技术交流，包括经营"技术信息市场"，并经营专为技术和专利供需双方牵线搭桥的"神奈川技术银行"。此项业务每年约有上百件的交流，其中交流成功的约 30 件。试验计测服务则是通过各种先进的试验检测仪器和设备，为企业的技术开发和科研课题的需要服务，测试企业的原料、产品的成分和性能。这些实验设备可开放使用，并接受委托试验、委托研究和共同研究。这里共拥有 63 种最先进的计测手段。

## 三 神奈川科技园地的五个特征

（1）新的振兴中小企业的政策。KSP 有意识、有成效地培育研究开发型企业，援助其研究和开发工作。这些企业都是新兴的中小企业，从而对中小企业在地区经济中的作用重新给予了积极的评价。

（2）新型的产业基础设施。KSP 建成专供企业成长壮大的场所——研究开发型企业大厦，配备了扶植功能（培育、扶植企业）、试验机能（研究开发、测定、设计试制等设施）、交流机能、人才培育机能及其他各种援助服务机能，从而形成一个综合开发机能齐全的基地。

（3）新型的城市建设。KSP 利用市区工厂搬迁的旧址进行开发建设，使"开放型的科技园地"成为城市社区新的组成部分，提供新的绿化空间和水源环境，并与周围居民签订了"环境保护协定"，建立严格的环境管理体系防止公害，为新型的城市建设做出了贡献。

（4）崭新形态的科技园地。川崎市能利用位于东京经济圈所聚集的信息、产业和科研的功能，发挥这个地区高科技产业、研究开发型企业和专业型精加工企业密集的优势，并最大限度地利用这里的人才、资金、金融、流通和城市基础设施等有利条件，从而建成了这种全新的"都市型科技园地"，并充分实现了它的预期目标。

（5）新式的事业推进方式。KSP 采取地方政府与民间合作的方式，不仅充分调动和集中了民间的智慧和财力，又可以通过地方政府的力量以汇总的方式来推动新事业的发展。

## 四　神奈川县的经济科技发展背景

在神奈川县能成功地建成日本的第一座科技园，这绝不是偶然的，它与神奈川县经济发展所处的地位有很大关系。

神奈川县面积有 2400 平方公里，在日本 47 个都道府县中居倒数第三，但人口（全县 830 万人）却仅次于东京、大阪居全国第三位。它拥有很大的经济规模，全县 GDP 达 3000 亿美元，相当于韩国、澳大利亚、瑞士一个国家的水平。神奈川县原来是日本最大的工业区，20 世纪六七十年代时，它的工业产值曾占全日本的 12%，后由于空洞化发展，现全县工业产值 27 兆日元，仅占全日本的 8%，次于爱知县、大阪府居第三位。但现在它在科技开发方面却跃居日本第一，它的研究所、研究人员和投资数都居全日本第一。神奈川县人口占全国的 6%，它拥有 1000 多个研究所，有 30.5 万研究人员，占全国研究人员数的 13.5%，其研究与开发年投资额达 2 兆 1000 亿日元（约合 210 亿美元），占全国投资的 16%，相当于德国科技投资的 1/3，法国的 1/2，瑞典的 3 倍。可见，一个小小的神奈川县，其经济与研究开发能力已相当于不少国家的水平。它在 20 年间从日本最大的工业县变成最大的科技县，KSP 的发展在其中起到了一种战略根据地的重要作用。

神奈川县与日本全国的几项指标比较表

| | 年份 | 神奈川县 | 日 本 | 神奈川县占全日本比重(%) |
|---|---|---|---|---|
| 人 口 | 1996 | 825 万 | 12557 万 | 6.6 |
| GDP | 1994 | 28 兆 7694 亿日元 | 478 兆 5882 亿日元 | 6.0 |
| 研究人才 | 1993 | 6.92 万人 | 59.8 万人 | 11.6 |
| 研究机构 | 1996 | 1139 | | |
| | | 1019(民间) | | |
| | | 54(政府) | | |
| | | 66(大学) | | |
| 总研究费 | 1994 | 2 兆 0683 亿日元(估算) | 12 兆 4192 亿日元 | 16.7 |

注：表列数据为材料提供。前面文字部分为久保先生口述介绍。

交谈中，我们还问及神奈川及筑波城的区别。久保先生介绍说，筑波是日本最大的科学城，但它是国立的，有 2 万多人，是以基础研究为中心，我们有 1000 多家研究所，多数是民间的，以应用研究为中心。

KSP 的经费预算：

株式会社 KSP（总公司）：15 亿—20 亿元/年，其中 80% 来源于不动产收入。

KAST：19 亿日元/年

KTF：8 亿日元/年，其中 50% 靠服务收入，50% 靠县财政拨款。

当问到 KSP 享受到什么优惠政策时，久保先生回答：（1）在建园时曾从开发银行获得过低息和无息贷款（未谈数额）；（2）在建成五年中曾享受减免税待遇。

# 五 体会和建议

我们是搞社会科学的，对许多技术方面的东西不熟悉，因而上述介绍难免有错漏之处。但我们在很短时间内看了KSP后，感到很兴奋，觉得应当把所见到的情况尽可能地介绍到云南来。

我们认识到，一个地区的经济结构、产业结构的调整，应当从自己的实际情况和实力状况出发，站在世界经济与科技发展前沿的高度，从科技开发做起，从中小企业做起，从培养人才和培养企业家做起。科技发展能对地方经济的发展产生巨大的推动作用。

我们对经济开发和科技发展必须给予充分的重视和充足的准备，需要在思想认识上和体制环境中扫清道路，不应当让开发者总在这些问题上耗费精力，这样才能全心全意地去开拓事业。

我们必须打开视野，沟通信息，建立国内外全方位的联系。了解行情，摸清路子，可以把人家请进来，然后我们的人也走出去。据说，KAST原来有十多个中国人参加项目研究，现在还有两个人在搞。云南需要解决的技术问题很多，我们应当痛下决心，做好准备，派出"弟子三千"，去当学生，再有目的、有选择地到这类先进的地方去学习，老老实实地学，虚心地学，然后把学到的东西带回来为我所用。现在的关键是我们如何培养出一批具备"合格学生"资格的人来。

为此，从当务之急考虑我们提出一项建议：

请省政府及有关部门出面邀请神奈川科技园总经理久保孝雄

先生到云南来考察访问，并与省科委及各开发区座谈交流，以求建立直接联系的相互关系，并商谈进一步开展科技合作和人员培训事宜。一旦此举成行，我方则应组织相应人员到对方进行全面考察，学习人家的经验，从而把双方的友好合作关系长期建立起来。

1998 年 3 月

# 访日考察纪实二则

应日本国立民族学博物馆馆长梅棹忠夫教授，该馆第二研究部部长佐佐木高明教授、东京大学大林太良教授的邀请，我与中国西南民族研究学会理事长李绍明及副秘书长高立士同志，1986 年 3 月下旬去日本进行学术交流。交流之余，盛情的日本学者曾引导参观大阪、奈良及东京的研究机构和名胜古迹，使我能在浮光掠影中记录些点滴见闻和感受，以介绍给本刊的读者。

## 一　大阪的日本国立民族学博物馆

在日本大阪府吹田市千里万博公园内，有一个占地面积 40821 平方米，建筑面积 30050 平方米的日本民族学研究中心，它就是著名的日本国立民族学博物馆（以下简称"国立民博"）。

该馆是一个以研究世界各民族的物质与精神文化为主，结合进行民族学普及教育展览的研究机构。其肇源可以上溯至 20 世纪 30 年代由涩泽敬三、白鸟库吉博士倡导成立的民族学博物馆。1937 年，涩泽捐赠自己所收藏的民族文物和拥有的建筑而建立。经过 30 多年的发展，民族学研究和展示事业获得日本政府和国民的重视。1971 年，日本政府在文部省设立"国立民族学博物馆调查会议"，并于 1974 年动工建立现在的国立民博。1977 年 11 月 15 日正式宣告建成，17 日向国民开始展示。

国立民博是 1977 年以来日本政府建立的四大学术研究机构之一，拥有现代化的先进设备。其宗旨是为各国立大学提供一个研究民族学的共同利用基地，组织世界性的民族学调查与研究；收集、保管、陈列、展览民族学的实物资料，组织各国立大学的共同研究活动，开展国际学术交流，出版研究成果。日本国内从事民族学（文化人类学）、社会人类学、民族史、民族民间文学、民族技术与艺术及所有有关世界民族文化学科研究的学者，都可以从该馆得到方便和支持。馆内的展品、资料、书刊、电影、幻灯、电视录像、民族语言音乐录音，都向社会公开，观众皆可参观和使用。

展览馆是根据五大洲各地区，如大洋洲、美洲、欧洲、非洲、东亚、南亚、西亚、北亚、中央亚细亚……来陈列展品的。展品的内容十分丰富，地区覆盖面极大。在那里几乎可以看到世界上所有民族的衣、食、住、交通、礼、乐、战争及工、农、牧、渔、猎等生产工具，宗教、艺术、语言文字等精神文化内容的实物。每件实物都具有鲜明的民族学特色，呈现着世界不同民族的特质。它们中绝大部分是馆里的专家、学者深入世界各地，不惜代价而收集来的。透过这些实物，人们可形象地认识今天世界各人种和各民族的现实，认识人类从古至今发展的历史。展览馆不愧是日本国民特别是青少年认识和了解世界的一个重要的窗口，难怪仅开馆后的第一年，就有 638328 人前来参观。1985 年入馆参观的共 431113 人，其中个人参观者为 149636 人，占参观总数的 34.7%，团体为 281477 人，占总数的 65.3%。参观者除日本国民之外，还有来自五大洲的学者及旅游者。

特别需要强调指出的是，国立民博主要不是以它的展览部分而著称，而是以它的高水平的民族学学术研究而驰名。除吸收国内各大学的著名教授来馆兼职以外，还邀请世界许多国家的一流学者和专家来馆兼职和做短期的学术交流，我在该馆认识的肯尼瑟·拉德尔（Kenneth Ruddte）博士，就是应邀来馆研究的英国生态民族学家。为开展民族学的科学研究，该馆设管理部（包括庶务、会什、施设、企划、展示五课，后两课本属事业部，现暂由管理部分管）、情报管理施设部（包括资料室、技术室），及五个研究部，另设评议员，运营协议员、计划委员等三个委员会议，作为馆长的咨询智囊和辅佐机构。1985 年，全馆有定员 119 人。其中馆长 1 人，教授 26 人，助教 21 人，助手 16 人，事务官 29 人，技官 26 人。属于五个研究部的专职研究人员共 63 人，约占全馆人员总数的 53%。

第一研究部设东南亚一、二、三、四（客籍），中亚，北亚和中北亚（客籍）等 7 个研究组，共 16 人：竹村卓二（部长、教授）专攻社会人类学，调查研究地域为东南亚，是研究我国西南瑶族的专家，君岛久子（教授）专攻中国少数民族民间文学，是著名的中国民族民间文学专家；宫田登是在馆兼职的客员研究员，筑波大学教授，专攻民间信仰，调查研究地域为日本东北和关东地方，韩国全罗北道；井上忠兼职客员研究员，甲南大学教授，专攻日本文化；小谷凯宣（副教授）专攻北美阿拉斯加因纽特人文化史；大塚和义（副教授）专攻日本阿伊努人的民族学；周达生（副教授），著名的华籍民族学家，国立民博的外国人研究员，专攻中国各民族的物质文化方面的调查与研究课题，著有《中国民族志》《中国食物志》等专著和《客家文化考》等论文；守屋毅（副教授），专攻日本文化（民俗·风俗·艺术）；松山利夫（副教授），专攻文化人类学（日本）；长野泰彦（副教授），专攻中国嘉绒藏族语言；杉山晃，在馆兼职研究员，东北大学副教授，专攻文化人类学，调查研究地域为日本、韩国和我国台湾；里田信一郎，在馆兼职研究员，北海道大学副教授，专攻社会人类学；中牧弘允（助教），专攻日本的宗教人类学；中山和芳（助教），专攻冲绳区的社会人类学；重松真由美（助教），专攻文化人类学；佐佐木史郎（助教），专攻文化人类学。

第二研究部，设东南亚一、二、三（客籍），南亚、西亚和南亚西亚（客籍）等6个研究组，共17人，佐佐木高明（部长，教授），专攻东南亚的农耕文化史，调查研究地域为东南亚及中国，在照叶林文化等方面有突出的成就；藤井知昭（教授），专攻民族音乐学、音乐人类学，主要调研地域为非洲、西亚、东南亚；大林太良，客籍研究员，东京大学教授，专攻民族学，重点为东南亚民族史和比较神话学；青木保，客籍研究员，大阪大学教授，专攻文化人类学，重点是城市人类学；杉村栋（教授），专攻民族艺术学，主要调研地域西亚、中亚；松泽员子（副教授），专攻社会人类学，主要调研地域为东亚，重点是我国台湾高山族的仪礼及社会组织的研究；松原正毅（副教授），专攻社会人类学，主要调研地域为东南亚的岛屿部及西亚（突厥系各族）；栗田靖之（副教授），专攻文化人类学，主要调研地域为日本、南亚；吉田集而（副教授），专攻认识人类学、民俗分类学，主要调研地域为东南亚；田边繁治（副教授），专攻社会人类学，主要调研地域为东南亚，重点是泰国；园田英弘（副教授），专攻比较社会学，调研地域为日本；井狩弥介，客籍研究员，京都大学副教授，专攻南亚宗教文化史；立川武藏，客籍研究员，名古屋大学副教授，专攻我国西藏的黄教；宫本胜（助教），专攻社会人类学（东南亚）；秋道智弥（助教），专攻生态人类学，民族生态学，捕鱼文化论；永尾信悟（助教），专攻南亚宗教文化史；吉本忍（助教），专攻民族美术、工艺、民族技术，调研地域是东南亚和中国。

第三研究部，设欧洲一、二、三（客籍），非洲一、二、三（客籍）等6组，共有15人：伊藤干治（部长，教授），专攻宗教人类学；和田祐一（教授），专攻语言人类学；片仓素子（教授），专攻社会地理学、民族学，主要调研地域中东；长岛信弘，客籍研究员，一桥大学教授，专攻社会人类学；谷泰，客籍研究员，京都大学教授，专攻文化人类学，主要调研地域为中近东及地中海地域；川田顺造，客籍研究员，东京外国语大学教授，专攻文化人类学；和田正平（副教授），专攻社会人类学，主要调研地域为东非；端信行（副教授），专攻经济人类学，主要调研地域为非洲；江口一久（副教授），专攻西非的语言人类学；福井胜义（副教授），专攻文化人类学，主要调研地域为东非和日本；大森康宏（副教授），专攻民族志映画（电影）制作与研究；小川了（副教授），专攻民族学，主要调研地域为非洲塞内加尔；小林茂，客籍研究员，九州大学副教授，专攻文化地理学，主要调研地域为地中海东部；大塚和夫（助教），专攻社会人类学；库司博史（助教），专攻民族学、语言学。

第四研究部，设美洲一、二、三（客籍），大洋洲一、二、三（客籍）等6个研究组，共14人：加藤九祚（部长、教授，已于1986年3月退休），专攻北亚、中亚民族史；大给近达（教授），专攻文化构造；佐藤信行，客籍研究员，广岛大学教授，专攻安第斯山区农牧民族的社会人类学问题；烟中幸子，客籍研究员，中部大学教授，专攻文化人类学，主要调研地域为南太平洋诸岛及大洋洲；友枝启泰（副教授），专攻中南美洲社会人类学；黑田悦子（副教授），专攻文化人类学，调研地域为美洲；石毛直道（副教授），专攻文化人类学，主要调研地域为大洋洲；藤井龙彦（副教授），专攻新大陆先史学，即对哥伦布时代以前中部安第斯山区的民族文化进行研究；小山修三（副教授），专攻计量人类学、先史学，对非洲人类学"计量化"问题进行研究；山本纪夫（副教授），专攻民族植物学、文化生态学；牛岛声，客籍研究员，筑波大学副教授，专攻社会人类学，研究密克罗尼西亚岛的物品交换；石森秀三（助教），专攻社会人类学，研究中央加罗林群岛土著民族传统航海术研究；须藤健一（助教），专攻社会人类学；八杉佳穗（助教），专攻语言人类学，主要研究地域为中美洲。

第五研究部，设民族艺术、民族技术、民族艺术与技术（客籍）、民族语言等6组，共18人：杉本尚次（部长、教授），专攻文化人类学、文化地理学，主要调研地域日本及大洋洲；中村俊龟智（教授），专攻民族技术学（用具），如研究日本群岛的筐笼编制系统等；木村重信，客籍研究员，大阪大学教授，专攻民族艺术学；长尾真，客籍研究员，京都大学教授，研究亲属关系，应用电子计算机整理民族词汇；田中二郎，客籍研究员，弘前大学教授，专攻生态人类学；垂水稔（副教授），专攻空间领域的人类学，主要调研地域为日本；大丸弘（副教授），专攻世界各民族服装，曾到我国云南西双版纳等地考察；杉田繁治（副教授），专攻语言的自动处理等；崎山理（副教授），专攻民族语言学；森田恒之（副教授），专攻保存科学、民族技术；肯尼瑟·拉德尔（副教授），英国学者，国立民博外国人研究员，专攻生态人类学，主要调研地域东亚、东南亚；野村雅一（副教授），专攻文化人类学，主要调研地域为地中海沿岸；屿陆奥彦，客籍研究员，广岛大学副教授，专攻文化人类学，主要调研地域为韩国；泉幽香（助教），专攻社会人类学，调研地域为日本、韩国；樱井哲男（助教），专攻民族音乐学，主要调研地域是韩国；久保达敏（助教），专攻民族学；福川圭子（助教），专攻民族志学；山本泰则（助教），专攻民族学。

除了研究部的研究项目以外，还分年度组织了一些集体共同研究的专门课题研究组，如1985年有这样的研究组25个。

国立民博出版物主要有5种：（1）《国立民族学博物馆研究报告》（季刊），刊登本馆研究人员以及与本馆业务有关人士有关民族学的论文、资料、调研报告等，原稿可使用日语、英语、法语、西班牙语、俄语、汉语、德语。如使用别的语言，需事先与编辑委员会商议。（2）《月刊民博》，每月一期，刊登民博各项工作的情报资料和研究报告。（3）《季刊民族学》，刊载有关民族学的研究报告。（4）

《民博通信》刊登研究简报和馆员相互交流方面的短文。（5）Sentiet-hnological Studies 英文研究报告。

与国立民博的著名学者进行交流，参观民博的展览部，阅读民博的出版物，了解民博 5 个研究部的学者的研究方向和目前的研究课题，我感到日本国立民博有许多经验值得我们借鉴，有许多有价值的研究成果值得我们学习。我国自司马迁写《史记·西南夷列传》开始，自古有重视民族学研究的传统，我国民族学的成就，在世界民族学研究中占有极其重要的地位。三中全会以后，我国民族学工作者为建立具有中国特色的社会主义民族学而努力奋斗，各方面的进展十分迅速。在党的对外开放政策的推动下，我国民族学与国外民族学的交流日益加强。我们深信，中日两国民族学的交流和相互借鉴，将推动两国民族学的向前发展。

## 二　奈良的唐招提寺

奈良市位于奈良县的北端，是奈良的行政、经济、文化中心。它不仅以日本的千年古都闻名于世，而且以中日文化交流的发祥地而著称。

公元 708 年 2 月，日本元明天皇发布"方今平城（即奈良）之地，四禽叶图，三山作镇，龟筮并从，宜建都邑"的诏书，决定将国都从藤原京迁到平城。自 710 年正式迁都开始，至 781 年再迁往京都，平城为都的时间共 71 年。其间，日本遣唐使不断来唐，向唐朝学习先进的经济、文化，唐朝的使者，亦不断东渡，为促进双方的全面交流尽力。

在许多访日的唐朝使者中，高僧鉴真是最为有名的一个。鉴真

(686—763 年)本姓淳于，江苏扬州人，由于精通律宗及天台宗教理，在扬州大明寺任住持。唐天宝二年（743 年），他接受日本来华僧人荣睿、普照的邀请，决定去日弘扬佛法，但前后五次东渡都因海难而失败于途中。直至天宝十二年，才搭乘日本遣唐使的归舟到达日本。他带去僧尼、工匠 20 余人和大量的雕刻、书法、绘画及建筑、文学、医药等多方面的书籍，进一步将中国文化传入日本。日本政府为建立完整的施戒制度，推广律宗，特意将他安置在奈良皇家首刹东大寺中，并委任他为大僧都，主持全国僧徒的受戒传律事务。

鉴真在东大寺建立了戒坛。后来他领受了平城京右京的新田部亲王的住宅，在那里创建了唐招提寺。唐招提寺具有唐朝寺庙的建筑风格，是奈良时代（710—794 年）、平安时代（794—1185 年）日本文化"全盘唐化"的一面镜子，在古代中日文化交流史上占有极其重要的地位。寺内的鉴真和尚像、千手观音像、卢舍那佛坐像、如来佛立像、药师如来坐像，以及金堂、讲堂都是日本的国宝。金堂为鉴真所建，屋顶线条无比优美，鉴真和尚像是鉴真的弟子们在师父临终前按照鉴真的模样雕刻出来的，其风格表现了鉴真不屈不挠的精神，是一个闻名日本和全世界的杰作。千百年来，去奈良参观的日本人及世界各国的旅日者，都要去唐招提寺参观、瞻仰。

在中日友好日益发展的今天，唐招提寺显得更加光彩夺目，鉴真和尚为向日本传播中国文化的不屈不挠精神，激励着我们去揭开中日友好关系史的新篇章。

（原载《西南民族研究动态》1986 年第 17 期）

# 社会主义制度在中国建立的
# 历史必然性

叶委员长在《庆祝中华人民共和国成立三十周年大会上的讲话》中说："社会主义制度不是无缘无故地在中国出现的，它是中国历史发展的必然结果，是中国亿万人民在长期奋斗中所做出的决定性选择。"这是党中央对我国百余年革命斗争历史做的重要科学结论。回顾我国在这个历史时期从失败走向胜利的战斗历程，认识社会主义制度在中国出现的历史必然性，对于坚持走社会主义道路，实现社会主义四个现代化的宏伟目标，具有重要的现实意义。

一

我们伟大的祖国，历史悠久，文明发达，从很早的古代起，我们的祖先就创造了著称于世的农业、手工业和文化科学，发明了指南针、造纸和印刷术。火药的制作应用也早于欧洲。明清以来，我国封建社会内部"商品经济的发展，已经孕育着资本主义的萌芽，如果没有外国资本主义的影响，中国也将缓慢地发展到资本主义社会"①。

但是，从 1840 年鸦片战争起，由于外国资本主义、帝国主义的

---

① 《毛泽东选集》（合订本）第 2 卷，人民出版社 1965 年版，第 589 页。

侵略，我国的独立发展遭到严重破坏，以至逐步坠入半殖民地、半封建社会的深渊。沙皇俄国是最早侵略中国的强盗之一，也是最凶恶的侵略者之一。1643 年，第一批沙皇侵略者 130 多人，侵入我国黑龙江中下游的达斡尔等民族地区，不但烧杀抢掠，而且野兽般地吃掉了 50 多个中国居民。外国侵略者如此残暴地侵略中国，是要用火与剑在千百万中国人民的白骨上建立殖民统治，变中国为他们任意掠夺的殖民地。

毛主席指出："帝国主义和中国封建主义相结合，把中国变为半殖民的过程，也就是中国人民反抗帝国主义及其走狗的过程。"① 从鸦片战争到辛亥革命运动，我国人民对于外国侵略者及其走狗进行了不屈不挠、再接再厉的英勇斗争，给他们以沉重的打击，粉碎了帝国主义妄图灭亡中国的迷梦。为了振兴国家和民族，一批又一批忧国忧民的爱国志士和革命的先驱者，经过千辛万苦，向西方国家寻找救国救民的真理，"洪秀全、康有为、严复和孙中山，代表了中国共产党出世以前向西方寻找真理的一派人物"②。这些人物的斗争实践反复证明：资本主义不能拯救中国。他们长期奋斗而最终失败的惨痛教训，使中国人民做出了决定性的选择，最终走上了新民主主义革命和社会主义革命的道路。

洪秀全生活的年代，民族矛盾和阶级矛盾十分尖锐。外国资本主义与清朝封建统治阶级相勾结，进行极其疯狂的掠夺和剥削，给中国人民带来了深重的灾难。不可奴役的中国人民，从内地到边疆，从汉族到回、藏、苗、壮、瑶、彝等少数民族，无不操戈御侮，奋起进行英勇的反抗。北方各省有白莲教、天理教的反抗；河南、安徽、山东有捻党的斗争；湖南、江西、福建、浙江有斋教的活动；长江流域和南方各地有天地会（又称洪门、三合会、三点会）的起义。广东天地

---

① 《毛泽东选集》（合订本）第 2 卷，人民出版社 1965 年版，第 595 页。
② 同上书，第 1358 页。

会红巾军首领陈开说："自和番（指清政府在鸦片战争中投降）之后，吹烟更多，番货汹涌而来，百姓不知何由。看到各处设关设卡，官府押制从番，世界大变。大家无银可使，无饭得食，人人拜隘（广东话愁闷之意）。……所认识者多是穷苦打工之人，来自乡下种田失业之人；那水面之人又另为一帮，暗中拜会，各有堂号。……所拜会者名为天地会……入伙的人渐而日多，内中同伙亦有从前到过三元里助威，不服于心。今见英番势旺，省城事事从番，各府县闻风而从，而何不乱……睇到番鬼入广，官势绅势相逼，捐税又大，田租又大，小民穷苦，纷纷四散，无路可走，因而说其入伙，同打江山，有饭大家食，有钱大家使，有衣大家穿，益而相附……"

洪秀全就出生在天地会频繁活动的广州附近花县的一个中农家庭。他做过十多年的村塾教师，是一个深知农民疾苦而忧国忧民的贫苦知识分子。为了救国救民，他从当时西方传来的基督教新教经典中吸收其反映下层人民群众要求的平等思想，在中国创立"拜上帝教"，号召建立一个"天下一家，共享太平"的平等天国。他写的《原道救世歌》《原道醒世训》和《原道觉世训》，宣传了"普天之下皆兄弟""上帝视之皆赤子"等西方资产阶级的"平等""博爱"观，他理想中的天国，男子"尽是兄弟之辈"，女子"尽是姐妹之群"，既无"此疆彼界之私"，也无"尔吞我并之念"。为了实现这个理想，他毅然地领导了太平天国起义，建立了太平天国政权。1853 年定都南京后，他提出了第一个拯救中国的政治纲领——《天朝田亩制度》，主张"有田同耕，有饭同食，有衣同穿，有钱同使，无处不均匀，无人不饱暖"。1859 年，当洪仁玕从香港赶到天京，向他提出带有资本主义政治经济色彩的治国方案——《资政新篇》，要他走西方资产阶级的道路，兴办矿山、银行、铁路、报馆……的时候，他大都批示"可行"。如果说他的《天朝田亩制度》还只是农民小资产者的一种幻想，还没有真正学到西方资产阶级的那套东西，那么，他赞赏的《资政新篇》，则是比较全面地把西方资本主义的那一套东西搬到中国来。但是，太平天国的英雄们向西方学习的意愿没有实现，他们拯救中国、振兴民族的一切主张，最后都在中外反动派的联合镇压下宣告失败了。

19 世纪末期，中国民族资产阶级开始登上历史舞台，他们力图用资本主义来复兴中国。当时已经进入帝国主义阶段的西方列强，以新的疯狂和新的方式加紧宰割中国。他们争先恐后地到中国开工厂、设银行、租海港、筑铁路、开矿产，以至于划分势力范围，妄想一举吞灭中国。清政府为了苟延残喘，进一步出卖民族利益和领土主权，亡国的灾难就要临头，形势非常险恶。在这民族危亡的紧急关头，又一批先进的中国人大声疾呼救亡图存，要求反抗外敌，改革现状，在中国发展资本主义。这批先进人物就是以康有为、梁启超、谭嗣同、严复为代表的资产阶级改良主义者。他们提出变法维新的口号，主张走日本明治维新的老路，变地主阶级之法，维资本主义之新。认为要救国，只有维新；要维新，只有学习西方资产阶级的社会政治学说。维新派通过学会、学堂、报纸，以资本主义的新学为武器，发动了戊戌变法运动。他们奋力批判顽固派所谓"祖宗之法不可变"的观点，根据西方"进化论"的哲学，指出"变者古今之公理"，要求改变君主专制制度为君主立宪制度，在不触犯地主阶级根本利益的条件下建立一个地主、资产阶级联合专政的君主立宪国家；他们批判顽固派关于民权"违反纲常"的观点，竭力反对君主专制之权，倡议民权。谭嗣同说"君，末也，民，本也"；梁启超说"民智未开"，"欲兴民权，宜先兴绅权"。他们倡议的民权实际就是要为资产阶级和开明地主争"议事之权"，给资产阶级和资产阶级化了的地主绅士一些政治权力，以发展资本主义。另外，维新派主张建立资本主义的经济制度，给新兴的资产阶级发展资本主义工商业创造有利的条件。维新派自以为这样就可以救亡图存，而变法维新运动确实也冲击了封建主义的政治、思想壁垒，给一片黑暗的中国带来了一些生气。但是，"维新"不过"百日"，维新派就从"新政"的舞台上败下阵来。

　　资产阶级改良主义的破产，给资产阶级革命民主派以深刻的教育，他们认定改良主义不可能给中国带来复兴，要救国只有走西方资产阶级革命的道路，通过暴力革命的手段在中国建立资本主义的政治、经济制度，从而实现国家的独立、民主和富强。邹容在《革命军》中写道："我祖国今日痛矣，死矣，岂不欲食灵药投宝方而生乎？苟其欲之，则吾请执卢梭诸大哲之宝幡以招展于我神州上。不宁惟是，而况又有大儿华盛顿于前，小儿拿破仑于后，为我同胞革命独立之本。""吾幸夫吾同胞之得文明之政体文明之革命也。吾幸夫吾同胞之得卢梭民约论，孟德斯鸠万法精理，弥勒约翰自由之理，法国革命史，美国独立檄文等书译而读之也。"杰出的资产阶级革命民主派领袖孙中山，曾先后在檀香山、香港的外国学校读书，受过西方资本主义教育，熟知英、法、美等国的资产阶级建立和发展资本主义政治、经济的革命道路，很早就要求改革中国的专制政治，发展资本主义的工商业。中日甲午战争以前，他也走过改良主义者"上书当道，游说公卿"的老路，当他认清改良主义道路走不通之后，即转而组织革命团体兴中会，要以革命手段"振兴中华"，对抗"强邻环列，虎视鹰瞵"的险恶局势。他"从帝国主义老家即西方资产阶级革命时代的武器库中学来了进化论、天赋人权论和资产阶级共和国等项思想武器和政治方案"①，提出"驱逐鞑虏，恢复中华，创立合众政府"的革命口号，主张以武力推翻清朝的反动统治。1905 年，他倡议成立"中国革命同盟会"，以"驱逐鞑虏，恢复中华，建立民国，平均地权"为革命纲领。孙中山先生把这个纲领概括为民族主义、民权主义和民生主义。这个纲领的目的是推翻帝国主义走狗清朝封建君主专制制度，建立资产阶级专政的共和国，在中国发展资本主义。这在当时是

————————

　　① 《毛泽东选集》（合订本）第 2 卷，人民出版社 1965 年版，第 1403 页。

革命的、进步的。列宁指出："战斗的真实的民主主义渗透着孙逸仙政纲底每一行。……这是带有共和国要求的完整的民主主义。"① 中国广大工人、农民和手工业者潮水般地涌入孙中山的革命队伍。辛亥革命如火山般地爆发，孙中山领导人民取得了推翻清朝的伟大业绩。然而，他的理想却未能实现，由于帝国主义的走狗、大地主、大买办阶级的政治代表袁世凯篡夺了革命的果实，孙中山领导的革命最终宣告失败。辛亥革命后出现的"中华民国"，不过是各帝国主义控制下的大小军阀鱼肉人民的世界。中国半殖民地半封建的社会依然如故。

## 二

从洪秀全到孙中山，"中国人向西方学得很不少，但是行不通，理想总是不能实现。多次奋斗，包括辛亥革命那样全国规模的运动，都失败了。国家的情况一天比一天坏，环境迫使人们活不下去"②。这个严酷的历史事实说明了什么呢？说明资本主义不能救中国，资产阶级专政的共和国在中国行不通；资产阶级的政党不能解决中国的问题。

近代中国是受帝国主义侵略的国家。帝国主义侵略中国的目的，绝不是要把封建的中国变成资本主义的中国，而是要变中国为他们的半殖民地和殖民地。他们绝不容许中国发展资本主义，建立独立强大的资产阶级共和国。他们与中国封建买办势力结合成强大的反革命联盟，竭力反对和镇压中国的任何社会进步和民主改革，正如毛主席所说的，"资产阶级的共和国，外国有过的，中国不能有，因为中国是

---

① 《列宁斯大林论中国》，人民出版社 1963 年版，第 24 页。
② 《毛泽东选集》（合订本）第 2 卷，人民出版社 1965 年版，第 1359 页。

受帝国主义压迫的国家"①。帝国主义是中国人民最凶恶的敌人，是中国资产阶级民主革命最主要的对象，近代中国革命"最主要的任务是推翻帝国主义的民族革命"②。由于时代和阶级的限制，近代中国革命的先驱者对于帝国主义这个主要的革命对象是不可能有正确认识的。太平天国的英雄们虽然对于外国侵略者进行了英勇的斗争，但对于侵略者的认识，还处于表面的感性认识的阶段。他们一开始还把侵略者称作"洋兄弟"，希望他们严守中立。太平军占领南京后，他们没有及时乘胜直捣侵略者的巢穴上海，第二次西征时也未粉碎侵略者的干涉而直取武汉。作为一次农民阶级领导的起义，农民阶级小生产者的局限性，使太平天国的领袖们不能提出正确的完整的反帝反封建的纲领，结果，太平天国运动在外国侵略者和中国封建势力的联合绞杀下最终失败了。以康有为、严复为代表的改良主义者，虽然也大声疾呼反对外敌，救亡图存，但却未提出反帝的任何主张。他们不但不敢正面触动帝国主义的利益，反而幻想依靠英、美、日帝国主义来帮助实现变法，以为只要中国资本主义有所发展，国家富强，就可以避免帝国主义的侵略，阻止瓜分的危机。这就不能不使他们变法维新的改良主义运动，也遭到帝国主义和封建主义顽固派的血腥镇压。孙中山代表的资产阶级革命民主派虽然反对帝国主义，但也提不出彻底的反帝纲领。他们对帝国主义持妥协的态度，如南京政府成立后，《临时大总统宣告各友邦书》宣布"所有清政府与各国缔结的条约""所借之外债及所承认之赔款""所让与各国国家或各国个人种种之权利"等等，"民国政府"均一概承认、尊重和保护。他们甚至幻想帝国主义对革命能"既表同情于先，更笃友谊于后，提携亲爱，视前有加"。帝国主义利用革命党人的投降妥协，加紧扶持反动阵营中的实力派袁世凯，使他成为新的走狗接替清王朝。结果，辛亥革命"只把一个皇

---

① 《毛泽东选集》（合订本）第 2 卷，人民出版社 1965 年版，第 1360 页。
② 同上书，第 600 页。

帝赶跑，中国仍旧在帝国主义和封建主义的压迫之下，反帝反封建的革命任务并没有完成"①。

中国民族资产阶级看不清帝国主义的反动本质，一味对帝国主义妥协，这是由这个阶级的异常的软弱性所决定的。中国民族资产阶级是在帝国主义的压迫和封建主义的束缚下发展起来的，为了摆脱这种压迫和束缚，他们在一定程度上具有反帝反封建的革命性。但是，他们在政治上要靠帝国主义和封建主义统治者的保护，资金上又离不开农村中的封建地租，因而不能割断同帝国主义、封建主义的千丝万缕的联系。另一方面，他们对广大的工农群众是剥削者，因而对工农群众的革命斗争存在畏惧心理。即使在革命高潮时期，他们也不愿同帝国主义完全分裂，不愿与封建势力彻底决裂，不愿真正发动和依靠广大工农群众，而常常持动摇妥协的态度，最终使革命归于失败。因此，"中国反帝反封建的资产阶级民主革命的任务，历史已判定不能经过资产阶级的领导，而必须经过无产阶级的领导，才能够完成"②。

近代中国的历史证明：在资产阶级的领导下，走资本主义的道路，在中国建立资产阶级专政的共和国，不但不能解决中国的问题，而且只能使国家更加分裂，更加陷入半殖民地、殖民地的泥潭，更加陷于贫穷落后的状态。

## 三

1917 年的俄国革命唤醒了中国人。十月革命一声炮响，给我们送来了马克思列宁主义，帮助了中国的先进分子，使他们用无产阶级的

---

① 《毛泽东选集》（合订本）第 2 卷，人民出版社 1965 年版，第 528 页。
② 同上书，第 241 页。

宇宙观作为观察国家命运的工具，重新考虑自己的问题；使他们懂得：只有社会主义能够救中国。

在马克思列宁主义的指导下，中国共产党光荣诞生了。以毛泽东同志为代表的中国共产党的领导者，在革命斗争中把马克思列宁主义的普遍真理同中国革命的具体实践相结合，为党和人民制定了正确的革命纲领和路线。这个相结合的产物就是毛泽东思想。毛泽东思想就是马列主义在中国革命中的运用和发展，是半个多世纪以来中国革命斗争经验和社会主义社会建设经验的结晶，是中国共产党集体智慧的结晶。毛主席说："中国革命的历史进程，必须分为两步，其第一步是民主主义革命，其第二步是社会主义的革命，这是性质不同的两个革命过程。"① 前一个过程，即新民主主义革命，是后一个过程社会主义革命的必要准备；而后一个过程则是前一个过程发展的必然趋势。毛泽东同志和他的战友们以符合中国国情的马克思主义纲领和路线使中国革命别开生面。这使以伟大的民主革命先行者孙中山为代表的先进分子，在绝望里看到光明，深知欲达到胜利，必须"以俄为师""联俄联共"。孙中山先生重新解释三民主义，制定联俄、联共和扶助农工三大政策，致力于以国共合作为基础的革命统一战线，重新开始新的斗争。

自从有了马列主义、毛泽东思想的光辉指引和中国共产党的正确领导，我国无产阶级和革命人民就无坚不摧，攻无不克，"第一仗打败了帝国主义的又一名走狗北洋军阀，第二仗打败了帝国主义的又一名走狗蒋介石在二万五千里长征路上对于中国红军的拦阻，第三仗打败了日本帝国主义及其走狗汪精卫，第四仗打败了并最后地结束了美国和一切帝国主义在中国的统治及其走狗蒋介石等一切反动派的统治"②。取得了新民主主义革命的彻底胜利，并进而取得社会主义革命

---

① 《毛泽东选集》（合订本）第2卷，人民出版社1965年版，第626页。
② 同上书，第1404页。

和社会主义建设的伟大胜利。

中国革命之所以取得如此伟大的成功，一是因为中国的历史发展，决定中国必须走社会主义革命的道路，才能使国家和民族得到真正的独立和解放。近代中国先进人物以资本主义拯救中国而多次惨痛失败的教训，使亿万中国人民做出了以社会主义拯救中国这个决定性的选择。二是以毛主席为代表的中国共产党人，坚持马克思主义的普遍真理与中国革命具体实践相结合的原则，在斗争中运用和发展了马克思主义。中国共产党人和中国人民把马列主义在中国革命中的发展称为毛泽东思想。三是在革命胜利后建立了工人阶级领导的、以工农联盟为基础的人民民主专政即无产阶级专政的国家政权。这个政权结束了近代中国长期分裂的局面，在最广泛地团结人民建设社会主义和反对国内外敌人的斗争中发挥了重大作用。四是由于有中国共产党的正确领导。一百年殖民主义、帝国主义的奴役，使我国成为灾难深重的半殖民地半封建的国家，无产阶级在这样的国家里领导各族人民取得新民主主义革命的胜利，进而建立了社会主义制度，完全是中国共产党根据马克思列宁主义的普遍真理，按照中国的社会历史特点，独立自主地领导人民实现胜利的。

总之，一百多年中国革命由不断失败到不断胜利的历史，充分证明：只有社会主义才能救中国这个颠扑不破的客观真理，以及社会主义制度在中国的出现是中国历史发展的必然结果这个科学的结论。

祸国殃民的林彪、"四人帮"是两个穷凶极恶的反革命阴谋集团。他们打着"革命"的旗号，蓄意制造和推行一条反马克思主义、反社会主义、反党反无产阶级专政的"极左"路线。他们口头上讲的社会主义，实质上是一小撮人穷奢极欲、绝大多数人长期普遍贫穷的假社会主义；他们口头上的无产阶级专政，实际上是最腐朽、最黑暗的封建法西斯专政；他们口头上讲的党的领导，实际上是他们的反革命的帮派统治；他们口头上讲的马列主义、毛泽东思想，实际上是对马列主义、毛泽东思想的歪曲、割裂、篡改和伪造。他们的目的，就是要在中国复辟资本主义，把中国重新拉回到半殖民地半封建的社会去。以华国锋同志为首的党中央代表人民的意志，一举粉碎了"四人帮"，挽救了国家，挽救了党，扫除了前进道路上的最大障碍，使各项工作重新回到马列主义、毛泽东思想的正确轨道上来，从而开辟了我国建设社会主义现代化强国的新的历史时期，这是我们党和国家发展史上具有决定意义的不可逆转的伟大历史性胜利。

现在，我们党的工作重点已转移到社会主义现代化建设上来，党中央领导我们开始了建设中国式社会主义现代化强国的新长征。一个现代化的强大的社会主义中国，必将经过我们的奋斗而建设起来。要完成这个艰巨而光荣的历史任务，我们必须牢记历史的经验教训，毫不动摇地坚持社会主义道路，坚持无产阶级专政，坚持党的领导，坚持马列主义、毛泽东思想的四项基本原则。实践证明：离开了四项基本原则，建设四个现代化的社会主义国家就只能是一句空话。而要坚持四项基本原则，就必须从政治上、思想上和组织上进一步拨乱反正，肃清林彪、"四人帮""极左"路线的流毒。我们对这条"极左"路线，批判进行得愈认真愈深刻，四项基本原则就能得到正确的坚持。让我们在党中央的英明领导下，坚持四项基本原则，认真学习外国的先进科学技术，为把我国建设成为社会主义四个现代化的伟大强国而奋斗。

（原载《思想路线》1979 年第 6 期，以笔名思史发表）

# 论孙中山的民族主义 *

　　孙中山是中国旧民主主义革命的伟大先行者。在西方列强加紧侵略和瓜分中国的近代时期，他与康有为、严复、洪秀全一样，力图向西方寻求救国真理，并使之与中国的传统思想文化相结合，以拯救国家和民族。他的伟大贡献不仅在于领导人民推翻了帝制，建立了共和国，更在于他融贯中西文化之精华，创立了三民主义的思想理论，从而确定了自己在中国近代革命史、思想史、文化史上的崇高地位。他说："余之得中国革命，其所持主义。有因袭吾国固有之思想者，有规抚欧洲之学说事迹者，有吾所独见而刱获者。一民族主义，二民权主义，三民生主义。"①

　　三民主义是孙中山所创全部理论的核心，是他留给中华民族的伟大精神遗产。他的民权主义的基本宗旨是推翻封建帝制，建立资产阶级民主共和国；民生主义的基本宗旨是平均地权，节制资本；民族主义的内容有三：一是以中华民族文化之精华作为根基，继承和弘扬反映中华民族精神和本质的固有文化传统，以强化中华民族意识，振奋中华民族的民族精神，激励民族气节，增强民族自尊心、自信心和自豪感；二是以各民族平等共处作为内涵，建立五族共和的中华民国；三是以维护主权和实行对外开放为外延，建成与西方诸国并驾齐驱的

---

　　* 本文是"大陆纪念孙中山学术代表团"团长何耀华在国际第二届孙中山与现代中国学术研讨会上的演讲稿。

　　① 《孙中山全集》第 7 卷，中华书局 1981 年版，第 60 页。

强国。回顾他的民族主义，不仅有助于加强我国国内各民族的平等、团结、互助与共同繁荣，而且有助于扩大我国的对外开放，加快现代化建设的进程，提高自立于世界强国之林的能力。

## 一　中华民族传统文化之精华：孙中山民族主义的根基

　　孙中山是中华民族传统文化的伟大传承者和再创造的先驱者之一。他的三民主义是从中国几千年的民族文化传统中总结出来的，是中华民族传统文化的结晶。例如，他以中国古代的民本哲学为基础，借助欧美的民主制学说建立了民权主义。他说："中国古昔有唐虞之揖让，汤武之革命，其垂为学说者，有所谓'天视自我民视，天听自我民听'；有所谓'闻诛一夫纣，未闻弑君'，有所谓'民为贵，君为轻'，此不可谓无民权思想矣。然有其思想而无其制度，故以民立国之制，不可不取之欧美。"① "取欧美之民主以为模范，同时仍取数千年旧有文化而融贯之。"② 他汲取中国几千年来的"均贫富"思想，并借鉴法国大革命中提出的"自由、平等、博爱"观，创立了民生主义。③ 他说："民生主义即贫富均等，不能以富者压制贫者是也，但民生主义在前数十年已有人行之者，其人为何？即洪秀全是。"④ 他的民族主义，也是从中国传统文化中去粗取精并再创造出来的。他说：

---

　　① 《孙中山全集》第 7 卷，中华书局 1981 年版，第 60 页。
　　② 《孙中山全集》第 1 卷，中华书局 1981 年版，第 560 页。
　　③ 1906 年秋冬，孙中山等在日本制定《同盟会宣言》，以法国资产阶级革命时期的自由、平等、博爱为口号，提出"……平均地权"的纲领，后来又倡导"节制资本"，使民生主义具有实质性内容。
　　④ 《欲改造新国家，当实行三民主义》。

"余之民族主义，特就先民所遗留者，发挥而光大之，且改良其缺点。"①

孙中山之所以要以中国的民族传统文化作为根基，构建他的三民主义理论，首先是由于中华民族（中国各民族的总称）有历史悠久、博大精深的民族文化。这种文化不同于任何别的民族的文化，它反映了中国各民族的本质和共同心理素质，使定居在中国国土上的所有人们共同体具有多元一体的强烈的民族认同感。它具有强大的凝聚力，使多元一体的各个人们共同体的人民都认同自己是"中华民族"的一员。其次是由于他有强烈的民族精神，有作为中华民族一员的民族自豪感、自信心和自强心，有振兴中华民族的伟大理想。他的民族主义可以说是中华民族本质精神的体现，是中华民族要自强自立于世界各民族之林的宣言和行动纲领。今天研究他的民族主义，首先要学习他热爱中华民族、奋力推动中华民族自强自立于世界的精神，奋力弘扬中华民族优秀传统文化，积极学习和借鉴西方优秀文化，为"振兴中华"做出贡献的精神。

## 二　各民族平等共处：孙中山民族主义的内涵

中国封建王朝统治时期的民族压迫、民族歧视制度，使中国历史上的民族矛盾、民族纷争、民族冲突、民族战争不断出现，国家不断分裂，各族人民不断陷入苦难的深渊。作为中国资产阶级革命的理论家和政治领袖，孙中山反思中国历史上实行民族歧视和民族压迫政策的惨痛教训，提出了解决中国民族问题的纲领：各民族平等共处。他说："余之民族主义……对于满洲，不以复仇为事而务

---

① 《孙中山全集》第 7 卷，中华书局 1981 年版，第 60 页。

与之平等共处于中国之内，此为以民族主义对国内诸民族也。""今者五族（指汉、满、蒙、回、藏）一家，立于平等地位……所望以后五大民族同心协力。共策国事之进行，使中国进于世界第一文明大国。"① 1912 年 3 月 11 日，他公布的《中华民国临时约法》向国内外郑重宣布："中国是一个领土完整、主权独立、统一的多民族国家，各民族一律平等。"

孙中山的民族主义纲领，发轫于兴中会时期"驱逐鞑虏，恢复中华"的反对民族压迫的政纲。孙中山解释说，"排满革命"即所谓"驱逐鞑虏"，只是反对清朝的封建专制统治和民族歧视、民族压迫政策，并不是要反对一切满族人民。他主张汉族与满族等民族"平等共处于中国之内"。他的民族主义纲领的内涵是不断扩大的。他开始提出的"恢复中华"，是想利用汉族人民反对清王朝民族歧视的心理建立民国。"中华"是从"华夏"一词演变而来的，在早期中国历史上曾专指汉族先民。新石器时代末期，黄河中下游地区炎帝、黄帝为首的两个部落联盟合并形成华夏民族的核心。因为华夏民族的经济文化高于庸、蜀、羌、髳、微、卢、彭、濮等周边的族群，华夏族遂以"中华"自称，华夏族是汉族的先民，所以早期中国历史上曾以"中华"作为汉族的专称，只是到后来才泛指中国国土上居住的所有民族。孙中山最初使用的"恢复中华"的概念，是一个恢复汉民族国家的概念。他的民族主义的内涵是不断变化的，即由汉民族国家论发展到五族共和论，再到民族自决论。

孙中山提出的"五族共和"，是主张汉、满、蒙古、回、藏 5 个民族，在推翻清朝统治之后，平等地参政，建立民主共和国。这个主张曾在全国范围内发生巨大的影响，正如他所说："五族共和，遂深注于四亿同胞之心目。"②

---

① 转引自周昆田《三民主义的边疆政策》，中央文物供应社 1984 年修订版，第 13 页。
② 《孙中山选集》，人民出版社 1981 年版，第 100、592 页。

关于民族自决论，孙中山解释说："民族自决一说，就是本党的民族主义。"① 根据孙中山的这一主张，中国国民党在该党第一次全国代表大会宣言中说："国民党敢郑重宣言：承认中国以内各民族的自决权，于反对帝国主义及军阀之革命胜利以后，当组织统一的（各民族自由联合的）中华民国。"② 应该指出，孙中山"民族自决"的纲领，在反对清王朝封建专制主义的民族压迫过程中曾起过积极的作用，但是，这一口号的提出，曾给帝国主义和民族分裂主义者分裂中国找到了借口，它的消极作用是不可低估的。1913 年，沙俄借口支持蒙古族的"民族自决"，把外蒙古一大片领土从中国版图上分裂出去。紧接着，英帝国主义又于 1913 年 10 月至 1914 年 7 月在印度召开"西姆拉会议"，以支持民族自决为借口，阴谋策划"西藏独立"。自秦汉以来，中国就是一个统一的多民族国家，其间虽出现过三国鼎立、五胡十六国、五代十国等国家分裂的局面，但在整个历史长河中，分裂的时间是极为短暂的，民族团结和国家的统一始终是主流。中国的这一国情决定中国不能实行"民族自决"的政策，而民族区域自治则适合中国的国情。

## 三　维护国家主权与实行对外开放：
## 孙中山民族主义的外延

维护国家主权，以民族主义挽救国家的危亡，抵抗西方列强的侵略，在与外国民族平等的条件下，学习外国的先进科学技术，以求与外国实现事实上的平等，是孙中山民族主义的又一永具光辉的内容。

① 邹鲁：《中国国民党史稿》，中华书局 1960 年版，第 618 页。
② 《孙中山选集》，人民出版社 1981 年版，第 100、592 页。

孙中山说："余之民族主义。……对于世界诸民族，务保持吾民族的独立地位，发扬吾固有之文化，且吸收世界之文化而光大之，以期与诸国并驱于世界，以驯致于大同。此为以民族主义对世界之诸民族也。"① 根据孙中山这一民族主义思想写成的《中国国民党宣言》说，本党的民族主义，对"外以谋世界民族之平等"。在孙中山看来，没有与世界各民族的平等地位，就没有国家的独立主权，而没有国家的独立，民族主义、民权主义、民生主义所追求的一切都只是一句空话。所以，直到他临终前补签的"嘱"，还在强调要"联合世界上以平等待我之民族，共同奋斗，以完成他'求中国之自由平等'之未竟大业"。

为了在经济文化上实现与诸国的平等，"与诸国并驱于世界"，孙中山竭力主张实行对外开放政策，以"利用外资，利用外人"，"利用外国方法"加速中国的现代化。1912 年 10 月，他在上海建立中国铁路总公司，自任督办，并采取引进外资、外国人才和外国技术的办法，为修筑 20 万里铁路奔走呼号。他说："余对中国之经济发展深具热诚，中国物产无不丰富，惟待开发而已。……急切需要者，乃交通之便，故目前关系吾国前途之最大者，资如铁路之修筑。""夫铁路者，今日之文明富强之利器也。……当效法美国也。美国之法为何？曰：招待（引）外资，任用外才。政府资助，人民欢迎，此四者可以助美国铁路之速成也"，"要知此次鄙人主张修筑全国铁路，实关系中华民国存亡的大问题"。② 20 万里铁路的修建，光靠中国自己的力量是难以完成的，必须利用外资、外技和外国人才，他说："鄙人计划，拟修筑 20 万里铁路，需款 60 万万元。以中国现在财力，必不能举

---

① 《孙中山全集》第 7 卷，中华书局 1981 年版，第 60 页。
② 前段引文见《中国之铁路计划与民生主义》（1912 年 10 月 10 日），《孙中山全集》第 2 卷，中华书局 1981 年版，第 988 页；后段引文见《〈铁路杂志〉题辞》（1912 年），《孙中山全集》第 2 卷，中华书局 1981 年版，第 567 页；第三段引文见同书第 461 页。

此，势必要用外资，此人人所知也。"① 因此，他主张实行对外开放政策。"利用外资可以得外资之益，故余主张开放门户，吸收外国资本，以筑铁路，开矿山。"② "今欲急求发达，则不得不持开放主义。利用外资，利用外人，皆急求发达我国之故，不得不然者。"③ "要想实业发达，非用门户开放主义不可。"④ "仆之意最好行开放主义。"⑤

孙中山对利用外资做了许多精辟的论述，直到今天，对我们还有极大的指导意义。我们今天利用外资的工作，仍与他之所言合拍。他认为让外人来办独资企业最为有利，因中国不但缺资本，而且缺人才，缺技术，让外人办独资企业，此三缺都可以不缺。"以彼之资本，彼之人才，营彼之事业，自无不竭尽所长之理。"⑥ 他提倡利用外资可以进行房地产业之开发（即"批地建屋"）。他说："批地以四十年为期。建屋收租，到期连地连屋皆归地主，而建屋之人亦获大利也。"⑦ 当时有人认为，实行对外开放政策，引进外资，会影响到国家之主权和领土完整。孙中山有针对性地指出："吾若改变闭关主义而为开放主义，各国对于我之种种希望，必不能再肆其无理之要求。暹罗在前清之时，视之不如高丽、安南，人口仅有五百万，且为实（专）制政体，较之我国从前时代，殆有过之，然至今能保其独立国资格，其领

① 《在北京招待报界同人时的演说和谈话》（1912 年 9 月 14 日），《孙中山全集》第 2 卷，中华书局 1981 年版，第 462 页。
② 《在上海报界年会欢迎会的演说》（1912 年 10 月 12 日），《孙中山全集》第 2 卷，中华书局 1981 年版，第 498 页。
③ 《在济南各团体欢迎会的演说》（1912 年 9 月 27 日），《孙中山全集》第 2 卷，中华书局 1981 年版，第 481 页。
④ 《在安徽都督府欢迎会的演说》（1912 年 10 月 23 日），《孙中山全集》第 2 卷，中华书局 1981 年版，第 532 页。
⑤ 《在上海中华实业联合会欢迎会的演说》（1912 年 4 月 17 日），《孙中山全集》第 2 卷，中华书局 1981 年版，第 340 页。
⑥ 《在济南记者招待会上的谈话》（1912 年 9 月 27 日），《孙中山全集》第 2 卷，中华书局 1981 年版，第 482 页。
⑦ 《与〈中国报〉记者的谈话》（1912 年 9 月 13 日），《孙中山全集》第 2 卷，中华书局 1981 年版，第 455 页。

土如故，主权如故，无他，即用开放主义。"① 他说："外国修路以批办（独办）为最妥，批办之合同，不牵及主权，与我何害"；"法国之铁路，尚多批给英人承办，意大利亦然。至西班牙、秘鲁等国，皆将全国铁路，一律批给外人承办，亦未闻丧失主权"；"美国未造路以前，其贫与我国相同，后向外借债兴路，刻已收效"。② 为了不影响国家主权，孙中山先生主张以公司或私人之名义引进外资，"将来批定包修合同，自应由公司出面与外国资本家交涉，不用政府名义，以免引起国际交涉"③。

为实现当时中国的现代化，孙中山极其重视对外国先进生产技术的引进，认为只有这样才能提高生产效率。为此，他以引进机器为例说："机器可以富国，用机器开矿，矿可发达……无论何种工厂，造何种货物。不用机器必不能发达。我中国开矿屡屡失败，亦因往昔不用机器之故。所以机器可以灌输文明，可以强国，我中国如不速起研究机器，我四万万同胞，俱不能生存。"④

总而言之。孙中山的民族主义，除了在政治上要求实现各民族（包括与外国诸民族）一律平等之外，要求在经济文化上迅速实现各民族的现代化，使国内各民族之间，中华民族与西方发达国家民族之间实现经济文化上的完全平等。这是因为，实现民族平等，不消除经济文化上的差别，那个平等是空的。

（原载《云南社会科学》1999 年第 4 期）

---

① 《在北京迎宾馆答礼会的演说》（1912 年 9 月 5 日），《孙中山全集》第 2 卷，中华书局 1981 年版，第 449 页。

② 《在北京招待报界同人时的演说及谈话》（1912 年 9 月 14 日），《孙中山全集》第 2 卷，中华书局 1981 年版，第 458—459、464、461 页。

③ 同上。

④ 《在上海机器公会成立大会的演说》（1912 年 12 月 22 日），《孙中山全集》第 2 卷，中华书局 1981 年版，第 560 页。

# 孙逸仙思想与民族发展学术研讨会
# 开幕式上的讲话

　　海峡两岸孙逸仙思想与民族发展学术研讨会今天（1996 年 12 月 21 日）在这里隆重开幕。这次会议是由中国社会科学院学术交流委员会、云南省社会科学院、台湾财团法人孙文学术思想研究交流基金会联合主办的。会议宗旨是通过对孙逸仙思想的研讨，增进两岸学人的思想感情，活跃两岸的学术交流，推动中华民族的共同发展与繁荣。这是一次具有历史意义的盛会，与会者除了来自北京、广东、四川、云南等省市的学者之外，还有来自台湾的 16 位著名学者。让我代表云南省社会科学院和云南省社会科学界的同人，对与会的全体代表表示热烈欢迎和由衷的敬意，对所有为这次会议提供帮助的单位、基金会和个人表示衷心的感谢。

　　孙逸仙是中国资产阶级革命的伟大先行者，在帝国主义列强加紧侵略和瓜分中国的近代时期，他与康有为、严复、洪秀全一样，力图向西方寻求救国真理；并使之与中国的传统思想相结合，以拯救我们的国家和民族。他的伟大贡献不仅在于他领导人民推翻了帝制，建立了共和国，更在于他融贯中西文化之精华，创立了三民主义的民主革命理论，从而确定了自己在中国近代政治史、思想史和文化史上的崇高地位。他说："余之得中国革命，其所持主义，有因袭吾国固有之思想者，有规抚欧洲之学说事迹者，有吾所独见而创获者。一民族主义，二民权主义，三民生主义。"可以说，三民主义是孙逸仙思想的核心，是他留给中华民族的宝贵遗产。他的民权主义的核心是推翻封建专制，建立资产阶级民主共和国；其民生主义的主要内容是平均地权和节制资本；他的民族主义是最具有时代特色的，其内容有三：一是主张继承和发扬中国固有的民族文化传统，他说："余之民族主义，特就先民所遗留者，发挥而光大之，且改良其缺点。"二是主张中国各民族平等共处，他说："对于满洲，不以复仇为事而务与之平等共处于中国之内，此为以民族主义对国内诸民族也。"三是对外保持民族的独立，并与世界各国并驾齐驱，一方面要弘扬本民族的优秀传统文化，同时要吸收世界各国的优秀文化。他说："对于世界诸民族，务必保持吾民族之独立地位，发扬吾固有之文化，且吸收世界之文化而光大之。以期与诸国并驱于世界，以驯教于大同。此为以民族主义对世界之诸民族也。"①

从纵的方面来研究，孙逸仙的民族主义有一个发展的过程，由最初的民族国家论发展到民族共和论，再前进到民族自决论。但主张民族平等、民族团结，并把它与国家的统一有机地结合起来，则始终是他的民族主义的核心。这是一种全新的资产阶级革命时期的民族主义。不言而喻，这种民族主义在中国历史上是占有极其重要的地位的。孙逸仙的不朽思想产生于他对国家民族的炽烈情感，产生于他追求真理的竭诚态度，产生于他吞纳全人类文化财富的博大胸怀，产生于他对民主革命心诚志坚的执着追求。我们今天研讨他的思想，不仅要汲取他的思想的精华，为我国各民族的平等、团结和共同发展与繁荣做出贡献，而且要学习他的革命精神和高尚品德，在世界历史上再创中华民族的辉煌。

云南是我国民族种类最多的省份，各民族之间建立了平等、团结、互助的关系，经济文化繁荣，社会进步，希望与会同人在云南多停留一些时间，到各地走一走，看一看，像孙逸仙那样，为各民族的发展多提出宝贵意见。最后，祝这次会议圆满成功，祝大家在云南期间生活得愉快而有意义，谢谢！

1996 年 12 月 21 日

---

① 以上三条资料见《孙中山全集》第 7 卷，中华书局 1981 年版，第 60 页。

# 评二三十年代的西方绥靖主义

20世纪二三十年代，在德国帝国主义重新侵略扩张的威胁下，西方政界中的绥靖主义者，幻想用让步妥协的办法，来"缓和"与德国争霸世界的矛盾。他们在经济上提供援助，在政治上予以合作，在军备上纵容扩张，不断牺牲本国人民的利益和出卖他国人民，去满足德国垄断资本的侵略扩张欲望，以求把祸水引向东方的社会主义苏联。西方的外交家们曾经大肆鼓噪，把这种绥靖主义的政策说成是"维护西方和平的手段""确保欧洲和平、安全的法宝"。但是绥靖主义带给西方的不是和平而是战争。德国法西斯的战车，首先碾碎了西欧国家的国土。

一

第一次世界大战，特别是经过伟大的十月社会主义革命，世界资本主义体系开始了总危机的阶段。帝国主义的战略家们惶恐不安，力图把德国变成反对社会主义的堡垒和先锋队。他们在掠夺德国，"削弱敌方，摧毁敌方的霸权"的同时，对满怀"复仇"情绪的德国垄断资产阶级，实行保存实力的政策。

在1919年1月召开的"巴黎和会"上，一些西方国家就把绥靖主义作为缔结对德和约的指导方针，竭力在不妨碍西方安全的前提下，尽量保存德国的侵略势力，使它成为扼杀新生的苏维埃政权的工具。《凡尔赛和约》规定：德国不得在西线莱茵河以东五十公里的地区设防，不准驻扎军队，工事全部拆除，建立莱茵非军事区，莱茵河以西由协约国军队占领十五年。而东线却相反，德国不但可以驻兵、设防和保留工事，还责成德军留驻在列宁领导的苏联领土上。"和约"规定德国不得拥有空军，但允许保留一支三十六艘小型主力舰（不包括潜水艇）组成的海军舰队。因为德国拥有空军，将对西方构成威胁而拥有这样一支对西方来说不算大但有一定作战能力的海军，却能严重威胁当时苏联的波罗的海舰队。"和约"限制德国陆军不得超过十万人；不得实行义务兵役制；不得生产及输入装甲车、坦克、大炮等重型武器，但却没有规定任何足以限制的保证措施。这使狡猾的德国扩张主义者，能够把德军参谋部这个发动侵略战争的中心，原封不动地保存下来；把生产武器的康采恩以及鲁尔区这个德国军国主义的柱石也保留下来；并把十万军人训练成十万军官，作为将来发动侵略战争的骨干，由于西方国家在军事上的绥靖，早在 1921 年，德国就开始了扩军备战。德国法西斯军队的创始者赛克特，在这一年完成了重建一支完备的德国陆军的设计。他指挥好几千名穿便衣的参谋部军官，以建设部、研究部、文化部人员的名义，为德国东山再起进行深入的准备。① 1924 年，德国陆军突破"和约"规定不得超过十万人的限制，并于第二年初告建成。赛克特被比作沙恩霍斯特。② 空军、海军也在同时秘密建立和发展。对于德国违约重新武装的一系列活动，西方的绥靖主义者不但置若罔闻，而且还以过分"抑制"德国违反了"和约"为由，在 1927 年 1 月，将协约国管制委员会从德国撤出来。

---

① ［英］温斯顿·丘吉尔：《第二次世界大战回忆录》第 1 卷（英文本），第 41、25、77、83 页。

② 格哈德·约翰·大卫·沙恩霍斯特（1755—1813 年），德国军事改革家，在法国于耶拿之役后占领德国的时期内，秘密组织普鲁士新军反击拿破仑。

当时，也有一些西方国家的政界人士，看到德国军国主义复活的潜在危险，主张坚决解除德国军备。但是，西方各国的绥靖主义执政者以"除非战胜国自己解除武装，否则在道义上便无解除战败国武装的理由"为借口而加以拒绝。西方如此对德"缓和"，谋取"和平"，不正是为下一次新战争扫清了道路吗？

与德国垄断资本搞"经济和科学技术合作"，是 20 世纪 20 年代西方推行绥靖主义的又一重要表现。从 1918 年对德国提供粮食开始，美国就不断与德国垄断资本携手"合作"，共同"发展经济"，开发德国资源。美国在德国建立众多的银行和企业，并实行德、美企业合营。1924 年召开的伦敦会议上，西方国家进一步抛出《道威斯计划》①，美英等国（主要是美国）答应给德国 8 亿金马克的国际信用贷款②，给大肆扩军备战的德国垄断资本输血。斯大林当时就尖锐地指出：《道威斯计划》"是为绥靖德国而制定的"③，由于西方的"经济绥靖"，1924 年至 1929 年间，西方对德国的投资达 210 亿马克到 300 亿马克。④ 其中绝大部分被用来复活德国的军备工业。第一次世界大战结束不过十年光景，西方的资金和技术，就使德国工业出现了"开花"时期，一跃而居世界第二位。1929 年，它的工业总产值超过战前的 1913 年；不久，钢铁产量又超过英法两国的总和。新兴的德国工业，能够生产世界上大量头等的军备，它新建的远洋轮船，获得了当时"横渡大西洋最快客轮"的荣誉称号。

在政治上，绥靖主义者鼓吹与德国霸权主义结盟，企图转移祸水，消弭它对西方的侵略。1920 年，英国有人发表声明：对英国来

---

① 查理·格·道威斯，美芝加哥摩根银行经理，1924 年 8 月伦敦国际会议通过以他为首的专家委员会提出的关于德国赔款问题的报告，称为《道威斯计划》。

② ［德］维纳·洛赫：《德国史》，生活·读书·新知三联书店 1959 年版，第 431、458 页。

③ 《斯大林全集》第 7 卷，人民出版社 1958 年版，第 226、227、225 页。

④ 根据维纳·洛赫的材料，1924 年至 1930 年间，光美国就投入德国 630 亿马克，见维纳·洛赫《德国史》，生活·读书·新知三联书店 1959 年版，第 433 页。

说，唯一正确的政策就是同德国结成同盟，叫德国去反对苏联。接着，美国驻德国占领军司令艾伦也宣称：美国的政策也要解决同一任务，应当允许德国向东方扩张。他认为："这样做定将引起同俄国人的冲突，其结果将大大削弱德国在西方的势力。"1925 年 10 月，英、法、德、意、比五国代表聚集在瑞士南部的罗加诺城，并邀请了捷、波两国的代表参加，签订了所谓"巩固欧洲和平与安全"的《罗加诺协定》。根据这个协定，德国应邀参加《国联》，并取得常任理事国的席位。这样，绥靖主义者就从政治上帮助德国恢复了欧洲强国的地位。美国没有参加罗加诺会议，但它支持英国。英美是会议的实际操纵者。

如果说绥靖主义者通过《凡尔赛和约》，从军事上为德国垄断资本向外侵略保留了重新武装的条件；《道威斯计划》为这一侵略准备了经济基础；那么，《罗加诺协定》则是从政治上为它的侵略铺平了道路。

《罗加诺协定》包括《莱茵保安公约》和德国与法、比、捷、波分别签订的仲裁条约。"公约"规定：德、法、比三国互相保证维护本国边界的现状，无论如何绝不互相侵犯或攻击或诉诸战争，一切争端都以外交途径来解决；承认《凡尔赛和约》关于莱茵非军事区的规定不可侵犯和执行伦敦会议通过的《道威斯计划》；英、意保证承担援助被侵略国的义务。换句话说，如果德国破坏边界现状进行侵略，法、比、英、意就联合反击。在协定签订过程中，捷、波两国代表提出，《莱茵保安公约》既然保证德、比、法三国边界现状不可侵犯，德捷、德波的领土现状也应得到维持。但是以绥靖德国向东侵略为得计的英国代表奥斯汀·张伯伦，断然加以拒绝。因此，这个"协定"除重申了《凡尔赛和约》有关莱茵非军事区的规定之外，并未使德国承担任何新的义务。西方的绥靖主义者这样做，就等于公开告诉德国：只要你保障西方的和平，就可以向东扩张，西方保证你无后顾之忧。西方的绥靖主义者当时欢呼雀跃，说《罗加诺协定》"巩固了欧洲的和平与安全"，是"和平主义时代的高峰"，"战争与和平的划时代的界限"。法国外长白里安认为，西欧从此不再会有战争，而只有"妥协、仲裁、和平"的未来。奥斯汀·张伯伦因此而获得了嘉德勋章和诺贝尔和平奖金，他的"成功"被认为是欧洲复兴的满潮标记。① 但是，这个所谓"缓和欧洲局势"，"导致欧洲集体安全"的协定，能给欧洲带来什么呢？斯大林当时指出：《罗加诺协定》"孕育着欧洲的新战争"，"罗加诺会议表面上仿佛消除了战胜国和战败国之间的一切矛盾，但是实际上并没有消除任何矛盾（不管在这个问题上如何喧嚷），而只是使这些矛盾尖锐化"。②

20 世纪 20 年代西方的绥靖主义，加剧了资本主义政治、经济发展的不平衡，加速了军国主义德国的复活。德国垄断资本扩张实力的急剧膨胀，使普鲁士武士心中燃烧着卷土重来的火焰；法西斯军队击鼓之声远近可闻，新的世界大战的危险在增长；战后帝国主义标榜的凡尔赛—华盛顿体系面临崩溃。绥靖主义自食恶果的日期日益逼近了。

二

20 世纪 30 年代初期，世界资本主义经济危机严重袭击着国内外垄断资本双重压榨下的德国。1932 年德国工业生产比 1913 年降低了 40%；钢产量减少 69%，铁产量减少 70%；国债近 140 亿马克，44% 工人失业，中小农民纷纷破产。经济危机加深了德国和其他帝国主义国家的矛盾，加剧了它们争夺销售市场、原料产地和投资场所的斗

---

① ［英］温斯顿·丘吉尔：《第二次世界大战回忆录》第 1 卷（英文本），第 41、25、77、83 页。

② 《斯大林全集》第 7 卷，人民出版社 1958 年版，第 226、227、225 页。

争。重新用武力分割世界的问题被提到日程上来。西方国家对德国发动战争的先兆惶恐不安。

绥靖主义者们认为：只有把以阿道夫·希特勒为头目的德国国家社会主义工人党（简称"纳粹党"）推上德国政治舞台，才能把法西斯侵略的祸水引向东方。因此，美国的福特、英荷石油大王戴特林、法国军火康采恩施耐德尔－辛雷佐，以及瑞典火柴大王克雷格尔，在20世纪30年代初期都积极向纳粹党提供经济、政治等方面的支持。①其实，早在1922年，福特就资助纳粹党30万美元，希特勒后来奖给他最高的法西斯勋章。在国内外垄断资本的大力支持下，纳粹党的影响恶性膨胀：1932年的国会选举中，它竟获得1370万票，于1933年1月取得政权。在1923年发动未遂的啤酒馆政变之后，希特勒曾经在《我的奋斗》一书中，叫嚷他不但要建立一个"大德意志帝国"，包括法、奥、荷、波、捷等国的日耳曼人，而且要实现德国的世界霸权。为完成这个"百世大计"，他上台以后，在国内疯狂镇压工人运动和民主运动，撕掉了资产阶级民主的伪装，代之以赤裸裸的最反动的法西斯恐怖专政；对外则推行疯狂的扩张主义和侵略战争的政策。

在欧洲和世界和平受到严重的威胁面前，一些对希特勒扩张野心怀有警惕的西方政治家，曾大声疾呼，英国下院议员丘吉尔当时指出，这个战争策源地，"就是曾经同整个世界作战并且几乎把世界击败的那一个强大的德国，在那次战争中，它以一个人的生命换取对方两个半人的生命"。根据他的回忆，"直到1934年年中，英王陛下政府仍然不必冒战争风险就可以基本上控制局势。他们可以随时同法国合作，并且可以通过国际联盟的机构向希特勒运动施加强大的压力，而且在德国内部，对希特勒运动也有很大的分歧"②。但是，绥靖主义

---

① ［德］维纳·洛赫：《德国史》，生活·读书·新知三联书店1959年版，第431、458页。

② ［英］温斯顿·丘吉尔：《第二次世界大战回忆录》第1卷（英文本），第41、25、77、83页。

的当权者听信希特勒的一片花言巧语：什么"德国受到的是俄国共产主义的威胁"，"将不惜以战争来解除这种威胁"；什么"德国不想进攻别国，而只想谋求安全"，"愿意放弃一切进攻性武器"。这番娓娓动听的"和平"宣传正中一些西方国家绥靖主义执政者的下怀，使他们对取缔德国战争策源地的呼声充耳不闻。他们断定：希特勒德国已步入西方的绥靖轨道，只要继续下去，就可以保持西方的"和平"，而使法西斯侵略矛头东指。

1933 年，英、法、德、意四国在美国支持下，策划修改《凡尔赛和约》，特别是其中有关德国东部边界的条款，并签订所谓"四国公约"，英、法表示在一切重大问题上与德、意采取一致的路线。由于人民的反对，四国公约未能生效，这个绥靖阴谋没有得逞，但它更大地鼓励了希特勒的战争准备。就在这一年，纳粹德国退出"裁军"会议和"国联"。为了慰勉希特勒，西方国家加紧用自己的资金、设备和技术帮助希特勒扩军。1934 年一年内，德国空军军费由 390 万镑，增至 1050 万镑。① 1935 年 2 月，当德国在"防御布尔什维克主义威胁"的借口下，明目张胆地撕毁《凡尔赛和约》，公然宣布建立德国空军的时候，美国就给了德国几千架飞机的引擎，从而使德国法西斯空军的作战飞机，不到一年就猛增至 4500 架。同时，德国进一步扩充陆军，1935 年 3 月通过了实行普遍义务兵役制，将陆军增至 50 万人、共 36 个师团的法案。这就等于说：德国将拥有比法国更为强大的陆军。英国为此派西门等人去与希特勒会谈。结果，希特勒口蜜腹剑，软硬兼施，使西门等人完全屈从了他的要求。

人民群众是绥靖主义的反对者，他们深知，推行绥靖主义只能引狼入室，自取其咎。因而不断抗议示威，要求本国政府制止德国侵略者的扩军备战，取缔法西斯战争策源地。一些西方国家迫于群众压

---

① ［美］蓝森：《一九一四年后之世界》，谢元范、翁之达译，商务印书馆 1936 年版，第 727 页。

力，不得不在 1935 年 4 月在意大利的斯特莱沙城举行政府首脑会议。但是，除了麻痹群众之外，参加会议的各国政府，根本无意达成任何反对德国侵略者的决议。这次会议只不过再一次告诉希特勒：德国可以继续扩军，西方不加干涉。希特勒得寸进尺，进一步扩充德国海军。他诱使英国与他签订了海军协定。希特勒在协定中假惺惺地答应把德国海军限制为"英国海军吨位的 35%"，实际上却借此把德国海军扩充了 5 倍多。当时英国舰队吨位是 120 万吨，德国为 7.86 万吨，按比例即可扩充到 42 万吨。同时，希特勒还诱使英国为德国舰队提供投资和技术检验，接受德国海军订货。正是这些英国建造的德国潜水艇，后来在第二次世界大战中，使英国自己的 4000 艘舰只毁于大海。

1936 年 3 月 7 日，羽翼未丰的法西斯德国，迫不及待地开始战争行动，首先，闪电进军莱茵非军事区。根据《罗加诺协定》，德军进驻莱茵，就意味着对英、法、比、意四国开战。当时德国的军队和军备，尚不足以同英法交战，德国将领们无不感到惊慌，一再向希特勒证明：德国还没有准备好，如遇法国抵抗，德军非失败不可。希特勒也深知这一点，他一面命令德军进驻莱茵；一面又下达密令：如遇法军抵抗，不得应战，立即撤回出发阵地。因此，根本无须四国联合反击，只要稍加抵抗，希特勒的阴谋就不能得逞。然而，绥靖主义竟使西方国家执迷不悟，在希特勒的圈套中愈陷愈深。英国外交当局竟声明："德军进驻莱茵是破坏《莱茵保安公约》，但这件事似乎并不威胁和平。"这使希特勒更加肆无忌惮。1936 年 7 月，德意法西斯共同武装干涉西班牙，支持法西斯佛朗哥反叛西班牙人民阵线政府。接着，德意法西斯结成侵略"轴心"。欧洲法西斯战争策源地，于此最后完善。

从希特勒上台，到德意结成侵略"轴心"，总共不到 4 年，欧洲法西斯战争策源地，就从形成、发展到最终完善，说明 20 世纪 30 年代前期的绥靖主义，是怎样地掩护着德国法西斯战争策源地的形成，又怎样地加速了它的发展。历史证明：绥靖主义只能为侵略势力所利用，而加速侵略战争的爆发。

三

20 世纪 30 年代后期，国际局势风紧浪恶，德、意、日法西斯战车加大了油门，在扩张侵略的道路上疾进。除了十分天真的人们以外，谁也不再相信，绥靖主义会给西方带来和平。一些明智的西方政治家，竭力要求采取联合抵抗政策，加强战备，并调整与社会主义苏联的关系，共同对付法西斯国家的侵略扩张。他们博得了广大爱好和平的国家和人民的热烈支持。但是，西方国家执政者们的逻辑依然是：希特勒德国的侵略威胁越大，越应奉行妥协退让并向东方转移祸水的绥靖主义政策。

1937 年 5 月，尼维尔·张伯伦抱着这个逻辑出任英国首相。他把绥靖主义推进到登峰造极的境地。张伯伦对战争怕得要死，以为战争带来的"灾祸无法预测"，将"毁灭人类的文明"。因此他以"拯救欧洲和平"为己任，竭力鼓吹要"铲除妨碍欧洲恢复信任的原因"，要"想方设法引导各国政府把它们相互之间的疑惧放在一边"，"同邻国和平地生活"，他"打算放弃自己的一些东西，以便能够换取到一些东西"。因而，他一上台就撤换了英国驻德大使费卜斯（费卜斯对纳粹德国的侵略野心有比较清醒的认识，主张对德采取强硬抵抗政策），改派被纳粹党徒称为"纳粹党的英国驻德大使"的汉德逊赴任，要汉德逊"与纳粹政府全力合作"。

张伯伦上台时，奥地利和捷克斯洛伐克正面临被德国吞灭的危险。他不顾《凡尔赛和约》《圣日尔曼条约》有关保障奥地利独立的规定，派亲信、掌玺大臣哈里法克斯去向希特勒表示：只要德国向东方进军，英国不反对德国计划在欧洲实施的那些变更，也指奥地利和捷克斯洛伐克而言。于是，希特勒提前下手，在1938年3月吞并了整个奥地利。接着又把魔手伸进捷克斯洛伐克，提出要让苏台德区"自治"。法国总理达拉第，在张伯伦怂恿下，也不顾与捷订有盟约，向德国表示，要"力图使法国解除为捷克斯洛伐克去作战的义务"。希特勒要求苏台德区"自治"，只是一个幌子，希特勒已经制订了攻捷的所谓《绿色方案》，公开叫喊要对捷发动战争，德军大规模向捷边境调动。张伯伦惊恐万状，向希特勒发出十万火急的求见电报："局势越来越严重，我有意特来见你，寻求和平解决的办法。"9月15日，70岁的张伯伦平生第二次坐上飞机，到德国的波齐赫山宫向希特勒移樽就教。希特勒大谈了一通所谓"东方共产主义威胁"之后说，300万捷克斯洛伐克境内的苏台德人，必须"重返祖国"，否则他"为此准备迎接任何战争，甚至世界大战"。一心要把祸水引向东方的张伯伦，竟以出卖捷克斯洛伐克来保全自己，"同意苏台德区重返祖国"。回国后，他马上把法国总理达拉第和外长庞纳找到伦敦商议，双方向捷发出最后通牒式的建议："应当把苏台德区让给德国。"遭到断然拒绝之后，张伯伦又施加压力，要求"火速采取另外一种决定"，否则就要出现"英国政府绝不能负责的局势"。捷政府在英法高压下被迫屈服，总统贝奈斯愤愤地说："我们被卑鄙地出卖了。"

　　9月22日，张伯伦兴冲冲地飞往莱茵河畔的戈德斯堡。希特勒听完张伯伦关于英、法、捷同意把苏台德区转交给德国的陈述后说："我极其抱歉"，"由于过去几天内形势的发展，这个计划已经再也没有什么用处了"。"现在捷克斯洛伐克所必须接受的是波兰、匈牙利的要求，以及除了苏台德区外其他所有操德语的地区统统归并德国的问题"，"苏台德区必须由德国占领"。张伯伦吓一大跳，苦苦哀求按原定方案先接收苏台德区，然后再考虑新的要求。希特勒摸到了张伯伦这个绥靖派头目的软骨头，拒绝了他的建议。张伯伦见事情不妙，不敢再多说，恳求希特勒在没有得到捷政府答复前千万不要动武，而就回到英国。

9月29日，张伯伦第三次飞往德国，与法国总理达拉第一起在慕尼黑与希特勒、墨索里尼会谈。这就是臭名昭著的"慕尼黑会谈"。美国没有参加这次会谈，却是这次会谈的支持者，美国驻英大使肯尼迪事先对张伯伦保证说：美国总统"决定支持张伯伦，不管张伯伦愿意选择什么样的途径，他都会认为这种途径是正确的"[①]。墨索里尼提出的书面建议是这次会谈的中心议题。这个建议是一天前由希特勒手下的戈林起草，经希特勒同意后交由意大利驻德大使在电话中转告墨索里尼的。张伯伦、达拉第竟本着"不干涉"政策，一致表示欢迎，共同签订了遗臭万年的《慕尼黑协定》。《协定》限令捷克斯洛伐克在十天内把苏台德区和与奥地利接壤的南部地区割让给德国；并强迫捷再割让600平方英里给波兰，7500平方英里给匈牙利。希特勒不费一兵一卒，一举夺得捷克斯洛伐克1.1万平方公里的土地和360万人口。协定签字后，张伯伦又找希特勒讨论如何"加强欧洲和平""解决俄国问题"等。最后掏出一份拟好的《英德互不侵犯宣言》，要希特勒同他共同签字发表。希特勒立即面无难色地签字如仪，张伯伦喜出望外，再三"热烈感谢"。他兴致勃勃地回到伦敦，一下飞机就得意忘形地宣称，他把"光荣的和平从德国带回到唐宁街来"，"这是我们时代的和平"，"从今以后，整整一代的和平有了保障"。

不妙的是，德国帝国主义霸占欧洲和世界的计划，绝不是张伯伦的绥靖主义权术所能改变的。《慕尼黑协定》也罢，《互不侵犯宣言》也罢，都没有完成张伯伦赋予它的损人利己的使命，祸水没有引向东方而是淌到了西方。《慕尼黑协定》签订之后，西方的绥靖主义者断言，希特勒的下步侵略目标无疑是社会主义苏联，他们更可以"坐山观虎斗"了。但是希特勒认定："英国是我们的主要敌人"，"战斗主

---

① 《英国对外政策文件》第2卷，第213页。

要应当针对英国和法国","只有在西线无后顾之忧后,才可能对俄国发动攻击"。1939 年 3 月,德国法西斯撕毁《慕尼黑协定》,侵占了整个捷克斯洛伐克;9 月 1 日,又不顾刚刚签订的《英波保障协定》和法国刚刚重申对波兰承担的同盟义务,悍然以 70 万大军南北进犯波兰,公开向英法宣战。第二次欧洲大战首先在德国和英、法之间展开。西方自食纵容侵略的恶果,绥靖主义遭到了彻底的破产。

1940 年 4 月,德国法西斯不再进行所谓"西线无战事"的宣传,一举攻占丹麦、挪威。5 月又攻占了荷兰、比利时、卢森堡,并绕过法国苦心经营了十年的"马其诺防线",横扫法国北部,30 多万英法联军被逼困在多佛尔海峡东端的敦刻尔克一角,造成臭名昭著的"敦刻尔克大溃退"[①]。张伯伦、达拉第在一片唾骂声中滚下了台。张伯伦在国会上哀叹说:"吾人此日,同深哀惨,然最惨者,当莫余者,余所惨淡经营之一切,今已倾圮无余。"张伯伦一心要以绥靖主义去讨好希特勒挑动苏德战争,正如毛主席当时深刻指出的:"搬起石头打自己的脚,这就是张伯伦政策的必然结果。张伯伦以损人的目的开始,以害己的结果告终。这将是一切反动政策的发展规律。"[②]

四

20 世纪二三十年代西方绥靖主义的破产,已经过去近半个世纪,但它给人们的深刻教训,却还留在世界人民的记忆里。

---

① 敦刻尔克是法国的天然港口,位于多佛尔海峡东端。1940 年 5 月,法西斯德军把 30 万英法联军逼困于此:英国动员全部船只,甚至动用私人游艇,搞了连续八天"大撤退",丢下 700 辆坦克、2400 门大炮。大部分法军当了俘虏。历史上称此为"敦刻尔克大溃退"。

② 《毛泽东选集》(合订本)第 2 卷,人民出版社 1965 年版,第 544、557 页。

它说明，帝国主义之间搞"缓和"，实际上并不能缓和他们之间的矛盾和冲突。列宁指出："帝国主义的一个重要的特点，是几个大国都想争夺霸权。"① 这是帝国主义的经济基础和掠夺本性决定的。垄断是帝国主义的基本经济特征，垄断必然要发展为分割世界的争夺。帝国主义瓜分世界，从来都是以分割者在经济、金融、军事等方面的实力为根据的。一旦力量对比发生变化，帝国主义必然要求再进行新的分割，以至用战争手段来打败自己的对手。这就是帝国主义战争的深刻根源，绥靖主义者要"缓和"是缓和不了的。

第一次世界大战是资本主义经济、政治发展不平衡的产物，但大战并没有也不可能消除这种不平衡，反以战争的破坏、经济危机的加深，使这种不平衡加剧。德国在战后割地、赔款，失去全部殖民地和国外投资，竞争实力受到很大的削弱。但是，垄断资本在德国的统治并未遭到破坏。它的帝国主义的经济基础和掠夺扩张本性，必然要使它重新投入帝国主义争霸世界的行列。西方国家战后对它的绥靖，促成了它的实力的恢复和加强，助长了它的扩张野心。一旦实力对比发生变化，它就要要求重新瓜分世界，这是不以人的意志为转移的。为什么西方国家越是加强绥靖，战争因素越是增长，就是这个道理。

当然，在帝国主义争霸世界的过程中，绥靖主义有时也会使矛盾双方达成某种妥协，制造某种"和缓"的假象。但是，绥靖主义不可能使它们之间的矛盾真正消失，这种"和缓"只是新的更大更剧烈争夺的起点。20世纪二三十年代正值两次世界大战期间，原来大战中相互厮杀的帝国主义各国，出于扼杀新生的社会主义苏联、摆脱资本主义总危机的需要，在第一次世界大战后暂时勾结起来。英、美、法推行绥靖主义，德国接受绥靖，从签订《凡尔赛和约》到英德发表《互不侵犯宣言》；从《罗加诺公约》到《慕尼黑协定》，双方打得火热。但是，他们相互之间斗争的实质和阶级内容没有变。毛主席指出：

---

① 《列宁选集》第2卷，人民出版社1972年版，第810页。

"英美法的计划是：推动德国进攻苏联，它们自己'坐山观虎斗'，让苏德打得精疲力竭之后，它们出来收拾时局。"① 为确立各自的霸权扫清道路。德国接受绥靖，则是要利用英、美、法反对社会主义苏联的需要，谋求西方国家的经济、政治和军事上的支持，恢复实力，东山再起，先战胜英法，进而攻下苏联，重新称霸世界。因此，从厮杀到绥靖，只是斗争形式有所改变，而争夺霸权，重新分割世界的斗争内容，始终没有也不会改变。

它说明，帝国主义、霸权主义者口中的"和平"言词，只不过是战争的代名词。它们都是口头上高谈和平和正义，而实际上却在进行掠夺性的侵略性的战争。20 世纪二三十年代中，西方的绥靖主义者与德国的霸权主义者侈谈和平，大搞裁军，战胜国和战败国之间，战胜国和战胜国之间，签订过不少"和平与安全"保障协定；抛出过一个个"裁军协定"。但是，越搞军备越多，越搞越不和平。从 20 年代到30 年代，德国侵略者的扩军备战，都是在他们与西方绥靖主义执政者的"和平""缓和""裁军"的大合唱中进行的。"大合唱"的调子越高，法西斯德国扩军备战的步伐走得越快。

它说明，对穷凶极恶的霸权主义，不能有丝毫让步妥协，更不能以牺牲他国来保全自己，否则就要养虎遗患，自搬石头自打脚。绥靖主义者幻想用妥协退让，在经济、政治等诸方面携手合作的办法，来"软化"法西斯德国，使它因有求于西方而"保障"西方的和平，根据西方的要求而把侵略矛头指向东方，然而，严酷的历史事实说明，这不仅没有"软化"希特勒，反而上了希特勒的圈套，用本国人民和其他国家人民的血肉，喂肥了纳粹德国，贻害了自己。

（原载吉林《理论学习》1978 年第 3 期。有删节）

---

① 《毛泽东选集》（合订本）第 2 卷，人民出版社 1965 年版，第 544、557 页。

# 日本侵华史述略

中日两国是一海之隔的邻邦，两国人民具有两千多年的友好关系。1868 年，日本通过明治维新，走上资本主义发展的道路，19 世纪末 20 世纪初又变成为一个不断进行对外侵略的帝国主义国家。由于日本帝国主义不断侵华，中日两国之间的友好关系曾遭到严重的破坏。日本文部省审定中小学教科书，竟把日本帝国主义对中国的血腥侵略篡改为"进入"，明目张胆地为日本军国主义的复活制造舆论。但是，中国人民用血肉和生命筑成的历史，岂容日本内阁的某些长官和大臣们用淡墨来加以篡改；对日本军国主义充满血海深仇的中国人民，岂容日本军国主义重新复活；已经重建起来的中日友好关系，岂容日本的军国主义者重新破坏。究竟是侵略中国，还是"进入"中国？还是让血腥的日本侵华历史来回答吧！

## 一　19 世纪末期的对华侵略

日本军国主义一走上世界历史舞台，就以吞并中国作为自己的夙愿。还在酝酿明治维新运动的时候，一个名叫吉田松阴的家伙，就发出"培养国力，兼弱攻昧，割取朝鲜、满洲，吞并中国"的叫嚣。1890 年，吉田松阴的弟子、老牌的日本军国主义头子山县有朋，在日本第一届国会会议上又鼓吹对中国进行侵略，以防护日本的"利益线"。他说："国家独立自卫之道，一是捍卫主权线，二是防护利益线。"其所谓"捍卫主权线"，亦即捍卫日本的固有疆土，而所谓"防护利益线"，则是要侵略朝鲜和中国，以把它们纳入日本的殖民统治之下。当时，日本已建成一支 22 万多人的新式陆军，一支拥有 5 万吨位舰只的新式海军，"就弹药而论，它所储存的数量，比在一次对华战争中可能耗去的还要多"①。但是，山县有朋对此并不满足，他认为这样还不足以能够对中国进行侵略。因此，他在报告中竭力主张国会进一步通过一项发动侵华战争的军事预算。在当时的日本政府的纵容和鼓励之下，日本军国主义分子发出"大陆是日本的生命线"的叫嚣，大肆为侵略中国制造舆论。

1894 年 4 月，朝鲜爆发东学党领导的反封建、反外国掠夺，特别是反日本窃掠的农民战争，起义农民提出"除暴救民""逐灭倭（日本侵略者）、夷（美国等西方侵略者），尽灭权贵"的口号。日本侵略者即以此次起义来作为他们发动侵朝、侵华战争的口实。6 月 2 日，日本内阁召开临时会议，决定出兵朝鲜，并得到明治天皇的认可。6 月 5 日，日本陆战队 400 人左右，借口护送回国休假的驻朝公使大鸟圭介回任，侵入朝鲜，并占领汉城。7 月 23 日，日军包围朝鲜王宫，成立以大院君为首的亲日傀儡政权，并命令日本联合舰队进攻中国，从而发动了血腥的甲午侵华战争。②

7 月 25 日拂晓，日本不宣而战，突然袭击我在牙山口外护送兵船的中国军舰"广乙""济远"号，顿时之间，"济远"中炮，"广乙"惨遭重创，运兵船"高升"号被击沉。德人目击者汉纳根说："我看见一只日本的小艇，满载着武器和人，我以为他们是来搭救的，但完

---

① 此系英国《泰晤士报》驻东京记者布林克莱（Brnkley）的报道。
② 因 1894 年是旧历的甲午年，故称这次战争为甲午战争。

全料错了，他们向这支正在沉没的船上的人开起火来。"① 这次突然袭击使 1000 名左右的中国士兵遇难。9 月 15 日，日军分四路向驻在平壤的中国军队发动进攻，总兵官左宝贵率领士兵进行自卫还击不幸中炮阵亡。9 月 16 日，中国北洋舰队护送兵船到达鸭绿江口的大东沟，次日向旅顺返航时，与先挂美国旗后改挂日本旗的 12 艘日本舰只相遇，日本舰队向中国舰只开炮，中国的"致远"舰中炮倾斜，管带邓世昌命令开足马力向敌舰撞去，以便与之一起沉没，被日军水雷击中，全舰官兵死难。昏庸腐败的清政府对日本的侵略采取妥协投降的政策，表示愿意接受赔款议和的条件，但日本根本不予理睬，一心要实现它的既定国策——吞并中国。

10 月，日军分两路侵入中国，一路由山县有朋指挥，渡鸭绿江攻占九连城、丹（安）东；另一路由大山指挥，由舰队护送，在辽东半岛金州北面的花园港登陆，两路日军南北夹击，先后攻占凤凰城、金州、大连、旅顺、海城等地。凡日军入侵之地，中国人民都受到疯狂的烧杀抢掠。如日军侵占旅顺后，一连进行了几天灭绝人性的大屠杀，当时的一个美国驻华使馆武官欧伯莲（M. J. O Bnen）写道："我亲眼看见许多杀人的事情，这些被杀者……是根本没有武装的，我还看见许多尸体，他们的手是缚在背后的。我曾经看到许多伤痕累累，显然是被刺刀杀死的尸体，而且我可以断定，他们是在无抵抗的情况下被害的。我之所以看见这些事情，并非因为存心到各处去寻找恐怖的景象，而是在对这次战役作一次观察时……看到的。"在日本侵略者的屠刀下，旅顺街上血流成河，尸体满地，全城被杀得只留下 36 人。这样惨绝人寰的大屠杀，连当时的日本外务大臣陆奥宗光也不得不承认：日军"在旅顺没有必要地杀害了过多的中国士兵"②。这是日本强盗对中国人民欠下的一笔大血债。1895 年 1 月，日军又在山东

---

① *Foreign Relations of the Vnited States*, 1894, Appendix. 1, pp. 47, 89, 85.
② Ibid. .

荣城湾登陆，包围了威海卫，并于 2 月凶残地击灭了中国的北洋海军。3 月，日军在东北进一步扩大侵略，先后攻占牛庄、营口、田庄台等地。在牛庄，日寇挨家挨户地搜查抢劫，肆意杀戮中国平民。在田庄台，日军放火烧民房，使这个一万多人口的繁华市镇一夜之间变为废墟。

1895 年 3 月，清政府派卖国贼李鸿章去日本的马关，与日本内阁首相伊藤博文等进行谈判，伊藤提出旨在灭亡中国的条件，并用武力威胁中国接受，李鸿章卑躬屈节，于 4 月在日本提出的条约上签字，于是形成臭名昭著的《马关条约》。

《马关条约》规定：（1）确认朝鲜"独立"。"中国认明朝鲜国确为完全无缺之独立自主，故凡有亏损独立自主体制，即如该国向中国所修贡献典礼等，嗣后全行废绝。"当时破坏朝鲜独立自主的是日本，而不是中国，日本侵略者是以维护"朝鲜独立"之名，行吞并朝鲜，而后以朝鲜为跳板，最终吞并中国之实。（2）割让辽东半岛、台湾和澎湖列岛给日本。辽东半岛具有极其重要的战略地位，日本占领这个地方一可以造成"京畿不能一日安枕"的局面，二可以向北侵入广阔的松辽平原，完全实现其侵占我东北三省的计划。条约规定割让的台湾、澎湖等大小岛屿共有七十余座，这些岛屿具有极其丰富的资源和重要的战略地位。日本侵略者除要掠夺这些宝岛的丰富资源之外，就是要以它们作为向我国南方和南洋群岛进行侵略的跳板。（3）赔偿日本军费银二万万两。这是一笔极其沉重的巨额赔款，当时"中国厘税所入，岁不过三四千万，今率应二万万之偿款，举海内扫地而供拟；就使十年悉索，尚不足以相当"[①]。日本军国主义就是这样穷凶极恶地掠夺中国人民的膏脂，以养肥本国的垄断资本家。（4）"日本臣民得在中国通商口岸、城邑，任便从事各项工艺制造，又得将各项机器任便装运进口，只交所定进口税。"也就是说，日本得在中国直接掠取

---

① 《中日史料》卷40，第23页。

廉价的原料和劳动力，使中国变为它的殖民地。（5）开放沙市、重庆、苏州、杭州为通商口岸，日本轮船得通过中国的内河到达这些口岸。这就使中国的长江流域富庶之区直接沦为日本和其他帝国主义国家的商品市场。

甲午侵华战争的进程和结果证明：日本帝国主义是地地道道地侵略中国，而不是所谓"进入"中国。日本是19世纪末期侵略中国和瓜分中国的急先锋和罪魁祸首。

## 二　20世纪初期的对华侵略

根据《马关条约》，日本控制朝鲜并夺得中国的辽东半岛，而沙俄对朝鲜和我国东北早已抱有侵略野心，因此，在《马关条约》签字后六天，沙俄便纠合法、德两国出面干涉，在三国的压力下，日本以从中国索取三千万两银子作为补偿，暂时将辽东半岛归还中国。当然，即便是得到这样多的巨款，日本也是不会甘心的，明治天皇对首相伊藤博文说："用不着急于夺取辽东半岛。在这次战争中，我们已经了解该地的地理、人情，不久将在朝鲜或其他方面再发生战争，那时再夺取也不为晚。"陆相山县有朋也叫嚷，日本已"列为东洋盟主"，今后"则非谋求利益范围的扩张不可"。为此，日本重新制订了十年再在中国发动一场新的侵略战争的计划。

沙俄出面干涉还辽，完全是为了它的侵略利益，因此，还辽不到两年，它就出兵霸占旅、大，1900年又侵占我东北的各大城市。一心要侵占"满洲"并吞并中国的日本，对沙俄的这一行动是十分怀恨的。1904年2月8日夜间，日本舰队偷袭旅顺口的沙俄军舰，接着派陆军由朝鲜仁川登陆，闯过鸭绿江侵入我东北，同时又派两支陆军在我辽东半岛的貔子窝和大孤山登陆。日俄两个强盗为争夺中国领土的帝国主义侵略战争，即在中国的土地上爆发。日俄战争为时一年半，规模巨大，破坏极为严重，日本军官"任民奸掳，地方蹂躏难堪"。仅在沈阳一地的会战中，双方就投入六十万的兵力，两国侵略军强征当地的人力、物力，摧毁无数的房屋，杀死成千上万的中国居民。当时正在日本学医的鲁迅先生，从电影中目睹日军在东北屠杀中国人民的镜头，心情十分沉重，认为他做医生只能医治普通的病人，而无法救活被帝国主义屠杀的人，于是弃医学文，立志用革命的文学去激励人民的斗争。日俄战争最后以签订双方共同宰割中国的《朴次茅斯和约》而告终。这个"和约"规定，日本承认帝俄在东北北部的侵略利益，而帝俄答应把从中国夺得的旅、大"租借地"及长春至旅顺口铁路和支线的一切侵略利益转给日本。日本侵略者得利之后，又转过来压迫清政府签订《中日东三省事宜正约及附约》，在正约中，清政府被迫承认日本在东北的既得利益，在附约中，清政府被迫允许开放辽阳、吉林、长春、哈尔滨、齐齐哈尔、满洲里等十六处为商埠，并在奉天（沈阳）、营口、安东划定日租界，给日本安奉铁路之修筑权、使用权和沿线矿产的开采权，以及吉林至长春铁路的借款权。1906年，日本在大连设立"南满铁道株式会社"（简称"满铁"），并改旅、大租借地为关东州，设"关东都督府"。"关东"意为山海关以东，意即这个都督府要统治我国的整个东北。为了维护关东都督府的存在及日本在整个东北的侵略利益，日本在东北南部铁路沿线驻有一个陆军师团（约四万人）和六个"守备大队"的兵力。这说明当时中国东北南部已被置于它的殖民统治之下。

已如前述，在东北南部或整个东北建立殖民统治，还不是日本侵略中国的最终目标，它的最终目标是要变整个中国为它独占的殖民地。因此，当1914年8月第一次世界大战爆发之时，日本即利用欧洲各帝国主义忙于相互厮杀之机会，肆意扩大对中国的侵略，以求最终吞并中国。就在 1914 年 8 月，它以对德作战为借口，出兵侵入我山东，强占青岛和胶济铁路沿线。日寇所到之处，疯狂地对中国人民烧杀抢掠。日军在平度张贴的一张布告说，"妨碍日军一切行动者处斩""切断电线或倾损者处斩""如于该村一人之犯，该村人民尽处斩刑"，俨然以中国的统治者自居，把中国作为日本的殖民地对待。1915 年 1 月，日本向袁世凯提出灭亡中国的《二十一条》要求，其内容可分五项：（1）承认日本继承德国在山东的一切特权并加以扩大；（2）旅顺、大连的租借期限及南满、安奉两铁路的租借期都延长到九十九年，并承认日本在东三省南部及内蒙古东部的特殊权利；（3）汉冶萍公司改为中日合办，附近矿山不准公司以外的人开采；（4）中国沿海港湾和岛屿不得租借或割让给他国；（5）中国政府聘用日本人为政治、财政、军事等顾问，中国警察机关和兵工厂由中日合办，日本有在武昌与九江、南昌间，南昌与杭州间，南昌与潮州间的铁路建造权，在福建筑铁路、开矿、建筑海港船厂的优先权等等。这就是说，日本不仅要把从东北到福建的广大地区置于它的控制之下，而且还要把中国政府置于它的直接控制之下。

这个触目惊心的《二十一条》，赤裸裸地暴露了日本灭亡中国的狼子野心，连卖国成性的袁世凯也不敢立即表示接受。为此，日本一面利用袁世凯想当皇帝的野心进行利诱，暗示如果他接受《二十一条》，就支持他称帝，一面又施加压力，派军舰集中福州、厦门、吴淞、大沽等处，并向山东和东北增兵。1915 年 5 月 9 日日本发出最后通牒，压迫袁世凯接受除第五项以外的全部条款。

袁世凯政府屈服之后，日本与各帝国主义国家分别订立密约，要求各国承认它在中国得到的所有侵略利益。1916 年 7 月，它和沙俄订立协定，约定若第三国妨碍它们在中国的侵略利益时，两国采取一致行动。1917 年 2、3 月间，它又与英、俄、法、意四国订立密约，要四国承认它占有德国在山东的侵略利益。另外，又派石井与美国国务卿兰辛订立《兰辛石井协定》，美国承认日本在华的"特殊利益"，日本则承认美国的"门户开放"政策。这些外交协定都是为灭亡中国而布下的罗网。

1916年6月，袁世凯因演出洪宪皇帝的丑剧，在全国人民的声讨声中死去。日本侵略者乃改而扶持另一北洋军阀头子段祺瑞作为自己的侵略工具。段祺瑞与日本密谋，向日借款以搞他的所谓"武力统一"，1917年8月到次年9月期间，日本要段祺瑞用矿产、铁路收入、盐税等作担保，向段祺瑞政府借了总数达四万万八千万元的款项。①其中一笔借款是以段祺瑞政府承认日本在山东的侵略权益为条件的。在以借款控制中国经济命脉的同时，日本提供军火和军官，为段祺瑞训练所谓对德、奥作战的"参战军"，以加强对中国财政、军事的控制。俄国十月革命爆发后，日本又与段祺瑞政府秘密签订反苏军事协定，规定中国派军队由日本指挥去进攻苏维埃俄国。同时，日军七八万人开进东北，把侵略势力扩张到我东北的北部。至此，日本在《二十一条》中提出的侵略要求，已经基本实现。

## 三  20世纪三四十年代的侵华战争

日本老牌的军国主义头子山县有朋，有一个忠实的追随者和继承人，其名曰田中义一②。他1927年出任日本内阁首相后，迫不及待地召开了一个所谓的"东方会议"，以策划进一步侵略中国的具体方针。

---

① 这些肮脏交易的经手人系一不担任政府官职的西原龟三郎，所以这些借款俗称《西原借款》。

② 此人系一个狂热的侵华分子。甲午战争时，他在旅顺、大连等地的侵华日军中参加对华作战。甲午战争后，先后担任日本军务局长、参谋次长和陆军大臣等职，1927年出任日本内阁首相。

在这次会议结束之后，他写了一份秘密奏折上交日本天皇，叫嚷"欲征服支那（指中国），必先征服满蒙，如欲征服世界，必先征服支那"。这就是臭名昭著的"田中奏折"。这个"奏折"实际是对明治维新以来日本所行国策的高度概括。根据这个奏折，日本在20世纪三四十年代发动了空前规模的侵华战争。

在这次侵华战争全面爆发之前，日本侵略军在沈阳制造了震惊中外的1931年9月18日事变；当日晚十时左右，日本关东军按预定的计划在长春、沈阳铁路上的柳条沟（距沈阳二公里）用炸药炸毁一段路轨，而后诬指中国军队"炸毁南满铁路和袭击日本军队"，向沈阳城外北大营的中国东北军发动进攻。根据蒋介石下达的"绝对不抵抗"命令，东北军被迫撤出营地。此后一天之内，日本侵略军就闪电般地占领了沈阳、本溪、凤城、安东、辽阳、海城、营口、开原、四平、长春等重要城市。此后不到一百天，又全部占领了东北三省。这说明日本发动"九一八"事变完全是蓄谋已久和精心策划的。毛主席曾经指出："一九三一年九月十八日的事变，开始了变中国为日本殖民地的阶段。"

占领东北之后，日本侵略者又积极准备进攻上海，妄图变上海为进攻中国内地的桥头堡，并转移中国和世界各国的视线，使大家不注意东北问题。1932年1月28日，日军对上海发动进攻，制造了"一·二八事变"。驻防上海的国民党第十九路军奋起抵抗。1932年3月，日本纠集一批汉奸在东北成立伪满洲国的傀儡政权，以被辛亥革命赶下台的清朝末代皇帝溥仪任"满洲国执政"。两年以后日本侵略者将溥仪由"执政"改为皇帝。改"满洲国"为"满洲帝国"。日本网罗汉奸担任伪满洲帝国的国务总理、各部总长、各省省长和各县县长，并以一批日本政客担任伪满洲帝国的国务厅长官、各部次长，各省副省长和各县副县长。这批日本政客虽任副职，但实际上掌握伪满的一切军政实权。日本印发给日籍官吏的秘密手册——《日本人服务须知》规定："日本人在满洲不是侨民而是主人，不要使日本人中国化，而要使中国人日本化。"极端仇视中国人民，战后三次担任日本首相的岸信介，就曾任过伪满洲国产业部次长兼资源调查局局长，他曾提出一个血腥的殖民掠夺计划，要满洲每年供出煤炭二千九百万吨，粮食一千万吨，要强制收买所谓伪满帝国可耕地的四分之一，把几百万日本人移到东北来。日本当时在东北所驻的关东军，最多时达到一百多万人，关东军司令官兼任日本驻伪满的全权大使，他实际上是伪满的太上皇。无以计数的中国人民，曾经死于关东军的屠刀之下。如1932年，驻抚顺的关东军守备队和宪兵队，曾经制造血腥的平顶山大屠杀。平顶山为抚顺南四公里一个四百多户人的村庄，关东军三百余人以反共为名，全副武装地开进这个村庄，把全部居民赶到村外的一块草坪上，一面放火焚烧房屋，一面用机枪从四面八方向坐在草坪上的村民扫射，顷刻之间，血肉横飞，尸首遍地，血流成河。对于在血泊中爬着叫爹娘的孩子，日军用刺刀刺死，大屠杀历时三个多小时，二千五百多人被杀死。这表现了日本军国主义的极端疯狂性和野蛮性。

在东北建立殖民统治之后，日本侵略者利用蒋介石实行的不抵抗政策，迅速向华北进攻，1933年日军占领了热河和冀东二十二县的大片地区。1935年，又发动了一连串旨在吞并华北的事件。1937年7月7日，日军制造卢沟桥事变，发动了全面的侵华战争。日军占领北平和天津之后，侵入山西、山东各省。国民党于11月20日被迫"迁都"重庆。12月5日，日寇三面包围南京，在日军"华中派遣军司令"松井石根的指使下，日寇对南京进行灭绝人性的大屠杀。南京居民有的被当作练习射击的靶子，有的被当作拼刺刀的对象，有的被浇上汽油烧死，有的被活埋。日本《日日新闻》1937年12月的《紫金山下》的一篇消息报道说："两个日军少尉约定作砍杀一百中国人的比赛，当他们杀了一阵在紫金山下相见时，彼此手中军刀都砍缺了口，每人都杀了一百多人，可是确定不了谁是先达一百之数，因此，决定这次不分胜负，重新再比谁先杀满一百五十名中国人。于是比赛又重新进行。"以残杀中国人作为比赛，这是何等令人发指的法西斯侵略暴行。12月16日下午，聚集在南京华侨招待所的五千余居民，被日寇集体押往中山码头用机枪扫射后推入江中。12月18日，日军将被抓获的中国士兵和老百姓五六万人驱至下关草鞋峡，进行集体大屠杀。在日寇大屠杀之后，当时近百万人口的南京，变成了人迹稀少的废墟。这次大屠杀的残酷程度，比之纳粹德国在奥斯维辛和乌克兰对犹太人的大屠杀有过之而无不及。

日本侵华，一开始就表现得异常的疯狂和残暴，特别是在1939年以后的几年中，日寇疯狂实行杀光、烧光、抢光的"三光"政策，使其侵略暴行达到无以复加的地步。1940年秋冬间，日本军事机关曾向参加山西侵略战争的军队下达这样的命令："这次作战的目的，与过去完全相异，乃是在于求得完全歼灭八路军及八路军根据地内的人民，因此，凡是敌人区域内的人，不问男女老幼，应全部杀死，所有房屋，应一律烧毁，所有粮秣其不能运输的，亦一律烧毁，锅碗要一律打碎，并要一律埋死或投入毒药……"这个实行"三光"的命令是整个侵华日军都执行的。日军制造的潘家峪大惨案，就是对中国人民实行"三光"的一次大表演。潘家峪是河北省丰润县城东三十公里处的一个村庄。1941年1月25日（旧历腊月二十八日），日寇驻唐山部队司令官铃木启久和唐山守备队指挥官佐佐木高桑以及丰润县日本顾问官佐佐木二郎，纠集遵化、玉田、滦县、迁安、卢龙、抚宁等县伪军配合一千五百多个日军，乘人们要过春节的机会，黎明前包围了潘家峪，天亮时挨门挨户搜查，把一千三百多男女老少逼到村中的大西坑集合，这是村民平时起土的土塘，长三十余米，宽十余米，周围垒着一人多高的石坝，坑底有一尺多厚的冰雪。日寇在四周架有机枪。佐佐木手提战刀说："好的，为了中日亲善，这里太冷了，去村中大院，有出热闹戏让你们看！"日本侵略军随之将人们押进已准备好了的杀人场——地主潘公林的大院。院中地上铺了二三尺厚而且泼了煤油的松枝，机关枪对准大院。日寇用烧夷弹放火，院中浓烟四起，烈火冲天，日寇用机枪对院中扫射，并向院中投手榴弹，一千二百三十人在这场惨无人道的大屠杀中丧生。全村一千一百多间房屋全部被烧毁。这次惨案是日本强盗"三光"政策的一个缩影。它再一次说明了日本军国主义的极端的野蛮性。

在侵华战争期间，日本军国主义集团大搞所谓"以战养战"，疯狂对我国进行经济掠夺。在华北、华中沦陷区，日本先后开设"蒙疆银行"（1937年于张家口开设）、"中国联合准备银行"（1938年于北平开办）、"华兴商业银行"（1939年于上海开办）、"中央储备银行"（1941年于南京开办）等二十多家银行。这些银行滥发伪钞，榨取中国人民的血汗。同时，日本侵略者在农村大量圈占农民耕地，仅1940年日本的"垦殖公司"，在冀东沿海地区所侵占的土地就达七万顷之多，迫使成千上万的中国农民流离失所。另外，日寇以低价收买或无代价征用等手段掠夺中国的农产品，使中国人民陷于普遍的饥饿和死亡的深渊之中。1938年，天津市场上的棉花每担价格为六十五元，而日寇的"华北棉产改进会"，统一收购的价格为三十八元。华北日寇的粮食收购价格，一般只有市场价格的一半。东北日寇收购大豆，价格只有市价的十分之一。这种收购，实际上是变相的抢劫。由于日寇的掠夺，沦陷区的粮食异常缺乏，粮价飞涨。1939年1月，北平一斤玉米仅八九分钱，1942年则上涨到一元零五分，1944年更涨到五元多。

沦陷区的青壮年也是日寇掠夺的对象，日寇除以其中一部分留在侵华战争中作苦役外，其余均运往日本从事奴隶劳动。根据日本政府所谓"移入华工的方针"，在整个侵华战争中被劫送至日本的约十万人以上。他们都遭到非人的待遇，病死、累死、被打死、折磨死的比例很大。据日本政府大大缩小了的统计，被劫去日本的三万八千五百三十五名中国人中，有五百六十四人死在船上，二百四十八人在到达服役的地点前死去，二千二百八十二人在奴隶劳动中死亡。另据一个日本团体的统计，被掳去日本的中国人中，有六个人以上被杀害。山东省高密县草泊村农民刘连仁，被抓去青岛后塞进轮船，运往日本北海道雨龙郡沼田村明治矿业公司和矿业所强迫挖煤。日本法西斯当局规定：对被抓来的中国人"不必有仁慈或爱护之心，用不着洗澡设备。宿舍方面，坐下来头上有一二寸空隙即可。对于不好好劳动的人，要减少饮食"。刘仁连与被抓去的中国人就受到了这种非人的待遇，在日本矿警刺刀的逼迫下，他们干的活比牛马还重，吃的东西比牛马还不如，天不亮就上工，摸着黑才回来，整天埋在矿井里，同下了地狱一样，吃的东西是十个人才有一斤面，只好掺野草、锯木屑煮粥吃。日寇稍不如意，就进行毒打。有的矿井打进去十几里深，没有一点安全设备，只靠几根支柱架顶着，一遇雨天，矿井到处涌水倒塌，不知有多少同胞葬身于井底。刘连仁在反抗中于一天深夜逃出虎口，跑到北海道的深山中，穴居野处达十三年之久，新中国成立后在祖国人民的强大声援下，于 1958 年 4 月回到了祖国的怀抱。

20 世纪三四十年代的侵华战争，是近代帝国主义侵华史上给中华民族造成的灾难最深重的战争，在这次战争中，日本出动陆军一百万，超过鸦片战争以后一百年间英、法、德、俄、日、美历次侵略中国战争兵力的八九倍。时间从全面侵华的 1937 年算起，连续八年，大约相当于一百年里外国大举侵华战争的总和。日本军国主义加给中国人民以无法言表的血腥灾难。中国人在这次侵略战争中有一千多万人惨遭杀戮。日本军国主义也带给日本人民极为深重的血腥灾难。据日方统计，从 1931 年到 1945 年，日军死亡约二百三十万人，国内人民因遭空袭等而死亡的至少在七八十万人，日本的许多城市在第二次世界大战中成了废墟。

## 四　中国人民的抗日与日本军国主义的覆灭

毛主席指出，"中华民族不但以刻苦耐劳著称于世，同时又是酷爱自由、富于革命传统的民族"，"帝国主义和中国封建主义相结合，把中国变为半殖民地和殖民地的过程，也就是中国人民反抗帝国主义及其走狗的过程"。① 自日本军国主义侵入中国的那天起，我国人民就进行了不屈不挠、再接再厉的英勇反抗。

甲午战争中，当日军在花园港登陆时，当地八百多户农民自发组织起来，拿起铁锹、锄头等农具，冲进日军营地，与日寇展开肉搏血战，打死了许多敌人。东北的二千多名猎户，则用猎枪消灭日本侵略军二千余名。辽阳、奉天（沈阳）及旅顺等地的群众，亦与敌人展开了你死我活的战斗。台湾人民在《马关条约》签订以后，掀起反割台的英勇斗争。徐骧是台南农民的抗日领袖，台北失陷后，日军向南进犯，徐骧号召乡民组成义军起来抵抗，日军攻新竹时，义军击败日寇，俘虏一百多人。日军进攻彰化、嘉义时，义军进行顽强的抵抗，给日军以沉重的打击。另一个领导台湾人民抗击日军的人叫柯铁虎，他率领大坪顶山的群众击退日寇五百多人，坚持抗日达四年之久。从1895 年清政府割让台湾，至 1945 年日本投降止，日本帝国主义统治了台湾五十年，台湾人民亦不屈不挠地反抗了五十年。台湾人民牺牲了大约六十五万人，这一方面说明日本军国主义的残暴，另一方面又说明了我台湾人民具有英勇的反抗精神。

1919 年 5 月 4 日，五四爱国运动爆发，北平五千余学生在天安门前集会，高呼"还我青岛""中国是中国人的中国""收回山东权利"

---

① 《毛泽东选集》（合订本）第 2 卷，人民出版社 1965 年版，第 586、595 页。

"废除二十一条""惩办卖国贼"等口号，浩浩荡荡地举行了示威游行，6月3日以后，广大工人群众投入战斗，五四运动发展到一个新阶段。这个运动有力地打击了日本侵略者，把它灭亡中国的"二十一条"扔进了历史的垃圾堆。

"九一八"事变发生以后，中国人民在中国共产党的领导下，与日本侵略者进行了英勇的斗争。1931年9月2日，中国共产党发出"组织东北游击战争，直接给日本帝国主义以打击"的号召，1933年，中国共产党在东北直接领导下的抗日游击队发展到五千余人。1934年，党决定组织东北抗日联军，当时抗日联军有七个军，到1937年发展为十一个军，四万五千余人。就在这一年，党将十一个军改编为第一、二、三路军。日本侵略者对抗日联军及其游击区进行了疯狂的"大扫荡"，抗日联军进行了英勇的斗争，给日军以沉重打击。杨靖宇同志是当时与日军进行顽强斗争直到流尽最后一滴血的抗日联军的一位指挥员。他1927年参加中国共产党，"九一八"事变后任中共哈尔滨市委书记及抗日联军第一军军长兼政委、抗日联军第一路军总指挥等职。1940年2月，他率领一支联军在蒙江以东的大森林里以草根、树皮、雪片充饥，与日军顽强地战斗，2月23日，杨靖宇同志在原蒙江县保安屯（后改名为靖宇村）附近与敌人遭遇，一个人坚持与几百敌人战斗了一个多小时，最后英勇牺牲。豺狼成性的日本反动军官令医生剖开死者的腹部，结果发现杨靖宇烈士的胃中只有草根、树皮，杨靖宇同志与日寇殊死斗争的精神连日寇也不得不为之吃惊。在党的领导下，东北抗日联军一直战斗到最后胜利。

七七事变之后，日本帝国主义气势汹汹，不可一世，高叫"三个月灭亡中国"，大做元朝灭宋、清朝灭明、英灭北美和印度、拉丁系国家、灭中南美等好梦。中国人民在中国共产党的领导之下，用实际行动打破了敌人的"速胜论"和国民党投降派的"亡国论"。粉碎了日军一次又一次的"大扫荡"，给敌人以毁灭性的打击。如1941年8

月，日寇集中十万以上的兵力，在日军华北方面司令官冈村宁次的亲自指挥下，对晋察冀根据地的北岳区进行空前的"大扫荡"，日军用所谓"铁壁合围""梳篦式清剿""马蹄形堡垒线""鱼鳞式包围阵"等诡计，并使用了伞兵、毒气，分十三路出动，妄图一举歼灭我八路军的主力，但是，我八路军主力和后方机关早已转移，留下游击队和民兵与之周旋，游击队和民兵大摆地雷阵，机动灵活地打击敌人。当日军划成小股部队到处进攻时，我八路军主力迅速回转过来，将敌人一股一股地消灭掉，使日寇的这次"大扫荡"遭到了预想不到的失败。又如1942年5月1日开始，冈村宁次调集五万余兵力向冀中地区进行"全面扫荡"，敌人在八千个村庄中建立了一千七百五十个据点与碉堡，修筑了分割我根据地的铁路七百五十多公里，公路七千五百公里，封锁沟四千一百多公里，把冀中根据地分割成为二千六百七十个小块，使冀中变成沟沟相通，堡堡相连，"抬头见岗楼，迈步登公路"的地区，日寇用骑兵和连队日夜巡逻，疯狂进行烧杀抢掠，五万多老百姓被抓被杀。我八路军和新四军在人民群众的配合下，毁铁路、公路，平封锁沟，在各地出击，给日军以沉重打击。6月9日，在无极县宋庄的战斗中，八路军两个连有二小队民兵配合，连战十四小时，打退两千五百多名日军的几十次进攻，打死一千一百多名敌人和日寇的一个旅团长。使日寇对冀中的"全面扫荡"，最后以失败而告终。

从1941年7月到1943年7月，八路军、新四军在游击队和民兵的配合下，共消灭敌人三十二万人，仅1943年，根据地的民兵就歼敌五万左右，日本侵略者完全陷于我人民战争的汪洋大海当中。到1943年，我党领导的八路军、新四军等人民武装，牵制着日寇在华兵力的64%，伪军兵力的95%，粉碎了日寇残酷的"三光政策"，摧毁了日寇的"扫荡""清乡""蚕食"等毒计。1944年到1945年5月，我八路军、新四军和华南抗日纵队对敌作战三万多次，消灭敌伪军三十三万多人，攻克县城五十座，挺进到豫东、豫南、豫西、浙皖边境和皖南等地，并开辟了湘鄂赣解放区。1945 年 8 月 15 日，在世界人民反法西斯战争节节胜利的配合下，中国人民经过八年的浴血奋斗，抗日战争取得了最后的胜利。

综合本文论述，从 1894 年发动甲午战争开始到 1945 年投降为止，日本军国主义对中国进行了五十一年的疯狂侵略，带给中国人民极其深重的灾难。仅在 1937—1945 年的八年侵华战争中，日本侵略者就杀害了一千万中国人，破坏财物约五百亿美元。与日本军国主义英勇斗争五十余年的中国人民，绝不会忘记日本军国主义的血海深仇，绝不会容忍日本军国主义东山再起。日本文部省篡改日本侵华历史，把侵略中国改为"进入"中国，充分说明日本的军国主义势力又在蠢蠢欲动。我们要正告日本的某些长官和大臣们，日本侵略中国的历史是铁定的，任何篡改侵华历史的做法和复活军国主义的企图，都必将受到中国人民的惩罚。

（原载《思想战线》1982 年第 5 期）

# 论"神圣同盟"的兴灭

世界各国革命史证明：所有革命阶级在夺取政权之后，都会遇到国内反动阶级复辟的危险；都会遇到国际反革命势力进行干涉和颠覆的威胁。正如列宁所说："历史上从来没有过一种革命，在取得胜利以后就可万事大吉，高枕无忧。……甚至次等的革命，即只把政权从一个有产者少数转到另一个有产者少数的资产阶级革命，也不是这样的革命。"① 这是因为，一切反动统治阶级，都是不会甘心退出历史舞台的。他们失败之后，总是勾结国外的反动势力，千方百计进行复辟活动；而国外的反动势力，也总是把扑灭他国的革命，作为加强自身统治和谋求霸权的手段。由于某种原因，反动阶级的复辟活动，也能得逞一时。但是，革命的挫折、历史的倒退，都只能是暂时的。逆革命潮流而动，不管是国内的还是国际的，都无法逃脱最终失败的命运。看一看"神圣同盟"兴灭的历史，有助于我们了解欧洲资产阶级革命时期的复辟与反复辟斗争。

一

在欧洲历史上，1789 年至 1794 年的法国资产阶级革命，具有重大的历史意义。它不仅推翻了统治法国一千多年的封建制度，而且震

---

① 《列宁全集》第 29 卷，人民出版社 1985 年版，第 47 页。

撼了整个欧洲的封建统治基础。列宁曾经评论说："这次革命给本阶级，给它所服务的那个阶级，给资产阶级做了很多事情，以至整个十九世纪，即给予全人类以文明和文化的世纪，都是在法国革命的标志下渡过的。"①

当时，在法国革命的影响下，欧洲许多国家出现了资产阶级革命和民族解放斗争的强大风暴。"自由、平等、博爱"的呼声唤起了人们的战斗激情，《人权宣言》被翻译成各国文字在报刊上发表，成为讨伐封建专制统治的战斗宣言。在与法国毗邻的国家和地区，斗争特别迅猛。1789 年冬天，比利时爆发反对奥地利统治的民族起义，建立了独立的资产阶级共和国。1790 年秋天，萨克森农民揭竿而起，表示要像法国农民那样来打倒封建领主。1792 年，美因斯城的起义者获得胜利，建立了资产阶级政权。各国反动派惶恐万状，一再拼凑反革命的反法联盟，妄图铲除"祸根"，扑灭法国革命。1791 年 8 月，奥地利和普鲁士发表所谓援救法国君主的共同行动宣言，宣称要消灭"篡夺政权"的"叛党"，"彻底毁灭"革命的巴黎，以"恢复国王的合法权力"。沙皇叶卡特林娜二世叫嚣，法国革命是"一条有一千二百个头的妖蛇"，是所谓"法兰西瘟疫"，"不应该让有德行的国王（指法国的路易十六）成为野蛮人的牺牲品。法国君主政权的削弱，将使其他所有君主制遭受危险。我将全力表示反对"。经过多次武装干涉失败之后，各国反法联军于 1814 年，在沙皇亚历山大一世的率领之下，践踏了拿破仑建立的大资产阶级专政，用刺刀支持所谓"正统"的法国波旁封建王朝，演出了遗臭万年的复辟丑剧。恩格斯指出："对拿破仑的胜利就是欧洲的君主国对法国革命的胜利，因为拿破仑帝国是法国革命的最后阶段；恢复'正统主义'就是对这次胜利的庆祝。"②

---

① 《列宁全集》第 29 卷，人民出版社 1985 年版，第 334 页。
② 《马克思恩格斯全集》第 22 卷，人民出版社 1965 年版，第 35 页。

为了重建被冲垮了的欧洲封建秩序，瓜分欧洲领土，阻止新的革命运动的发生，1814 年 9 月，各国君主在奥地利首都维也纳召开了一次"黑会"。会议根据所谓"正统主义原则"（即只承认旧的封建王朝和君主制度是合法的"正统"），决定普遍恢复所有被推翻的欧洲封建王朝，并满足俄、奥、英、普等国的扩张要求，将波兰的大部分划给俄国，意大利的伦巴底、威尼斯划给奥地利；北萨克森、波慈南、威斯特伐里亚和莱茵地区划给普鲁士，将英国从法、荷手中攫取的大量殖民地划给英国，将比利时划给荷兰；挪威划给丹麦；等等。于是，继法国波旁王朝复辟之后，所有垮台了的欧洲封建王朝，包括西班牙的菲迪南七世王朝、葡萄牙的布拉冈扎王朝、荷兰的奥兰治家族、罗马的教皇政权以及意大利各邦的封建王室等，都纷纷宣告复辟，欧洲的所有弱小民族，都被任意宰割和蹂躏。这就是欧洲封建反动君主所建立的"维也纳政治体系"。

各国反动君主，都把这个"体系"作为自己安身立命的基础。可是，欧洲局面并没有平静下来，人民更加不满，革命在酝酿着，不到一年，拿破仑东山再起，波旁复辟王朝毁于一旦，这个"体系"就出乎意料地崩塌下来。尽管各国君主又缔结新的反法联盟，很快就将拿破仑镇压下去，波旁王朝也重新实现了复辟，但是，欧洲各国反动派不能不感到，如果不进一步勾结起来，"维也纳政治体系"的维持那将是不可能的。因此，在沙皇亚历山大一世的倡议下，俄、普、奥三国在 1815 年 9 月，于巴黎签订了所谓《神圣同盟条约》。"神圣同盟"这个反革命的国际组织，就这样适应欧洲封建反动势力复辟和巩固封建制度的需要，逆欧洲资产阶级革命和民族解放斗争的潮流而出笼。两个月后，随着法国君主路易十八的加入，英、俄、普、奥《四国同盟条约》的签订，几乎所有欧洲君主，都一齐入伙，使它变成一个貌似强大的庞然大物。

恩格斯指出："神圣同盟"是"所有欧洲的君主在俄国沙皇领导

下反对本国人民的一个阴谋"①。根据《神圣同盟条约》规定，一旦
发生革命，各参加国在任何情况下，都必须"互相提供经济方面、军
事方面和其他方面的援助"，以维护"仁慈、真理与和平""平定叛
乱""保护合法政权""促进人类命运的福利"。1820 年，为了镇压西
班牙、意大利的第二次资产阶级革命，"神圣同盟"又进一步作出决
定："各国之政府因革命而变动者，其结果足以危及他国，故当驱出
欧洲同盟之外，必待其政治已臻稳固，始得准其复入。……如有此变
动，而直接危及他国者，则列强为和平计，当联合一致，必要时可以
使用武力，使此犯罪之邦，复归附于大同盟。"② 这就是"神圣同盟"
实施"正统主义原则"的"干涉主义原则"。根据这个"原则"，它
在 1821 年 3 月派奥军一万六千人人侵意大利，镇压了当地的革命，
复辟了那不勒斯等邦的"正统"王朝。1822 年 10 月，又派法军十万
人入侵西班牙，扑灭了西班牙人民的起义，复辟了菲迪南七世的"正
统"统治。正如恩格斯所说："法国的刺刀在西班牙，奥地利的刺刀
在意大利，都暂时保证了正统国王重登王位，重掌神权。"③ 其他所有
欧洲的君主，也都在它的干涉和支持之下复辟或加强了自己的反动统
治。结果，"从伦敦到那不勒斯，从里斯本到圣彼得堡，各国的内阁
都由封建贵族统治着"④。

依恃"神圣同盟"的反动暴力，各国的封建反动统治阶级猖獗
一时，倒行逆施，使欧洲到处泛起一股复辟、倒退的反革命逆流。
在俄国，亚历山大一世利用在"同盟"中取得的首脑地位，加紧推
行反动政策，他命令军政部长阿拉克契也夫，实行军事屯田，建立
秘密警察机构，残酷镇压一切革命运动，从而强化了最反动最野蛮
的沙皇专制制度，在奥地利，封建统治阶级加强了"梅特涅制"的

---

① 《马克思恩格斯全集》第 22 卷，人民出版社 1965 年版，第 35 页。
② 海斯：《现代欧洲史》，黎明书局 1935 年版，第 13 页。
③ 《马克思恩格斯全集》第 2 卷，人民出版社 1957 年版，第 650 页。
④ 同上书，第 647 页。

反革命壁垒。梅特涅是奥地利首相，"神圣同盟"的核心人物，他以"扑灭革命之火的消防队长"自居，认为革命是"一切罪恶的总和"，"是一条张牙吞噬社会秩序的九头蛇"，"欧洲人民需要的是和平而非自由"。他声称："如果没有君主专制制度，有秩序的文明是不会存在的。"① 因此，一切革命活动都遭到他的血腥镇压，整个奥地利都弥漫着反革命的白色恐怖，在法国，复辟王朝的反攻倒算十分疯狂，到1815年8月止，被捕的革命群众竟达七万人以上，其中绝大部分遭到残酷的杀害。据当时人记载，大屠杀使南方的居民淹没在深及膝盖的血泊中，在西班牙，菲迪南七世恢复了绝对专制之权，1812年的资产阶级宪法被取消，千万自由党人被杀害，在意大利，复辟活动更加令人发指，除了革命者大量惨遭屠杀之外，凡被认为与革命有关的东西，都遭到了毁灭性的打击，一个植物园被破坏，据说是因为它是在法国革命期间建成的，路灯被打毁，因为它是法国革命时期传入的，种牛痘被禁止，因为它是法国革命时期出现的新事物，在德意志，封建贵族的统治空前残酷，劳动人民更加陷于水深火热的境地。

　　事实证明，"神圣同盟"，并不像它在"宣言"中所声称的那样，是什么"促进人类命运的福利"和实现所谓基督的"仁慈、真理与和平"的工具，而是欧洲各国专制君主搞复辟、开倒车的反革命产物。镇压革命，复辟和巩固封建制度，是它的"神圣使命"。它的产生，完全是对欧洲资产阶级革命潮流的反动，是垂死的封建主义的回光返照。它的破灭是不可避免的。

---

　　① ［美］沙比罗：《欧洲近代现代史》第一编，世界书局1933年版，第61页。

二

有压迫就有反抗；有复辟就有反复辟。欧洲封建统治阶级复辟或加强压迫的过程，也就是各国人民反复辟、反压迫的斗争过程。"神圣同盟"出笼以后，欧洲人民不畏强暴，始终坚持前进，反对倒退，坚持革命，反对复辟，向各国封建反动势力展开了英勇的斗争，使"维也纳政治体系"的堤坝一天天塌落下来，"神圣同盟"一天天败灭下去。

1820—1823 年，是革命和反革命、复辟和反复辟在欧洲大搏斗的年代，西班牙和意大利人民英勇地掀起了反复辟斗争的新高潮，发动了第二次资产阶级革命，"神圣同盟"也以十倍的疯狂进行反扑，先后将这两次革命血腥地镇压下去。但是，"神盟同盟"的反扑并没有完全得逞，它扑灭了西班牙本国人民的革命，却不能扑灭西属拉丁美洲殖民地人民的反抗烈火，扑灭了意大利人民的起义，却不能扑灭希腊人民的独立斗争。相反，却在这些革命斗争的打击下，日益走向分崩离析。

1823 年，是"神圣同盟"最后把西班牙革命镇压下去的一年。就在这一年，西属拉丁美洲殖民地人民的解放斗争出现了空前的高涨。从北部的墨西哥到南部的阿根廷，起义人民以摧枯拉朽之势，将西班牙菲迪南七世的殖民政权，一一埋葬在武装斗争的烈火中。当时，在"同盟"刺刀支持下再次复辟的菲迪南七世，曾经迫不及待地要求"同盟"派兵去拉丁美洲，镇压当地的革命运动，帮助他恢复"正统"的殖民统治。俄、普、奥、法等国君主也跃跃欲试，不断对拉美人民发出武装干涉的恫吓，并大肆进行派兵的策划。拉美人民针锋相对，坚持斗争，使他们的反动阴谋遭到了可耻的破产。老奸巨猾的美国，在这一年发表所谓《门罗宣言》，提出"美洲是美洲人的美洲"的口号，反对"神圣同盟"干涉拉丁美洲各国人民的革命，并宣布承认新独立的拉美国家。英国也反对"神圣同盟"，向拉美派兵，英国外交大臣宣称："我们应尽力之所及，一面阻止西班牙在内战终止后派军队到南美去，并一面阻止法国因此所给予西班牙的任何援助。"① 1824 年，英国不顾"神圣同盟"各国君主的反对，与布宜诺斯艾利斯共和国（阿根廷共和国的前身）缔结了商约。1825 年，又正式承认阿根廷、哥伦比亚、墨西哥为独立共和国。这样，"神圣同盟"的"正统主义原则"和"干涉主义原则"，就首先在拉丁美洲破产了。应当指出：美英反对"神圣同盟"干涉拉丁美洲人民的解放斗争，并非出于对拉美人民的真正同情和支持，而是出于自身的殖民需要。英国当时已经控制了拉美的市场，绝不愿西班牙再恢复"正统"的殖民统治，更不愿俄、法、奥、普等国再插足进来。美国则是想通过《门罗宣言》，装成拉美人民的"保护者"，从而实现独霸拉丁美洲的罪恶计划。

在欧洲，"神圣同盟"也遭到同样的失败。1821 年 3 月，希腊爆发反对土耳其统治者的民族起义。土耳其统治者进行疯狂的镇压，激起欧洲各国人民的强烈反对。当时，欧洲到处成立了援助希腊起义的组织，为希腊募捐，并组织志愿军到希腊去。有名的美国诗人拜伦，就是当时参加志愿军，并把生命献给希腊人民的许多著名战士之一。欧洲人民的支援，进一步鼓舞和促进了希腊的独立斗争，而希腊独立斗争的发展，则为欧洲各国人民的反封建斗争提供了有利的条件。围绕着希腊的独立运动，"神圣同盟"各国间的矛盾空前加剧，梅特涅惧怕希腊独立会导致奥国境内的民族运动，竭力主张进行镇压。沙皇亚历山大一世也大骂希腊起义者是反对"正统"君主的"匪徒"，叫

---

① 莱丹:《美国外交史》，商务印书馆 1936 年版，第 259 页。

嚷要"保卫正统主义",扑灭希腊革命。英国与俄奥针锋相对,反对"同盟"镇压希腊起义。它的目的是利用日益发展的希腊独立运动,实现对巴尔干的扩张。1823年,英国宣布希腊为交战国的一方,公开支持希腊起义。法国为牵制英国,也表示支持希腊的独立斗争。英法的行动,对俄奥是一个沉重的打击。俄国担心英法在巴尔干排除自己的势力,遂不顾奥国的反对,从反对希腊起义到转而支持希腊的独立运动。1826年,新登位的沙皇尼古拉一世,以"希腊自主,但需向土皇纳贡"为条件,与英国在彼得堡达成共同支持希腊独立运动的协定。1827年7月,他又伙同英国和法国,在伦敦签署新的协定,向土耳其发出从希腊撤军的最后通牒。土耳其拒不接受,战争于是爆发,10月,三国舰队在那瓦里诺湾战胜土耳其海军,1829年夏天,俄国陆军直逼土耳其首都君士坦丁堡。这在客观上有利于希腊人民的斗争,在经过八年的英勇战斗之后,希腊人民终于在这一年取得了独立。希腊人民的胜利,标志着"神圣同盟"的"正统主义原则"和"干涉主义原则"在欧洲的失败。"神圣同盟"各国之间不可调和的矛盾,特别是俄奥两个轴心国之间的矛盾,因此而更加尖锐起来,从而加速了"神圣同盟"土崩瓦解之势。

1830年,法国爆发声势浩大的七月革命风暴,八万多工人、小手工业者和其他劳动群众,向封建统治阶级发动了英勇的进攻,经过三天的街巷血战,起义人民推翻了波旁复辟王朝。法国是"神圣同盟"的主要成员国,波旁"正统"王朝的垮台,直接关系着欧洲封建反动势力的命运,关系着"同盟"的生死存亡。沙皇尼古拉一世曾经发出绝望的号叫:"无论何时,我不能承认法国所发生的事情。"他四处活动,妄图重整"神圣同盟",再次将法国革命镇压下去,但是,各国封建君主在革命人民的打击之下,已经深陷重围,自身难保,谁也不再听任沙皇俄的摆布了。为了自救,他们纷纷被迫承认新建立的法国七月王朝。尼古拉一世无可奈何,最后也不得不采取同样的行动。

法国七月革命胜利后，新的革命风暴又在欧洲兴起。恩格斯说，七月革命"发出了全欧资产阶级，贵族和人民的愤怒总爆发的信号"①。1830 年 8 月，比利时爆发起义，直接摧毁了维也纳会议关于比利时与荷兰合并为尼德兰的决议，摧毁了"神圣同盟"所支持的荷兰国王对比利时的统治权，实现了比利时的独立。继比利时革命之后，德意志的萨克森、黑森、卡雪尔、汉诺威、巴伐利亚、意大利的各邦以及老沙皇统治下的波兰，都燃起了起义的烈火。英国资产阶级也掀起改革法案运动。各国反动君主，仍把扑灭革命的希望寄托在"神圣同盟"的暴力之上，但是，这时的"神圣同盟"，已经日薄西山，气息奄奄，再也不能同恶相济，为所欲为了。

1833 年 9 月，为了挽救摇摇欲坠的欧洲封建统治，奥国君主吁请沙皇和普鲁士王太子，会见于明罕格拉兹，重申"神圣同盟"的"正统主义原则"和"干涉主义原则"，炮制出所谓《新神圣同盟宣言》。三国君主以为，只要"神圣同盟"的黑旗不倒，革命就会被扑灭下去，"正统"的封建秩序就能维持。然而，这不过是欧洲反动君主的痴心妄想，汹涌澎湃的反封建反复辟斗争浪潮，特别是随之而来的欧洲 1848 年革命风暴，使"神圣同盟"遭到最后的破灭，变成不齿于人类的狗屎堆。

## 三

"神圣同盟"是一个绝妙的反面教员，反映了欧洲资产阶级革命时期的复辟和反复辟斗争。

"神圣同盟"兴灭的历史表明：在历史发展过程中，总是新的生

①《马克思恩格斯全集》第 2 卷，人民出版社 1957 年版，第 651 页。

产方式战胜旧的生产方式，新型的革命阶级战胜腐朽的反动阶级，任何搞复辟、倒退的反革命势力，不管是国内的还是国际的；不管他们怎样貌似强大，怎样猖獗一时，都逃脱不了覆灭的命运。这是历史规律。

"神圣同盟"产生的时代，正是欧洲资本主义生产蓬勃发展的时期。英法先后开始工业革命，德国也处于工业革命的初期阶段。机器工厂逐步取代手工工场，形成生产中的急风骤雨的变革时期。资本主义生产强烈要求打破封建的生产关系和它的上层建筑，代之以"自由竞争和与自由竞争相适应的社会政治制度，即资产阶级在经济上和政治上的统治"①。因此，一切企图恢复和维护封建制度的做法，都是与当时历史发展的要求背道而驰的，注定要遭到失败。1789 年开始的法国资产阶级革命，以及在此影响之下而爆发的整个欧洲的资产阶级民族、民主运动，都反映了这个历史发展要求，体现了当时社会历史发展的方向，是任何反革命力量也不能战胜的。尽管"神圣同盟"一时镇压了这些革命运动，在一些国家实现了封建王朝的复辟，但是，"一时的后退现象，不能代替总的历史规律"②、"神圣同盟"的破灭正充分说明了这两点。

"神圣同盟"兴灭的历史表明：一切号称强大的国际反革命势力，都不过是外强中干的纸老虎。各国反动派可以在镇压人民革命的需要上勾结起来，但是，由于剥削阶级的反动本性所决定，他们之间的勾结只能是局部的、暂时的、相对的，而矛盾争夺则是全面的、长期的、绝对的。从"神圣同盟"成立的那天起，各参加国之间就存在深刻的矛盾。沙皇亚历山大一世，处处以"盟主"自居，妄图将所有欧洲君主，都变为自己的儿皇帝，因而引起欧洲各国君主的强烈不满。还在维也纳会议期间，奥地利首相梅特涅，就背着沙皇亚历山大一

---

① 《马克思恩格斯全集》第 4 卷，人民出版社 1956 年版，第 471 页。
② 《毛泽东选集》（合订本）第 2 卷，人民出版社 1965 年版，第 253 页。

世，与英法缔结反俄的秘密协定。普鲁士一面参加反俄的行列，一面把斗争的矛头指向法国和奥地利。它认为，只有消除俄国西进的威胁，又削弱奥法两国，才能扫清自己统一德意志的障碍。法国是战败国，目标是加剧和利用各国之间的矛盾，趁机扩大自己的实力，以便同俄奥等国分庭抗礼。英国一开始就对"神圣同盟"怀有二心，表面上支持"神圣同盟"，实际上却干着拆散"同盟"的活动。各国反动势力之间的勾结，必然加重对各国人民的压迫，更加激起各国人民的反抗，而各国之间的争夺，却为各国革命人民的胜利提供了有利的条件。因此，一切国际反革命势力之间的联合，尽管来势汹汹，但本质上都是纸老虎，最终只能像"神圣同盟"那样，被革命人民的铁拳所粉碎。

"神圣同盟"兴灭的历史还表明：一切谋求"世界霸权"的反动势力，终将被世界人民的革命斗争所埋葬。沙皇是谋求"世界霸权"的罪魁祸首，而欧洲一直是其争夺的首要目标。早在16世纪，第一代沙皇伊凡四世，就扬言要建立称霸世界的第三罗马帝国，并开始了不断地侵略扩张。彼得一世上台后，沙皇争夺"世界霸权"的活动加剧，他在1700年发动对瑞典的"北方战争"，侵占了芬兰湾、卡累利阿、爱沙尼亚、拉脱维亚等波罗的海的沿岸地区，夺得了波罗的海的出海口。18世纪末，叶卡特林娜二世又勾结普鲁士和奥地利，连续三次瓜分波兰，夺占了白俄罗斯东部、西乌克兰、立陶宛和库尔兰广大地区，搞垮了独立的波兰国家。她叫嚷："假如我能活到二百岁，欧洲全部就会落到俄罗斯统治之下。"到亚历山大一世的时候，沙皇侵略的魔爪就直接插进了欧洲的心脏地区。1815年，亚历山大一世通过倡议缔结所谓"神圣同盟"，进一步把欧洲的所有专制君主都置于自己的控制之下，从而爬上了欧洲霸主的地位，成为欧洲封建势力的反动堡垒。"在欧洲大陆上，他不再有对手了。奥地利和普鲁士听他使唤。法国波旁王朝在他的帮助下得以恢复王位，因此也对他俯首听命。瑞典在他的帮助下得到了挪威，作为它实行亲俄政策的保证。"①
因此，"神圣同盟"的破灭，对沙皇称霸全欧的野心是一个致命的打击。它证明，决定世界历史命运的，绝不是那些谋求"世界霸权"的霸主，谁要是谋求"世界霸权"，谁就要在世界人民的反霸斗争中垮台。反动派的本性是不能改变的。老沙皇没有也不可能从"神圣同盟"破灭中吸取这个历史的教训，在"同盟"破灭之后继续执行他的独霸世界的罪恶计划，结果，被二月革命的急风暴雨，扫进了历史的垃圾堆。

今天，盘踞在克里姆林宫的苏修新沙皇，完全继承了老沙皇的扩张主义衣钵，使列宁缔造的社会主义红色江山完全改变了颜色，成了社会帝国主义。他不断拼凑"神圣同盟"式的反革命联盟，充当各国反动派搞复辟、开倒车的反革命支柱和堡垒。他与另一个超级大国争夺"世界霸权"，仍然把欧洲作为争夺的首要目标。他通过贩卖所谓"有限主权论""国际专政论""安全责任论"等法西斯式的侵略理论，对一些东欧国家任意进行残酷的掠夺和野蛮的压迫，甚至出动几十万军队占领了捷克斯洛伐克，把东欧大片土地变作自己的势力范围和向西欧扩张的基地。它不仅压迫屈服于它的那些"兄弟党"和"兄弟国家"，建立"神圣同盟"式的"大家庭"，而且在中苏边境陈兵百万，妄图在亚洲拼凑"神圣同盟"式的所谓"集体安全体系"，从而实现称霸亚洲的目的。他大肆兜售所谓"苏美缓和"，妄图建立"主宰世界"的苏美"神圣同盟"，将世界人民反帝、反殖、反霸的斗争镇压下去。

但是，国家要独立，民族要解放，人民要革命，已成为当今世界不可抗拒的历史潮流。谁要阻挡这个潮流，谁就自取灭亡。伟大领袖毛主席深刻地指出："我们现在正处于世界革命的一个新的伟大的时代。亚洲、非洲、拉丁美洲的革命风暴，定将给整个旧世界以决定性

---

① 《马克思恩格斯全集》第22卷，人民出版社1965年版，第33页。

的毁灭性的打击。"（《致阿尔巴尼亚劳动党第五次代表大会的贺电》，1966 年 10 月 25 日）苏修、美帝和各国反动派妄图以新的"神圣同盟"来维持帝国主义、殖民主义、霸权主义的旧世界，只能步老"神圣同盟"的后尘，在世界人民，特别是第三世界各国人民反帝、反殖、反霸斗争中灭亡。

（原载《云南大学学报》1974 年第 2 期）